한반도 비핵화 리포트

포괄적 안보 – 안보 교환론

조성렬 지음

2019
백산서당

책머리에

"역사의 문을 빠져나가 과거로 가고 있는 신의 옷자락을 붙잡아라!"

이것은 신성로마제국 아래에서 여러 공국으로 나뉘어 살던 독일민족이 처음으로 민족국가(nation state)인 독일제국으로 통합되는 과정에서 철혈재상으로 알려진 비스마르크(Otto von Bismarck)가 한 말이다.[1] 이 말은 1990년 동서독이 통일될 때도 그대로 재현되었다. 당시 사민당은 국가연합을 거쳐 단계적으로 통일하자고 주장했지만, 집권당인 기민당의 헬무트 콜 총리는 '신의 옷자락'을 붙잡기 위해 조기통일을 추진했다.

1989년 10월 9일 베를린장벽 붕괴에서 시작해 동독에서 과도정부 수립, 자유총선거, 개혁정부 등장 및 동서독 정부의 통일협상을 거쳐 마침내 1990년 10월 1일 정식으로 통일국가를 선포했다. 이처럼 동서독은 채 1년도 안 돼 통일을 이루었다. 이러한 속전속결식 통일로 후유증도 적지 않지만, 그때 통일을 추진하지 않았다면 동서독은 지

---

[1] "The statesman's task is to hear God's footsteps marching through history and to try and catch on to His coattails as He marches past."— Otto von Bismarck.

금까지도 분단국가로 남아 있을지도 모른다.

독일 통일의 역사적인 교훈은 이명박, 박근혜 정부 때처럼 조기통일을 내걸고 당장 추진해야 한다는 의미가 아니다. 역사에서 드물게 '기회의 창'이 열렸을 때 이를 잘 활용해 민족적 숙원을 성취해 내야 한다는 의미이다. 현 단계에서 우리에게 주어진 과제는 한반도의 완전한 비핵화를 실현하고 항구적이고 공고한 평화체제를 구축해 더 이상 이 땅에서 동족상잔의 전쟁이 일어나지 않도록 만드는 것이다.

남북관계의 역사를 되돌아보면, 두 차례 한반도 평화정착의 기회가 있었지만 아쉽게도 '신의 옷자락'을 잡지 못했다. 2000년 6월 첫 남북정상회담이 열렸고, 10월에는 조명록 북한군 차수와 올브라이트 미 국무장관의 상호방문이 이루어졌지만 11월 미국 대선에서 대북강경파가 대통령에 당선되어 관계개선이 무산되었다. 2007년 10월 제2차 남북정상회담 개최 뒤 얼마 되지 않아 실시된 한국 대선에서 역시 대북강경파 후보의 대통령 당선으로 '기회의 창'이 닫혀버리고 말았다.

지금 또다시 우리 민족에게 '기회의 창'이 열렸다. 핵무기 개발의 주체인 북한정권의 최고지도자 김정은 위원장이 비록 조건부이지만 스스로 모든 핵무기와 현존하는 핵프로그램을 포기하기로 하였다. 미국의 트럼프 대통령은 지금이 다시 오기 어려운 기회임을 간파하고 적극 나서고 있다. 문재인 대통령은 미국과 북한의 지도자를 격려하며 완전한 비핵화와 평화체제 구축의 동력을 불어넣기 위해 풀무질하고 있다. 한국과 미국이 엇박자를 보이는 바람에 두 번의 기회를 놓친 것과 달리 이번에는 한・미가 신의 옷자락을 놓치지 않기 위해 적극 협력하고 있다.

하지만 우리 민족이 나아가는 길에는 지난 100년간 일제 식민지의 잔재와 냉전의 유산들이 더께더께 쌓여 있고, 역사의 진전을 방해하려는 듯이 외세와 냉전구조에 기생해 오던 세력들이 기득권과 억지논리를 동원해 발목을 잡으려 하고 있다. 제1차 북·미 정상회담을 앞두고는 무리한 요구조건을 내걸어 개최 자체를 막으려고 하더니, 제2차 북·미 정상회담에서 공동성명의 채택이 무산되자 때를 기다렸다는 듯이 어렵게 열린 '기회의 창'을 빨리 닫으라고 재촉하며 아우성이다.

영국의 극작가 버나드 쇼(George Bernard Shaw)는 "낙관주의자는 비행기를 발명하고 비관주의자는 낙하산을 만든다"는 명언을 남겼다.2) 비관주의자는 기회가 왔을 때 어려움을 보고 낙관주의자는 어려움 속에서 기회를 찾는다. 새로운 역사를 개척하기 위해 낙관주의자뿐 아니라 비관주의자도 필요한 것은 이 때문이다. 가보지 않은 역사의 새길을 향해 발걸음을 내딛는 것인 만큼 비관주의자의 충고와 조언은 도움이 된다. 하지만 역사를 창조해 나가는 것은 낙관주의자라는 점에서 비관주의자들의 발언과 행동이 조언을 넘어서서 역사의 반동이 되어서는 안 될 것이다.

이제 대한민국 임시정부 수립 100주년을 맞이하여 우리 민족은 지난 100년의 반성과 경험을 토대로 새로운 100년의 시대로 나아가야 할 역사적인 대전환기에 서 있다. 식민통치와 친일, 분단, 전쟁, 가난과 독재의 유산을 극복하고 진정한 독립과 평화, 번영, 민주, 통일로 나아가 진정한 국민국가를 완성해야 한다. 이를 위해서는 무엇보다 우리 민족 내외의 모순을 집약하고 있는 북한 핵문제를 최우선으로 풀어나가야 한다. 북한 핵문제의 해결과정에서 한반도 평화도 찾아오고 민족의 통일의 길도 열릴 것이기 때문이다.

---

2) "The optimist invents the airplane and the pessimist the parachute." ― George Bernard Show.

본서는 한반도문제를 풀기 위한 핵심고리인 한반도 비핵화에 관련된 광범위한 지식과 정보, 다양한 해결방안을 담고 있다. 본서는 크게 북한의 핵무기 개발 배경과 보유실태(제1장), 비핵화 협상의 경과와 쟁점(제2, 3장), 포괄적 안보-안보 교환의 적용(제4~7장), 한반도 비핵화 이후의 과제(제8장) 등 8개의 장으로 구성되어 있다.

제1장은 북한의 핵무기 개발 배경과 보유실태, 그리고 잇단 전략도발과 그에 상응한 미국의 대북 군사행동론이 충돌하면서 한반도 전쟁위기가 고조되었던 상황을 회고하면서 전쟁 없는 한반도의 필요성을 환기하고 있다.

제2장과 제3장은 포괄적 안보-안보 교환론에 입각해 2000년대 초 제네바 기본합의를 위한 북·미 고위급회담과 「9.19 공동성명」을 도출한 6자회담, 그리고 후속 협의에 관해 살펴보았다. 이어서 2018년에 들어와 김정은 위원장의 전략적 결단 이후 급물살을 타고 있는 한반도 비핵화 협상의 경과를 추적하고 한국과 미국 및 북한의 협상전략과 핵심적인 쟁점사항 등을 소개하였다.

제4장은 포괄적 안보-안보 교환론에 입각해 한반도의 완전한 비핵화 추진 방안을 다루었다. 외국의 비핵화 성공사례와 6자회담의 평가, 미국 싱크탱크의 북핵 해법 제언을 소개하고 새로운 한반도형 비핵화 방식을 모색하였다. 아울러 비핵화의 진정성을 둘러싸고 제기되고 있는 핵심쟁점들에 관해 분석하였다.

제5장은 미국의 대북 안전보장 방안을 직접적인 보장(한반도 평화협정 체결, 북미 불가침협정 체결, 다자 공동안전보장)과 간접적인 보장(북·미 외교관계의 수립)으로 나누어 제시하였다. 제6장은 북측이 요구한 군사위협의 해소가 상호적인 것이라는 점에서 군비통제의 관점에서 분석하고, 북한 핵문제 해결을 위한 환경조성이라는 관점을 넘어 평

화체제 구축을 위한 군사적 조건도 시야에 넣고 대안을 제시하였다. 제7장은 뒤늦게 북측이 요구목록에 추가한 대북 경제제재의 해제와 관련된 유엔안보리와 미국의 법제도를 소개했으며, 이와 연관된 국제금융기구의 가입 문제를 다루었다.

제8장은 향후 비핵화 협상의 방향을 제시하기 위해 제2차 북·미 정상회담을 평가해 향후 과제를 도출하고, 비핵화 이후를 겨냥한 중장기 구상인 북한의 통일강국론과 한국의 신한반도체제, 그리고 동북아 평화질서의 형성 가능성과 함께 동북아 비핵무기지대 구상을 제시하였다.

본서는 북한 핵문제를 해결하기 위한 접근법으로 일찍이 저자가 고안했던 경제-안보 교환과 안보-안보 교환의 이론모델과 포괄적 안보-안보 교환이라는 정책대안에 바탕을 두고 있다. 저자는 2010년의 한 심포지엄에서 "포괄적 안보-안보 교환의 필요성과 추진방향"을 발표하여 경제-안보 교환론과 안보-안보 교환론의 이론모델을 처음 제안하였다.[3] 그 뒤 2012년에 발간한 졸저 『뉴 한반도 비전: 비핵 평화와 통일의 길』[4]에서는 노무현 정부의 평화경제론과 이명박 정부의 비핵·개방3000 구상을 비교 평가하면서 경제-안보 교환을 선불제 방식과 후불제 방식으로 구분하여 개념화하였다.

---

3) 조성렬, "포괄적 안보-안보 교환의 필요성과 추진방향", 평화재단 창립 6주년 기념심포지엄 발표문, 2010년 11월 16일. 필자는 위 발표문을 토대로 김학린 박사와 공동으로 "북핵문제 해결을 위한 새로운 접근법: '안보-경제 교환'에서 '안보-안보 교환'으로", 『평화연구』 제19권 1호, 2011년 봄호의 집필을 완료했으나, 당시 연구원에서 외부 논문게재를 승인해 주지 않는 바람에 공동명의 아닌 김학린 박사의 단독 명의로 게재되었다.
4) 조성렬, 『뉴 한반도비전: 비핵 평화와 통일의 길』, 백산서당, 2012년 6월.

그리고 2014년 졸고 「북핵문제 외교적 해법의 실패원인과 시사점—6자회담 재평가 및 재개 논의를 중심으로」5)에서 안보-안보 교환론을 경성균형 방식과 연성균형 방식으로 개념적으로 세분하였는데, 이 논문에서는 북한이 「9.19 공동성명」과 같은 연성균형 방식을 거부하고 핵군축과 같은 경성균형을 고집하는 한 외교적 해법이 성공하기 어렵다는 점을 논증하였다. 이 논문을 통해 필자가 수립한 포괄적 안보-안보 교환론의 기본적인 이론 틀이 완성되었다.

본서는 필자의 지난 10년 동안의 포괄적 안보-안보 교환론 연구를 결산하는 의미도 갖는다. 완전한 비핵화 추진 방안으로 한국형 비핵화 모델을 제시한 데 이어, 상응조치로 제시된 군사위협 해소와 체제안전 보장 외에 경제제재 해제 방안을 국제정치와 국제법의 관점에서 다루었다. 이러한 상응조치들은 안보-안보의 경성균형과 연성균형에 따른 교환뿐만 아니라 경제적 인센티브를 포함하는 포괄적 접근법에 따른 것이다.

급박하게 돌아가는 한반도 정세 속에서 그동안 발표했던 학술논문과 정책보고서들, 학술회의 발표문, 정책간담회 발제문을 기초로 본서의 출간 준비가 시작되었다. 본서 제5, 7장은 국가안보전략연구원 김영준 박사와 공동집필한 두 편의 전략보고서가 근간이 되었다. 3개 장은 본서를 위해서 새롭게 집필된 것이다. 본서의 준비작업이 막바지에 이르렀을 때 제2차 북·미 정상회담에서 공동성명의 채택이 불발되는 일이 생겼다. 새로운 상황에 맞춰 제2차 정상회담의 평가와 대응방향을 본서에 추가했으며, 정책수요가 크게 늘면서 출간을 서두르게 되었다.

---

5) 조성렬, "북핵문제 외교적 해법의 실패원인과 시사점-6자회담 재평가 및 재개 논의를 중심으로," 『국제관계연구』 제19권 2호, 2014년 가을.

다행히 졸저 『뉴 한반도 비전: 비핵 평화와 통일의 길』(2012)을 냈던 백산서당의 김철미 대표께서 본서가 최우선적으로 출간될 수 있도록 배려해 주었다. 본서가 나오기까지 너무나 애써주신 김철미 대표께 먼저 감사드린다. 이전에 낸 저서의 집필 때도 그랬듯이, 책을 쓰기 위해서는 다른 연구작업과 병행하기 쉽지 않다. 때마침 2018년 12월 31일자로 20년간 몸담았던 국가안보전략연구원에서 정년퇴직하는 바람에 집필에 집중할 수 있는 시간을 낼 수 있었다. 집에서 집필작업을 하다 보니 아무래도 식구들이 불편할 수 있었다. 그럼에도 바쁜 일과에 시달리는 아내 장윤숙과 성실하게 학업에 정진하는 딸 세인과 아들 강희가 이해하고 배려해 준 데 대해 고맙게 생각한다.

『논어』 위정편에서 공자님은 이순(耳順)이 되니 어떤 말을 들어도 곧바로 이해하고 객관적으로 판단할 수 있게 됐다고 했다. 저자도 그 나이가 되었건만, 급변하는 국제정세를 객관적으로 이해하고 민족의 장래와 국가의 이익에 기초해 한반도 비핵화 해법을 제대로 내놓았는지 스스로 되돌아보게 된다. 본서를 준비하고 있던 작년 연말에 30여 년 동안 평화통일 기반조성에 실천적, 이론적으로 기여한 공로로 국민훈장 모란장을 받았고 통일부장관 표창도 받았다. 앞으로도 더욱 정진하라는 채찍의 뜻으로 생각한다. 본서가 출간된 지 한 달만에 2쇄를 찍었고, 2019년도 세종도서 학술부문 우수도서로 선정되어 3쇄에 들어가게 되어 '책머리에'를 고쳐쓴다. 끝으로 민족해방과 조국통일을 위해 애써오신 무명의 애국자들에게 본서를 먼저 헌정하고자 한다.

2019년 12월
남산골 서재에서
조 성 렬

한반도 비핵화 리포트
포괄적 안보 – 안보 교환론

▷ 책머리에 · 3

제1장 북한의 전략 도발과 한반도 전쟁 위기

Ⅰ. 북한의 전략 도발과 하와이의 핵공격 대피 훈련 · 19

Ⅱ. 북한의 핵무기 개발과 전략 도발의 배경 · 22
    1. 탈냉전과 북한의 국제적 고립 심화 · 22
    2. 탈·탈냉전과 정전체제의 재강화 경향 · 24
    3. 미국의 북핵 후순위화와 병진노선의 변용 · 26

Ⅲ. 북한의 핵분열물질 및 핵무기·미사일 개발 현황 · 28
    1. 북한의 핵분열물질 생산능력 · 28
    2. 북한의 핵무기 전력 현황 · 35
    3. 북한의 탄도미사일 전력 현황 · 41

Ⅳ. 북한의 전략 도발과 미국의 대북 군사행동론 · 46
    1. 북한의 전략 도발 방향 · 48
    2. 미국의 대북 군사행동론 · 53

Ⅴ. 전쟁 없는 평화로운 한반도를 향하여 · 60

제2장 북한 핵문제의 외교적 해결노력과 6자회담의 성과와 한계

Ⅰ. 북한의 잇단 핵실험과 한반도 긴장고조 · 63

Ⅱ. 북한 핵문제의 외교적 접근법 · 66
    1. 경제-안보 교환 접근법: 선불제와 후불제 · 66
    2. 안보-안보 교환 접근법: 경성균형과 연성균형 · 67
    3. 포괄적 안보-안보 교환론 · 72

Ⅲ. 북핵 6자회담의 성과와 한계 · 72
    1. 북·미 고위급회담과 「제네바 북·미 기본합의」 · 72
    2. 6자회담과 안보-안보 교환의 등가점 찾기 · 74
    3. 「9.19 공동성명」의 의의와 한계 · 80

Ⅳ. 북핵 6자회담의 재개 논의 및 쟁점 · 84
    1. 오바마 1기 행정부 출범 이후 안보-안보 등가교환의 재모색 · 84
    2. 오바마 2기 행정부 출범 이후 6자회담 재개 논의 · 89
    3. 6자회담의 재개를 둘러싼 쟁점 · 93

Ⅴ. 새로운 안보-안보의 등가점을 찾아서 · 101

제3장 한반도 비핵화 협상의 재개와 신한반도체제의 시동

Ⅰ. 한반도 비핵화를 위한 북·미 협상의 재가동 · 105

Ⅱ. 한반도 비핵 평화 프로세스의 재개 · 108
    1. 북한의 비핵화 수용 배경과 전개 · 108
    2. 북한 비핵화 선언에 대한 한·미의 이해 공유 · 114
    3. 한반도 비핵화 협상의 재개와 회담 경과 · 118

Ⅲ. 한·미와 북한의 비핵화 협상 전략과 쟁점 · 128
    1. 한·미의 비핵화 협상 목표와 전략 · 128
    2. 북한의 비핵화 협상 목표와 전략 · 133

3. 한반도 비핵화 협상의 주요 쟁점 · 138
Ⅳ. 한반도 비핵화와 평화체제 접근법: 포괄적 안보 - 안보 교환론의 적용 · 144
　1. 새로운 북·미관계의 수립: 연락사무소 설치와 대사급 외교관계 · 145
　2. 항구적이고 공고한 한반도 평화체제 구축: 종전선언과 평화협정, 남북 기본협정 · 148
　3. 상호 군사위협 해소 문제 · 154
　4. 대북 경제제재 완화/해제 문제 · 157
Ⅴ. 비핵화 협상의 곡절과 신한반도체제의 시동 · 160

제4장 한반도의 완전한 비핵화 추진 방안

Ⅰ. 북한의 핵포기 약속은 진정성이 있는가 · 163
Ⅱ. 외국의 비핵화 성공사례와 특징 · 166
　1. 남아공화국 비핵화 방식: 보상 없는 자발적 비핵화 · 166
　2. 우크라이나 비핵화 방식: 체제보장, 경제보상의 모범적 비핵화 · 169
　3. 리비아 비핵화 방식: 체제보장 없는 투항적 비핵화 · 173
　4. 이란 비핵화 방식: 미봉적 합의가 초래한 미완의 비핵화 · 176
Ⅲ. 한반도형 비핵화 방식의 모색 · 178
　1. 외국 비핵화 사례의 시사점과 미국, 북한의 입장 · 178
　2. 미국 주요 싱크탱크들의 북핵 해법 제언 · 183
　3. 새로운 한반도형 비핵화 방식의 모색 · 193
Ⅳ. 최종적이고 완전히 검증된 비핵화 조치의 추진 · 201
　1. 최종적인 비핵화 조치: 비핵화 정의와 원자력의 평화적 이용 · 201
　2. 완전히 검증된 비핵화 조치: 검증과 사찰의 방법 · 207
　3. 비가역적 조치: 은닉 및 재개발 가능성의 근본 차단 · 213
Ⅴ. 더욱 중요해진 한반도형 비핵화 모델 · 221

제5장 한반도 비핵화의 상응조치(1): 북한에 대한 체제안전 보장 방안

Ⅰ. 합리적 안보우려 해소가 비핵화의 출발점 · 223
Ⅱ. 비핵화와 안전보장: 안보-안보 등가교환 · 225
   1. 미국 내의 대북 무력사용 논의 · 225
   2. 비핵화와 안전보장의 맞교환 · 229
   3. 미국의 대북 안전보장 방식 · 233
Ⅲ. 직접적 대북 안전보장: 체제안전 보장 방안 · 236
   1. 한반도 평화협정 · 236
   2. 대북 불가침 보장 · 240
   3. 동북아 비핵무기지대 조약 · 245
Ⅳ. 간접적 대북 안전보장: 미국과 북한의 외교관계 수립 · 251
   1. 북·미 적대관계의 형성과 전개 · 251
   2. 북·미 외교관계 수립에 관한 합의 현황 · 252
   3. 북·미 외교관계 수립을 위한 미국 법제도 · 258
Ⅴ. 대북 체제안전 보장의 실효성 제고 방안 · 261
   1. 미국의 역대 대북 안전보장 약속에 대한 평가 · 261
   2. 미국의 직·간접적 대북 안전보장 조치에 대한 평가와 시사점 · 264
   3. 미국의 대북 안전보장에 대한 보완책: 유엔안보리 결의 · 266

제6장 한반도 비핵화의 상응조치(2): 남·북·미 상호 군사위협 해소 방안

Ⅰ. 군사적 긴장완화는 비핵화의 필요조건 · 269
Ⅱ. 한반도 비핵화와 상호 군사위협 해소 · 271
   1. 북한의 군사전략과 대남 군사위협 요인 · 271
   2. 한·미의 군사목표와 대북 군사억제 전략 · 277

3. 한반도 비핵화를 위한 군비통제의 방향과 협상틀 · 283
Ⅲ. 한반도 비핵화를 위한 남북 군비통제의 방향 · 288
　　1. 남북 군비통제 협상의 경과 · 288
　　2. 현단계 남북 군비통제 협상의 추진 내용 · 293
　　3. 향후 남북 군비통제의 추진 방향 · 298
Ⅳ. 한반도 비핵화를 위한 남·북·미 군비통제의 방향 · 302
　　1. 정전체제와 남·북·미 3자 포함의 군사회담 · 302
　　2. 현단계 남·북·미 3자 군비통제 협상에 미치는 요인들 · 308
　　3. 남·북·미 3자 군비통제의 추진 방향 · 313
Ⅴ. 한반도 군비통제 협상 틀과 한미동맹 파급영향 · 318
　　1. 남·북 및 남·북·미 군비통제의 협상 틀 · 318
　　2. 남·북·미 군사협정 추진과 한미 동맹관계 재구축 · 321
　　3. 한반도 군비통제 추진시 고려사항 · 327

제7장 한반도 비핵화의 상응조치(3): 대북 경제제재 해제의 추진 방안

Ⅰ. 북한은 안전보장보다 제재 해제가 더 급했나? · 331
Ⅱ. 북한의 국가전략 노선 전환과 경제적 배경 · 334
　　1. 북한의 국가전략노선 변화 · 334
　　2. 최근 북한 국가전략노선 전환의 경제적 배경 · 335
　　3. 북한의 대북제재 해제 노력과 좌절 · 337
Ⅲ. 대북 경제제재의 유형과 현황 · 340
　　1. 대북 경제제재의 주요 유형 · 340
　　2. 유엔안보리 결의에 따른 대북 제재조치 · 342
　　3. 미국의 독자적인 대북 제재조치 현황 · 348
Ⅳ. 대북제재의 완화·해제 방안과 국제금융기구 가입절차 · 355
　　1. 유엔안보리 제재의 완화 및 해제 방안 · 355

2. 미국의 「대북 제재·정책 강화법」의 제재 완화 및 해제 절차 · 357
  3. 북한의 국제금융기구 가입을 위한 법적 절차 · 361
V. 베트남 사례의 교훈과 대북 제재해제 추진방안 · 366
  1. 미국의 베트남 경제제재 해제 과정과 시사점 · 366
  2. 대북 경제제재의 단계적 해제 요건과 기대효과 · 369
  3. 제재해제의 법적 절차가 대북경협에 주는 시사점 · 374

제8장 한반도 비핵화와 신한반도체제의 모색

I. 제2차 북·미 정상회담은 '진실의 순간'이었나? · 379
II. 제2차 북·미 정상회담과 한반도 비핵화의 과제 · 381
  1. 제2차 북·미 정상회담까지의 경과 · 381
  2. 제2차 북·미 정상회담의 평가와 해결방향 · 384
  3. 제2차 북·미 정상회담 이후의 과제 · 390
III. 한반도 비핵화와 남북한의 중장기 구상 · 395
  1. 북한의 중장기 구상: 통일강국론 · 395
  2. 한국의 중장기 구상: 신한반도체제론 · 400
IV. 한반도 비핵화와 동북아 평화질서의 모색 · 406
  1. 동북아 평화질서 수립의 제약요인: 미중 무역갈등과 '신냉전 기류' · 407
  2. 동북아 평화질서 수립의 촉진요인: 한반도 비핵화 추진과 남북관계 개선 · 409
  3. 동북아 평화질서 수립과 동북아 비핵무기지대의 건설 · 410
V. 새로운 100년의 출발점에 서서 · 414

▷ 참고문헌 · 417
▷ 찾아보기 · 433

표 차례

<표 1-1> 북한의 주요 핵시설 현황 … 30
<표 1-2> 북한의 핵실험 현황 … 36
<표 1-3> 핵무기 생산에 필요한 핵분열물질의 양 … 37
<표 1-4> 북한의 탄도미사일 개발 현황 … 43
<표 1-5> 북한이 시험발사한 ICBM급 탄도미사일 … 45
<표 2-1> 「제네바 북·미 기본합의」(1994.10.21.) … 73
<표 2-2> 북한이 제시한 4단계 일괄타결안(2003.4.) … 76
<표 2-3> 미국이 제시한 다단계 포괄적 해결방안 (2004.6.) … 77
<표 2-4> 「9.19 공동성명」(2005.9.19.) … 79
<표 2-5> 북한의 새로운 제1단계 완료 이후 제안 (2009.2.) … 86
<표 2-6> 9.19 공동성명과 중국측 조정안의 비교 (2013.11.) … 100
<표 3-1> 북·미 고위급 및 정상 회담의 주요 논의 사항 … 127
<표 4-1> 남아공의 핵무기 해체과정 주요 일지 … 168
<표 4-2> 우크라이나의 핵무기 해체과정 주요 일지 … 172
<표 4-3> 리비아의 핵무기 해체과정 주요 일지 … 176
<표 4-4> 주요 4개국의 비핵화 사례 비교 … 178
<표 4-5> 헤커 박사팀이 제시한 북한 비핵화 로드맵 … 184
<표 4-6> 달턴 박사팀이 제시한 북한 비핵화 로드맵 … 190
<표 5-1> 미국의 국제협정 체결방식: 조약과 행정협정의 비교 … 232
<표 5-2> 불가침 조항을 포함한 미국의 조약 체결 사례 … 234
<표 5-3> 동북아 비핵무기지대와 한반도 비핵화의 비교 … 249
<표 5-4> 북·미 관계정상화에 관한 합의 내용 … 257
<표 5-5> 미국의 대북 불가침 보장 내용 … 263
<표 6-1> 정책목표별 한반도 군비통제 조치 … 285

<표 6-2> 비무장지대 일부구역 개방 관련 정전협정 보충합의서		307
<표 7-1> 미국의 테러지원국 지정 때 적용되는 미국 국내법		338
<표 7-2> 김정은 체제 출범 이후 유엔안보리 대북제재 결의안		344
<표 7-3> 미국의 법령에 의한 대북 제재 주요내용		351
<표 7-4> 국제금융기구의 현황과 가입 및 피지원 자격 조건 (2018년 기준)		363
<표 7-5> 유엔 및 미국의 대북제재 완화/해제에 따른 북한경제 제약요인 해소		373

그림 차례

<그림 1-1> 북한 영변지역의 핵시설 현황	34
<그림 1-2> 북한의 핵·미사일 능력 시나리오	40
<그림 1-3> 북한 탄도미사일의 종류와 사거리	42
<그림 1-4> 북한 ICBM용 백두산엔진과 동일모형인 RD-250엔진	44
<그림 1-5> 북한전략군의 '괌도 주변사격 구상'	50
<그림 1-6> 미 고위 군사당국자들의 대북 경고 회견	53
<그림 2-1> '안보-안보 교환'의 새로운 등가점 모색	92
<그림 3-1> 한반도 평화협정의 추진 과정	153
<그림 4-1> 6자회담의 비핵화 프로세스	194
<그림 4-2> 한반도형 비핵화 모델: 개념도	200
<그림 4-3> 핵억제 패키지의 3요소(3Cs)	215
<그림 4-4> 북한이 공개한 원자탄 및 수소탄 모형	216
<그림 6-1> 북한 전략군의 괌도 포위사격 검토	274
<그림 6-2> 한반도 군비통제의 두 국면 협상 틀	287
<그림 6-3> 남북군사합의서 주요내용	296
<그림 6-4> 「국방개혁 2.0」의 '플랜 B'에 따른 군비통제의 방향	299
<그림 7-1> 세컨더리 생션(2차 제재)의 개념도	350
<그림 7-2> 한국 독자제재, UN안보리 제재 및 미국 독자제재의 관계	375
<그림 8-1> 한반도 비핵화 협상의 흐름도	388
<그림 8-2> 북한의 국가노선 변화와 '통일강국'	399
<그림 8-3> 문재인 정부의 통일 추진 구상	403

제1장

북한의 전략 도발과 한반도 전쟁 위기

I. 북한의 전략 도발과 하와이의 핵공격 대피 훈련

2017년 12월 1일 하와이에서 오전 11시 50분부터 50초간 핵공격 대피 사이렌이 울렸다. 냉전 시기였던 1980년대 소련의 핵미사일 공격에 대비해 실시됐던 사이렌 대피 훈련이 끝난 지 30여 년 만의 일이다. 그런데 이번에 울린 것은 러시아나 중국과 같은 강대국이 아니라 북한의 핵공격에 대비한 것이다. 미국에서 북한의 핵공격에 대비해 주민대피훈련이 실시된 것은 하와이가 처음일 뿐만 아니라 미국 역사상으로도 최초의 일이다.

이렇게 하와이에서 핵공격 대피 훈련을 실시하게 된 것은 2017년 7월 4일 북한이 고각으로 일본열도를 가로질러 발사한 대륙간탄도미사일 화성 14형이 하와이와 알래스카까지 사정거리에 둔다는 사실이 알려진 뒤였다. 미국 하와이주 비상관리청(EMA)은 북한의 핵공격에 대비한 공격경보체계(attack-warning system)를 구축하고 정기적으로 훈련하기로 한 것이다.

하와이주가 북한 핵·미사일에 민감하게 반응하는 이유는 북한으로부터 7,000km밖에 떨어져 있지 않으며, 미 인도·태평양사령부를 비롯한 주요 군사시설이 하와이에 있어 북한의 핵·미사일 공격대상이 될지 모른다는 우려가 있었기 때문이다. 그런데 넉 달 뒤인 11월 29일 북한은 미국의 수도인 워싱턴까지 도달할 수 있는 사거리 13,000km에 달하는 대륙간탄도미사일의 시험발사에도 성공하였다. 이처럼 북한의 핵·미사일은 미국인들에게 현실적인 위협으로 등장하게 된 것이다.

여기서 한 가지 의문이 드는 것은 가난한 약소국에 불과한 북한이 왜 굳이 초강대국인 미국을 상대로 핵·미사일까지 동원해 위협하고 나선 것일까 하는 점이다. 한국전쟁 당시 북한은 미국과 전쟁을 치렀고 그 이후 70년 가까이 적대관계를 유지해 왔다. 하지만 그렇다고 아무런 이유도 없이 미국이 북한을 공격할 리 없는데도, 북한은 미국의 군사공격에 대비한다며 경제적 어려움에도 불구하고 국력을 총동원해 핵·미사일을 개발한 것이다.

이러한 북한의 대미 위협 행동은 미국에서 한때 '불량국가(rogue states)'의 대외적 행태로 이해되기도 하였다. 불량국가들은 피포위 의식(siege mentality)에 사로잡혀 공격적이며 공공연히 도전적인 행태를 보이면서 국제사회에 대해 건설적으로 참여하기를 거부한다는 것이다.[1] 하지만 불량국가론에 입각해 북한의 대외적 행태를 해석할 경우 북한의 전략적 동기와 의도를 잘못 해석해 대북 정책을 실패로 이끌

---

1) Robert S. Litwak, *Rogue State and US Foreign Policy: Containment after the Cold War*, Woodrow Wilson Center Press, 2000, pp.2~3.

가능성이 있다.2)

북한의 대미 위협 행동은 통상적으로 전략 도발(strategic provocation)이라고 부른다. 전략 도발이라는 명칭을 붙인 이유는 북한의 핵실험이나 탄도미사일 시험발사가 어떤 전략적 목표 아래 치밀하게 계산된 행동이라는 의미이다. 그런 점에서 북한의 전략 도발을 멈추게 하고 핵·미사일 위협을 해소하기 위해서는 그 배경을 이해해야 한다. 이를 통해 한반도 전쟁위기가 재발되지 않도록 하는 방법을 찾을 수 있을 것이다.

제1장에서는 먼저 북한이 핵무기를 개발하게 된 국제정치적인 배경과 최근 들어 잇달아 자행하고 있는 전략 도발의 이유를 분석해 보고, 그 동안 북한이 개발해서 보유하고 있는 핵분열물질과 핵무기·미사일의 현황에 관해 알아본다. 그리고 2017년 1월 트럼프 행정부의 출범 이후 본격화된 북한의 전략 도발과 이에 대한 미국 내의 대북 군사행동론 간의 공방에 대해 살펴본다. 이를 통해 2018년부터 시작된 한반도 비핵화 및 평화 프로세스의 현재적 의미를 알아보고 향후 과제를 제시해 본다.

---

2) 서 훈, 『북한의 선군 외교: 약소국 북한의 강대국 미국 상대하기』, 명인문화사, 2008, pp.21~22.

II. 북한의 핵무기 개발과 전략 도발의 배경

1. 탈냉전과 북한의 국제적 고립 심화[3]

냉전시기 동북아지역에는 한미동맹과 미일동맹이 한·미·일 삼각 안보협력체제로 묶이면서 한 축을 이루고, 북·중과 북·소가 서로 이어져서 다른 한 축을 이루며 대립해 왔다. 하지만 이러한 한·미·일 남방삼각구조과 북·중·러 북방삼각구조의 대립은 1990년에 한국과 러시아가 국교를 정상화하면서 깨지기 시작했다. 2년 뒤인 1992년 한국은 중국과도 국교정상화를 이루었다. 이처럼 남방삼각의 일원인 한국이 북방삼각의 주축국인 러시아, 중국과 국교를 정상화함으로써 동북아 냉전구조의 한 축이 무너져 내린 것이다.

하지만 동북아 냉전구조의 다른 한 축인 북·미와 북·일 간의 관계는 여전히 냉전시기의 적대관계를 지속해 오고 있다. 1990년 9월 자민당 등 3당 대표단이 평양을 방문해 양국 관계 정상화를 타진하면서 북·일관계는 전기를 맞았다. 이어 1991년 1월 일본 정부 대표단이 방북하며 시작된 국교정상화 협상이 8차례 진행됐으나, '이은혜문제'가 불거지면서 1992년 12월부터 협상이 교착상태에 빠졌다. 국교

---

[3] 이하는 필자의 다음 글을 바탕으로 일부 수정하여 옮겨 실은 것이다. 조성렬, 「한반도 비핵화와 평화체제 구축의 로드맵: 「6자회담공동성명」 이후의 과제」, KINU정책연구시리즈 2005-05, 통일연구원, 2005년 9월, pp.10~11.

정상화 협상은 2000년 4월에 7년 5개월 만에 재개되어 11차례나 진행되고, 2002년 9월과 2004년 5월 두 차례나 고이즈미(小泉) 총리가 방북까지 하였으나 납치문제로 일본 내 여론이 악화되면서 중단되었다.

미국은 1993년 3월 12일 북한의 핵무기비확산조약(NPT) 탈퇴선언으로 제1차 핵위기가 불거진 이후에야 공식적인 대북 접촉을 시작하였다. 북한이 NPT 탈퇴선언을 한 지 3개월 만인 6월 11일에 북·미 양국이 「북·미 공동성명」을 발표하고 그 뒤로도 10여 년 동안 공동성명, 기본합의서, 공동코뮤니케 등을 수차례 채택했지만, 적대관계를 종식시키고 관계정상화를 이루기 위한 실질적인 진전을 이루지 못했다.

그런데 여기서 주목할 것은 북한이 자신들의 핵개발 동기를 미국의 대북 적대시정책 때문이라고 주장하며 대미관계 정상화를 요구하고 있다는 사실이다. 북측의 논리에 따르면, 미국이 대북 적대시정책을 통해 북한을 위협하고 있는 만큼 자위적 억제력 차원에서 핵무기를 개발할 수밖에 없었지만 이 문제가 해결되면 자연스럽게 핵무기 개발도 포기할 수 있다는 것이다. 특히 부시 행정부 등장 이후 미국이 북한을 '악의 축'이라 부르며 선제핵공격까지 거론한 상황에서 북한은 북·미 수교를 통한 관계정상화가 이루어지면 스스로 핵무기를 포기할 수 있다는 것이다.

이처럼 북한이 잇달아 내놓고 있는 한반도 비핵화의 주장 속에는 수교를 포함한 미국과 관계정상화 의지가 내포돼 있다. 실제로 이러한 주장을 뒷받침하는 것이 바로 북한의 핵개발 결정이 한·중 수교 직후에 내려졌다는 사실이다. 1992년 8월에 한·중 수교가 이루어진 직후 북한은 당 정치국 비밀회의를 열어 김정일 비서의 발의로 핵무기 개발을 결정했다. 결국 북한의 핵무기 개발 결정은 한국과 러시아,

중국이 수교함으로써 동북아 냉전구조의 한 축이 무너졌음에도 불구하고, 북한만이 여전히 미·일과 적대하며 냉전구조 속에 갇혀 있는데 대한 위기감의 발로였던 것이다.

2. 탈·탈냉전과 정전체제의 재강화 경향4)

미국이 일방적으로 주도하던 탈냉전 시대(post Cold War)는 중국을 포함해 BRICs국가들의 국력이 급신장하는 등 나머지의 부상(the rise of the rest)에 따라 짧게 끝나고, 미국과 나머지 국가들이 경쟁하는 탈·탈냉전 시대(post-post Cold War)가 도래하였다. 특히 동아시아지역에서 미·중의 경쟁이 시작됨에 따라 화해분위기로 가던 한반도에서 또다시 군사적 긴장이 고조되고 정전체제가 다시 강화되는 경향을 보였다.

탈냉전기 하에서 세계 차원의 세력균형 붕괴로 국제지원세력을 잃고 김일성 주석의 사망으로 체제위기까지 맞이한 북한은 선군정치와 핵무기 개발을 통해 국내외적인 도전들을 극복하고자 하였다. 북한은 대남 및 대미, 대일 관계개선을 통해 외부 안보환경을 안정화시키는 한편, 핵무기 개발을 통한 독자적인 핵억제력 확보로 탈냉전 이후 와해된 한반도 세력균형을 복원하고자 했다.

북한의 핵문제가 발생하자 미국은 「9.19 공동성명」에서 북한에 안

---

4) 이하는 필자의 다음 글을 바탕으로 작성된 것이다. 조성렬, "53년 체제의 극복과 한반도 평화체제," 『통일논쟁: 12가지 쟁점, 새로운 모색』, 한울아카데미, 2015년 5월, pp.208~210.

보인센티브를 제공하는 차원에서 북·미 수교와 함께 정전체제의 평화체제 전환에 동의했다. 하지만 6자회담이 중단되고 2008년 8월 김정일 국방위원장이 쓰러지자 북한은 오히려 핵무기 개발과 함께 「정전협정」의 무효화 및 「남북기본합의서」 불가침 합의의 파기를 잇달아 발표하는 등 더 강하게 나왔다. 2009년 1월 북한인민군 총참모부는 서해 NLL을 무효화하고 대남(對南) 전면대결을 선언하였고, 조국평화통일위원회도 "북남 사이의 정치군사적 대결상태 해소와 관련한 모든 합의사항들을 무효화"한다면서 「남북기본합의서」의 서해 해상군사경계선 조항들을 폐기한다고 발표했다.

이명박 정부에 들어와 금강산 관광객의 피격사망 사건이 발생하자 금강산관광이 중단되었으며, 2010년 3월 천안함 사태가 발생하자, 한국 정부는 개성공단과 어린이·산모 등에 대한 인도주의적 영양 지원을 제외한 모든 남북 교류·협력을 전면금지하는 내용의 '5.24 조치'를 발표하였다. 또한 2016년 1월 제4차 핵실험을 감행하자 우리 정부는 개성공단 내 북한근로자에게 지급하는 임금이 북한의 대량살상무기 개발에 전용될 위험성이 있다는 이유로 개성공단의 전면 폐쇄조치를 내렸다.

이러한 분위기 속에서 휴전 이래 대규모 해상무력충돌이 서해 5도 주변해역에서 잇달아 발생하고 휴전선 일대에서도 크고 작은 무력충돌이 크게 늘었다. 이에 따라 정전체제의 재강화 움직임이 일어나고 있었던 것이다. 북한의 핵보유 시도에 맞서 대북 핵확장 억제력을 구축하고, 북한의 무력도발에 대해 정면 대응하도록 국방태세가 강화되었다. 미국도 북핵문제의 해결에 앞서 한·미·일 3각 군사협력체제의 구축에 비중을 두면서 중국의 영향력 확대를 차단하기 위한 대중국 전략적 포위망 구축에 나섰다.

이처럼 중국의 대외전략이 공세적으로 변하고 미국이 적극적으로 동아시아문제에 개입하면서 미·중 갈등이 고조되는 탈·탈냉전 시대를 맞이하여 남북관계도 단절되는 등 점차 악화되어 왔다. 이같이 불확실하고 불안정한 동북아정세 속에서 대외관계에서 마땅한 돌파구가 없던 북한은 더욱더 핵무기 개발에 매달리게 된 것이다.

3. 미국의 북핵 후순위화와 병진노선의 변용

탈냉전 시대에 들어와 미국은 자국 중심으로 세계질서를 다시 짜면서 냉전 시대 반미국가들의 처리에 골몰했다. 미국은 새로운 세계질서로의 편입을 거부하는 국가들을 불량국가로 명명하고 이들 국가 가운데서도 대량살상무기를 개발했거나 시도해 국제사회에 위협이 되는 이란, 이라크, 북한의 3국을 '악의 축'이라고 부르며 특별히 관리했다.

부시 행정부는 북한이 클린턴 행정부와 합의한 「제네바 북·미 기본합의」를 전면 부정하면서 '완전하고 검증 가능하며 되돌이킬 수 없는 폐기(CVID)'를 요구하고 나섰다. 하지만 북한은 미국이 요구하는 CVID원칙의 수용을 거부하며 핵무기 보유 선언과 함께 6자회담의 무기한 중단을 선언하는 등 크게 반발하였다. 이에 대해 부시 행정부는 '선의의 무시(benign neglect)' 정책을 채택해 대북 다자안전보장과 대북 금융제재라는 투트랙의 정책을 취하며 6자회담을 재개했지만, 북한이 핵실험을 강행하는 등 반발하는 바람에 이 정책은 성과를 거두지 못하고 끝났다.[5)]

2009년 1월에 출범한 오바마 행정부는 출범 초기에는 직접대화를 통해 북한 핵문제를 해결하고 관계정상화도 이룬다는 구상을 갖고 있었다. 하지만 한반도 외교라인에 대한 미 의회의 인준이 한참 늦어 공백기가 생겼을 때 북한이 장거리 우주로켓 발사시험과 제2차 핵실험을 감행하는 바람에 성사되지 못했다. 그 뒤 오바마 행정부는 일체의 대화를 중단하면서 북한이 6자회담의 다자 틀로 돌아오도록 제재·압박을 위주로 하는 '전략적 인내(strategic patience)' 정책을 폈다. 하지만 이 정책도 성공하지 못했다.6)

이와 같은 부시 행정부의 '선의의 무시'나 오바마의 '전략적 인내'는 미국의 대외정책 상 우선순위가 북한 핵문제가 아니라는 것을 보여주는 단적인 사례다. 당시 북한의 핵능력은 아직 미 본토를 위협할 수준과는 거리가 멀었고, 미국이 우려했던 것은 기껏해야 북한이 생산한 핵분열물질이나 핵관련 기술들이 국제테러집단에게 흘러들어가는 것이었다. 그렇기에 부시 행정부는 중국을 6자회담 의장국으로 앉혀놓고 자신들은 아프가니스탄 전쟁과 이라크 전쟁에 매달려 있었고, 오바마 행정부도 시리아 내전과 이슬람국가(ISIS) 사태 등 중동문제에 발이 묶여 있어 6자회담의 재개에 힘을 기울일 수 없었다.

그러던 중 김정일 국방위원장의 갑작스런 사망으로 충분한 후계자 수업 없이 집권한 김정은은 초기에는 권력 안정화에 치중했지만, 그 뒤 경제개발구를 잇달아 발표하고 대외경제성을 신설하는 등 적극적인 경제건설에 나섰다. 하지만 북한 핵문제가 미국의 정책 우선순위에서 뒤로 밀리면서, 미국은 적극적인 협상 노력 없이 사실상 방치한

---

5) 조성렬, 『뉴 한반도 비전: 비핵 평화와 통일의 길』, 백산서당, 2012, pp.57~59.

6) 조성렬, 『뉴 한반도 비전: 비핵 평화와 통일의 길』, pp.59~60.

채 대북 제재와 군사적 압박을 통한 상황관리에만 주력했다.

김정은 정권은 2013년 3월 당중앙위원회 전원회의에서 경제건설과 핵무력건설의 병진노선을 채택하고 추진했지만, 부분적인 경제개혁의 성과에도 불구하고 국제사회의 제재로 대외개방정책이 부진하였다. 그러자 2016년부터 북한은 본격적으로 핵·미사일의 고도화에 주력하면서 국가핵무력의 완성에 총력을 기울이기 시작하였다. 그리하여 2017년에 들어와 본격적인 전략 도발이 시작되었고 수소탄 실험과 대륙간탄도미사일 시험발사의 성공을 토대로 마침내 '국가핵무력의 완성'이 선언된 것이다. 이제 북한은 북·미 대화에 적극 나서면서 핵무기의 포기를 체제안전과 경제발전을 위한 상응조치 확보를 위한 협상 카드로 삼으려는 자세를 취하고 있다.

Ⅲ. 북한의 핵분열물질 및 핵무기·미사일 개발 현황

1. 북한의 핵분열물질 생산능력[7]

(1) 플루토늄 생산용 흑연로

2019년 2월 27~28일 베트남 하노이에서 개최됐던 제2차 북·미 정상회담에서 영변 핵시설의 폐기 문제가 주요 이슈로 떠올랐다. 쟁점은 '영변'에 대한 공동의 정의문제와 관련해 영변 이외의 지역에 은

---

[7] 이 부분은 해군 정보장교 출신 김현중의 도움을 받아 작성되었다.

닉된 핵시설이 없는가 하는 문제였다. 2월 28일 합의서 채택이 불발된 직후 가진 기자회견에서 트럼프 대통령은 북측이 영변의 범위를 명확히 제시하지 못했다고 밝힌 바 있다.[8]

제2차 북·미 정상회담 때 '영변'에 대한 공동의 정의를 놓고 양측이 이견을 보였다. '영변'의 정의와 관련해 제2차 북·미 정상회담의 폐회 뒤인 3월 1일 새벽 리용호 북한 외무상은 완전한 폐기의 대상이 '영변의 플루토늄과 우라늄을 포함한 모든 핵물질 생산시설'이라고 밝힌 바 있다. 하지만 미 국무부 고위 당국자는 "북한이 제재 해제를 조건으로 우리에게 제안한 것은 영변 단지 일부의 폐쇄였다"고 반박하고 있다.[9]

이처럼 제2차 북·미 정상회담에서 '영변'의 정의를 둘러싸고 양측이 이견을 보였다는 점은 의미심장하다. '영변'의 의미에 대해 북한은 영변핵단지 내의 각종 시설과 장비로 좁게 정의한 반면, 미국은 영변핵단지의 시설들 외에 우라늄농축시설 등을 포함하는 전반적인 핵분열물질 생산능력과 같은 포괄적 정의로 받아들이고 있었다. 그런 점에서 향후 비핵화 협상을 성공적으로 추진하기 위해서는 우선 대상이 되는 북한의 핵시설 전반을 살펴보는 것이 중요하다.

이미 공개된 북한의 주요 핵시설 가운데 채광 및 정련 시설들은 황해도 평산과 평안남도 순천, 평안북도 박천 등지에 분포하고 있다. 이

---

[8] 『연합뉴스』, 2019년 3월 12일.

[9] 여기서 말하는 미 국무부 고위관리는 비건 대북정책특별대표이다. 미국 CNN방송(2019.3.6.)은 트럼프 대통령이 호텔을 떠날 채비를 할 때 최선희 부상이 "그곳(영변)에 있는 모든 것을 포함한다"는 김정은 위원장의 메시지를 들고 황급히 미 대표단에 전달했다는 뒷얘기를 보도한 바 있다. 『연합뉴스』, 2019년 3월 7일.

가운데 박천 우라늄정련시설은 1992년부터 가동이 중단된 상태이다. 함경북도 길주에는 핵실험장이 있는데, 2018년 5월 24일 자체적으로 파괴해 폐쇄한 상태이다.

〈표 1-1〉 북한의 주요 핵시설 현황

종류	시설명	소재	현황	1994년 동결 여부	2007년 불능화 대상
채광 및 정련 시설	평산우라늄광산	황해도 평산	운영중		
	순천우라늄광산	평남 순천	운영중		
	평산 우라늄정련시설	황해도 평산	운영중		
	박천 우라늄정련시설	평북 박천	가동중단 (1992)		
원자로	IRT-2000 연구로	영변 핵물리연구소	운영중		
	5MWe 흑연로	영변 핵물리연구소	운영중	○	○
	50MWe 흑연로	평북 영변	건설재개 검토	○	
	200MWe 흑연로	평북 태천	건설중단	○	
	100MWth 경수로	평북 영변	건설중단		
핵연료 생산	핵연료봉 제조시설	평북 영변		○	○
	농축시설	평북 영변			
재처리	방사화학실험실	평북 영변		○	○
연구시설	동위원소가공시설	평북 영변			
핵무기개발	핵실험장	함북 길주군	핵실험		

<출처> 안진수, "영변 핵시설 현황과 폐기의 기술적 과정," 통일연구원 정책토론회 발표문, 2019년 2월 21일, p.2.

영변지역에서 플루토늄의 생산과 재처리와 관련된 원자로는 IRT-2000 연구로와 5메가와트(MWe) 흑연로가 있는데, 이 중 5MWe 흑연로는 2018년 말부터 가동이 중단된 후 재처리시설의 가동 징후는 없다.10) 또한 50MWe 흑연로, 200MWe 흑연로, 100MWth 경수로는 건설이 중단된 상태이다. 이밖에도 이 지역에는 핵연료봉 제조시설과 농축시설 등 핵연료 생산시설, 플루토늄을 재처리하는 방사화학실험실, 동위원소분리시설 등이 있다.(<표 1-1> 참조)

공식적으로 확인되지 않은 우라늄농축 시설, 우라늄농축 연구시설, 고폭실험 시설, 핵무기 연구시설, 핵무기 제조시설, 핵무기 저장시설 등 핵과 관련한 많은 제조시설들이 영변과 그 이외의 지역에 분산되어 존재할 가능성이 높다.

(2) 우라늄 농축시설

북한은 1999년 파키스탄으로부터 20여 개의 P-1 타입과 P-2 타입의 원심분리기 완제품과 설계도를 손에 넣었고, 2002년 러시아로부터 원심분리기 2,600개 분에 해당하는 고강도 알루미늄관 150톤을 구입했다. 그 뒤 영변에서 우라늄농축 시설을 2009년 4월에 착공하여 2010년 11월부터 가동하였다. 북한은 자신들의 원심분리기가 유렌코(Urenco)의 알멜로(Almelo) 시설과 일본의 로카쇼무라 시설을 참조해 개발한 것이라고 설명하고 있다.11)

---

10) 국회 정보위원회에서 서 훈 국정원장의 답변 내용. 『연합뉴스』, 2019년 3월 5일.

11) Siegfried S. Hecker, "What I Found in North Korea: Pyongyang's Plutonium Is No Longer the Only Problem," *Foreign Affairs*, December

북한은 기체원심분리법으로 우라늄을 농축하고 있는데, 이 시설에는 2,000개의 원심분리기로 구성된 6개의 캐스케이드가 있다. 원심분리기들은 파키스탄에서 제조한 P-1 타입이 아니며 외형상으로 볼 때 P-2와 유사하다. 북한은 시설용량이 8,000kg-SWU/년이라고 주장하고 있는데, 원심분리기의 수량이 2,000개이기 때문에 원심분리기 1개의 용량이 4kg-SWU/년인 P-2 타입에 가깝다.

하지만 실제 생산능력은 북한측도 확신하지 못하는 것으로 보인다. 원심분리 시설이 제대로 성능을 발휘하려면 상당 기간 동안의 운전경험이 필요하다. 이란의 경우도 2019년 초 시설의 성능이 설계용량의 60%인 것으로 알려져 있다. 물론 북한이 별도의 비밀시설에서 오랫동안 운전경험을 축적했을 가능성도 있다. 북한에는 별도의 농축 연구시설과 비밀 농축시설이 존재할 가능성이 높기 때문이다.12)

제2차 북·미 정상회담에서 합의서 채택이 불발된 이후 가진 기자회견에서 트럼프 대통령은 "영변 핵시설 이외에 우리가 발견한 게 있었다"면서 우라늄 농축시설이라고 밝혔다. 비밀 고농축우라늄시설로 의심을 받고 있는 곳은 평양 남부 산업단지 천리마구역의 옛 지명인 강선이다. 미국 과학국제안보연구소(ISIS)는 북한이 영변 외에 강선에 고농축우라늄을 생산할 수 있는 핵시설을 갖고 있으며 영변 핵시설의 두 배 이상의 규모라고 밝혔다.13) 그밖에도 평안북도 방현 비행장 인

9, 2010. https://www.foreignaffairs.com/articles/northeast-asia/2010-12-09/what-i-found-north-korea (검색일 2019.03.10.)

12) 안진수, "영변 핵시설 현황과 폐기의 기술적 과정," 통일연구원 정책토론회 발표문, 2019년 2월 21일, p.11.

13) 이 보고서에는 영변 외의 지역을 '강성(Kangsong)'으로 표기했으나 '강선(Kangson)'의 오기로 보인다. David Albright, "On the Question of

근과 박천 및 자강도의 하갑과 연하 등 최소 4곳에 고농축우라늄 의심시설이 있을 것으로 추정되고 있다.14)

(3) 삼중수소 생산시설

북한은 1990년대 초반에 옛소련 출신의 과학자들을 통해 이미 수소폭탄 설계도를 확보한 것으로 보인다. 그 뒤로 북한은 수소폭탄의 제조에 필요한 핵융합기술을 끊임없이 개발해 왔다. 북한은 2010년 5월 "열핵반응장치가 설계 제작되고 핵융합반응과 관련한 기초연구가 끝났으며 열핵기술을 우리 힘으로 완성"했다고 밝혔다.15) 2016년 1월 4차 핵실험 때 북한은 정부성명을 통해 '시험용 수소탄'이라고 호칭했는데, 이것은 아직 완전한 수소폭탄은 아니지만 이 때 핵융합기술을 이용한 증폭핵분열장치 핵실험을 성공한 것으로 보인다.16)

증폭분열탄이나 수소폭탄을 만드는 데 필요한 핵융합반응의 효율을 높이는 데 삼중수소(3H, Tritium)가 사용된다. 그 동안 북한은 삼중수소를 제조할 기술력이 없기 때문에 수출통제품목인 삼중수소를 밀수입하지 않는 한 수소폭탄을 만들 수 없다고 판단되었다. 하지만 북한지역에 많이 분포하는 리튬6(Li6)화합물을 직접 사용하거나 Li6화합물에서 분리하여 삼중수소를 생산할 능력이 있는 것으로 최근 평가되고 있다.17)

Another North Korean Centrifuge Plant and the Suspect Kangsong Plant," Institute for Science and International Security, May 25, 2018.

14) 이장훈, "비밀 우라늄 농축시설 최소 4곳," 『주간조선』, 2019년 3월 11일.
15) 『로동신문』, 2010년 5월 12일.
16) "조선민주주의인민공화국 정부 성명," 『조선중앙통신』, 2016년 1월 6일.

〈그림 1-1〉 북한 영변지역의 핵시설 현황

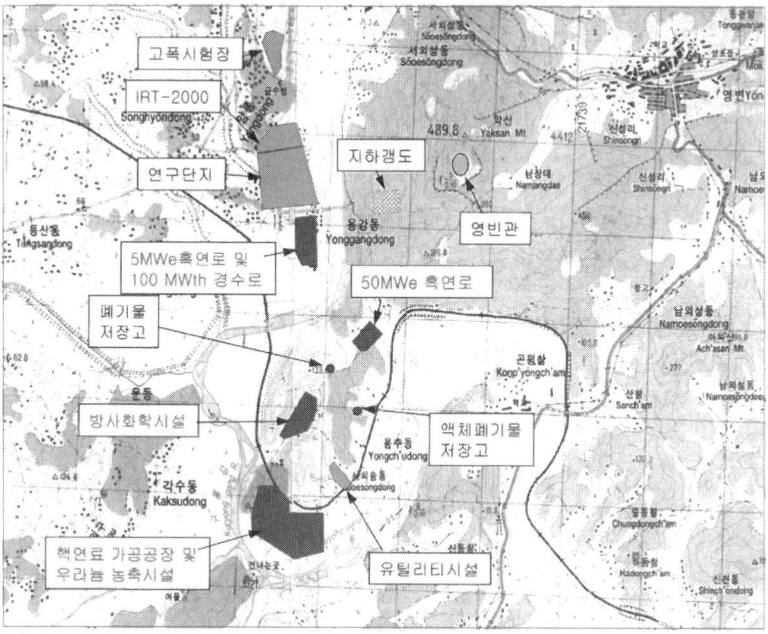

<출처> 안진수, "영변 핵시설 현황과 폐기의 기술적 과정," 통일연구원 정책토론회 발표문, 2019년 2월 21일, p.5.

실제로 국군화생방방호사령부는 "영변에 있는 5MWe 원자로와 연결된 소형건물은 삼중수소 분리시설로 보이고 신축 중인 경수로와 그 아래 건물 역시 관련 시설로 보인다"고 평가하고 북한이 증폭핵분열탄과 수소폭탄의 제조에 필요한 중수소와 삼중수소를 분리·생산할 수 있는 것으로 보고 있다.[18] 미국 과학국제안보연구소(ISIS)의 데이비

---

17) 이상민, "제4차 북한 핵실험의 기술적 평가 및 추가 핵실험 전망," 「주간국방논단」 제1606호, 2016년 2월 15일, pp.5~6.
18) 국군화생방방호사령부, 『2015년 후반기 합동 화생방 기술정보』, 2016년 1월 3일.

드 올브라이트 소장과 세레나 캘러허-버간티니 연구원도 북한이 영변에 있는 동위원소분리시설(Isotope Separation Plant)에서 삼중수소를 생산하고 있을 가능성이 있다고 평가하고 있다.[19]

2. 북한의 핵무기 전력 현황

(1) 핵분열물질 및 핵무기 보유량

2018년 2월에 미 국방부가 발행한 「2018 핵태세검토보고서(NPR 2018)」는 지난 몇 년간 북한이 탄도미사일 시험 발사 빈도를 급격히 증가시켰으며, 최근에는 미 본토를 타격할 수 있는 대륙간탄도미사일(ICBM)을 시험발사했다고 지적하고 있다. 또한 북한이 미 본토를 핵무기 탑재 탄도미사일로 공격할 수 있는 역량을 갖추기까지 몇 달밖에 남지 않았다고 평가하였다.[20]

북한은 핵무기용 플루토늄과 고농축우라늄을 지속적으로 생산하고 있다. 5MWe 영변원자로의 노후화로 플루토늄 생산이 한계에 직면하자 시설용량이 큰 50MWe, 100MWe 흑연로나 경수로를 증설, 신설하기보다 은닉이 용이한 원심분리기 시설을 통한 고농축우라늄 생산

---

[19] David Albright and Serena Kelleher-Vergantini, "Plutonium, Tritium, and Highly Enriched Uranium Production at the Yongbyon Nuclear Site: North Korea's nuclear arsenal may be growing significantly," *ISIS Imaginary Brief*, June 14, 2016, p.5.

[20] Office of The Secretary of Defence, *Nuclear Posture Review 2018*, February 2018, pp.11~12.

으로 핵분열물질을 다종화하였으며, 대륙간탄도미사일에 탑재할 수 있도록 지속적으로 폭발력을 증대시키는 핵실험을 연거푸 실시해 핵탄두의 소형화, 경량화를 추진해 왔다.

〈표 1-2〉 북한의 핵실험 현황

차수	날짜	지진강도	추정폭발력	비 고
1차	2006.10.9.	진도 4.1	0.5 kt	플루토늄 폭발장치 핵실험
2차	2009.5.25.	진도 4.5	1-3 kt	플루토늄 폭발장치 핵실험
3차	2013.2.12.	진도 5	10 kt	고농축우라늄 폭발장치 핵실험
4차	2016.1.6.	진도 4.8	5 kt	증폭분열 폭발장치 핵실험, 북한은 수소탄 핵실험이라고 주장
5차	2016.9.9.	진도 5.1	10-15 kt	증폭분열 핵탄두 핵실험
6차	2017.9.3.	진도 6.1	140-250 kt	수소 핵탄두 핵실험

<출처> Hans M. Kristensen & Robert S. Norris, "North Korea nuclear capabilities, 2018," *Bulletin of the Atomic Scientists*, Vol.74, No. 1, 2018, p.45.

북한은 핵분열물질의 생산을 지속하면서 핵탄두(nuclear warhead) 의 보유량을 늘려왔다. 북한의 핵탄두 보유량을 추정하기 위해서는 플루토늄과 고농축우라늄의 생산량을 알아야 한다. 핵탄두 1개를 제 조하기 위해 플루토늄과 고농축우라늄이 얼마나 필요한지는 북한의 기술수준에 달려 있다. 국제원자력기구(IAEA)는 핵탄두 1개를 만드 는 데 필요한 유의미 중량(SQ, Significant Quantities)을 플루토늄 8kg, 고농축우라늄 25kg으로 보고 있다.[21] 하지만 삼중수소(Tritium)를 사

---

21) International Panel of Fissile Materials(IPFM), *Global Fissile Material Report 2015: Nuclear Weapon and Fissile Material Stockpiles and Production*, 2015, p.44.

용할 경우 핵분열물질을 적게 사용하고도 '증폭' 효과를 얻을 수 있다.22)

〈표 1-3〉 핵무기 생산에 필요한 핵분열물질의 양

	플루토늄	고농축우라늄	위 력	사 례
IAEA 유의미 중량(SQ)	8kg	25kg*		
1세대 건타입 무기	해당없음	50-60kg	20kt	히로시마
1세대 내폭형 무기	5-6kg	15-18kg	20kt	나가사키(Pu 6kg)
2세대 1단형 무기	4-5kg	12kg	40-80kt	(공중부상 피트)
2단형 저위력 무기	3-4kg Pu, 4-7kg HEU		100-160kt	W76(트라이던트I,II)
2단형 중위력 무기	3-4kg Pu, 15-25kg HEU		300-500kt	W87(피스키퍼)/W88 (SLBM트라이던트II)
2단형 고위력 무기	3-4kg Pu, 50+kg HEU		1-10MT	B83(항공투하폭탄)

<출처> International Panel of Fissile Materials(IPFM), *Global Fissile Material Report 2015: Nuclear Weapon and Fissile Material Stockpiles and Production*, p.44.

<표 1-3>에서 보듯이, 기술 수준과 위력에 따라 핵탄두 1개를 만드는 데 필요한 플루토늄과 고농축우라늄의 양이 달라진다. IAEA가 제시한 플루토늄의 SQ는 8kg이지만, 기술 수준과 위력에 따라 5~6kg, 4~5kg, 3~4kg으로 차이가 난다. 마찬가지로 IAEA가 제시한 고농축우라늄의 SQ는 25kg이지만, 기술 수준과 위력에 따라 50~60kg에서 15~18kg, 12kg, 4~7kg 등으로 커다란 차이를 보이고 있다.

북한이 핵탄두를 얼마나 보유했는지에 대해 미국 기관들의 평가는

---

22) Hans M. Kristensen & Robert S. Norris, "North Korea nuclear capabilities, 2018," *Bulletin of the Atomic Scientists*, Vol.74, No.1, 2018, p.47.

서로 다르다. 미 국방정보국(DIA)은 북한이 핵탄두 60개를 만들 수 있는 핵분열물질을 생산했다고 평가하고 있는 것으로 알려졌다.[23] ISIS의 데이비드 올브라이트 박사는 북한이 600~1,000kg의 무기급 우라늄과 30kg의 플루토늄을 제조한 것으로 보고 이를 바탕으로 26~44개의 핵무기를 보유하고 있는 것으로 평가한다.[24] 스탠포드대학의 지그프리드 헤커 박사는 20~40kg의 플루토늄과 250~500kg의 고농축우라늄의 추정치를 바탕으로 16~32개의 핵무기를 보유하고 있는 것으로 평가하고 있다.[25]

(2) 핵탄두 보유량의 증대와 북한 핵전략 변화

그렇다면, 북한이 핵탄두 보유량을 계속 늘리는 것은 어떤 의미를 갖는가? 북한이 「자위적 핵보유국 지위 공고화 법」(2013)에서 밝힌 핵 독트린의 핵심은 △핵억제와 △확증보복의 두 가지이다. 하지만 북한의 핵탄두 보유량은 16~60개로 충분하지 않으며 운반수단의 능력도 제한적이기 때문에 확증보복 전략(Assured Retaliation Strategy)을 위한

---

[23] Joby Warrick, Ellen Nakashima and Anna Fifield, "North Korea Now Making Missile-Ready Nuclear Weapons, US Analysts Say," *The Washington Post,* August 8, 2017.

[24] David Albright, "On the Question of Another North Korean Centrifuge Plant and the Suspect Kangsong Plant," p.23.

[25] Sigfried S. Hecker, "What We Really Know About North Korea's Nuclear Weapons, And What We Don't Yet Know For Sure," *Foreign Affairs,* December 4, 2017. https://www.foreignaffairs.com/articles/north korea/ 2017-12-04/what-we-really-know-about-north-korea-nuclear-weapons (검색일 2019.03.10.)

'억제의 신뢰성'을 확보하지 못하고 있다. 그렇기에 북한은 '억제의 신뢰성'을 높이고 '확증보복 플러스 전략'으로 이행하기 위해 핵탄두의 보유량을 늘리고 운반수단 능력을 향상시켜 왔다.

북한이 확증보복 능력을 확보하기 위해 필요로 하는 핵탄두의 수는 핵탄두 성능과 정밀도, 표적의 수에 따라 달라지기 때문에 정해진 것은 없다. 하지만 북한의 핵전략이 확증보복에서 확증보복 플러스로 강화해 나갈지 여부는 핵탄두 보유량에 달려 있다.[26] 현재 진행 중인 비핵화 협상이 조기에 타결되지 않는 한 북한은 계속해서 핵분열물질의 보유량을 늘려나가고 그에 따라 핵전략도 변할 것이다. 미국의 군사전문가 쉴링과 칸은 공동연구에서 북한의 확증보복 전략 시나리오를 '핵탄두 보유량'에 따라 세 가지로 나누어 전망하고 있다.[27]

제1시나리오는 핵탄두 보유수가 20개로 소수이고 운반수단이 주로 동북아지역에 초점이 맞춰져 있고 비상작전용으로 소수의 ICBM만이 실전배치된 경우이다. 이때 북한의 확증보복 전략은 유지되며, 미국의 핵공격에 맞서거나 필요할 경우에만 한국에 대해 핵무기 사용을 위협할 것으로 전망한다. 이때 일본을 공격목표로 삼을 가능성도 있다.

제2시나리오는 핵탄두 보유수가 50개이고 주로 동북아시아에 초점을 맞추되 ICBM 위협이 커졌을 경우이다. 핵폭발 능력은 10~20kt에

---

[26] David Albright, *Future Directions in the DPRK's Nuclear Weapons Program: Three Scenarios for 2020*, US-Korea Institute at SAIS, February 2015.; Joseph S. Bermudez Jr., "North Korea's SINPO-class Sub: New Evidence of Possible Vertical Missile Launch Tubes: Sinpo Shipyard Prepares for Significant Naval Construction Program," *38North*, January 08, 2015.

[27] 다음의 3개 시나리오와 그림은 다음에서 그대로 옮겨온 것이다. 조성렬, 『전략공간의 국제정치: 핵·우주·사이버 군비경쟁과 국가안보』, pp.146~147.

서 50kt까지 커지고 운반수단도 다양하게 확보될 것으로 보인다. 이로 인해 북한의 확증보복 능력은 한층 생존성이 향상되고 강력해질 것으로 보인다. 그 결과 동북아지역 및 미국에 대한 북한의 위협이 훨씬 신뢰성을 갖게 되며, 일본과 지역갈등이 생길 경우에 북한이 제한적으로 핵무기 사용을 검토할 가능성이 있다.

〈그림 1-2〉 북한의 핵·미사일 능력 시나리오

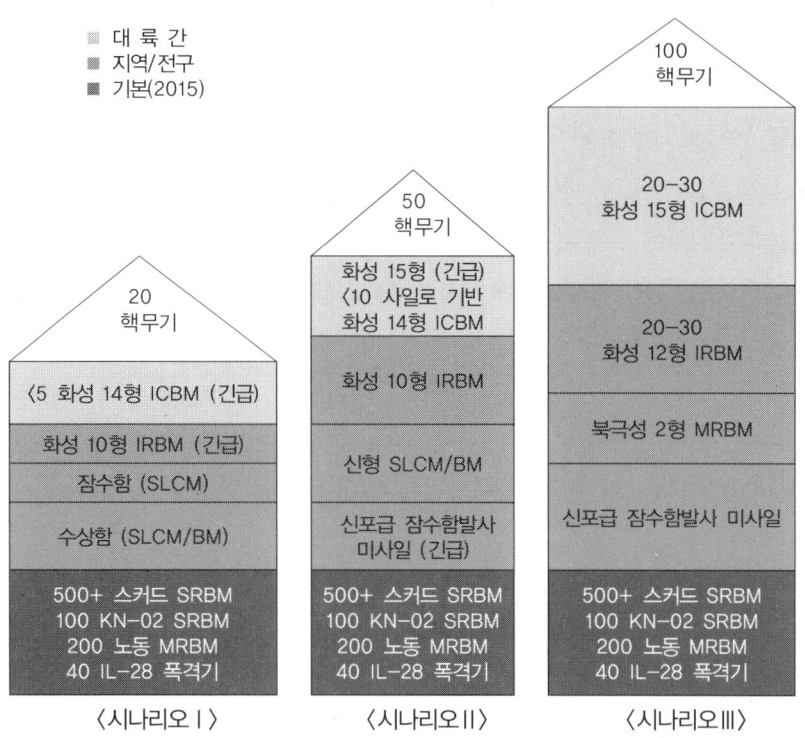

<출처> John Schilling and Henry Kan, *The Future of North Korean Nuclear Delivery Systems*, US-Korea Institute at SAIS, August 2015, p.23.

제3시나리오는 핵탄두 보유수가 100개이고 동북아 및 미국까지 공격목표로 할 수 있는 능력을 갖출 경우이다. 이때 북한은 핵탄두의 소형화·경량화와 탄도미사일의 사거리 연장 등 보다 강력한 확증보복 능력을 갖게 된다. 북한지도부가 확증보복 전략을 넘어서 '선제사용'을 위협할 수도 있지만, 한·미의 공격이 임박했다고 판단하는 특정 조건에 국한될 것이다. 마찬가지로 일본에 대한 핵 사용가능성도 매우 낮을 것이다. 다만 북한이 보다 소형화된 전술핵무기를 생산하게 된다면 상당한 도전요인이 될 수 있다.

3. 북한의 탄도미사일 전력 현황

(1) 탄도미사일의 종류와 특징

탄도미사일은 지상발사 미사일과 잠수함발사 미사일로 나누어볼 수 있다. 탄도미사일의 사거리에 따라 근거리탄도미사일(50~300km), 단거리탄도미사일(300~1,000km), 중거리탄도미사일(1,000~3,000km), 중장거리탄도미사일(3,000~5,500km), 대륙간탄도미사일(5,500km 이상)로 구분된다. 그 외에도 고체연료를 사용하는지, 액체연료를 사용하는지로도 구분할 수 있다.

북한이 보유하고 있는 근거리탄도미사일로는 러시아의 토치카(Tochka)를 기반으로 개발한 최대사거리 120km인 독사(KN-02) 미사일이 있다. 단거리탄도미사일로는 스커드-B, -C가 있으며, 중거리 탄도미사일에는 화성 7형(노동), 화성 9형(스커드 ER), 고체연료를 사용하는 북극성 2형으로 분류된다. 북한의 핵탄두 탑재 기술이 아직 초보적이기 때문에, 실제 작전에서 가용할 수 있는 탄도미사일은 중거리인 노동 탄도미사일이 유일한 것으로 평가되고 있다.[28]

북한의 중장거리탄도미사일(IRBM)에는 화성 10형(무수단)과 화성 12형이 있는데, 괌도 포위사격 방안 때 거론됐던 화성 12형은 최근 실전배치된 것으로 보인다. 미 본토를 타격할 수 있는 대륙간탄도미사일(ICBM)에는 실전배치가 완료된 대포동 2형과 현재 개발중인 화성 13형, 화성 14형, 화성 15형이 있으며, 고체연료를 사용하는 북극성 3형도 개발 중에 있다.

〈그림 1-3〉 북한 탄도미사일의 종류와 사거리

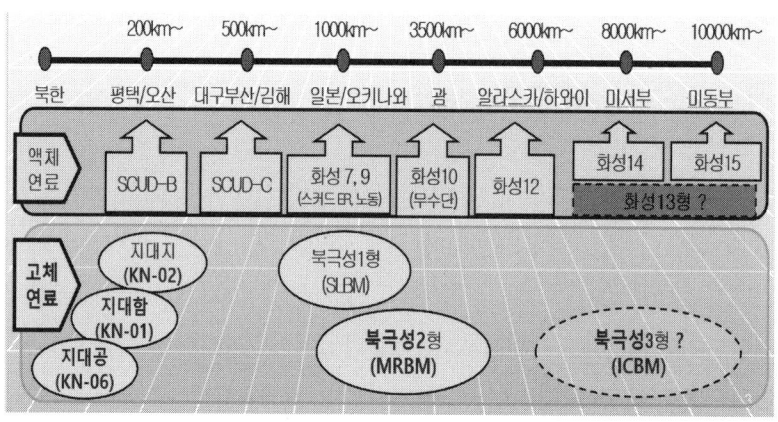

<출처> 김동엽, "북한의 핵무력 운용전략," 경남대 극동문제연구소 편, 『한반도 정세: 2017년 평가 및 2018년 전망』, 2017년 12월, p.33.

---

28) Hans M. Kristensen & Robert S. Norris, "North Korea nuclear capabilities, 2018," pp.41~42.

〈표 1-4〉 북한의 탄도미사일 개발 현황

타입/이름	미국 등 호칭	배치연도	사거리	단(연료)	탑재중량	발사대
지상발사 탄도미사일						
대륙간탄도미사일(ICBM, 사거리 5,500+km)						
(북극성-3)	?	개발	?	?(고체)	1×?	이동식(c)
화성-15	KN-22	개발	13,000	2×액체	1×1,000?	이동식
화성-14	KN-20	개발	10,400	2 (액체)	1×?	이동식
화성-?	KN-14	개발	(9,000)	3 (액체)	1×?	이동식
화성-13	KN-08	개발	5,500+	3 (액체)	1×?	이동식
대포동-2	대포동-2	(2012)	12,000+	3 (액체)	1×800+	고정식
중장거리탄도미사일(IRBM, 사거리 3,000-5,500km)						
화성-12	KN-17	개발	3,300-4,500	1 (액체)	1×1,000	이동식(c)
화성-10	무수단, BM-25	(2017)	3,000+	1 (액체)	1×1,000	<50 이동식
중거리탄도미사일(MRBM, 사거리 1,000-3,000km)						
북극성-2	KN-15	개발	1,000+	1 (고체)	1×?	이동식(c)
화성-7	노동	(1993)	1,200+	1 (액체)	1×1,000	<100 이동식
화성-9	스커드ER, KN-4	(2016)	1,000	1 (액체)	1×500	이동식
잠수함발사 탄도미사일(SLBM)						
북극성-1	KN-11	개발	(1,000+)	1 (고체)	해당없음	(1)SSB

<출처> Hans M. Kristensen & Robert S. Norris, "North Korea nuclear capabilities, 2018," p.42.

(2) 신형 대형엔진의 개발과 대륙간탄도미사일

김정은 위원장은 2017년 3월 18일 액체연료를 사용하는 신형 대형 엔진의 연소실험이 성공하자 이를 '3.18 혁명'이라고 부르며 신형 백두산엔진의 개발을 주도한 과학자들을 업어주었다는 에피소드도 있다. 이를 계기로 북한은 안정성이 입증된 중장거리탄도미사일과 대륙간탄도미사일을 보유하게 되었다.

이 신형 대형엔진은 2016년 9월에 신형 정지위성 운반로켓용 엔진의 분출 실험을 했던 '백두산계열'의 엔진으로, 액체연료를 사용하는 옛소련제 RD-250 트윈엔진을 개조한 것이다. RD-250엔진은 우크라이나 국영 우주로켓 제조업체 유즈마쉬에서 생산된 것으로, 1965년 12월 16일 최초로 시험발사되었는데 2개의 로켓 엔진을 묶은 형태였다.29)

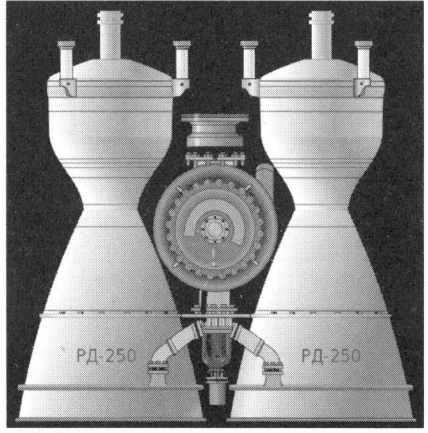

〈그림 1-4〉 북한 ICBM용 백두산엔진과 동일모형인 RD-250엔진

<출처> https://en.wikipedia.org/wiki/RD-250

---

29) Mariana Budjeryn & Andrew Zhalko-Tytarenko, "North Korean Missile Engines: Not from Ukraine," *Atlantic Council*, September 12, 2017. http://www.atlanticcouncil.org/blogs/ ukrainealert/north- korean-missile-engines-not-from-ukraine (검색일 2018.01.26)

북한이 2017년 7월 4일과 7월 28일에 시험발사한 대륙간탄도미사일 화성 14형은 RD-250엔진 1개만 장착한 것이고, 11월 29일에 시험발사한 대륙간탄도미사일 화성15형은 RD-250엔진 2개를 장착한 것이다.(<표 1-5> 참조)30)

〈표 1-5〉 북한이 시험발사한 ICBM급 탄도미사일

ICBM이름 (북한 발표)	화성-14형	화성-14형	화성-15형
일 시 (서울시간 기준)	2017년 7월 4일 오전 9시 40분	2017년 7월 28일 오후 11시 41분	2017년 11월 29일 오전 3시 18분
장 소	평안북도 구성시 방현	자강도 진천군 무평리	평안남도 평성시
최고고도	2,802km	3,274.9km	4,475km
비행거리	933km	998km	950km
비행시간	39분	47분 12초	53분
최대사거리(추정)	10,000km	10,000km	13,000km

---

30) 현재 세계 최대의 ICBM인 러시아 SS-18 사탄 핵미사일의 엔진이 RD-250 계열이다. 사탄 핵미사일은 상업용 우주발사체인 싸이클론 1호, 싸이클론 2호, 싸이클론 3호, 드네프르 로켓으로도 사용되었다. 연료로 사산화 이질소(N_2O_4), 산화제로 UDMH를 사용하며, 추력 90톤이다. SS-18 사탄은 RD-250 4개를 묶어서 1단, RD-250 1개를 2단으로 사용한다. Wikipedia, "RD-250". https://en.wikipedia.org/wiki/RD-250 (검색일 2018. 01.26.)

Ⅳ. 북한의 전략 도발과 미국의 대북 군사행동론

1. 북한의 전략 도발 방향

(1) 북한의 미 본토 타격능력 확보

2016년 12월 9일 국회에서 박근혜 대통령에 대한 탄핵을 결의하고, 2017년 3월 10일 헌법재판소가 이를 인용하면서 탄핵이 확정되었다. 그 뒤 대통령 선거가 치러져서 5월 9일 새로 문재인 정부가 출범할 때까지 한국정부는 리더십 공백 사태를 맞이하고 있었다. 이러한 한국의 리더십 공백 속에서 북한의 전략 도발이 계속됐다. 북한 김정은 위원장은 2017년 신년사에서 "대륙간탄도로케트 시험발사 준비 사업이 마감단계"에 이르렀다고 선언하여 각종 도발을 예고했다. 2017년 초부터 문재인 정부가 출범한 5월 9일 이전까지 북한은 6차례에 걸쳐 탄도미사일 9발을 발사했다.

미국은 북한이 오판하도록 하지 못하도록 고위급 인사들을 잇달아 한국에 파견했다. 2월 2~3일 매티스 미 국방장관이 방한한 데 이어, 3월 17~18일 틸러슨 미 국무장관이 방한했고, 4월 16~18일 펜스 미 부통령이 서울을 찾았다. 그러나 그 뒤에도 북한의 전략도발은 계속됐는데, 문재인 정부의 출범 이후부터 2017년 말까지 북한은 9차례에 걸쳐 11발의 탄도미사일을 시험발사했으며, 수소핵탄두로 여섯 번째의 핵실험을 단행했다. 김정은 정권이 2017년 1년간 실시한 15회 20

발은 전임 김정일 정권이 1998년~2011년의 13년간 실시한 9회 16발의 탄도미사일 시험발사 회수를 크게 상회하는 것이다.

북한의 전략 도발이 예전보다 잦아졌다는 점도 위협이 됐지만 더 큰 것은 북한이 미 본토에 도달할 수 있는 대륙간탄도미사일을 성공적으로 시험발사했다는 점이다. 북한은 2017년 7월 4일 대륙간탄도미사일 화성 14형을 일본열도 방향으로 쏘아올렸는데, 이 미사일이 933km를 날아가 일본의 배타적 경제수역(EEZ) 안으로 떨어졌다. 그 뒤 7월 28일 오후 11시 41분에도 또다시 탄도미사일 화성 14형을 시험발사하였다.

그런 가운데 7월 28일 미 국방정보국(DIA)이 7월 4일 발사된 화성 14형 탄도미사일에 관한 보고서를 발표했다. DIA보고서는 많은 전문가들이 예상했던 것보다 훨씬 빠르게 북한의 군사적 위협이 진화하고 있으며, 북한이 미 본토를 타격할 수 있는 대륙간탄도미사일을 제조하고자 하는 노력이 예상을 뛰어넘는다고 밝히고 있다. 그리고 북한이 탄도미사일에 장착 가능한 소형핵탄두를 개발하는 데 성공함으로써 자격을 갖춘 핵국가(full-fledged nuclear power)가 되기 위한 마지막 관문을 넘고 있다고 평가했다.[31]

북한은 신년사에서 밝힌 대로 연내 국가핵무력을 완성한다는 당초의 목표를 계속 추진해 나갔다. 그리하여 마침내 9월 3일 제6차 핵실험을 감행했다. 2016년 9월 9일 제5차 핵실험 이후 약 1년 만의 핵실험이었다. 중장거리탄도미사일의 잇단 시험발사로 한반도 긴장이 고조된 상태에서 수소탄 핵실험까지 실시함으로써 한반도 정세는 시계

---

[31] Joby Warrick, Ellen Nakashima and Anna Fifield, "North Korea now making missile-ready nuclear weapons, U.S. analysts say," *The Washington Post*, August 8, 2017.

제로의 상태로 빠져들게 됐다.

　북한의 핵무기연구소는 제6차 핵실험 직후 성명을 발표해 "조선노동당의 전략적 핵무력 건설 구상에 따라 우리의 핵과학자들은 9월 3일 12시 우리나라 북부 핵시험장에서 대륙간탄도로켓 장착용 수소탄시험을 성공적으로 단행하였다"고 주장했다. 성명은 "이번 수소탄시험은 대륙간탄도로켓 전투부에 장착할 수소탄 제작에 새로 연구·도입한 위력 조정 기술과 내부 구조설계 방안의 정확성과 믿음성을 검토·확증하기 위하여 진행되었다"고 밝혀 이번 핵실험의 목적이 대륙간탄도미사일에 장착가능한 소형 경량화된 수소핵탄두의 실험에 있다는 점을 분명히 했다.

　그 뒤 11월 29일 북한은 미국 수도 워싱턴까지 도달할 수 있는 대륙간탄도탄 화성 15형을 시험 발사하였다. 세 차례의 ICBM 시험발사가 모두 고각발사로 이루어지는 바람에 과연 북한이 대기권재진입 기술과 목표지점까지 정확히 날아가는 유도제어 기술을 완성했는지는 아직 입증되지 않았다. 같은 날 북한은 공화국 정부 성명을 통해 "김정은 동지는 새 형의 대륙간탄도로켓 '화성-15'형의 성공적 발사를 지켜보시면서 오늘 비로소 국가핵무력 완성의 역사적 대업, 로켓 강국 위업이 실현되였다고 긍지 높이 선포했다"고 발표했다.[32]

(2) 북한의 '괌도 주변 타격' 구상과 '전략군 화력 타격 계획'

　북한의 화성 14형 탄도미사일이 하와이, 알래스카는 물론 캘리포니아 서해안까지 도달할 수 있다는 미 국방정보국의 공식 보고서가 나

---

[32] 『조선중앙통신』, 2017년 11월 29일.

오자 미국 조야는 발칵 뒤집혔다. 가장 먼저 반응을 보인 곳은 하와이다. 북한의 대륙간탄도미사일 화성 14형이 하와이까지 사정거리에 둔다는 사실이 알려지자, 7월 21일 미국 하와이주 비상관리청(EMA)은 북한의 핵공격에 대비한 공격경보체계를 구축하고 정기적으로 훈련한다고 발표했고, 실제로 12월 1일 핵대피 사이렌을 울렸다. 이 무렵 미국 행정부 내에서 대북 군사행동론이 나오고 미 중앙정보국(CIA)은 북한문제에 대한 특수임무를 담당하게 될 코리아 미션센터를 신설하는 등 민첩하게 대응했다.

대북 군사행동론에 포문을 연 것은 린지 그레이엄 상원의원이다. 그는 8월 1일 미 NBC방송과의 인터뷰에서 북한이 미 본토를 공격할 능력을 갖추기 전에 아예 그러한 능력을 갖추지 못하도록 사전에 무력화하기 위한 예방전쟁이 필요하다고 주장했다. 또한 "북한의 장거리 핵·미사일 개발을 그대로 내버려두느니 북한과 전쟁하겠다고 트럼프가 내 앞에서 말했다"고 공개하며 지지 의사를 나타내기도 했다.

8월 5일 허버트 맥매스터 미 백악관 국가안보보좌관이 북한에 대한 예방전쟁을 언급했다. 8월 8일에는 트럼프 미 대통령이 북한이 도발을 멈추지 않는다면 북한은 엄청난 대가를 치르게 될 것이라면서 "그들은 화염과 분노(fire and furry)에 직면하게 될 텐데, 솔직히 그것은 이 세상에서 본 적이 없는 종류의 힘이 될 것이다"고 경고하였다. 이날 미국은 '죽음의 백조'로 불리는 장거리전략폭격기 B-1B 랜서 2대를 한반도 상공에 전개하며 북한을 군사적으로 압박했다.

하지만 북한은 미국의 반발에 강하게 맞받아치면서 오히려 도발의 수위를 더 높였다. 8월 9일 북한군 전략군은 대변인 성명을 통해 "앤더슨 공군기지를 포함한 괌도의 주요 군사기지들을 제압·견제하고 미국에 엄중한 경고 신호를 보내기 위하여 중장거리전략탄도로케트

⟨그림 1-5⟩ 북한전략군의 '괌도 주변사격 구상'

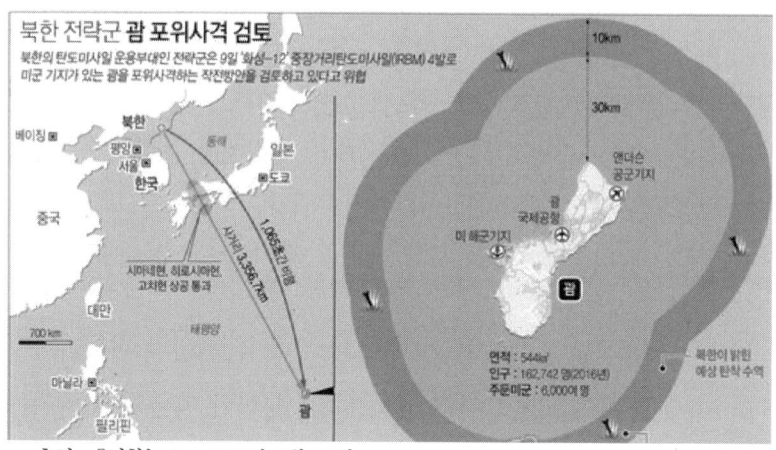

<출처> 『연합뉴스』, 2017년 8월 10일.

'화성-12'형으로 괌도 주변에 대한 포위사격을 단행하기 위한 작전 방안을 심중히 검토하고 있다"고 언급하며, "괌도 포위사격 방안은 곧 최고사령부에 보고되며, 김정은 동지께서 결단을 내리시면 임의의 시각에 동시다발적으로 실행될 것"이라며 주장했다.33) 같은 날 김락겸 북한군 전략군사령관도 개인성명을 내서 "중장거리전략탄도로케트 '화성-12'형 4발의 동시 발사로 진행하는 괌도 포위사격 방안을 심중히 검토하고 있다"고 밝혔다.

8월 10일 김락겸 사령관은 "화성-12형 4발로 괌에 대한 포위사격 방안을 검토하고 있으며, 일본 시마네현, 히로시마현, 고치현 상공을 통과해 괌 주변 30~40km 수역에 탄착하게 된다"고 위협하고 "전략군은 8월 중순까지 괌도 포위사격 방안을 최종 완성하여 공화국 핵

---

33) 『조선중앙통신』, 2017년 8월 9일.

무력의 총사령관 동지께 보고드리고 발사 대기태세에서 명령을 기다릴 것"이라고 밝혔다.34) 같은 날, 북한군 총참모부 대변인도 성명을 발표해 "미국의 무모한 선제타격 기도가 드러나는 그 즉시 서울을 포함한 1, 3 야전군 지역의 모든 대상들을 불바다로 만들고 태평양 작전 전구의 미제 침략군 발진기지들을 제압하는 전면적인 타격으로 이어지게 될 것"이라고 공갈을 퍼부었다.

8월 14일 김정은 위원장은 전략군사령부 지휘소에서 괌 포위사격 방안에 대해 김락겸 사령관한테서 보고를 받고 만족감을 표시하면서 "미제의 군사적 대결 망동은 제 손으로 제 목에 올가미를 거는 셈이 되고 말았다"면서 "비참한 운명의 분초를 다투는 고달픈 시간을 보내고 있는 미국놈들의 행태를 좀 더 지켜볼 것"이라고 말했다.35) 이같이 유보 입장을 밝히면서 북한의 대미 군사위협은 실행에 옮겨지지 않고 해프닝으로 끝났다.

2. 미국의 대북 군사행동론

(1) 북한의 괌도 포위사격 주장에 대한 미국의 반응

북한의 대륙간탄도미사일 시험발사에 대해 미국 내에서 예방타격론, 선제타격론과 같은 대북 군사행동론이 본격 등장하자, 북한도 8월 9일 괌도 포위사격 방안을 발표하면서 맞대응하는 바람에 북·미 간

---

34) 『조선중앙통신』, 2017년 8월 10일.
35) 『조선중앙통신』, 2017년 8월 15일.

에 정면 대결의 양상이 벌어졌다. 북한의 괌도 포위사격론이 나오자 매티스 국방장관은 "북한은 정권 종말과 자국민 파멸을 야기할 어떤 행동도 고려하는 것을 중단해야 한다"고 촉구했다. 그는 "북한 정권의 (군사)행동은 우리의 행동에 의해 극도로 압도될 것이고, 군비 경쟁이나 북한이 시작하는 충돌에서도 패배할 것"이라고 경고하였다.

트럼프 대통령은 8월 11일 트위터를 통해 "군사적 해법이 완전히 완료(in place)됐고 장전(locked and load)됐다. 김정은이 다른 길을 찾길 바란다"고 언급했다. 다음 날 트럼프 대통령은 국가안보회의(NSC)를 주재했는데, 회의를 전후해 가진 기자회견에서 "내 말이 거칠다고 말한 사람들이 있던데, (북한의 반응을 보니) 전혀 거칠지 않았나 보다"라며 "북한은 긴장해야 할 것"이라고 말했다. 트럼프 대통령은 또 "북한이 오는 15일까지 괌 주변을 공격할 것이라는 계획에 대해서 읽었다"며 "북한이 괌에 무슨 짓을 한다면, 아마 그 누구도 지금까지 보지 못했던 일이 북한에서 벌어질 것"이라고 경고를 날렸다.

북한이 괌 포위사격 가능성을 포함한 미국에 대한 위협 수위를 높이자 트럼프 대통령의 발언 수위도 높아졌다. 그러다가 김정은 위원장이 괌도 포위사격 계획을 유보한다는 발언이 나오자, 8월 16일 트럼프 대통령은 트위터를 통해 "북한의 김정은이 매우 현명하고 아주 합리적인 결정을 내렸다. 만약 그렇지 않았다면 재앙적이고 용납할 수 없는 일이 벌어졌을 것"이라고 언급했다.

이같이 북한과 미국 사이의 성명서, 인터뷰, 트위터 공방이 계속되는 가운데, 미 고위 군사당국자들이 잇달아 방한해 한국에 대한 강력한 방어 의지를 천명해 북한의 오판을 경계하고 실제 도발 시 응징에 직면하게 될 것임을 엄중히 경고하였다. 북한이 괌도 포위사격 방안을 철회하기 전인 8월 13~14일 조지프 던포드 미 합참의장이 방한하

〈그림 1-6〉 미 고위 군사당국자들의 대북 경고 회견

<사진> 새뮤얼 그리브스 신임 미사일방어청장(왼쪽부터), 존 하이튼 전략사령관, 해리 해리스 태평양사령관, 빈센트 브룩스 한미연합사령관, 김병주 한미연합사 부사령관이 패트리어트 요격미사일을 배경으로 주한미군 오산 공군기지에서 합동기자회견하고 있는 장면(2017.8.22.)

여 문재인 대통령을 예방하고 최근 한반도 안보상황과 대북정책 기조에 대한 한·미 공조원칙에 대한 입장을 재확인하였다.

북한이 전략군의 괌도 포위 위협포격론을 철회한 뒤, 8월 21일부터 시작된 한·미 을지프리덤가디언(UFG) 연습의 시찰을 위해 해리 해리스 미 태평양사령관(해군 대장), 존 하이튼 미 전략군 사령관(공군 대장),36) 새뮤얼 그리브스 미 미사일방어청 청장(공군 중장)이 8월 20일

---

36) 미사일방어체계를 총괄하는 존 하이튼 미 전략군 사령관은 북한이 대륙간탄도미사일(ICBM)능력을 갖추게 됨에 따라 한국과 일본을 방문하여 한·미·일 3국의 미사일 방어 협력에 대해 협의하였다.

부터 사흘간 한국을 방문하였다. 그리고 8월 22일에는 오산 미 공군 기지에서 미 태평양사령관과 전략군사령관, 미사일방어청장, 빈센트 브룩스 한미연합사 사령관 겸 주한미군사령관(육군 대장)과 김병주 한미연합사 부사령관(육군 대장)이 한 자리에 모여 오산 미 공군기지에서 합동기자회견을 갖고 북한의 전략 도발을 경고하고 오판하지 말라고 경고하였다.

(2) 대북 군사행동론의 정비

북한이 수소탄을 장착할 수 있는 대륙간탄도미사일을 개발하고 괌 도 포위사격 등 노골적인 군사위협을 가하면서 미국을 겨냥한 전략 도발을 계속하자, 미국은 여러 차원에서 북한에 대한 정책목표를 통일시키고 대북 군사행동론을 체계화하기 시작했다.

먼저, 미국은 2017년 12월 18일 「2017 국가안보전략보고서(NSS 2017)」를 발표해 북한의 핵무기와 생화학무기 개발로 미 국민 수백 만 명을 죽음으로 내몰 수 있고 역내 불안정을 초래하며 미국 및 동맹국을 가장 위협하는 '불량국가(Rogue tates)'라고 규정하였다. 대북 안보전략으로 '완전하고 검증 가능하며 되돌이킬 수 없는 폐기(CVID)' 방식의 한반도 비핵화를 강제할 옵션을 향상시키며, 압도적인 힘으로 북한의 침략에 대응한다고 밝히고 있다.[37]

2018년 1월 19일에 발표된 「2018 국방전략보고서(NDS 2018)」에서는 불량국가 북한이 핵무기, 생화학무기, 재래식·비재래식 무기의 조

---

37) The White House, *National Security Strategy of the United States of America*, December, 2017, pp.7~8 and pp.46~47.

합과 탄도미사일 고도화를 통해 한·미·일에 강압적 영향력을 행사해 체제의 생존과 협상 지렛대를 확보하고자 시도하고 있을 뿐만 아니라, 대량살상무기 역량을 악의적 행위자에게 확산시키고 있다고 평가했다. 이에 대응한 대북 군사정책으로 전구 및 북한의 탄도미사일 위협에 대한 다층적 방어와 방해 역량의 확보에 주력한다고 밝히고 있다.38)

2018년 2월 2일의 「2018 핵태세보고서(NPR 2018)」는 신흥 핵보유국인 북한의 핵위협을 러시아, 중국에 이어 세 번째로 중시하고, 북한의 핵개발 의도에 대해 재래식전장에서 핵무기로 군사적 열세를 만회하고 정치·군사적 이점을 확보하고 핵사용 위협을 통해 군사적 도발에 대한 행동의 자유를 확보하려고 한다고 평가하였다. 북한의 핵위협에 맞서 미 국방부는 해상기반 신형핵무기 개발과 핵무기 체제의 개편(저위력 원자폭탄, 소형 핵무기)으로 동맹국들에 대한 확장억제의 신뢰성을 증대한다고 밝혔다. 만약 북한이 핵도발을 감행할 때는 정권의 완전 종말을 시행하겠다고 경고하였다.39)

다음, 미국은 북한을 테러지원국으로 재지정하여 자위적 선제공격의 길을 열어 놓았다. 2017년 11월 8일 트럼프 대통령은 대한민국 국회 연설을 통해 '북한은 지옥'이라면서 김정은 정권을 규탄하고 대북제재의 필요성을 역설하였다. 그리고 11월 20일 북한에 억류되었다가 석방 뒤 바로 사망한 오토 웜비어의 죽음을 거론하며 북한을 테러지원국으로 재지정한다고 발표하였다. 북한을 테러지원국으로 재지정하

---

38) The Department of Defense, *Summary of the National Defense Strategy of the United States of America: Sharpening the American Military's Competitive Edge*, January 2018, p.2 and p.4.

39) Office of The Secretary of Defence, *Nuclear Posture Review 2018*, February 2018, p.33.

게 되면, 미국은 헌법 2조의 자위적 선제권에 근거한「무력사용권한 법」에 따라 '잠재적 테러리스트'로 규정하여 북한에 대한 선제공격 가능성이 높일 수 있게 된다.

「무력사용권한법」(2001.9.18.)은 임박한 테러 위협이 있다고 판단될 때 미 대통령에게 '선 공격, 후 통보'의 권한을 부여한 것이다. 이「무력사용권한법」은 전쟁 권한과 개시절차를 규정한「전쟁권한법(War Power Act, 1973.11.7.)」이 한계를 드러내면서, 9.11 테러사태를 계기로 임박한 위협에 대해 선제타격이 가능하도록 제정된 법률이다. 미국은 아프가니스탄 군사개입과 시리아 공군기지 공격 등을 단행할 때 이 법을 근거로 삼은 바 있다.40)

이어서, 미국은 전시억제이론에 따라 대북 군사작전을 수립하였다. 미국은 북한이 사실상 핵무기를 보유하게 됨에 따라 일찍부터 전시억제(Intra-war Deterrence) 이론에 근거해 대북 군사행동의 가능성을 검토해 왔다.41) 전통적인 핵억제이론이 전쟁으로의 진입을 억제하여 핵사용의 발생 가능성을 막는 전쟁이전억제(Pre-war Deterrence) 이론이었다면, 전시억제 이론은 미국이 북한에 대해 제한전을 계획하고 수행하더라도 북한이 핵무기를 사용하지 않도록 억제해 전면전으로 비화하지 않도록 한다는 개념이다.42)

---

40)「무력사용권한법」에 관한 자세한 내용은 이 책의 제5장 II-1-(2)를 참조할 것.

41) 류기현, 조홍일, 차명환, "전시억제이론(Intra-War Deterrence theory)과 한반도 적용,"『국방정책연구』, 제33권 제3호(통권 117호), 2017 가을, pp.9~29.

42) 테릴은 전시억제이론이 적용된 사례로 1973년 아랍-이스라엘 전쟁과 1991년 이라크 전쟁을 들고 있다. W. Andrew Terrill, *Escalation And*

이러한 전시억제이론에 기초하여 제한적 예방타격론이라고 할 수 있는 '코피작전(Operation Bloody Nose)'이 구상되었다. 이는 미국의 제한적 타격에 대해, 북한이 전면전 확전을 우려해 보복에 나서지 못하고 결국 비핵화 협상에 나서게 만든다는 작전개념이다. 코피작전에 대해 김정은 위원장이 코피가 터지면 보복을 단념하고 협상테이블로 나올 만큼 과연 이성적인가 하는 의문이 제기되고 있지만, 어찌 됐든 미국이 대북 선제공격을 심각하게 고민하고 있다는 사실을 보여준다.

끝으로, 미국의 대북 군사행동 시 지휘체계와 관련된 내용이다. 문재인 대통령은 북한과 미국 사이에서 괌도 주위사격 방안과 대북 선제공격론 등 군사충돌의 위험성이 높아지자 2017년 8.15 대통령 경축사를 통해 "누구도 대한민국의 동의 없이 군사행동을 결정할 수 없습니다. 정부는 모든 것을 걸고 전쟁만은 막을 것입니다"라고 단호한 우리 정부의 입장을 밝혔다. 이것은 한·미 연합사령부 체제 하에서 군사행동의 최고결정권자는 한·미 양국의 대통령이라는 점에 근거를 둔 것이기도 하다.

하지만 2017년 9월 23일 밤과 9월 24일 새벽 사이에 괌도의 앤더슨 공군기지에서 발진한 B1-B 2대가 주일 미군기지에서 발진한 F-15C 편대의 호위를 받으며 동해 북방한계선 북쪽의 국제공역까지 대북 위협 비행을 실시하였다. 이것은 한·미 연합사 체제와 무관한 것으로, 대한민국 대통령의 동의 없이도 한·미 연합사를 거치지 않고 미국이 한반도에서 단독 군사행동이 가능하다는 점을 보여주었다는 점에서 미국의 단독군사행동에 대한 우려를 낳았다.

Intrawar Deterrence During Limited Wars In The Middle East, September 2009, pp.4~7.

V. 전쟁 없는 평화로운 한반도를 향하여

전쟁 위기로 치닫던 한반도 정세는 2018년에 들어와 대화 분위기로 급반전되었다. 2017년부터 본격화된 북한의 잇단 중장거리 탄도미사일 시험발사와 수소탄 실험, 이에 맞선 미국의 대북 참수작전, 코피작전 등 군사행동론으로 한반도에서 어느 때보다도 전쟁 위기가 고조되었다. 하지만 신베를린 선언과 8.15대통령 경축사 등을 통해 보여준 문재인 대통령의 일관된 평화 의지와 대북 설득으로 마침내 한반도 정세는 전쟁 위기에서 벗어나 평화의 시대를 맞이하게 된 것이다.

한반도 전쟁위기가 최고조에 달했을 때 문재인 대통령은 8.15광복절 경축사에서 "한반도의 평화정착을 통한 분단극복이야말로 광복을 진정으로 완성하는 길"이라며 "우리가 가야 할 길은 한반도와 동북아의 항구적 평화체제 구축의 대장정을 시작하는 것"이라며 전쟁 없는 평화로운 한반도의 의지를 대내외에 천명했다. 그 뒤에도 12월 20일 미 NBC 기자와의 인터뷰를 통해 북한이 평창 동계올림픽에 참가한다면 한·미 군사연습을 일시 중지할 수 있다고 밝혀 북한이 대화에 나올 수 있는 여건을 만들어주었다.

한반도 정세가 전쟁에서 평화로 분위기가 반전된 결정적 계기는 단연 2018년 정초 김정은 위원장의 신년사 내용이었다. 김정은 위원장이 '2대 민족적 대사'를 내세우며 평창 동계올림픽 참가 의사를 밝히면서 극적인 반전의 계기를 만들었다. 우리 정부는 북한의 평창 동계올림픽 참가를 계기로 조성된 한반도 평화의 '기회의 창'을 적극 활용하여 특사 교환을 통해 남북정상회담과 북·미 정상회담으로 흐름을 이어갔다.

여기서 무엇보다 중요한 역할을 한 것은 한반도 평화의 최대 걸림돌인 북한 핵문제에 대한 입장을 바꾼 북한이었다. 북한은 2012년 헌법 전문에 '핵보유국'을 명기하고 2013년 4월 1일 최고인민회의에서 「자위적 핵보유국 지위 공고화 법」이라는 법률까지 제정했고 지난 10년 동안 핵과 관련된 어떠한 대화에도 응하지 않았다. 그런데 2018년 3월 5일 우리측 특사단을 만난 김정은 위원장은 조건부나마 '비핵화' 의지를 밝히고 이를 위해 북·미 협상에 나설 뜻이 있음을 밝혀 대반전의 계기가 만들어졌다.

이러한 김정은 위원장의 '핵무기 포기' 언급은 한반도 정세의 획기적인 변화를 가져올 출발점이 되기에 충분한 것이었다. 김 위원장이 핵무기 포기의 조건으로 내건 것도 과거의 '상호 핵군축'과 같은 비현실적인 요구가 아니라 '합리적 안보우려'의 해소라는 점은 나름대로 의미가 있다. 마침내 4월 27일 김정은 위원장이 판문점 남측지역인 평화의 집으로 와서 10년 반 만에 남북정상회담이 개최되었다.

「4.27 판문점선언」에서 양 정상은 "한반도의 완전한 비핵화" 추진에 합의하고, "한반도에 더 이상 전쟁은 없을 것이며 새로운 평화의 시대가 열리었음을 8천만 우리 겨레와 전 세계에 엄숙히 천명하였다." 아울러 "완전한 비핵화를 통해 핵 없는 한반도를 실현한다"는 공동의 목표를 확인하였다. 이제 우리에게 주어진 과제는 남북정상의 합의를 어떻게 실현할 것인지 방법을 모색하는 것이다.

제2장

북한 핵문제의 외교적 해결노력과 6자회담의 성과와 한계[1])

I. 북한의 잇단 핵실험과 한반도 긴장고조

북한은 2005년 2월 10일 외무성 대변인 성명을 통해 "부시 행정부의 증대되는 대조선 압살정책에 맞서 핵무기전파방지조약(NPT)에서 단호히 탈퇴했고 자위를 위해 핵무기를 만들었다"고 선언했다. 당시까지는 북한이 핵실험을 하지 않았을 때였기 때문에 국제사회는 북한의 핵무기 선언에 민감하게 반응하지 않았다. 그 뒤 북한의 핵실험 가능성이 거론되면서 6월 위기설이 나오자 미국은 스텔스 전략폭격기

---

1) 제2장은 졸고, "북핵 문제 외교적 해법의 실패 원인과 시사점—6자회담의 재평가와 재개 논의를 중심으로," 고려대학교 일민국제관계연구원, 『국제관계연구』, 2014년 가을호, 제19권 제2호(통권 제37호)의 내용을 일부 수정·보완한 것이다.

F-117기 15대를 남한지역에 긴급 배치하는 등 군사 대응태세를 갖추었다.

2005년 7월에 6자회담이 재개되고 북핵 문제의 포괄적인 해법을 담은 「9.19 공동성명」이 발표되자 북한의 핵무기 보유 선언도 하나의 해프닝으로 끝나는 분위기였다. 하지만 북한 자금이 대량살상무기 거래에 관여했다는 의심을 받고 있는 방코델타아시아(BDA) 문제가 터지면서 6자회담은 또다시 중단되고 북·미 간의 대치국면이 장기화되었다. 결국 북한은 2006년 10월 9일 오전 10시 35분 풍계리 핵실험장에서 전격적으로 첫 핵실험을 단행하였다.

그 뒤부터 북한당국은 플루토늄과 우라늄을 이용해 원자폭탄에서 증폭분열탄, 수소탄 등 다양한 핵실험을 실시했다. 2006년 10월 9일과 2009년 5월 25일의 1, 2차가 플루토늄 핵폭발장치(nuclear explosive device)를 이용한 원폭실험이었다면, 2013년 2월 12일 제3차는 고농축 우라늄 핵폭발장치를 이용한 원폭실험으로 보인다. 2016년 1월 6일의 제4차 핵실험은 핵융합반응을 결합한 증폭분열 핵폭발장치 실험, 2016년 9월 9일의 제5차 핵실험은 증폭분열탄 핵실험이었다. 2017년 9월 3일 북한이 마지막으로 실시한 제6차는 수소탄 핵실험이었다.

이와 같은 북한의 잇단 핵실험 실시로 한국전쟁 이래 한반도의 군사적 긴장이 고조되었다. 북한 핵문제를 풀기 위한 첫 대화는 북·미 고위급회담이었고 「제네바 북·미 기본합의」로 일단락지었다. 제2차 북핵 위기 이후에는 6자회담을 개최하여 대화를 통해 외교적으로 북핵문제를 풀기 위한 노력이 계속되었지만, 2008년 12월 6자회담 수석대표회담을 끝으로 중단되었다. 이처럼 6자회담이 장기간 개최되지 못하면서 협상의 동력은 완전히 소진되었으며, 2018년 북한이 비핵화 협상에 나오겠다고 자발적으로 선언할 때까지 재개 조건을 둘러싼 참가국들 간의 이견으로 언제 비핵화 협상이 열릴지도 불확실했다.

국제사회는 다각적으로 북한 핵문제를 해결하기 위한 노력을 기울여왔다. 그 동안 이루어져 왔던 북한 핵문제의 해결방안은 비외교적 방식과 외교적 방식으로 대별할 수 있다. 비외교적 해결방식은 협상 이외의 방식으로 북한 핵시설에 대한 물리적 파괴,2) 경제제재를 통한 핵 포기 압박,3) 정권교체에 의한 해결4) 등으로 이루어졌다. 이에 비

---

2) 선제공격에 의한 북한 핵시설의 파괴 논의 및 그 한계에 대한 지적에 대해서는 다음을 참조할 것. 전경만, 임수호, 방태섭, 이한희, 『북한 핵과 DIME 구상』, 삼성경제연구소, 2010, p.262. ; 윌리엄 페리, "<인터뷰> 페리 전 美국방 '미-북 고위급 공식대화 필요',"『연합뉴스』, 2013년 2월 6일. ; 한인택, "북한 핵무기의 위협과 대처방안: 핵억지, 선제공격, 비핵화, 비핵지대,"『JPI 정책포럼』, No. 2013-06/07/08, 2013, pp.27~28.

3) 경제제재를 통한 핵 포기 압박 및 그 한계에 대한 논의에 대해서는 다음을 볼 것. Dianne E. Rennack, *North Korea: Economic Sanctions*, CRS Report for Congress, October 17, 2006, pp.9~20.; United Nations Official Documents, http://www.un.org/en/sc/documents/resolutions. ; 정형곤, 방호경, 『국제사회의 대북 경제제재 효과 분석』, 대외경제정책연구원, 2009, pp.31~38. ; 이 석, "5.24조치와 북한경제의 변화: 데이터의 분석과 그 함의," 국가안보전략연구소, 2014년 5월 12일, p.39. ; Taehee Whang, "Playing to the Home Crowd? Symbolic Use of Economic Sanctions in the United State," *International Studies Quarterly*, Vol. 55, Issue 3, 2011, pp.781~801. ; Timothy M. Peterson, "Sending a Message: The Reputation Effect of US Sanction Threat Behavior," *International Studies Quarterly*, Vol. 57, Issue 4, December 2012, pp.672~682.

4) 정권교체에 의한 정치적 해결 방식에 관한 논의 및 그 한계에 관해서는 다음을 참조. 한인택, "핵폐기 사례연구: 남아프리카공화국 사례의 함의와 한계,"『한국과 국제정치』, 27권 1호, 2011년 봄.

해 외교적 해법은 6자회담과 같은 협상 틀 속에서 경제적 보상이나 안전보장의 제공을 통해 북핵문제를 해결하려는 노력이었다.

제2장에서는 북·미 고위급회담과 6자회담의 경과를 살펴보고 아울러 6자회담 재개논의를 중심으로 그 의의와 한계에 대해 논의한다. 여기서는 6자회담을 통한 외교적 노력이 북한의 핵무기 보유를 막지 못했다는 점에서 실패로 규정하고, 그 원인의 하나로 경제-안보 교환에 따른 외교적 접근법이 어떠한 한계를 갖고 있는지 규명한다. 그리고 같은 안보-안보 교환이더라도 연성균형에 따른 안보-안보 교환 접근법에 따랐을 때 북한 핵문제가 진전됐지만, 북한이 연성균형 대신에 경성균형을 선택하면서 이 접근법도 한계를 드러내고 있음을 보여 줄 것이다.

II. 북한 핵문제의 외교적 접근법

1. 경제-안보 교환 접근법: 선불제와 후불제

6자회담을 통한 외교적 접근법의 가장 대표적인 것이 경제적 보상을 통해 북한의 핵포기를 유도하는 방식이다. 핵개발의 초기에 북한은 에너지 부족 때문에 전력생산용으로 원자로를 가동하고 있다는 명분을 내건 바 있다. 그렇기에 어느 정도의 경제적 보상으로 북한 핵문제의 진전을 이루는 성과를 거두기도 했다.

제1차 북핵 위기 이후 북·미 양국은 고위급회담을 갖고 「제네바 북·미 기본합의」를 체결하였다. 여기서 영변 핵시설들을 해체하는 대가로 북한에게 경수로 2기 제공 및 북·미 관계정상화 협의를 제공하는 교환을 약속하였다. 이러한 합의에 따라 영변 핵시설들의 가동이 동결되고 워싱턴과 평양에 연락사무소의 설치가 논의되는 등 어느 정도 진전이 있었다. 하지만 북한이 비밀리에 우라늄농축프로그램을 추진하는 바람에 이 합의는 깨지고 말았다.

제2차 북핵 위기의 발생 직후 출범한 노무현 정부는 6자회담에서 경제적 보상 방식에 의한 북한 핵문제의 해결에 매우 적극적이었다. 그 뒤를 이은 이명박 정부는 '비핵'을 전제로 하여 '개방·3000'을 추진한다는 '비핵·개방·3000 구상'을 제시했다. 이같이 두 정부의 북핵 접근 전략은 보상의 제공시점이 달랐기 때문에 크게 상반되는 것이다. 하지만 두 정부의 북핵 접근전략이 모두 '경제적 보상으로 비핵화를 달성한다'는 기본구상에 입각해 있다는 점에서 경제-안보 교환 접근이라는 공통점을 갖고 있다.5)

이같이 경제와 안보를 교환(trade-off)하는 경제-안보 접근법은 경제적 보상의 제공시점을 어디에 놓느냐에 따라 선불제 방식과 후불제 방식으로 나눠 볼 수 있다.

선불제(pre-payment) 방식은 경제적 보상을 제공하여 안보적 양보를 얻어내고자 하는 '선 보상, 후 비핵화'로서 노무현 정부 때 나왔던 평화경제론이 대표적이다.

후불제(deferred-payment) 방식은 북한이 먼저 비핵화 조치를 취하면 그 뒤에 경제적 보상을 제공한다는 것으로 이명박 정부가 내걸었던

---

5) '경제-안보 교환' 접근법에 대한 보다 구체적인 정의와 설명은 다음을 볼 것. 조성렬, 『뉴 한반도비전: 비핵 평화와 통일의 길』, 백산서당, 2012, pp.118~119.; 조성렬, "북핵 문제 외교적 해결의 실패 원인과 시사점," 『국제관계연구』, 제19권 제2호(통권 제37호), 2014년, pp.70~73.

'비핵・개방・3000 구상'이 대표적이다.6)

결과적으로, 노무현 정부는 「9.19 공동성명」 및 「2.13 합의」와 「10.3 합의」를 통해 경제적 보상이 제공되는 동안 동결, 불능화와 같은 비핵화 프로세스를 진전시킬 수는 있었지만, 최종단계까지 나아가지 못한 채 북한의 핵개발을 막는 데 실패하였다. 이에 비해, 이명박 정부는 북한의 비핵화 추진을 전제로 경제적 보상을 약속했기 때문에 처음부터 남북관계가 경색되면서 6자회담이 중단되는 등 북한 핵문제의 해결이 아예 한 발도 나아가지 못하였다.

북한의 입장에서 볼 때 핵무기는 체제유지의 최종병기이기 때문에 제재해제나 경제적 보상 등 경제적 편익제공만으로는 북핵문제의 해결을 기대하기 어렵다. 2018년 5월 김계관 외무성 제1부상은 개인담화에서 "미국이 우리가 핵을 포기하면 경제적 보상과 혜택을 주겠다고 떠들고 있는데 우리는 언제 한 번 미국에 기대를 걸고 경제건설을 해본 적이 없으며 앞으로도 그런 거래를 절대로 하지 않을 것이다"라고 말했다.7) 하노이 회담의 결렬 이후인 2019년 4월 12일 개최된 최고인민회의 제14기 1차 대의원회의 시정연설에서 김정은 위원장도 "적대세력들의 제재해제 문제 따위에는 이제 더는 집착하지 않을 것"이라고 밝히고 있다.8)

---

6) 조성렬, 『뉴 한반도비전: 비핵 평화와 통일의 길』, pp.89~156.
7) 김계관, "조선민주주의인민공화국 외무성 제1부상 김계관 동지의 담화," 『조선중앙통신』, 2018년 5월 16일.
8) 김정은, "현 단계에서의 사회주의건설과 공화국정부의 대내외정책에 대하여," 『조선중앙통신』, 2019년 4월 13일.

2. 안보-안보 교환 접근법: 경성균형과 연성균형

과거 북한은 옛소련과 중국에 편승함으로써 미국과 세력균형을 취하는 동맹외교정책을 취해왔다. 하지만 냉전종식 이후 한국이 잇달아 러시아 및 중국과 국교를 정상화해 전통적인 북방삼각구조가 해체되면서 한반도의 세력균형이 깨지고 북한에게 불리한 구도가 되었다. 이에 대응하여 북한은 핵무기 개발과 보유를 통해 억제력을 확보함으로써 독자적인 세력균형을 이루려고 한 것으로 평가된다.

그렇기에 북한이 핵 포기를 받아들이도록 하려면 핵무기를 보유하지 않더라도 안전할 수 있다는 확신이 들도록 해야 한다. 이와 같은 생각에서 중국은 2009년 7월 제1차 미·중 전략 및 경제 대화에서 북핵문제의 해결을 위해서는 △합리적인 안보우려(reasonable security concerns) 해소, △북·미 직접대화(direct talk)의 두 가지가 필요하다고 미국 측에 제시한 바 있다.[9]

북한 핵문제를 외교적으로 해결하기 위해서는 모든 협상상대가 결과로부터 이익을 얻어야 한다. 북한 핵문제를 해결하려면 북한의 의견을 완전히 무시할 수 없는 만큼, 당사자들 간의 안보우려를 해소할 수 있는 한반도 평화의 큰 틀 속에서 접근할 필요가 있다. 그리하여 6자회담의 핵심당사국들이 한국과 미국 등의 우려사항인 '북핵 문제'와 북한이 희망하는 '불가침보장 문제'를 외교테이블 위에 올려놓고

---

9) "China urges U.S. to accommodate DPRK's 'reasonable security concerns'," *Xinhua*, July 29, 2013.

정면으로 논의하게 된 것이다.

이같이 서로의 안보적 관심사를 협상을 통해 해결하려는 안보-안보 교환은 크게 경성균형(hard balancing) 방식10)과 연성균형(soft balancing) 방식11)의 둘로 나누어 볼 수 있다.

첫째, 안보-안보 교환의 경성균형 방식은 북한이 핵무기를 포기하는 대가로, 그에 상응하여 북한에게 확장억제력을 제공하거나 또는 미국이 남한에 제공했던 핵억제력을 제거함으로써 한반도의 세력균형을 이루는 방식이다. 전자의 예로는 중국이 핵우산을 제공함으로써 미국의 핵우산/확장억제력 제공과 균형을 이루어 북한이 핵무기를 갖지 않고서도 체제안전이 보장받을 수 있도록 하는 것이다. 후자의 예로는 미국의 핵우산 철폐나 핵전략자산의 반입금지를 통해 북한과의 핵 불균형을 해소함으로써 북한체제의 안전을 보장해 주는 방안이 있다. 그밖에도 북한의 핵 포기에 상응해 북한에 대한 실질적인 군사위협 해소 조치를 취하는 것으로 북한이 과거에 주장해 왔던 핵군축론이 대표적이다.

둘째, 안보-안보 교환의 연성균형 방식은 북한의 핵포기 대가로 외교, 국제법, 국제제도 등으로 체제안전을 도모하는 방식이다. 오늘날 미국의 초군사력을 상대할 만한 국가가 없는 상태에서 더 이상 경성

---

10) Walt, Stephen. "Alliance Formation and the Balance of World Power," *International Security*, vol.9, no.4, 1985, pp.3~43.; Waltz, Kenneth N. *Theory of International Relations*, New York: Addison-Wesley Publishing, 1979.

11) Pape, Robert A., "Soft Balancing against the United States," *International Security*, vol. 30, no.1, 2005, pp.7~45.; Paul, T.V. "Soft Balancing in the Age of U.S. Primacy," *International Security*, vol.30, no.1, 2005, pp.46~71.

균형은 이루어지기 어렵다. 그렇기에 북한은 줄곧 옛소련 및 중국과의 관계 개선이나 대미 접근을 통한 북·미 수교와 한반도 평화체제 등을 통해 체제안전을 추구해 왔다. 연성균형에 따른 안보-안보 교환 방식으로 △북한의 상하이협력기구(SCO) 또는 집단안보조약기구(CSTO) 가입, △북·미 불가침조약 체결, △한반도 평화조약 체결, △동북아안보기구 창설 등을 생각해 볼 수 있다.

연성균형을 통한 북한 핵문제의 외교적 해법이 성공하기 위한 관건은 무엇보다 핵심당사자인 미국과 북한이 이러한 안보-안보 교환을 '등가'로 인식하느냐 여부이다. 다시 말해, 북한의 핵무기를 포함해 북한과 한·미 사이에서 안보-안보 교환이 이루어지기 위해서는 무엇보다 북한이 보유하고 있는 핵능력에 대한 협상당사자들의 평가가 합의점에 도달해야 한다. 만약 이러한 평가가 합의점에 도달하지 않을 경우 아무리 협상이 잘 진행됐더라도 지켜지기 어렵다.

북한이 대륙간탄도미사일 화성14형과 15형을 시험발사하고 수소탄 실험까지 성공해 2017년 11월 29일 '국가핵무력의 완성'을 선언하자, 북한은 이제 북·미수교나 한반도 평화체제와 같은 연성균형뿐만 아니라 한·미의 대북 군사위협 해소와 같은 경성균형을 추가로 비핵화의 조건으로 요구하기 시작했다. 김정은 위원장이 2018년 3월 5~6일 평양을 방문한 우리측 특사단에게 핵무기의 포기 조건으로 '군사위협의 해소'와 '체제안전의 보장'의 두 가지를 요구한 것도 이 때문이다.

CSIS의 마이클 그린은 북·미수교나 평화협정 방식의 안전보장이 가역적이어서 한계가 있음을 북한도 잘 알고 있어 안전보장 요구는 협상전략일 뿐이라고 평가절하하기도 했다.[12] 하지만 김정은 위원장

---

12) 마이클 그린, "북한의 '안전보장' 요구는 협상 전략일 뿐이다," 『중앙일

이 비핵화의 조건으로 요구한 것은 '체제안전의 보장'과 같은 연성균형 방식뿐만 아니라 '군사위협의 해소'와 같은 경성균형 방식을 병행해서 요구하고 있다는 점에서 그의 평가는 수긍하기 어렵다.

3. 포괄적 안보-안보 교환론

한반도 비핵화를 외교적으로 달성하기 위한 기본접근법은 안보–안보(CVID-CVIG / FFVD-FFVC) 교환의 방식이다. 지금 북한은 2005년의 「9.19 공동성명」때와 달리 이미 수소탄 실험의 성공과 대륙간탄도미사일 화성 14형 및 15형의 시험발사 성공으로 '국가핵무력의 완성'을 선언한 상태이다. 그렇기에 연성균형 방식의 법제도적인 체제안전 보장만으로는 비핵화를 실현하기 어려우며, 군사위협의 해소와 같은 경성균형 방식이 병행적으로 추진되지 않으면 북한이 수용할 가능성이 거의 없다.

따라서 연성균형과 경성균형을 병행하는 방식으로 안보–안보 교환을 추진해야만 할 것이다. 이처럼 한반도 비핵화 협상의 틀은 기본적으로 복합적인 안보–안보 교환으로 만들어질 수 있고, 이른바 북한의 '합리적 안보 우려'도 해소될 수 있다. 그렇기에 북한은 6자회담 기간 내내 핵무기의 포기 대가로 그에 상응하는 안전보장 방안의 제공을 요구해 왔다. 하지만 북한의 요구가 안보–안보 교환을 통한 체제 안전보장이라고 하더라도, 북한이 각종 국제제재를 받고 있고 경제사정도 매

보」, 2018년 7월 6일.

우 나빠 실제로는 대북 안전보장 외에 대북제재 해제와 에너지·경제 지원 등 경제인센티브도 포함하는 포괄적 해법이 모색되어 온 것이다.

처음에 북한은 안보-안보 교환만 요구했으나 최근 들어 대북제재의 완화도 주장하기 시작했다. 2018년 9월 29일 리용호 외무상의 유엔총회 연설을 시작으로 북한은 지속적으로 대북제재 완화를 요구해 오고 있다. 『로동신문』 2018년 11월 1일자는 "적대세력들이 우리 인민의 복리증진과 발전을 가로막고 우리를 변화시키고 굴복시켜보려고 악랄한 제재책동에만 어리석게 광분하고 있다"는 김 위원장의 발언을 보도했다.13) 11월 2일 북한외무성 미국연구소 소장 권정근은 "만약 미국이 우리의 거듭되는 요구를 제대로 가려듣지 못하고 그 어떤 태도 변화도 보이지 않은 채 오만하게 행동한다면 지난 4월 우리 국가가 채택한 경제건설 총집중노선에 다른 한 가지가 더 추가돼 '병진'이라는 말이 다시 태어날 수도 있다"고 목소리를 높였다.14)

실제로 김 위원장이 핵무기 포기라는 전략적 결단을 내리게 된 배경에는 경제회생에 대한 강력한 요구가 있었다. 그렇기에 북한은 미국에게 원조는 아니더라도 최소한 유엔을 비롯한 국제사회의 대북 경제제재 완화/해제를 통한 투자·무역 보장, 나아가 국제금융기관에 대한 접근 허용을 기대하고 있는 것이다. 북한은 2019년 1월에 열린 김영철 당 부위원장의 워싱턴 방문 때 북측이 대북제재의 완화를 공식적으로 제기한 것으로 보인다. 그런 점에서 북한 핵문제의 해법은 연성, 경성의 안보적 인센티브들을 기본으로 하면서도 경제적 인센티브를 상응조치에 포함시키는 포괄적 해법이 되어야 할 것이다.

---

13) 『로동신문』, 2018년 11월 1일.

14) 『로동신문』, 2018년 11월 2일.

Ⅲ. 북핵 6자회담의 성과와 한계

1. 북·미 고위급회담과 「제네바 북·미 기본합의」

　북한은 1950년대부터 핵개발에 관심을 가졌지만, 본격적으로 핵개발에 나선 것은 1980년대 중반부터이다. 북한은 1974년 9월에 국제원자력기구(IAEA)에 가입하였고, 옛소련으로부터 경수로 4기를 제공받는 조건으로 1985년 12월 12일 핵무기비확산조약(NPT)에도 가입했다. 하지만 북핵문제가 국제현안으로 떠오른 데다 소련의 몰락으로 경수로사업이 중단되자 북한은 독자적인 원자로 개발에 나섰다. 북한은 1986년에 영변 5MW 원자로를 자력으로 완공하고 재처리시설을 만들면서 본격적으로 흑연감속로를 가동하기 시작했다.
　이러한 북한의 핵개발은 1989년 프랑스 상업위성에 포착되면서 국제적인 현안으로 부각되었다. 남한과 미국이 북한의 핵프로그램을 중단시키기 위해 남한 내에 배치된 전술핵무기의 전면철수를 약속하자, 그때야 북한도 주한미군의 핵위협을 들어 미루어 왔던 국제원자력기구(IAEA)의 안전조치협정에 서명하고 일반사찰을 받아들였다. 마침내 1991년 12월 남북한은 '핵무기의 시험·제조·생산·접수·보유·저장·배비·사용의 금지와 핵재처리시설 및 농축시설 보유의 금지'를 약속한 「한반도 비핵화 공동선언」을 채택하였다. 이듬해인 1992년 1월 북한은 IAEA 안전조치협정에 서명하고 플루토늄(Pu)의 양을 신고

했다.

그런데, IAEA는 자신들이 파악한 플루토늄의 양과 북한의 신고 양이 일치하지 않는다며 북한에게 특별사찰을 요구하였다. 이러한 요구에 대해, 핵개발의 완성을 위해 시간이 필요했던 북한은 IAEA 특별사찰을 거부하면서 1993년 3월 NPT 탈퇴를 선언하였다. 뒤이어 1994년 5월 북한당국은 연료봉을 인출하고 6월에는 IAEA마저 탈퇴를 선언하였다. 그리하여 제1차 북핵 위기가 발생하게 된 것이다.[15]

그 뒤 미국은 북한과 핵협상에 나서 강석주 외교부 제1부부장과 로버트 갈루치 수석대표가 1993년 6월 제1단계 북·미 고위급회담에서 북한의 NPT 탈퇴효력을 정지한다는 공동발표문을 내놓았으며, 마침내 1994년 10월에 「제네바 북·미 기본합의」를 체결하여 포괄적인 안보-안보 교환에 합의함으로써 제1차 북핵 위기를 봉합하였다.

〈표 2-1〉「제네바 북·미 기본합의」(1994.10.21.)

미국측 이행사항	북한측 이행사항
△ 경수로 2기 건설 제공 △ 경수로 완공까지 중유 매년 50만 톤 제공	△ 흑연감속로 동결 △ 경수로 완공시 흑연감속로 완전 해체
△ 대북 경제제재 해제(통신·금융 제한 해소, 무역·투자 장벽 완화) △ 핵무기 불사용 및 불위협 보장	△ 한반도비핵화 공동선언 이행 △ NPT 잔류 및 IAEA 사찰 수용
△ 평양에 연락사무소 개설 △ 향후 대사급 승격	△ 워싱턴에 연락사무소 개설 △ 향후 대사급 승격

---

15) 조성렬, 『뉴 한반도비전: 비핵 평화와 통일의 길』, pp.93~94.

「제네바 북·미 기본합의」의 주요 내용은 북한이 흑연감속로를 동결하고 NPT에 복귀하고 IAEA의 각종 사찰을 수용하는 대가로, 미국은 북한에게 2003년까지 경수로 2기를 지어주고 그동안에 매년 50만 톤의 중유를 제공하기로 한 것이다. 또한 미국은 북한의 안보우려를 해소해 주기 위해 핵무기 불사용 및 불위협을 약속하고, 무역 및 투자장벽을 완화해 경제제재를 해제하며, 평양과 워싱턴에 연락사무소를 개설한 뒤 대사급으로 승격하여 양국관계를 정상화시킨다는 것이다.

2. 6자회담과 안보-안보 교환의 등가점 찾기

(1) 북한과 미국의 초기 제안

「제네바 북·미 기본합의」에 따라 북한의 영변 핵시설은 동결되고 북한에 대한 중유 공급은 계속됐지만, IAEA의 사찰을 둘러싼 이견이 해소되지 못하고 북한에 제공하기로 했던 경수로 건설작업도 계속 지체되었다. 그런 가운데, 2001년 1월 부시 행정부가 출범하면서 「제네바 기본합의」를 포함해 미국의 대북정책이 전면적으로 재검토되었다. 특히 9.11테러사태가 발생하자 미국은 북한 핵문제를 반테러·반확산 차원에서 다루기 시작했다.

그러던 중, 2002년 10월 제임스 켈리 미 국무부 동아태차관보가 북한을 방문해 북한 측에게 우라늄 농축계획에 대해 추궁하자 강석주 외무성 부상이 이를 시인한 것으로 알려지면서, 이 사태가 제2차 북핵위기로 발전하였다. 미국은 북한이 「제네바 북·미 기본합의」를 위반했다면서 중유 공급과 경수로 건설의 중단을 결정했고, 이에 반발해 북한은 핵시설의 동결을 해제하고 IAEA 요원들을 추방하고 재차 NPT 탈퇴를 선언하였다. 그 뒤 북한은 보관 중이던 사용후연료봉 8,000개를 모두 재처리하여 플루토늄을 추가로 확보하였다.[16)]

결국 중국의 중재로 2003년 3월 미국과 북한이 참여하는 한 차례 3자회담이 열렸지만, 곧바로 3자 외에 한국과 일본, 러시아도 참여하는 6자회담으로 발전하였다. 6자회담 초기에 미국은 "나쁜 행동에는 보상이 없다"는 원칙만 되풀이하면서 어떤 보상책도 내놓지 않고 북한에게 핵 포기를 요구하였다. 반면, 북한은 6자회담에 앞서 열린 3자회담 때부터 핵 포기의 대가에 관심을 가지면서 적극적으로 자신의 요구를 제시하였다. 이 때문에 양측의 초기 입장은 평행선을 달릴 수밖에 없었다.

북한은 북·미·중 3자회담에서 4가지 요구사항과 4가지 약속으로 이루어진 '4단계 일괄타결안'을 미국에 제시하였으며, 뒤이은 **제1차 6자회담**(2003.8.27.~29.)에서도 대북 적대시정책의 전환을 요구하며 똑같은 주장을 되풀이하였다. 북한은 대북 적대시정책 전환의 표시로서 미국에게 △법적 구속력이 있는 북·미 불가침조약의 체결, △북·미 외교관계의 수립, △북·일 및 남북 경협에 대한 방해 중단 등을 요구하였다.

미국은 **제2차 6자회담**(2004.2.25.~28.)에서 '선(先) 핵포기-후(後) 보상'에 따른 이른바 '리비아 해법'을 제시하였다. '리비아 해법'이란 리비아가 자발적으로 핵개발을 포기하고 미국이 리비아 경제제재를 해

---

16) 제2차 북핵위기의 발발과정과 6자회담의 개최 배경에 관해서는 다음을 볼 것. 조성렬, 『뉴 한반도비전: 비핵 평화와 통일의 길』, 2012, pp.94~96.

제한 뒤 관계정상화를 이룩한 모델을 가리킨다. 하지만 북한은 미국이 내놓은 '리비아 해법'의 본질이 '선 핵포기 요구'이기 때문에 미국의 적대시정책이 철회되지 않는 한 받아들일 수 없다며 이를 거부하였다.17)

〈표 2-2〉 북한이 제시한 4단계 일괄타결안(2003.4.)

	대미 요구사항	북한의 약속사항
1단계	중유·식량의 공급	핵계획 포기의사 표명
2단계	북·미 불가침조약 체결 경수로 지연에 따른 전력손실 보상	핵시설 동결 및 핵사찰 수용
3단계	북·미/북·일 국교 수립	미사일 시험발사 및 수출 중지
4단계	경수로 완공	핵시설 폐기

<출처> 서 훈, 『북한의 선군외교』, 명인출판사, 2008, p.191.

같은 해 6월에 열린 제3차 6자회담(2004.6.23.~26.)에서 미국은 처음으로 자국의 입장을 담은 3단계 해법을 제출하였다. 제1단계는 핵폐기를 위한 초기 준비기간으로 북한이 불능화조치를 이행하면 미국이 북한체제를 임시로 보장하고, 제2단계는 북한에 대한 핵폐기 검증이 이루어지면 다국간의 잠정적인 안전보장을 제공하며, 제3단계는 북한의 미사일, 생화학무기, 재래식무기, 인권문제가 해결됨에 따라 북·미 국교정상화를 실현한다는 구상이다.

미국 측의 안은 '폐기가 전제된 동결'이라는 단계적 해법의 형태를 취하고는 있으나, '자발적인 선 핵 포기' 요구라든가 '핵관련 시설의 폐쇄, 사찰 수용' 등의 내용을 담고 있다는 점에서 '리비아 해법'의 연

---

17) 『통일신보』, 2004년 8월 14일.

장선에 있다고 볼 수 있는 것이었다. 이같이 제1~3차 6자회담에서 미국과 북한은 자기주장을 내세웠지만, 양측 모두 상대방이 내놓겠다는 안보자산과 자신이 내놓을 수 있는 안보자산이 '등가'라고 생각지 않았기 때문에 합의안 마련에 실패했다.

〈표 2-3〉 미국이 제시한 다단계 포괄적 해결방안 (2004.6.)

	대북 요구사항	미국의 약속사항
1단계	**초기 준비기간** - 3개월 동안 HEU포함한 모든 핵계획·물질·시설에 대한 폐기선언 - 모든 핵활동 중단 및 모든 핵물질과 연료봉에 대한 안전조치 - 모든 핵프로그램의 완전목록 제시 - 핵무기 및 관련부품에 대한 공개적이고 관찰 가능한 불능화조치 이행	미국 : 북한체제의 임시보장 한·일 : 중유 공급
2단계	핵 폐기의 검증	- 다국간의 잠정적인 안전보장 - 장기적 에너지 지원, 경제제재 해제 등
3단계	미사일·생화학무기·재래식무기·인권문제의 해결	북·미 관계정상화

<출처> 서 훈, 『북한의 선군외교』, pp. 198~200를 참고로 필자가 작성.

(2) 안보-안보 교환에 따른 연성균형의 합의: 9.19 공동성명

미 대통령 선거를 앞두고 일시 중단되었던 6자회담은 부시 대통령의 재선으로 다시 동력을 얻어 재개되었다. 부시 2기 정부의 출범 직후인 2005년 2월 10일 북한 외무성은 성명을 통해 "미국 부시 행정부에 맞서 자위를 위해 핵무기를 만들었다"면서 처음으로 핵무기의 제조·보유를 공식 선언하고, 6자회담의 무기한 불참을 발표했다. 이에 맞서 미국은 선제공격용 스텔스 전폭기인 F-117 나이트호크 15대를 파견하면서 "신뢰성 있는 억제력 유지가 목적"이라고 밝혀 북한의 핵무기 보유 선언과 무관하지 않음을 감추지 않았다.[18]

그 뒤 2005년 6월 정동영 통일부 장관(당시)이 방북해 김정일 위원장과 면담하는 등 한국정부의 적극적인 중재역할에 힘입어 6자회담이 재개될 수 있었다. 마침내 7월 22일 북한외무성은 대변인 성명을 통해 6자회담 복귀 의사를 분명히 하였다. 그리하여 7월 26일~8월 7일 제4차 1단계 6자회담을 거쳐, 9월의 제4차 2단계 6자회담에서 참가국들의 이해를 반영해 「9.19 공동성명」이 마련된 것이다.

「9.19 공동성명」은 북한과 한·미 등 5개국 사이의 포괄적 안보-안보 교환의 내용으로 구성되어 있다. 북한은 '모든 핵무기와 현존하는 핵프로그램'을 포기하고, '핵무기비확산조약(NPT) 및 국제원자력기구(IAEA) 복귀'를 약속하였다. 한·미 양국은 남한지역 내의 핵무기 부재 확인 및 대북 불가침 약속, 미·일 양국은 대북 수교, 남북한·미·중의 평화협정 체결, 한·미·중·일·러 5개국은 에너지·경제 지원 및 동북아 협력안보를 통한 안전보장 제공을 '동시행동'으로 이행한다.

이처럼 「9.19 공동성명」에는 안전보장뿐만 아니라 경제적 보상의 내용들도 포함되어 있으나, 핵심요소는 비핵화와 평화체제 사이의 안보-안보 교환이다. 이는 북한 외무성이 "조선반도의 공고한 평화체제 수립은 조선반도 비핵화로 가는 노정에서 그 전제가 된다"고 밝히며 '비핵화⇆평화체제'의 교환조건을 명확히 밝힌 데서도 잘 드러난다.[19] 마침내 제4차 2단계 6자회담에서 한반도 비핵화의 포괄적 해결

---

[18] 『共同通信』, 2005년 5월 31일.

방안을 담은 「9.19 공동성명」이 채택됐다.

하지만 공동성명의 발표 직후 미 재무부가 북한의 위조달러 제조 문제를 제기하면서 합의사항은 이행되지 못하였다. 특히 중국이 미국의 대북조치에 협조하면서 북한을 압박하는 이른바 BDA국면이 전개되자, 북한은 또다시 6자회담을 거부하고 결국 2006년 10월 9일 제1차 핵실험을 실시하기에 이른다. 결국은 그 뒤에 북·미 접촉을 거쳐 6자회담이 재개되어 「9.19 공동성명」의 이행방안을 담은 「2.13 합의」와 「10.3 합의」가 채택되었다.

〈표 2-4〉「9.19 **공동성명**」(2005.9.19.)

한·미·중·일·러 이행사항	북한측 이행사항
△ 미국: 한반도 내 핵무기 부재 및 대북 불가침 약속 △ 한국: 한반도 비핵화 공동선언 준수·이행 및 경수로 제공 논의, 200만kw 전력 공급 △ 5개국: 에너지·경제 지원 △ 미·일: 대북 수교 △ 한반도의 영구적 평화체제 협상(직접 관련 당사자의 별도 포럼) △ 동북아 안보협력 증진	△ 모든 핵무기와 현존하는 핵프로그램의 포기 △ 핵무기비확산조약(NPT) 및 국제원자력기구(IAEA) 복귀

---

19) 『조선중앙통신』, 2005년 7월 22일.

3. 「9.19 공동성명」의 의의와 한계

북핵문제를 협상으로 풀기 위해서는 안보-안보의 등가교환을 핵심적인 요소로 인정하고 연성균형을 추진해야 한다. 하지만 안보분야에서 한국과 미국, 그리고 북한 어느 쪽도 북핵 포기와 안전보장의 교환에서 '등가라고 판단되는 지점'에 합의하기가 쉽지 않았다. 설사 협상팀들이 등가점에 합의했다 하더라도 자국의 국내 승인절차를 쉽게 통과한다는 보장이 없었다.[20]

「9.19 공동성명」이 채택된 직후, 미 재무부는 북한의 달러 위폐조작 문제를 제기하였다. 이에 대해 북한은 사실무근이며 합의서의 잉크도 채 마르기 전에 미국이 약속을 위반했다고 반발하였다. 미국이 「9.19 공동성명」에 서명한 직후 방코델타아시아(BDA) 은행 문제가 터진 것이 우연한 일인지 기획된 일인지 확인할 수는 없지만, 한국이나 미국 조야의 일각에서 「9.19 공동성명」이 북한의 핵무기 능력에 비해 너무 많은 양보를 약속했고 범죄행위나 인권유린을 덮어두고 있다는 내부비판이 있었던 것과 무관하지는 않다.

특히 미국에서는 야당이던 공화당의 지속적인 비판과 견제에다가

---

20) 푸트남(R. Putnam)의 양면게임(two-level game)이론에 따르면, 국제협상은 외부게임(외교)과 내부게임(국내정치)이 동시에 진행된다. 따라서 내부게임에서 실패하면 외부게임도 성공할 수 없는 것이다. Robert Putnam, "Diplomacy and Domestic Politics: The Logic of Two-Level Games," International Organization, Vol.42, No.3, 1988, pp.427-460.

크리스토퍼 힐 동아태 차관보가 6자회담 수석대표까지 맡으면서 독주하는 데 대해 미 국방부, 재무부 등 타부서뿐만 아니라 미 국무부 내부에서도 불만이 제기되었다.[21] 일본에서는 「9.19 공동성명」 합의내용 그 자체보다는 한반도문제에 대한 일본의 발언권 약화를 우려해 납치문제를 제기해 제동을 걸려는 움직임을 보였다.

미국 조야의 일각에서 「9.19 공동성명」에 담긴 '안보-안보 교환'에 비판적이었던 이유는 부등가교환이라는 판단 때문이었던 것으로 보인다. 당시까지 북한은 아직 핵실험을 하지 않았고 장거리로켓 발사도 실패를 거듭해 핵·미사일 능력이 검증되지 못했던 반면, 한국과 미국 등은 기존 안보구도를 흔들 수 있는 북·미 수교, 대북 불가침 공약, 주한미군과 NLL에 영향을 줄 수 있는 평화협정의 체결 등 안보자산의 제공을 북한에게 약속했기 때문이다.

「9.19 공동성명」의 합의 이행이 BDA문제로 인해 지체되자, 북한은 6자회담을 거부하고 장거리탄도미사일과 핵실험을 실시하며 강력하게 반발하였다. 결국 2006년 10월 9일 북한의 제1차 핵실험 직후 북·미 양자회담이 열린 끝에 6자회담이 재개되었다. 「9.19 공동성명」의 제1단계의 이행방안을 담은 「2.13 합의」는 이행이 완료되었고, 뒤이어 제2단계의 이행방안을 「10.3 합의」가 채택되었으나 75% 정도 이행되었다가 검증문제에 대한 이견을 해소하지 못하는 바람에 중단되었다.

안보-안보 교환에 대한 한국과 미국 내의 비판적 인식은 「9.19 공동성명」을 '선 비핵화'로 해석하는 쪽으로 나아간다. 2011년 5월 9일 이명박 대통령은 베를린 제안에서 "핵 포기를 국제사회와 합의"할 것

---

21) 후나바시 요이치, 오영환 외 옮김, 『김정일 최후의 도박: 북한 핵실험 막전막후 풀 스토리』, 중앙일보 시사미디어, 2007, pp.556~569.

을 촉구했고, 김태효 청와대 비서관(당시)은 "9.19 공동성명에는 핵 프로그램 폐기시점이 없었다"며 북한의 선 핵포기 약속을 촉구했다.22) 5월 18일 캐슬린 스티븐스 주한 미 대사도 "9.19 공동성명에 따라 비핵화와 국제법 준수, 도발행위 금지를 위해 행동하길 촉구한다"고 밝혀 상응조치에 대한 언급 없이 북한의 비핵화만을 주장했다.23)

이에 대해 북한은 「9.19 공동성명」에서 '행동 대 행동' 원칙에 합의했음에도 불구하고 한국과 미국이 선 핵폐기를 요구하는 것이 부당하다고 주장한다. 박의춘 외상은 5월 17일 러시아 이타르-타스 통신과의 인터뷰에서 "미국은 자신들의 의무사항은 지키지 않은 채 우리에게 먼저 행동을 보여 달라고 요구하고 있다"며 "이는 공동성명에 기록된 동시행동 원칙을 위반하는 것"이라고 주장했다.24)

이처럼 한국, 미국과 북한이 「9.19 공동성명」에 대해 서로 다른 입장을 취하는 가장 큰 이유는 성명 문안이 모호한 데서 나왔다. 가령, 북한의 우라늄 농축시설 폐기가 "현존하는 핵프로그램"의 일부로, 경수로 제공시기를 '적절한 시점'으로, 동북아협력안보기구가 동북아 안보협력 증진으로 모호하게 다루어져 있다. 보다 근본적으로는 「9.19 공동성명」의 내용에 대해 미국과 한국의 일각에서 '부등가교환'이라고 불만을 품었고, 정부가 바뀐 뒤로 자신들의 생각에 맞게 합의문을 해석했기 때문에 생긴 일이다.

하지만 「9.19 공동성명」의 내용에 대해서는 북한당국도 불만을 갖고 있었던 것으로 보인다. 당시는 북한이 핵무기 보유선언은 했지만

---

22) 『연합뉴스』, 2011년 5월 10일.
23) 『연합뉴스』, 2011년 5월 18일.
24) 『매일경제신문』, 2011년 5월 18일.

핵실험까지는 실시하지 않았다. 하지만 그 뒤로 북한은 여섯 차례나 핵실험을 실시하였고 장거리로켓을 이용해 인공위성을 저궤도에 올려놓은 핵·미사일 능력을 가졌을 뿐 아니라 미 본토를 타격할 수 있는 대륙간탄도미사일 화성14형과 화성15형도 개발을 완성했다. 뿐만 아니라 플루토늄 재처리에다가 우라늄 고농축까지 실시하는 등 핵분열물질생산을 다종화하고, 제4군종인 전략군을 창설해 핵·미사일 전력을 운용할 수 있는 지휘통제체제를 갖추는 등 당시보다 핵능력이 한층 강화됐다.[25]

지금의 안보정세는 「9.19 공동성명」이 채택됐던 2005년 당시와 여러모로 달라졌다. '국가핵무력의 완성'을 선언한 북한지도부가 여전히 「9.19 공동성명」의 합의내용을 '등가교환'으로 생각할 가능성은 결코 없다고 볼 수 있다. 이것은 이미 6자회담의 중단 이후 재개 논의과정에서 북한이 내놓은 제안들에서 잘 드러난다. 이러한 사실들은 「9.19 공동성명」이 향후 비핵화 협상에서 기준이 되지 않을 것임을 시사하고 있다.

---

[25] 북한군의 미사일 지휘통제체제를 담당하는 미사일지도국의 존재는 『2004 국방백서』에 처음 등장하며, 2013년 3월 2일 김정은이 '전략로케트사령부'를 시찰했다고 북한매체들이 전하면서 미사일지도국이 전략로케트사령부로 확대 개편됐음이 확인되었다. 북한은 제4군 형태로 '전략로케트군'을 운용하는 것으로 보이며, 2014년 2월 이후 '전략로케트군'을 '조선인민군 전략군'으로 확대 개편했다. 『2004 국방백서』 및 『조선중앙통신』, 2013년 3월 3일, 『연합뉴스』, 2014년 6월 30일.

Ⅳ. 북핵 6자회담의 재개 논의 및 쟁점

1. 오바마 1기 행정부 출범 이후 안보-안보 등가교환의 재모색

(1) 김정일 위원장의 와병 이후 경성균형론의 등장

2008년 8월 김정일 위원장의 와병 이후 북한의 태도가 급격히 변하였다. 2009년 1월 오바마 행정부의 출범 직후 북한은 6자회담을 거부하고 공공연히 핵무기보유국의 지위를 내세우기 시작했다. 그 해 1월과 2월에 방북한 미국의 전직관료 및 북한전문가들에게 김계관 외무성 부상은 북한을 'NPT 밖의' 핵무기국가(nuclear-weapon State)로 인정해 달라고 요구하기도 했다. 방북했던 미국측 인사들과 북한당국의 공식적인 발언들을 종합해 볼 때 북측의 요구는 다음과 같다.

먼저 북한의 당시 목표는 2012년까지 '사실상(de facto) 핵무기 보유국'의 지위를 확보하는 것이었던 것으로 보인다.26) 이러한 목표를 관철하기 위해 기존의 「9.19 공동성명」에서 밝힌 한반도 비핵화 3단계

---

26) Selig S. Harrison, "Living With A Nuclear North Korea," *The Washington Post*, February 17, 2009; Scott A. Snyder, Bernard Gwertzman, "Dealing with North Korea Difficult Amid Possible Succession," Council on Foreign Relations, *Interview, CFR.org*, April 28, 2009.

를 새롭게 설정하고 있다.27) 여기서는 제3단계인 핵폐기 단계를 둘로 나누어 '핵시설의 해체 및 검증'(제3단계), '핵무기의 포기'(제4단계)로 재구분하고 있다.

그런데 단지 비핵화의 단계가 세분화된 데 그치는 것이 아니라, 5개국이 취해야 할 상응조치에 대한 북측의 요구수준이 한층 더 높아졌다. 새로운 제3단계인 '핵시설의 해체 및 검증'의 대가로 북한은 경수로 2기의 완성은 물론 완공 전까지 매년 중유 제공을 요구하고 있다. 그리고 북한 핵프로그램에 대한 검증 실시의 대가로서 주한미군의 전술핵무기 철수를 확인하기 위한 주한미군 기지나 한국군 기지에 대한 핵사찰을 요구하고 있다.

가장 난감하게 하는 것은 새로운 제4단계이다. 북한은 자신들의 핵무기를 포기하는 대가로 대북 적대시정책의 종료, 한국에 대한 핵우산 제거, 한미동맹의 종료를 요구한 것이다.28) 「9.19 공동성명」에서 북·미 관계정상화, 한반도평화체제 구축 등이 핵무기 포기의 대가였던 것에 비하면 북측의 요구수준이 더욱 높아진 것이다. (<표 2-5> 참조)

문제를 더욱 복잡하게 만드는 것은 북한이 새롭게 우라늄농축프로그램을 가동한 사실이다. 북한은 2009년 4월 로켓발사에 대한 유엔안보리 의장성명에 반발해 경수로용 핵원료인 우라늄농축에 나서겠다고 선언했고, 5월 25일 제2차 핵실험 뒤 유엔안보리 결의 1874호가 채택되자 우라늄농축에 착수했다고 발표했다. 이처럼 북한이 「9.19

---

27) Morton Abramowitz, "North Korean Latitude," *The National Interest*, Feb. 26, 2009. www.tcf.org (검색일: 2009.05.31.).

28) Morton Abramowitz, "North Korean Latitude".

공동성명」에 명확히 언급되지 않은 우라늄농축을 이용한 핵물질을 획득하면서 북한 핵문제는 한층 복잡해졌다.29)

⟨표 2-5⟩ 북한의 새로운 제1단계 완료 이후 제안 (2009.2.)

	대미 요구사항	북한의 약속사항
제2단계	중유 100만 톤 상당 제공 완료 검증의정서 논의	플루토늄 생산능력의 불능화 완료 검증의정서 논의 핵분열물질 생산중단, 핵관련 기술 및 장비의 수출 유예
3단계	경수로 2기 제공 - 경수로 완공 전까지 중유 50만 톤 매년 제공 주한미군기지 핵사찰	플루토늄 구조(핵시설)의 해체 검증의정서 이행 추가 핵실험 유예
4단계	대북 적대시정책 종료 한국에 대한 핵우산 제거 한국과의 동맹 종료	핵무기 포기

<출처> Selig S. Harrison, "Living With A Nuclear North Korea," *The Washington Post*, February 17, 2009. 및 Morton Abramowitz, "North Korean Latitude," *The National Interest*, Feb. 26, 2009.에서 작성.

(2) 6자회담 재개를 위한 탐색과 「2.29 합의」

6자회담의 표류가 장기화되자 회담을 재개하기 위한 외교적 노력이 시작되었다. 중국이 제안하고 남북한과 미국의 동의를 거쳐, '남북대화→북·미 대화→6자회담'으로 이어지는 3단계의 6자회담 재개 프로세스에 합의하였다.30) 이는 2010년 한반도 긴장사태 이후 중국

---

29) Siegfried Hecker, "From Pyongyang to Tehran, with nukes," *The News ForeignPolicy.com*, May 26, 2009. (검색일: 2009년 5월 31일)

30) 박후건, "6자회담의 현실과 과제," 『한반도포커스』, 5-6월호, 경남대 극

정부가 북한의 6자회담 복귀를 종용해왔고, 4월 7일 우다웨이 중국 한반도사무특별대표와 김계관 북한외무성 제1부상이 만나 6자회담 재개에 대해 논의한 뒤 4월 17일 미국이 우리측에 통보해 이 프로세스가 성사된 것이다.

이러한 프로세스에 따라, 남북 간에는 두 차례에 걸쳐 6자회담 남북수석대표가 접촉하여 각자 의견을 개진하였다. 같은 해 7월 22일 남북한 6자회담 수석대표 및 외교장관이 아세안지역 안보포럼회의(ARF) 개최지 인도네시아 발리에서 만나 한반도 비핵화문제에 대해 논의하였다. 9월 21일 베이징에서 남북한의 6자회담 수석대표가 또다시 회동하였으나 남측의 '북한의 비핵화 사전조치, 후(後) 6자회담 재개' 주장과 북측의 '선(先) 6자회담 재개' 주장 간의 이견만 드러낸 채 성과 없이 끝나고 말았다.

북·미 간에는 세 차례에 걸친 접촉 끝에 6자회담의 재개를 위한 전제조건을 담은 「2.29 합의」에 도달하였다. 7월 28~29일에 1차 북·미 접촉, 10월 24~25일에 2차 북·미 접촉을 가져 양측의 입장을 탐색하였으며, 12월 중순에 3차 북·미 접촉을 갖기로 했으나 갑작스런 김정일 국방위원장의 사망으로 2012년 2월로 연기되었다.

이와 같은 세 차례에 걸친 북·미 접촉에 대해 글린 데이비스 미 국무부 대북정책 특별대표는 제1, 2차 북·미 접촉의 목적을 '탐색'이었다고 평가하고, 제3차 접촉의 목적을 '목적의 진정성(seriousness of purpose) 확인'이라고 규정한 바 있다.[31] 결국 2012년 2월 23~24일에 열린 제3차 북·미 접촉에서 양측은 6자회담의 재개조건에 합의하였

동문제연구소, 2011.

31) 『연합뉴스』, 2011년 12월 8일.

다. 제3차 북·미 접촉의 결과는 각자 발표하는 형식으로 「2.29 합의」에 담겼으나, 그 뒤 북한의 로켓발사를 둘러싼 이견을 완전히 해소하지 못하여 새로운 갈등의 원인이 되었다.32)

「2.29 합의」는 「9.19 공동성명」 이행의지를 재확인하고 평화협정이 체결되기 전까지 정전협정이 한반도의 평화와 안정을 위한 초석이 된다는 것을 인정한 토대 위에서, 북·미 관계개선을 위한 신뢰구축 조치들과 한반도의 평화와 안정 보장, 6자회담 재개와 관련된 문제들에 관해 논의하였다. 양측의 이행조치를 보면, 미국이 북한에 24만 톤의 영양을 제공하고, 북한이 우라늄농축프로그램(UEP)의 중단과 핵실험·미사일 시험발사의 임시중단, 국제원자력기구(IAEA) 감시단의 입북을 허용하기로 한 것이다.

하지만 김정은 정권의 출범을 앞두고 북한이 또다시 우주로켓의 발사를 예고하고 나서면서 6자회담의 재개 문제가 위기를 맞았다. 북한은 2012년 4월 13일 은하3호 1호기 로켓을 발사했으나 곧바로 추락하는 바람에 실패하였다. 일정한 조정기간을 거친 뒤,33) 그 해 12월

---

32) 미 국무부 대변인과 북한 외교부 대변인은 모두 '장거리미사일발사의 임시중지(moratorium on long-range missile)라는 데 동의했지만, 이후 미국은 여기에 우주로켓이 포함된다고 주장한 반면 북한은 그렇지 않다고 주장해 「2.29 합의」 위반의 책임문제가 불거졌다. Victoria Nuland, "Press Statement: US-North Korea Bilateral Discussions," Office of the Spokesperson, Department of State, February 29, 2012. 및 『조선중앙통신』, 2012년 2월 29일.

33) 『동아일보』 보도에 따르면, 2012년 11월 6일 미 대선을 앞두고 악재를 우려한 미국측이 북한의 장거리로켓 발사를 막기 위해 4월에 백악관 관리들이 비밀리에 평양에 들어가 비공개접촉을 가졌으나 설득에 실패했고, 8월에도 방북하여 로켓 추가발사 금지 문제를 협의했다. 『동아일보』, 2012

12일 북한은 은하3호 로켓을 발사하여 저궤도 진입에 성공하였다. 북한의 로켓발사에 대해 예상과 달리 중국의 찬성으로 강력한 대북 경제제재를 담은 유엔안보리 결의 2087호가 채택되자 북한은 이에 강하게 반발하였다.

결국, 국제사회의 엄중한 경고에도 불구하고 북한은 2013년 2월 12일 제3차 핵실험을 강행하였다. 이에 대해 미국은 B-52, B-2 전략폭격기, 핵추진 잠수함 등 핵전력을 한반도에 투사함으로써 북한에 경고 메시지를 보냈다. 중국도 강력한 대북 제재결의를 담은 유엔안보리 결의 2094호에 찬성하는 등 대미 협조 태도로 전환하였다. 미국은 물론 '신형대국관계'를 표명하며 대미 관계개선을 추구하던 시진핑 지도부는 신생 김정은 정권에 대해 강한 불신을 갖게 되었고 북·중 관계는 점차 악화되었다.

2. 오바마 2기 행정부 출범 이후 6자회담 재개 논의

(1) 북한의 '경제-핵무력 건설 병진노선'과 경성균형론

북한은 장거리로켓 은하3호의 발사와 제3차 핵실험을 성공리에 마친 뒤, 2013년 3월 31일에 열린 조선노동당 중앙위원회에서 김정은 시대의 전략적 노선으로 "경제건설과 핵무력을 동시에 발전시킨다"는 '병진노선'을 내걸었다. 이러한 병진노선을 채택하면서 △자립적 핵

년 11월 19일. 이 보도에 대해 조태영 외교부 대변인은 "정부로서는 아는 바가 없다"는 입장을 밝혔다. 『연합뉴스』, 2012년 11월 29일.

동력공업을 발전시켜 전력문제를 해결하고, △세계 비핵화 전까지 핵무력을 질량적으로 확대 강화하겠다고 천명하였다.

북한은 '병진노선'을 내걸면서 핵무장이 경제건설에 도움이 된다는 논리를 펼쳤다. 김정은 위원장은 제6기 23차 당 중앙위원회 전원회의 보고를 통해 "새로운 병진노선은 국방비를 늘리지 않고도 적은 비용으로 나라의 방위력을 더욱 강화하면서 경제건설과 인민생활 향상에 큰 힘을 돌릴 수 있게" 한다는 논리를 전개했다.[34] 같은 해 4월 1일에 개최된 최고인민회의 제12기 7차 회의에서는 새로운 법령「자위적 핵보유국 지위 공고화 법」을 채택하여 헌법에 이어 핵전략과 정책을 법적으로 뒷받침하였다[35]

이처럼 북한이 대남, 대미 핵 협박과 함께 '병진노선'을 내걸면서 이후 김정은 정권은 본격적으로 '국가핵무력의 완성'에 매진하였다. 경제건설과 핵무력 증강이라는 두 마리 토끼를 잡으려는 '병진노선'은 국제사회의 대북투자 기피로 사실상 경제건설의 길이 제한된 채 핵무력의 건설로 치우칠 수밖에 없었다. 북한은 스스로 CNC 산업혁명 등을 통한 자력갱생과 경제개발구 계획 발표 등으로 '개방'을 통한 경제강국 건설을 표방했지만, 국제사회의 대북제재가 견고하게 유지되는 바람에 북한이 핵무기를 보유하면서 경제건설을 병행한다는 국가전략은 처음부터 성공하기 어려웠던 전략목표였음이 드러났다.[36]

---

34)『조선중앙통신』, 2013년 3월 31일.

35)『조선중앙통신』, 2013년 4월 1일.

36) 조성렬,『뉴 한반도비전: 비핵 평화와 통일의 길』, pp.112~114.

(2) 「2.29 합의」 파기 이후 안보-안보 교환의 새로운 모색

오바마 2기 행정부와 한국의 신정부의 출범 이후 한・미 양국은 북한의 3차 핵실험에 대응해 키리졸브-독수리 군사연습을 통해 확장억제력의 전개능력을 과시함으로써 핵 균형을 맞춘 뒤, 북핵문제의 외교적 해법을 본격적으로 모색하기 시작하였다. 2013년 4월 12일 윤병세 외교부 장관과 존 케리 미국 국무장관은 한・미 외교장관회담 직후에 발표된 「한・미 외교장관 공동성명」(4.13)에서 한반도 비핵화와 관련해 "북한이 올바른 선택을 한다면 2005년 6자회담 내용을 실행할 것"이라며, "국제적인 의무의 준수와 함께 약속이행"을 주문하였다.[37]

「한・미 외교장관 공동성명」은 한반도 비핵화를 △6자회담을 통해 △「9.19 공동성명」에 기초해 실현한다는 의지를 재확인한 것이다. 하지만 북한은 이미 「9.19 공동성명」의 내용에 만족하지 않는 모양새였다. 제4차 6자회담 2단계 회의에서 「9.19 공동성명」을 발표할 당시와 현재의 상황이 많이 달라졌다는 점에서 6자회담의 형식과 「9.19 공동성명」의 내용을 그대로 적용할 수 있을지 의문이 제기되었다.

북한은 「한・미 외교장관 공동성명」에 대해 즉각적으로 반응하였다. 먼저 한반도 비핵화의 시기와 관련하여 "우리의 핵무력은 미국을 포함한 세계의 비핵화가 실현될 때까지 나라의 자주권과 최고리익을 수호하고 우리 공화국을 겨냥한 침략의 본거지들을 보복타격하기 위한 가장 위력한 수단'이라고 규정하며 북한의 비핵화를 전 세계의 비

---

[37] Joint Statement adopted at ROK-US Foreign Ministers' Meeting on April 12, 2013. (검색일: 2014.03.21.)

핵화와 연계시켰다.

이어서 '조선반도 비핵화'로 나가기 위한 대화와 협상의 실천적 조치로서 △유엔안보리의 대북제재 철회 및 한국의 반북 모략소동의 중지, △핵전쟁연습의 중단을 세계 앞에 정식으로 보장, △한국과 주변지역에 끌어들인 핵전쟁수단들의 전면적인 철수 및 재투입시도 단념 등 세 가지를 요구하였다.

북한 국방위원회 정책국의 성명은 북한이 「9.19 공동성명」의 발표 당시보다 자신들의 핵능력에 대한 가치를 훨씬 높게 평가하고 있음을 보여주고 있다. 이렇듯 한반도 내에서 북한 핵에 대한 가치 평가가 상이한 가운데, 중국은 북핵문제의 외교적 해결을 위해 「9.19 공동성명」을 뛰어넘는 새로운 안보-안보 교환의 등가점을 찾고자 했다.

2013년 2월 북한의 3차 핵실험 실시와 3~4월 한·미 양국의 키리졸브, 독수리 연습으로 한반도에 군사적 긴장이 한껏 높아졌으나, 5월 들어 한·미 정상회담과 미·중 정상회담을 거치면서 6자회담의 재개를 둘러싸고 관련국들의 탐색전이 본격화되었다. 특히 6자회담의 재개 조건을 놓고 북한과 한·미·일 3국이 이견을 보이는 가운데, 한·중 정상회담 이후 중국이 적극적인 중재에 나섰다.

〈그림 2-1〉 '안보-안보 교환'의 새로운 등가점 모색

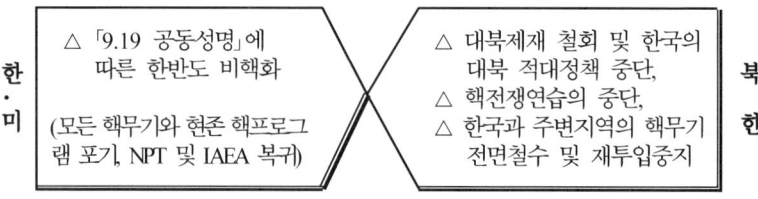

3. 6자회담의 재개를 둘러싼 쟁점

(1) 북한의 비핵화 사전조치 이행문제

6자회담의 재개를 논의하기 위한 「2.29 합의」가 북한의 장거리로켓 발사로 사실상 파기되면서, 미국은 대화를 위해 북한이 먼저 비핵화 사전조치를 취해야 한다는 조건을 내세웠다. 「2.29 합의」는 미국이 북한에게 24만 톤의 영양지원을 하고, 이에 대한 반대급부로 북한이 장거리 미사일과 핵실험의 동결, 우라늄농축활동을 비롯한 영변 핵활동의 모라토리엄, IAEA 사찰 허용 등을 약속한 것이다. 이러한 비핵화 사전조치로서 「2.29 합의+ α」를 주장해 왔다.[38]

2013년 9월 왕이 외교부장의 방미에 이어, 중국 우다웨이 한반도사무특별대표는 10월 28~29일 미국을 방문해 6자회담의 재개조건을 협의한 뒤, 11월 4일 평양을 방문해 북한측과 입장을 조율하고자 하였다. 하지만 북한은 6자회담 재개를 위해 일방적으로 먼저 움직이는 일은 절대 없을 것이라 못 박으며 '조건 없는 재개'를 요구한 것으로 알

---

[38] '알파(α)'가 무엇인지는 공개적으로 밝혀진 바 없다. 이 때문에 그 내용을 둘러싸고 의견이 분분하다. 문정인 연세대 교수는 북한에 억류중인 케네스 배의 석방, 도발적 행동과 언행의 자제, 그리고 재가동을 시작한 영변 흑연감속로의 중단 등으로 보는 반면, 양무진 북한대학원대학교 교수는 인공위성의 발사금지 및 영변 이외의 핵시설 고백이라고 보고 있다. 문정인, "북핵문제와 6자회담," 한반도포럼 제5차 세미나, 2013년 10월 31일 및 양무진 교수와의 인터뷰(2014년 5월 24일).

려졌다.

6자회담 재개를 위한 비핵화 사전조치는 2013년 11월 6일에 열린 두 번째 한·미·일 3국의 6자회담 수석대표 회동에서 구체화되었다. 11월 4일부터 조태용 6자회담 한국 측 수석대표가 방미해 미국측과 집중 협의를 벌이고, 그 뒤 한·미·일 3국의 6자회담 수석대표가 만나 △6자회담의 목표가 한반도 비핵화임을 재확인하고, △회담 중 핵무력 강화조치를 중단하며, △회담이 재개되면 빠른 기일 안에 비핵화를 완료해야 한다는 조건을 정리했다.39)

2014년 들어와서도 6자회담의 재개를 위한 움직임이 전개되었다. 2월 13~14일 케리 미 국무장관은 서울을 방문해 남북 고위급회담에 대한 미국측 입장을 전달하고, 한·미 외교장관회담 뒤에 가진 기자회견에서 "북한의 진정성 있는 태도 변화가 없이는 6자회담을 재개하기 어렵다"는 입장을 밝혔다.40) 2월 14일 베이징에서 열린 미·중 외교장관회담에서도 왕이 중국외교부장이 '조속한 대화재개'를 촉구한 데 대해, 케리 장관은 북한의 사전조치 없이는 6자회담을 재개할 수 없다는 입장을 재확인했다.41)

이렇듯 6자회담의 재개 조건을 둘러싸고 북한과 한·미·일 3국의 입장이 좁혀질 기미가 보이지 않는 가운데, 3월 17일과 25일에 북한과 중국의 6자회담 대표들이 두 차례 연쇄 접촉했다. 이에 박근혜 대통령(당시)은 네덜란드 헤이그에서 열린 한·미·일 정상회담에서 "비핵화의 실질적 진전을 위해 다양한 대화 재개 방안을 모색하자"고 제

---

39) 『연합뉴스』, 2013년 11월 6일.
40) 『연합뉴스』, 2014년 2월 13일.
41) 『연합뉴스』, 2014년 2월 14일.

안하면서 다소 유연한 태도를 보였다.42) 이같이 6자회담의 재개조건을 둘러싼 조율이 한창인 가운데, 3월 27일 북한의 노동미사일 발사에 대해 유엔안보리가 의장명의로 '언론 구두성명'을 내자, 3월 30일 북한외무성은 대변인 성명을 내고 제4차 핵실험의 가능성을 시사하며 반발했다.43)

이처럼 북한이 '새로운 형태'의 핵실험 가능성을 흘리며 위기를 조성하는 가운데, 4월 7일 한·미·일 수석대표가 만나 비핵화 사전조치를 유연성 있게 적용하는 문제에 대해 논의하였다. 3국 협의 직후 우리측 대표가 "북한이 비핵화의 진정성을 언제, 어떤 행동으로 보여줘야 하는 것인지도 논의의 대상이 될 수 있다"고 발언해 6자회담 재개의 문턱을 낮출 가능성을 시사하기도 하였다.44) 그 뒤 4월 14~15일과 17일 세 차례 미·중 수석대표가 만나 비핵화 사전조치의 유연성 문제를 조율했지만,45) 오바마 대통령의 동아시아 순방을 앞두고 백악관에서 열린 미국국가안보회의(NSC) 회의는 "지금의 코스를 바꾸는 어떠한 대안도 상황을 악화시킬 뿐"이라며 당분간 6자회담 재개의 문턱을 낮추지 않는다는 기존입장을 분명히 했다.46)

---

42) 『연합뉴스』, 2014년 3월 26일.

43) 『조선중앙통신』, 2014년 3월 31일. 결국은 2016년 1월 6일 북한은 제4차 핵실험을 강행했고, 여기에 반발한 박근혜 정부가 개성공단 폐쇄조치를 취하면서 남북관계는 파국 직전까지 갔다.

44) 『연합뉴스』, 2014년 4월 9일.

45) 곽태환, "6자회담 재개, 왜 지연되고 있나?," 『경향신문』, 2014년 4월 30일.

46) David E. Sanger. "U.S. Confronts Consequences of Underestimating North Korean Leader," *The New York Times*. April 25, 2014.

(2) 북한의 추가 핵실험 위협과 및 한·미 군사연습 문제

6자회담의 재개를 둘러싸고 새로운 변수가 등장하였다. 북한이 2012년 12월 12일 대륙간탄도미사일로 전용할 수 있는 저궤도위성 발사에 성공한 데 이어 2013년 2월 12일 제3차 핵실험을 성공하여 실질적인 핵미사일 능력을 갖추게 되었다. 그러자 미국은 군사력 균형 차원에서 B-52 전략핵폭격기와 B-2 스텔스기를 한반도에 출격해 핵모의투하 실험을 실시하는 등 대북 무력시위를 벌였다.

그러자 이번에는 북한이 미국의 핵위협을 내세우며 자신들의 핵무기 보유가 불가피한 것이라고 주장하며, 6자회담 재개의 전제조건으로 유엔의 대북제재 중단과 미국의 '핵전쟁 훈련' 참가 중단을 요구하고 나섰다. 4월 18일 국방위원회는 정책국 성명을 통해 "공화국 위협 공갈하는 핵전쟁 연습을 하지 않을 것을 세계에 약속하라"고 요구하고, 8월 30일에는 을지프리덤가디언(UFG) 연습기간에 미국이 B-52 전략폭격기를 한반도에 전개했다는 이유로 북한에 억류된 케네스 배(한국명 배준호)의 석방을 위해 방북하기로 되어 있던 로버트 킹 국무부 북한인권특사의 방문을 하루 전에 전격 취소시켜 버렸다.47)

이처럼 북한이 미국의 한반도 확장억제력 전개연습에 대해 민감하게 반응할 뿐만 아니라, 중국도 점차 대미 태도를 바꾸었다. 중국은 미국의 핵우산 공약이 한국의 비핵화를 억제한 측면도 있지만, 미국의 핵무기 배치가 북한의 핵보유를 촉진한 면도 적지 않다고 보았다. 특히 한·미, 미·일이 대규모 군사훈련을 할 때마다 북한을 공격목

---

47) 『조선중앙통신』, 2013년 8월 31일.

표로 핵무기가 동원되고 있어 북한의 모험 심리와 핵보유라는 강경 자세를 초래했다며 양비론을 펴고 있다.48) 중국은 북한도 비핵화 사전조치를 해야겠지만 미국도 북한에 대한 적대적 정책을 바꿀 필요가 있다는 입장을 취했다.

베이징에서 열린 2013년 9월 6자회담 9주년행사에서도 중국은 한반도 비핵화, 전제조건 없는 6자회담의 조속한 재개, 그리고 북핵 문제에 미국의 책임도 있으므로 미국이 행동을 자제해야 한다고 주장하였다. 중국은 한·미 합동군사훈련을 하는 것에 대해서는 충분히 이해하지만 그 훈련에 B-52, B-2 등 핵무기를 탑재할 수 있는 전략폭격기의 전개에 대해서는 문제 삼았다. 이런 종류의 전략무기는 중국의 안보에도 위협이 된다는 것이다.49)

특히 10월 22일 한·미 SCM에서 양국 국방장관이 북한의 핵사용 징후부터 실제 핵사용까지를 여러 단계로 나눠 단계별로 한·미 양국의 대응 방안을 정립한 '맞춤형 억제전략'을 발표하자, 왕린창(王林昌) 아태학회 한반도연구회 위원, 천펑쥔(陳峰君) 베이징대 교수 등 중국의 한반도전문가들은 협상에 나서야 할 때 역으로 선제공격의 내용을 담은 '맞춤형 억제전략'으로 대북 군사위협을 고조시킨다고 한·미 양국을 비판하기 시작했다.50)

2014년에 들어서 조선중앙통신은 4월 7일에 열린 한·미·일 6자회담 수석대표회담을 비난하며 "대화를 거부하고 정세를 고의로 긴

---

48) 천펑쥔(陳峰君), "미국의 핵우산전략," 『내일신문』, 2013년 10월 17일.
49) 문정인, "북핵문제와 6자회담," 한반도포럼 제5차 세미나 자료집, 2013년 10월 31일.
50) 王林昌, "韩国对军事威慑的迷信令人忧," 『环球时报』, 2013년 10월 17일; 陳峰君(2013).

장시키는 미국의 행동은 오히려 조선반도의 사태 발전을 비핵화와는 반대 방향으로 떠밀고 있다"고 주장하였다.51) 이에 호응하듯, 중국측은 한·중 양국 간 6자회담 수석대표 회동에서 한국대표에게 이례적으로 한·미 연합훈련을 자제해 줄 것을 촉구하였다.52)

2014년 4월 15일 화춘잉(華春瑩) 외교부 대변인도 북한의 핵실험 위협뿐만 아니라 한·미 연합 군사훈련에 대해 처음으로 반대 입장을 밝혔다.53) 4월 15~16일 미·중 수석대표회담에서는 우다웨이 대표가 한·미 군사연습의 자제와 대북 인권압박의 강도를 낮춰줄 것을 요구하였다.

이처럼 북한이 핵무기 보유국 지위를 굳히려는 것을 막기 위한 한·미의 확장억제력 전개연습이 오히려 6자회담의 재개와 관련된 이슈로 떠오르게 되었다.54)

(3) 북한의 핵능력 변화와 안보-안보 등가교환의 재모색

비핵화 사전조치를 둘러싼 이견 때문에 아직 크게 쟁점으로 부각되

---

51) 『조선중앙통신』, 2014년 4월 11일.

52) 『연합뉴스』, 2014년 4월 15일.

53) 外交部發言人華春瑩主持例行記者會, 2014年 4月 15日. 원문은 다음과 같다. "我們反對任何可能導致局勢緊張升級的行為, 既不讚成聯合軍演, 也不讚成威脅核試. 主張通過對話解決問題 °" http://big5.fmprc.gov.cn/gate/big5/ www.fmcoprc.gov.mo/chn/fyrth_1/t1147367.htm (검색일: 2014.04.15.)

54) 러시아 외교부도 한국과 미국이 북핵 문제 등 한반도 현안을 해결하는 데 무력사용을 우선시하는 자세를 중단해야 한다고 촉구했다. 『러시아의 소리』, 2014년 4월 11일. http://korean.ruvr.ru/ (검색일: 2014.04.15.).

지는 않았지만, 한반도 비핵화에 관한 참가국들의 입장차이로 6자회담이 재개되더라도 기존 「9.19 공동성명」으로 북핵문제가 쉽게 해결될지 의문이었다. 그것은 2005년 9월 이 공동성명이 채택됐던 당시와 상황이 크게 달라졌기 때문이다.

2013년 말 우다웨이 중국 한반도사무특별대표(당시)는 향후 6자회담의 의제와 관련하여 「9.19 공동성명」에서 다소 막연하게 규정되었던 내용을 구체화하는 방식으로 새롭게 안보-안보의 등가교환을 하자고 제안하였다. 중국측의 제안한 내용은 「9.19 공동성명」과 비교해 보면 다음과 같다.

첫째는 「9.19 공동성명」과 동일한 내용으로, △「9.19 공동성명」에 따른 의무이행과 △'행동 대 행동' 원칙의 유지 등이다.

둘째는 「9.19 공동성명」에 없던 내용을 추가한 것으로, 새롭다기보다는 「2.13 합의」에 담겨 있던 내용(5개 작업부회의 설치 및 가동)을 새로운 합의문에 포함시킨 것이다. '북·미 및 북·일 수교'를 '미국, 일본과의 관계개선'으로 완화한 뒤 여기에다가 '한국과의 관계개선'을 추가하였고, '경수로 제공 논의와 200만kw 전력공급, 에너지·경제지원'을 '북한의 관심사항 해결'로 바꿔 추가 협상의 여지를 남겨 놓았다.

셋째는 「9.19 공동성명」을 구체화된 것으로, '직접 관련국들에 의한 한반도 평화포럼 협상'을 '한반도 평화조약 체결 노력'으로 명문화하고 '동북아 안보협력 증진'을 '6개국 협의 정례화'로 구체화하고 '북한의 모든 핵무기와 현존하는 핵프로그램의 포기'를 '한반도 비핵화 실현'으로 표현하고 이를 북한의 핵 개발·제조·확산·비축 금지, 한국의 핵무장 금지, 관계국의 한반도 핵 배치 금지로 세부적으로 밝혀 놓았다. 또한 '대북 불가침 약속'을 "미국이 북한 체제의 전복 의사가 없으며 불가침 조약을 맺을 의사가 있다"고 밝히도록 하였다.

하지만 중국이 제시한 새로운 등가교환 제의에 대해 당시 한국, 미국, 일본은 비핵화 사전조치가 명시되지 않아 충분하지 않다는 뜻을 중국측에 전달한 것으로 알려졌다. 아직 6자회담이 재개되지도 못한 상태에서 이러한 중국측의 제안을 논의하는 것은 시기상조라는 판단이 깔린 것으로 보인다. 다만 한반도 비핵화를 위한 외교협상이 본격화될 경우 북한이 받아들일 수 있는 새로운 안보-안보 등가교환의 제시는 불가피하다.

〈표 2-6〉 9.19 공동성명과 중국측 조정안의 비교 (2013.11.)

	9.19 공동성명	중국측 7개항 조정안	비 고
1	의무이행	① 참가국의 회담재개 동의와 2005년 9월 공동성명에 따른 의무이행	재개 부분 빼고는 동일
2	북한 모든 핵무기와 현존하는 핵프로그램의 포기 / 한국과 미국, 한반도 내 핵무기 부재	② 한반도비핵화 실현(북한의 핵개발·제조·확산·비축 금지, 한국의 핵무장 금지, 관계국의 한반도 핵배치 금지)	남한지역 내 핵무기 포함
3	경수로 제공 논의, 200만 kw 전력공급, 에너지·경제 지원	③ 비핵화 과정에서 북한의 관심사항 해결	KEDO 해체 등에 따른 상황변화 반영
4	북·미 및 북·일 수교/ 대북 불가침 약속	④ 한국·미국·일본과 북한의 관계 개선 및 북한체제를 전복하지 않는다는 명시적 의사 표시	수교→관계개선/ 불가침→체제전복 불의사
5	한반도의 영구적 평화체제에 관해 협상	⑤ 한반도 평화조약 체결 노력	내용 구체화
6	'행동 대 행동' 원칙	⑥ '행동 대 행동' 원칙 유지와 5개 작업부회의 가동	2.13 합의 내용 일부 포함
7	동북아 안보협력 증진	⑦ 6개국 협의 정례화	내용 구체화

<출처> 『讀賣新聞』, 2013년 11월 22일을 토대로 작성.

그 뒤로 북한은 핵포기의 대가로 한미동맹의 폐기를 요구하기도 하고, 핵무기 보유국 지위의 인정을 전제로 미국과의 핵군축회담을 제의하기도 하는 등 「9.19 공동성명」보다 훨씬 높은 수준의 안보인센티브를 참가국들에게 요구해 왔고, 김정은 정권이 들어서면서부터는 아예 핵무기 보유국 지위를 인정해 달라고 요구하기도 했다.

지금 북한은 국가핵무력의 완성을 선언한 뒤 상응조치의 제공을 조건으로 모든 핵무기와 현존하는 핵프로그램을 포기하겠다고 몇 차례의 남북, 북·미, 북·중, 북·러 정상회담에서 약속했다. 한층 고도화된 북한의 핵능력을 감안할 때, 완전한 비핵화 실현을 위해서는 새로운 안보-안보 교환을 위한 등가점을 찾는 노력이 성공해야 한다.

V. 새로운 안보-안보의 등가점을 찾아서

지금까지 북한 핵문제를 해결하기 위한 6자회담의 성과와 한계를 분석해 보고, 6자회담의 재개를 둘러싼 논의도 살펴보았다. 6자회담의 경과를 평가해 보면, 대북 경제제재나 경제인센티브 제공과 같은 경제적 접근법은 북핵문제와 같은 고도의 안보문제를 해결하기에는 분명히 한계가 있다. 하지만 안보-안보 교환의 큰 틀 속에서 이와 연동해서 실시했을 때는 북한의 합의이행을 일정하게 압박하거나 촉진하는 성과를 기대할 수 있었다.

안보-안보 교환의 틀 속에서 이루어진 경제인센티브의 방법이더라도 북한의 합의이행을 보아가며 제공하는 '성과급제' 방식이 타당했던 것으로 볼 수 있다. 특히 유엔안보리 결의나 6자회담 합의를 위반하면 경제제재를 가하고 결의안이나 합의를 준수하는 동안에는 제재 보류를 통해 경제인센티브를 제공하는 스냅백(snap-back) 조항을 활용한다면 북한의 행동을 어느 정도 통제할 수 있다.

하지만 경제제재나 경제인센티브 제공과 같은 경제적 접근법은 북한이 아직 핵무기를 개발하지 않았을 때 그나마 효과가 있는 것이고, 북한이 이미 여섯 차례의 핵실험을 통해 사실상 핵무기를 보유하고 대륙간탄도미사일 능력까지 확보한 상태에서는 경제적 유인만으로 비핵화라는 목표를 달성하기는 어렵다.

그런 점에서 북핵문제의 대안적 외교적 해법으로 우선 생각해 볼 수 있는 것은 안보-안보 교환에 의한 연성균형(soft balancing)을 이루는 방법이다. 실제로 성공적인 협상결과인 「9.19 공동성명」은 나름대로 북한과 나머지 5개국 간 안보-안보의 등가교환 약속이라고 할 수 있다. 그 뒤에 채택된 「2.13 합의」나 「10.3 합의」도 이러한 등가교환을 통해 연성균형을 이루고자 한 것이다.

하지만 이러한 외교적 노력에도 불구하고, 북한은 '병진노선'을 내세우며 핵무기 보유국의 지위를 기정사실화하며 한・미 양국과의 경성균형(hard balancing)을 추구해 왔다. 이러한 북한의 전략 변화에 대응하여 한・미 양국은 핵전략자산을 동원해 확장억제력 전개훈련을 실시해 북한의 핵전력에 대한 전략적 균형을 이루고자 했다. 하지만 이는 오히려 북한이 핵・미사일 능력을 강화하는 빌미를 제공하기도 하였다.

결국 북한 핵문제를 외교적으로 해결하기 위한 현실적인 과제는 조속히 외교적 협상을 재개하여 미국을 비롯한 국제사회가 북한의 '합리적인 안보우려'를 해소시켜줄 수 있는 경성, 연성의 안보인센티브를 북한에게 제시해 받아들이도록 하는 것이다. 지금 북한이 핵협상장에 나와 있기는 하지만, 어떻게든 북한의 핵포기 약속과 그에 상응한 적절한 대북 안전보장방안 제공을 통해 안보-안보 교환의 등가점을 새롭게 찾아야 할 것이다.

지난 제2차 북·미 정상회담에서 공동성명의 채택이 불발된 데서도 보듯이, 포괄적 안보-안보 교환의 등가점을 찾아 타협안을 만드는 작업이 결코 쉬운 일이 아니다. 설사 타협안이 마련됐더라도 미국 국내의 대북 불신이 너무 크기 때문에 국내적인 동의를 얻는 작업도 결코 쉽지 않다. 따라서 새로운 타협안이 도출되더라도 남북한과 미국, 또는 참가국들의 확대를 통해 합의안 이행을 담보할 수 있는 적절한 장치를 함께 마련하는 외교적 노력도 병행되어야 한다.

제3장

한반도 비핵화 협상의 재개와 신한반도체제의 시동

I. 한반도 비핵화를 위한 북·미 협상의 재가동

현 한반도 정세는 70년 넘게 지속된 남북한 및 북·미의 적대관계를 청산하고 한반도 평화체제의 길을 모색하는 과정에 있다. 본격화된 북한의 잇단 중장거리 탄도미사일 시험발사와 수소탄 실험, 이에 맞선 미국의 대북 참수작전(Decapitation Strike), 코피작전(Bloody Nose Strike)과 같은 군사행동론으로 한반도에서는 어느 때보다 전쟁 위기가 고조되었다. 하지만 신베를린선언과 8.15 대통령 경축사 등 문재인 대통령의 일관된 평화 의지와 대북 설득으로 마침내 한반도 정세는 전쟁 위기에서 벗어나 평화의 시대를 맞이하게 된 것이다.

한반도 정세가 전쟁에서 평화로 분위기가 반전된 결정적 계기는 단연 2018년 정초 김정은 위원장의 신년사 내용이었다. 김정은 위원장이 '2대 민족적 대사'를 내세우며 평창 동계올림픽 참가 의사를 밝히면서 극적인 반전의 계기를 만들었다. 우리 정부는 북한의 평창 동계 올림픽 참가를 계기로 조성된 한반도 평화의 '기회의 창'을 적극 활용하여 특사 교환을 통해 남북정상회담과 북·미 정상회담으로 흐름을 이어갔다.

김정은 위원장이 원론적인 수준에서 비핵화 의사를 밝힌 적이 있었지만, 이번처럼 구체적인 조건을 명시한 것은 처음이다. 2012년 헌법 전문에 '핵보유국'을 명기하고 2013년 4월 1일 최고인민회의에서 「자위적 핵보유국 지위 공고화 법」이라는 법률까지 제정했고 지난 10년 동안 핵과 관련된 어떠한 대화에도 응하지 않았던 북한이 김정은 위원장의 입으로 조건부나마 비핵화 의지를 밝힌 것은 획기적인 변화의 출발점이 되기에 충분하였다. 김 위원장이 비핵화의 조건으로 내건 것도 과거의 '상호 핵군축'과 같은 비현실적인 요구가 아니라 '합리적 안보우려'의 해소라는 점도 의미가 있다. 이처럼 몇 차례의 남북정상회담과 북·미 정상회담을 통해 완전한 비핵화에 합의하면서 북한 핵 문제를 외교적으로 해결할 수 있는 길이 다시 열리게 되었다.

하지만 북·미 간 비핵화 협상이 진전되지 않으면서 고비를 맞기도 했다. 트럼프 대통령이 5월 24일 제1차 북·미 정상회담을 앞두고 북한의 태도를 문제삼아 일방적으로 취소했다가 번복한 데 이어, 8월 24일 북·미 고위급회담을 하루 앞두고 김영철 당 부위원장의 서신내용을 이유로 취소했다. 11월 8일에는 폼페이오(Mike Pompeo) 미 국무장관과 김영철 노동당 부위원장의 고위급회담과 비건(Stephen Biegun) 대북정책특별대표와 최선희 외무성 부상 간 실무급 회담 등 2+2회담이 열릴 예정이었으나 북한의 일방적인 연기로 무산되었다. 당초 기대되었던 김정은 위원장의 연내 서울 방문도 이뤄지지 못했다.

이처럼 2018년 한 해가 비핵화 협상의 재개로 힘차게 출발했지만,

하반기로 접어들면서 비핵화 협상의 동력이 크게 떨어져 기대했던 만큼의 한반도 비핵화와 평화 프로세스가 진행되지 못하였다. 그 때문에 어느 때보다도 김정은 위원장의 2019년 신년사의 대미 메시지가 주목받았다. 2019년 신년사에서 김 위원장은 "언제든 또다시 미국대통령과 마주앉을 준비가 되어 있으며 반듯이 국제사회가 환영하는 결과를 만들기 위해 노력할 것"이라는 긍정적 신호를 발신하였다. 그리고 1월 8일 김정은 위원장은 시진핑 주석과 북·중 정상회담을 갖고 "북한은 계속해서 비핵화 입장을 견지하며 북·미 정상간 2차 회담에서 국제사회가 환영할 성과를 내도록 노력하겠다"고 밝혔다.[1]

이러한 분위기 속에서 김영철 당 부위원장은 워싱턴을 방문해 북·미 고위급 회담을 가진 뒤 백악관으로 가 김 위원장의 친서를 전달했으며, 트럼프 대통령도 김 위원장 앞으로 친서를 보내 화답했다. 같은 시간에 스웨덴 스톡홀름에서는 비건 대북정책특별대표와 최선희 외무성 부상이 만나 북·미 실무대표회담을 갖고 제2차 북·미 정상회담에 관해 합의하였다. 마침내 2월 27~28일 양일간 베트남 하노이에서 제2차 북·미 정상회담이 개최되었다. 하지만 양측은 서로의 의견을 좁히지 못하는 바람에 끝내 공동성명을 채택하지 못하고 말았다.

제3장에서 2017년의 전쟁위기를 벗어나 한반도정세가 극적으로 평화분위기로 반전되는 과정을 살펴보고, 그 배경이 된 북한 핵문제의 외교적 해법을 위한 한국과 미국, 북한의 노력과 입장에 관해 살펴본다. 아울러 성공적인 한반도 비핵화를 달성하기 위해 포괄적 안보-안보 교환론에 따라 한반도 비핵화와 항구적이고 공고한 평화를 구축하기 위한 과제를 제시해 보기로 한다.

---

[1] 『新华网』, 2019年 1月 10日.

Ⅱ. 한반도 비핵 평화 프로세스의 재개

1. 북한의 비핵화 수용 배경과 전개

(1) 핵무기 보유의 딜레마

　북한은 핵문제가 국제사회의 현안으로 대두된 6자회담 초기에는 전력생산을 위한 것으로 핵무기 개발과 무관하다는 입장을 내세웠다. 북한이 처음으로 핵무기의 개발을 인정한 것은 2005년 2월 10일 북한 외무성 대변인의 성명을 통해서이다. 북한 외무성은 미국의 압살정책에 맞서 자위 차원에서 핵무기를 제조하고 보유했다고 선언하고 6자회담 참가를 무기한 중단한다고 발표했다.2)
　그 동안 북한이 단순히 비핵화를 수용하겠다는 입장 표명을 넘어서 실제의 협상을 통해 외교적으로 비핵화 원칙에 합의한 것은 「제네바 북·미 기본합의」와 6자회담의 「9.19 공동성명」 등 두 차례였다. 북·미간의 「제네바 기본합의」에서 북한은 영변 흑연감속로와 관련시설을 동결하고 경수로가 완공되면 이 시설들을 해체하기로 하였다. 그에 대한 상응조치로 국제컨소시움이 대북 경수로 2기를 건설해주고 그것이 완공될 때까지 매년 중유 50만 톤을 제공하기로 약속하였다. 더불어 북·미간 경제적·정치적 관계정상화와 대북 핵무기 위협·

---

　2) 조성렬, 『뉴 한반도 비전: 비핵 평화와 통일의 길』, 백산서당, 2012, p.96.

공격 금지를 제공키로 하였다.

6자회담의 「9.19 공동성명」에서 북한은 모든 핵무기와 현존하는 핵 프로그램의 포기를 의미하는 '한반도의 검증가능한 비핵화'를 수용하는 대신에, 그에 대한 상응조치로 △주한미군의 핵무기 불보유 및 핵무기·재래식무기에 의한 위협·공격 금지, △대북 에너지 제공, △북·미 및 북·일 관계정상화, △한반도 평화체제 수립, △동북아시아 안보 협력 증진 등에 합의하였다.

두 차례 합의가 가진 공통된 특징은 북한이 비핵화를 수용하는 대신에 그에 상응하여 일정한 경제·에너지 지원과 안전보장을 제공받기로 한 점이다. 다만 「제네바 기본합의」가 경제-안보 교환의 성격이 강한 것이라면, 「9.19 공동성명」은 경제적 인센티브 외에 소극적 안전보장 정책, 관계정상화, 한반도 평화체제와 같이 포괄적인 안보-안보 교환의 성격을 띠고 있다.

김정은 정권의 초기인 2013년 4월 1일 북한 최고인민회의는 「자위적 핵보유 지위 공고화법」을 채택하면서 "우리의 핵무력이 세계의 비핵화가 실현될 때까지 우리 공화국에 대한 침략과 공격을 억제, 격퇴하고 침략의 본거지들에 대한 섬멸적인 보복타격을 가하는 데 복무한다"고 밝히고 있다.[3] 그 뒤 같은 해 6월 16일 국방위원회 대변인의 중대담화를 통해 "조선반도 비핵화는 우리 수령님과 우리 장군님의 유훈"이라면서 북·미 고위급회담을 제의한 이후부터 '조건부 핵포기' 의사를 밝혀 왔다.[4]

---

3) 『조선중앙통신』, 2013년 4월 1일.
4) 조선민주주의인민공화국 국방위원회 대변인 중대담화, "모든 사태발전은 조선반도정세를 격화시키고 있는 미국의 책임적인 선택에 달려있다," 『로동신문』, 2013년 6월 17일.

북한은 36년 만에 열린 2016년 5월의 제7차 당대회 개최 두 달 뒤인 7월 6일 '공화국 정부 성명'을 발표해 한반도 비핵화 5대 조건을 보다 구체적으로 제시하였다. 첫째로 주한미군의 핵무기 공개, 둘째로 주한미군의 핵무기 철폐 뒤 검증, 셋째로 핵타격수단의 남한 내 반입 금지, 넷째로 핵무기 위협 및 사용 금지의 확약, 다섯째로 핵사용권을 쥐고 있는 주한미군의 철수 선포 등 다섯 가지다.

마침내 2018년 3월 5일 김정은 위원장은 북한을 방문한 우리 정부의 특사단에게 "군사적 위협이 해소되고 체제안전이 보장된다면 핵무기를 가지고 있을 이유가 없다"면서 조건부이기는 하지만 비핵화 의사를 분명히 밝혔다. 비핵화 조건 중 하나인 '체제안전의 보장'은 연성균형 방식의 안보-안보 교환을 의미하고, 다른 하나인 '군사위협의 해소'는 경성균형 방식의 안보-안보 교환을 가리킨다. 김 위원장이 밝혔던 '한반도 비핵화' 의지는 3월 26일 북·중 정상회담,5) 4월 27일 남북정상회담, 6월 12일 북·미 정상회담, 9월 19일 남북정상회담, 그리고 2019년 4월 25일 북·러 정상회담에서 재확인되었다.

북한이 밝힌 비핵화의 조건은 약간씩 표현을 달리하고 있는데, 김계관 외무성 제1부상은 5월 16일 발표된 개인담화에서 "조선반도 비핵화 용의를 표명하였고 이를 위하여서는 미국의 대조선 적대시 정책과 핵 위협·공갈을 끝장내는 것이 그 선결 조건"이라고 밝혀 '체제안전 보장→적대시 정책 폐기', '군사위협 해소→핵 위협·공갈 종식'

---

5) 新华社, "习近平同金正恩举行会谈,"『新华网』, 2018年 3月28日. 북·중 정상회담에서 김 위원장은 "김일성 주석과 김정일 총서기의 유훈에 따라, 한반도 비핵화를 실현하는 것이 우리들의 불변 입장이다(按照金日成主席和金正日总书记的遗训, 致力于实现半岛无核化, 是我们始终不变的立场)"라고 밝혔다.

으로 표현을 조금 바꾸기도 했다. 하지만 연성/경성균형 방식의 안보 -안보 교환을 통한 비핵화라는 기본 취지는 동일하다.

(2) 북한의 전략적 선택: '핵 가진 경제빈국' vs. '핵 없는 개발도상국'

그렇다면 북한이 20여 년에 걸친 각고의 노력 끝에 개발한 핵무기와 탄도미사일을 포기하게 된 배경은 무엇일까? 이 문제는 본서의 주제를 넘어서는 것이기 때문에 상세히 다루지는 않겠지만, 중요한 것은 적어도 북한이 국제사회의 경제제재나 군사위협에 굴복해서 나온 것이 아니라는 점이다. 그보다는 스스로 목표로 설정한 '국가핵무력의 완성'으로 대미 협상력이 최고조에 달한 시점에 비핵화를 전격 수용한 것으로 볼 수 있다.

과거 북한의 대응사례를 보면, 1990년대 중반 경제난이 최고조에 달해 수십 만 명이 굶어 죽었던 '고난의 행군' 시기에도 외부의 압력에 굴복하기는커녕 이에 맞서 핵무기와 탄도미사일의 개발에 박차를 가했다. 작년 8월 트럼프 대통령이 '화염과 분노'를 외치며 대북 군사행동 가능성을 시사했을 때는 '괌도 주변 포격 계획'을 발표하며 강경 맞대응하였다.

물론 북한이 경제제재나 군사위협에 굴복해서 협상테이블에 나온 게 아니라고 해서, 이러한 요인들이 북한의 비핵화 수용에 영향을 미치지 않았다는 의미는 결코 아니다. 김정은 위원장은 취임 첫 일성으로 '경제강국의 건설과 인민생활의 향상'을 내걸었고, 실제로 8개 중앙급 개발구와 평양시에 강남경제개발구를 포함한 19개 지방급 경제개발구를 잇달아 발표하였다.6) 하지만 이러한 경제회생을 위한 구상은 핵무력 건설과 병행될 수 없는 것이었다.

마침내 2013년 3월 31일 북한은 제6기 23차 노동당 중앙위원회 전원회의에서 '경제건설-핵무력건설 병진노선'을 채택하였다. 이 자리에서 김정은 위원장은 "새로운 병진노선의 참다운 우월성은 국방비를 추가적으로 늘리지 않고도 전쟁 억제력과 방위력의 효과적를 결정적으로 높임으로써 인민생활 향상에 힘을 집중할 수 있게 한다는 데 있다"고 역설했다.[7] 이러한 발언은 북한이 일정 수준의 핵무력을 보유해 자주국방력을 갖추게 되면 본격적으로 경제건설에 매진할 수 있을 것이라는 집권 초기 김 위원장의 생각을 반영한 것이다.

하지만 국제적인 현실은 북한지도부의 뜻대로 흘러가지 않았다. 본격적인 대북 경제제재가 시작되면서 북한리스크가 높아져 북한식 개방정책이라고 할 수 있는 경제개발구에는 기대했던 외국인투자가 거의 들어오지 않았다. 오히려 전통적인 우방국인 중국마저도 2016년 11월 30일에 채택된 유엔안보리 대북제재 결의안에 찬성하면서 외부 경제환경이 더욱 악화되었다. 이러한 상황은 김 위원장이 내건 '인민생활의 향상과 경제강국의 건설'이라는 국정목표뿐만 아니라, 당장 2016년 5월 제7차 당대회에서 채택한 '경제개발 5개년 전략'의 실현을 어렵게 하고 있었다.

북한은 2017년 9월 3일 북한의 제6차 핵실험 이후 결의된 유엔안보리의 초강력 제재에 대해 크게 위기감을 느낀 것으로 보인다. "미제

---

6) 차명철, 『조선민주주의인민공화국 주요경제지대들』, 조선민주주의인민공화국 외국문출판사, 2018년 11월.

7) 당 전원회의는 "(병진노선은) 자위적 핵무역을 강화 발전시켜 나라의 방위력을 철벽으로 다지면서 경제건설에 더 큰 힘을 넣어 사회주의 강성국가를 건설하기 위한 가장 혁명적이며 인민적인 노선"이라고 자평하기도 했다. 『조선중앙통신』, 2013년 3월 31일.

가 추종세력들을 규합하여..... 우리의 자주권과 생존권, 발전권을 완전히 말살하기 위해 최후발악적으로 나오고 있다"는 김정은 위원장의 언급은 이러한 위기감을 잘 보여주고 있다.[8] 그러나 김정은 위원장은 국제사회의 제재 속에서 2017년 내내 국가핵무력의 완성에 총력을 기울였다. 그리하여 같은 해 11월 29일 미 본토에 도달가능한 대륙간탄도미사일의 시험발사에 성공한 뒤 '국가핵무력의 완성'을 선언하였다. 이를 바탕으로 2018년 신년사에서 김 위원장은 과감하게 국가노선을 전환하였다.

2018년 3월 5일 평양을 방문한 우리측 특사단에게 김정은 위원장은 북한을 '가난한 나라'라고 언급한 것으로 알려졌다. 실제로 남북한의 경제력 격차는 해마다 벌어져 50:1 가까이에 달하고, 설상가상으로 유엔안보리 및 미국 등의 독자 경제제재로 인한 북한경제의 고립과 자금부족으로 경제회복의 전망조차 불투명한 실정이었다. 결국 북한은 '핵 가진 경제빈국'으로 남을 것인가, 아니면 '핵 없는 신흥개도국'의 길을 갈 것인가의 전략적 기로에 서게 되었고, 마침내 김정은 위원장은 '국가 핵무력'을 대미협상의 무기로 삼아 후자의 길을 선택하게 된 것으로 평가된다.

이러한 국가전략 노선의 전환은 2018년 4월 20일 제7기 3차 당중앙위 전원회의에서 '병진노선의 종료' 및 '사회주의 경제건설 총력 노선'의 채택으로 이어졌다. 이처럼 김정은 정권의 초기인 2013년 3월 31일 당중앙위 제6기 23차 전원회의에서 채택된 병진노선은 5년 만에 막을 내리게 된 것이다. 김 위원장은 전원회의 보고를 통해 "세계

---

8) 정성장, "북한 노동당 중앙위원회 제7기 제2차 전원회의 평가: 개최 배경과 파워 엘리트 변동," 「세종논평」, No. 2017-42, 2017년 10월 10일.

적인 정치사상강국, 군사강국의 지위에 확고히 올라선 현 단계에서 전당, 전국이 사회주의경제건설에 총력을 집중하는 것"이라며 노선 전환을 공식화했다.

2. 북한 비핵화 선언에 대한 한·미의 이해 공유

(1) 전쟁 재발방지를 위한 한국의 노력과 '대북 4No 원칙'

이와 같은 북한의 전략노선 전환은 문재인 대통령의 한반도 평화에 대한 강력한 의지와 트럼프 대통령의 정치적·전략적 계산이 맞물려 본격화되었다. 한·미 양국은 한·미, 남북, 북·미 정상회담을 연쇄적으로 개최하여 북한이 요구하는 군사위협 해소와 체제안전 보장을 제공해 비핵화를 실현함으로써 북한을 정상국가로 유도하는 데 이해를 같이하고 있는 것이다.

2017년 6월 28일~7월 1일 문재인 대통령은 취임 후 첫 방문지인 미국 워싱턴에서 트럼프 대통령과 한·미 정상회담을 갖고 「한·미 공동성명」에서 북한의 핵폐기를 비군사적 수단을 통해 달성하며 한반도문제 해결에서 한국이 주도한다는 데 합의했다. 또한 6월 30일 미 전략국제문제연구소(CSIS) 연설을 통해 북한의 비핵화를 촉구하면서 "△북한에 대한 적대시 정책을 추진하지 않는다, △북한을 공격할 의도가 없다, △북한정권의 교체나 정권의 붕괴를 원하지도 않는다, △인위적으로 한반도 통일을 가속화하지도 않을 것이다" 등 '대북 4노(No) 원칙'을 밝혔다.[9]

문재인 대통령은 북한이 대륙간탄도미사일 화성14형을 발사한 직후인 2017년 7월 6일 주요 20개국(G20) 정상회의에 참석하기 위해 방문한 독일 베를린의 쾨르버재단 연설에서 '한반도 평화구상'(일명 신베를린선언)을 밝혔다. "올바른 여건이 갖춰지고 한반도의 긴장과 대치국면을 전환시킬 계기가 된다면 나는 언제 어디서든 북한의 김정은 위원장과 만날 용의가 있다"고 밝히면서, △대북 4노(No)에 따른 평화, △북한체제의 안전을 보장하는 한반도 비핵화, △항구적인 평화체제 구축, △남북 경제공동체 구상(한반도 신경제지도 구상), △정경 분리를 제시했다.

북한의 대륙간탄도미사일에 대응해 트럼프 대통령의 '화염과 분노' 발언 등 미국에서 대북 군사행동론이 거론되자, 문재인 대통령은 8.15 광복절 경축사를 통해 "정부는 모든 것을 걸고 전쟁만은 막을 것"이라는 단호한 입장을 밝혔다. 이러한 문 대통령의 공식 언급은 김정은 위원장이 비핵화의 길을 걷는다면 체제안전이 보장될 수 있다는 판단에 결정적인 영향을 미친 것으로 보인다.

또한 2017년 12월 한·중 정상회담에서 양국 정상은 '4대 합의'를 채택하면서 특히 한반도 및 북핵 문제와 관련해 △한반도 전쟁 불용, △한반도 비핵화, △대화와 협상을 통한 평화적 해결, △남북한 간의 관계개선의 4대 원칙에 합의했다.[10] 이것은 같은 해 6월 한·미 정상회담에서 합의한 '대북 4노(No) 원칙'의 기조를 유지하면서, 특히 7월

---

9) 문재인, "CSIS연설: 위대한 동맹으로," 2017년 6월 30일. http//www1.president.go.kr/articles/55 (검색일 2019년 2월 6일). 그 뒤에도 미국의 대북 대응기조와 관련해 2017년 11월 9일 미 국무부 헤더 노어트 대변인은 '대북 4노 원칙'을 재확인하고 있다. 『연합뉴스』, 2017년 11월 11일.

10) 『연합뉴스』, 2017년 12월 14일.

이후 고조되고 있는 한반도에서의 전쟁 가능성을 배제하는 데 주안점을 둔 것으로 보인다.

그리고 북한 김정은 위원장의 2018년 신년사 발표를 앞둔 시점인 2017년 12월 20일(미국시각 12월 19일) 문재인 대통령은 미 NBC와의 인터뷰에서 "북한이 평창 올림픽 기간까지 핵과 미사일 실험을 중단한다면"이라는 단서를 붙여 평창 동계올림픽 기간에 한·미 연합군사연습의 연기를 검토할 용의가 있다고 밝히면서 "나는 미국측에 그런 제안을 했고, 미국 측에서도 지금 검토하고 있다. 이것은 오로지 북한에 달린 문제"라며 북한의 결단을 촉구했다.11) 결국 김정은 국무위원장은 2018년 신년사에서 북한의 평창동계올림픽 참가를 발표하였다.

(2) 북한의 핵위협 제거 필요성과 트럼프 대통령의 정치적 계산

트럼프 대통령은 2017년 집권 초기에는 중국의 협력을 얻어 북핵 문제를 해결하고자 '중국 아웃소싱'을 시도했다. 하지만 북한이 화성 14형, 15형 대륙간탄도미사일을 발사하며 전략 도발을 감행하자 군사적 강경대응으로 맞섰다. 하지만 2018년 1월 김정은 위원장의 신년사 발표 이후 북한이 대화에 나설 뜻을 비치자, 미국은 이를 수용하여 북·미 협상에 적극 나서고 있다.

첫째는 북한의 핵·미사일 위협 제거이다. 2017년에 들어와 북한은 7월 4일과 28일에 하와이와 알래스카에 도달할 수 있는 대륙간탄도미사일 화성14형을 시험발사한 데 이어, 9월 3일에는 수소탄 핵실험에 성공해 소형화, 경량화의 길을 열었고 11월 29일에는 미 본토에 도달

---

11) 『연합뉴스』, 2017년 12월 20일.

할 수 있는 대륙간탄도미사일 화성 15형의 시험발사에 성공해 '국가 핵무력의 완성'을 선언하였다.

북한의 위협은 미 본토의 안전에만 해당되는 것이 아니다. 핵무기 비확산조약(NPT)을 위반하며 핵무기를 개발하고 보유한 북한의 도발로부터 국제핵질서를 지킬 필요가 있을 뿐만 아니라, 북한의 핵무기나 핵물질이 국제테러집단의 손에 들어가지 않도록 막는 등 비확산의 필요성도 제기되고 있다. 그런 점에서 트럼프 대통령은 북한과의 비핵화 협상에 적극 나서지 않을 수 없었다.

둘째는 트럼프 대통령의 외교적 업적 쌓기이다. '미국 우선주의'를 내세운 트럼프 대통령은 이란 핵협정 탈퇴, 이스라엘 미 대사관의 예루살렘 이전, 중국과의 무역전쟁 개시, 시리아 내 미군 철수 등 집권 이후 이전 정권들과는 다른 외교정책을 구사해 왔다. 하지만 지금까지 보여준 트럼프 행정부의 외교는 새로운 것이라기보다는 전임 오바마 행정부의 외교적 성과를 자신의 스타일에 맞게 조정하거나 전면 폐기한 것에 불과하다.

이에 비해 북·미 비핵화 협상은 지난 20여 년 동안 역대 미 대통령들이 풀지 못한 난제를 해결한다는 외교적 의미를 가질 수 있다. 특히 이번에는 김정은 위원장이 스스로 비핵화를 약속했기 때문에 어느 때보다도 협상의 성공 가능성이 높다. 그런 점에서 트럼프 대통령이 북한 핵문제의 해결에서 커다란 성과를 거둘 수 있다면 이를 외교적 업적으로 삼을 수 있게 될 것이다.

셋째는 미국 내 정치적 위기의 탈출이다. 트럼프 대통령은 취임 초부터 러시아 스캔들에 따른 뮬러 특검의 수사로 곤혹을 치렀다. 『뉴욕타임스』는 트럼프 대통령 측이 2016년 대선 캠페인 초반부터 대통령 취임 직전까지 최소 17명의 참모가 100여 차례 러시아 측과 접촉했다고 보도했다.12) 현재 러시아 스캔들에 연루되어 트럼프 대통령의 대선 캠프 관계자들이 줄줄이 뮬러 특검에 조사받거나 기소되었다. 여기에 코헨 청문회에서 드러난 추문이 더해져 측근들의 잇단 기소 및 재판으로 FBI의 칼날이 트럼프 대통령 본인을 향하고 있었다.

이에 따라 트럼프 대통령은 러시아 스캔들과 각종 추문을 덮을 정치적 소재를 원하고 있고, 그런 차원에서 노벨평화상의 수상을 원하고 있는 것으로 보인다. 실제로 2018년 5월 공화당 의원 18명이 트럼프 대통령을 한반도 비핵화와 평화정착의 공로로 노벨평화상 후보로 추천하였고, 같은 해 가을에도 아베 일본총리가 그를 평화상 후보로 추천하였다.13) 이처럼 한반도 비핵화의 성과는 트럼프 대통령에게 정치적으로도 절실한 것이다.

3. 한반도 비핵화 협상의 재개와 회담 경과

(1) 남북한 특사교환에서 4.27 남북정상회담까지

김정은 위원장은 신년사에서 2018년이 '공화국 창건 일흔돐'과 '겨울철 올림픽 경기대회'와 같은 '민족적 대사들'이 있는 해라면서 "동결상태에 있는 북남관계를 개선하여 뜻깊은 올해를 민족사에 특기할 사변적인 해"로 빛내자고 주장하며 남북관계 개선 의지를 밝혔다. 하지만 이때까지만 해도 미 본토 전역이 핵타격 사정권 안에

---

12) *The New York Times*, January 26, 2018.
13) 『朝日新聞』, 2019년 2월 17일.

놓여 있다고 미국을 계속 협박하는 등 북·미관계 개선 의사는 드러내지 않았다.

1월 2일 문재인 대통령은 김 위원장의 신년사 제안을 환영한다고 밝히면서 1월 9일 남북 고위급회담을 개최하자고 제의하였다. 이틀 뒤인 1월 4일 문 대통령은 트럼프 대통령과 전화통화를 통해 '한·미 군사연습의 연기'에 합의하였다. 이처럼 한·미 정상이 평창동계올림픽 기간 동안 한·미 군사연습을 연기한다고 발표하자, 1월 5일 북한 당국은 남측의 '1월 9일 남북 고위급회담 제안'을 수용한다는 전통문을 보내왔다. 이에 화답하여 한·미 정상은 다시 트럼프 대통령과 전화통화에서 "대화 중에는 군사행동을 자제하겠다"고 밝혀 문 대통령의 약속을 재확인하였다.

북한은 2월 9일 평창올림픽 개막식에 고위급 대표단장으로 김영남 최고인민위원회 상임위원장과 김여정 노동당 선전부 제1부부장을 참석시킨 데 이어, 이튿날 김여정 부부장을 국무위원장의 특사로 서울로 보내 청와대로 문재인 대통령을 예방토록 하였다. 김여정 부부장은 문재인 대통령에게 김 위원장의 친서를 전달하면서 구두로 대통령의 방북을 초청하였다. 하지만 문 대통령은 즉답을 피한 채 "앞으로 여건을 만들어 성사시키자"면서, 남북정상회담에 앞서 북·미대화의 재개 필요성을 간접적으로 전달하였다.

여기서 특기할 것은 평창올림픽을 활용하여 남·북·미 3자 협의를 진행했다는 점이다. 서울의 모처에서 동계올림픽 개막식에 참석하기 위해 맹경일 통일전선부 부부장(당시)과 김상균 국정원 차장, 그리고 미 CIA 코리아미션센터 앤드류 김 센터장(당시)이 합류하여 물밑에서 비공개 남·북·미 3자 접촉을 이어갔다. 그리고 2월 25~27일 동안 김영철 통일전선부 부장, 리선권 조국평화통일위원회 위원장 일행이 평창 동계올림픽 폐막식에 참석한 뒤 청와대를 예방하고, 서 훈 국정 원장과 조명균 통일부 장관과 회동하였다.

그 뒤 남측 특사단이 평양을 방문(3.5~6)해 김정은 위원장과 만나 다음과 같은 '남북발표문 6개항'에 합의했다. 첫째로 4월말 판문점 평화의집에서 제3차 남북정상회담 개최, 둘째로 군사적 긴장완화와 긴밀한 협의를 위해 정상간 직통전화(Hot Line) 설치, 셋째로 북측은 군사적 위협이 해소되고 체제안전이 보장된다면 핵을 보유할 이유가 없다며 한반도 비핵화 의지를 천명, 넷째로 비핵화 문제 협의 및 북·미관계 정상화를 위해 미국과의 허심탄회한 대화 용의, 다섯째로 대화가 지속되는 동안 추가 핵실험 및 탄도미사일 시험발사의 중단 및 핵무기나 재래식 무기의 사용 자제, 여섯째로 남측 태권도 시범단과 예술단의 평양 방문 초청 등이다.

대북 특사단이 평양을 다녀온 뒤 우리 정부는 대미 특사단을 파견하여 김정은 위원장의 비핵화 포기 의사와 북·미관계 정상화 의지를 미국측에 전달하였고, 마침내 트럼프 대통령의 북·미 정상회담 개최 의향을 확인했다. 이와 같은 '여건 조성'에 힘입어 남북정상회담이 본격적으로 추진되었다. 4월 27일 판문점 남측 지역에서 개최된 남북정상회담에서는 「한반도의 평화와 번영, 통일을 위한 판문점선언」(이하 4.27 판문점선언)이 채택되었다. 이 선언은 번영과 긴장완화, 평화체제 등과 북한 비핵화를 등가로 교환하는 내용을 담고 있는데, 주요 내용은 다음과 같다.

첫째, 남북관계의 전면적이며 획기적인 개선과 발전을 이룩
  - 이미 채택된 남북 선언들과 모든 합의들의 이행
  - 고위급 회담을 비롯한 각 분야의 대화와 협상의 빠른 시일 안에 개최

- 쌍방 당국자가 상주하는 남북공동연락사무소의 개성지역 설치
- 각계각층의 다방면적인 협력과 교류 왕래 및 접촉의 활성화
- 남북 적십자회담 개최로 이산가족·친척상봉 등의 협의 해결
- 10.4선언에서 합의된 사업들의 적극 추진

둘째, 첨예한 군사적 긴장상태를 완화하고 전쟁 위험을 실질적으로 해소
- 지상과 해상, 공중을 비롯한 모든 공간에서 일체 적대행위 전면 중지
- 서해북방한계선 일대의 평화수역화로 우발적 군사충돌 방지 및 안전한 어로활동 보장
- 상호협력과 교류, 왕래와 접촉에 대한 군사적 보장

셋째, 한반도의 항구적이며 공고한 평화체제 구축
- 어떤 형태의 무력도 서로 사용하지 않을 데 대한 불가침합의 재확인
- 군사적 긴장이 해소되고 군사적 신뢰가 구축되는 데 따라 군축 실현
- 올해에 종전을 선언하고 항구적이고 공고한 평화체제 구축
- 완전한 비핵화를 통한 핵 없는 한반도 실현

(2) 6.12 북·미 정상회담까지 북·미 고위급회담의 경과

북·미 비핵화 협상은 북한을 방문해 김정은 위원장을 만나고 돌아온 우리측 특사가 미국을 방문해 김 위원장의 비핵화 및 북·미대화 의사를 전달하면서 문이 열리기 시작하였다. 우리측 대미 특사는 김정은 위원장이 밝힌 △비핵화를 위한 지속적 노력, △핵·미사일 시험발사 유예, △정례 한·미 군사연습 계속함을 이해한다는 내용을 담은 '구두친서'를 전달한 것 외에 비공개 메시지를 전달한 것으로 알려졌다. 이에 대해 트럼프 대통령은 즉각적으로 '북·미 정상회담'을 수락하였다.

그 뒤 북·미 고위급회담을 위해 3월 31일 폼페이오 미 국무장관이 평양을 첫 방문하였다. 제1차 고위급 예비회담에서 폼페이오 국무장관은 CVID 원칙, 핵탄두·ICBM 조기반출 등을 비롯한 미국측의 광범위한 요구목록을 북한측에게 전달한 것으로 알려졌다.

5월 9일 평양에서 열린 **제2차 고위급 예비회담**에서 폼페이오 국무장관은 김 위원장에게 관계개선 등에 관한 미국측 입장을 전달하였다. 회담 결과에 대해 김정은 위원장은 "새로운 대안이 있었고, 만족한 합의였다"고 평가하였고, 폼페이오 장관은 "생산적인 대화로서, 성공적인 거래"라며 양측이 모두 긍정적인 평가를 내렸다. 그리고 며칠 뒤인 5월 12일 북·미 정상회담의 장소와 날짜가 싱가포르와 6월 12일이라고 발표되었다.

6.12 북·미 정상회담에 앞서 김영철 노동당 부위원장이 5월 30일 ~ 6월 2일 뉴욕과 워싱턴을 방문하여 폼페이오 장관과 **제3차 고위급 예비회담**(5.31, 뉴욕)을 가진 뒤, 백악관을 방문하여 김정은 위원장의 친서를 트럼프 대통령에게 전달하였다(6.1). 여기서는 주로 북·미 정상회담의 의제를 조율한 것으로 알려져 있다.

그밖에도 북·미 정상회담을 앞두고 판문점 통일각에서 6차례, 북·미 정상회담 전날에 싱가포르에서 3차례 등 총 9차례 북·미 실무회담이 개최되었다. 하지만 9차례에 걸친 북·미 실무회담에서 양측은 결론에 도달하지 못하였다. 특히 미국은 「4.27 판문점선언」에서 합의한 '완전한 비핵화'보다 진전된 내용을 북·미 정상회담의 공동성명에 넣기 위해 노력했고, 정상회담 전날까지 CVID의 명시, 타임테이블 합의를 위해 노력했으나 무위에 그쳤다. 북·미 싱가포르 정상회담에서 채택된 공동성명의 합의사항은 다음과 같다.

첫째, 새로운 북·미관계의 수립

둘째, 한반도에서 항구적이며 공고한 평화체제의 구축

셋째, 판문점선언을 재확인하면서 한반도의 완전한 비핵화를 향하여 노력

넷째, 전쟁포로 및 행방불명자의 유골 발굴 및 발굴 확인된 유골들의 송환

(3) 6.12 북·미 정상회담 및 9.19 남북정상회담 이후

6.12 북·미 정상회담에서 빠른 시일 안에 비핵화 협상을 본격화하기 위해 **제1차 고위급회담**을 열기로 하여, 정상회담 이후 25일이 지난 7월 6~7일에 평양에서 개최되었다. 제1차 북·미 고위급 본회담에서 폼페이오 장관은 CVID원칙을 재확인하고 모든 핵무기와 현존하는 핵프로그램, 탄도미사일의 신고 및 검증 문제를 집중적으로 제기한 것으로 보인다.

반면, 북한은 △북·미관계의 개선을 위한 다방면적인 교류, △한반도 평화체제 구축에 앞선 7.27 종전선언 발표, △비핵화 조치의 일환으로 대륙간탄도미사일(ICBM)의 생산중단을 위한 대형엔진 시험장 폐기, △미군유골 발굴의 실무협상 등 「6.12 싱가포르성명」에서 합의한 동시행동조치의 이행 문제를 제기하였다.

제1차 평양 북·미 고위급회담의 결과, 북·미 양측은 비핵화 신고검증 워킹그룹 설치와 미군유해 송환 및 북한 미사일 엔진시험장 폐쇄를 위한 실무회의 개최를 약속하였다. 하지만 이것은 고위급회담에서 타결하지 못한 비핵화 쟁점들을 하위의 실무회의로 미룬 것으로 제대로 된 성과를 거두지 못한 것이었다. 특히 북한은 미국측이 "기본문제인 조선반도 평화체제 구축문제에 대해서는 일절 언급하지 않고 이미 합의된 종전선언 문제까지 이러저러한 조건과 구실

을 대면서 멀리 뒤로 미루어 놓으려는 입장을 취하였다"면서 "일방적으로 강도적인 비핵화 요구만을 들고 나왔다"며 불만을 터트렸다.14)

그렇다고 아무런 성과가 없었던 것은 아니다. 제1차 고위급회담의 합의에 따라 유엔군-북한군 장성급 회담(7.15) 및 군사실무회담(7.16) 등 후속회담이 열려 한국전쟁 당시 전사한 미군유해의 송환 협상을 이어갔고, 마침내 7월 27일 정전협정 체결 65주년을 맞이해 미군유해 55구를 판문점을 거쳐 미국으로 송환하였다.

하지만 핵심의제인 비핵화 문제에 진전을 보지 못하면서 협상 동력은 급속히 약화되었다. 폼페이오 장관은 8월 4일 아세안지역포럼(ARF)에서 리용호 외무상을 만났으나 한반도 비핵화에 관한 논의는 이루어지지 못하였다.

마침내 8월 23일 폼페이오 장관은 스티븐 비건 전 포드자동차 부사장을 대북정책특별대표로 임명하면서 평양에서 제2차 고위급회담을 갖는다고 발표하였다. 하지만 이튿날 트럼프 대통령은 마이크 폼페이오 국무장관, 스티븐 비건 신임 대북정책특별대표, 성 김 필리핀주재 대사, 앤드류 김 CIA 코리아미션센터장, 그리고 화상으로 존 볼튼 국가안보보좌관이 참여한 가운데 회의를 갖고 전격적으로 폼페이오 장관의 방북을 취소하였다. 취소 이유는 방북 결정 직후 북한이 김영철 부위원장 명의로 폼페이오 장관에게 보낸 비밀서한에서 북한 태도가 전향적으로 변하지 않았다고 판단했기 때문이다.15)

---

14) 『조선중앙통신』, 2018년 7월 7일.

15) Josh Rogin, "Why Trump cancelled Pompeo's trip to North Korea," *The Washington Post*, August 27, 2018.

이처럼 북·미 고위급회담이 취소되어 한반도 비핵화 프로세스가 위험에 빠지자, 우리 정부는 9월 5일 대북특사의 파견을 제의하고 평양 남북정상회담을 성사시켜 협상의 동력을 되살리기에 힘썼다. 마침내 9월 19일 남북정상이 만나 「9.19 평양선언」을 채택했는데, 주요 내용은 다음과 같다.

1. 비무장지대를 비롯한 대치지역에서 군사적 적대관계 종식
   ① 군사분야 이행합의서를 평양공동선언의 부속합의서로 채택
   ② 남북군사공동위원회를 조속히 가동
2. 교류와 협력 증대 및 민족경제의 균형적 발전
   ① 금년내 동, 서해선 철도 및 도로 연결을 위한 착공식 개최
   ② 개성공단과 금강산관광 정상화 및 서해경제공동특구, 동해관광공동특구 조성
   ③ 자연생태계의 보호 및 복원을 위한 남북 환경협력
   ④ 방역 및 보건·의료 분야의 협력을 강화
3. 이산가족 문제를 근본적으로 해결하기 위한 인도적 협력 강화
   ① 금강산 지역의 이산가족 상설면회소를 빠른 시일 내 개소
   ② 이산가족의 화상상봉과 영상편지 교환 문제를 우선 해결
4. 다양한 분야의 협력과 교류를 추진
   ① 문화 및 예술분야의 교류를 더욱 증진
   ② 2032년 하계올림픽의 남북공동개최를 유치하는 데 협력
   ③ 10.4선언 11주년 기념행사 개최 및 3.1운동 100주년의 공동 기념
5. 핵무기와 핵위협이 없는 평화의 터전으로 만들기 위한 실질적인 진전
   ① 동창리 엔진시험장, 미사일 발사대를 유관국 전문가 참관 하에 폐기
   ② 미국의 상응조치에 따라 영변핵시설의 영구적 폐기와 같은 추가 조치

③ 한반도의 완전한 비핵화를 추진해나가는 과정에서 긴밀히 협력

6. 김정은 국무위원장은 가까운 시일 내로 서울 방문

결국 우여곡절 끝에 10월 7일 폼페이오 국무장관이 비건 대북정책 특별대표를 대동해 평양을 방문해 **제2차 북·미 고위급회담**을 가졌다. 이 회담에 대해 미국측 참석자는 "지난번보다는 좋았지만 갈 길이 멀다"는 신중한 입장을 내놓았다. 제2차 북·미 정상회담의 개최와 북한이 취해야 할 비핵화 조치와 풍계리, 동창리 사찰단 파견, 종전선언에 대해 논의했지만, 미국의 핵리스트 제출 요구 등 핵심쟁점에서 돌파구를 마련하지는 못한 것으로 보인다.

11월 8일 미국에서 제3차 북·미 고위급회담을 가질 예정이었으나 전격적으로 연기되었다.16) 제3차 고위급회담에서는 제2차 북·미 정상회담 관련 사항뿐만 아니라, 미국의 비핵화 및 검증 요구와 북한의 제재 완화 요구가 논의될 것으로 예상되었다. 하지만 고위급회담의 연기로 한반도 비핵화를 위한 '포괄적 합의' 시도는 늦춰지게 되었고, 이로 인해 남북관계의 여러 일정도 해를 넘기게 되었다.17)

---

16) 북측이 김영철 부위원장의 방미를 연기한 배경에는 조성길 이태리주재 대사대리의 잠적에 대해 북한이 혹시 이 사건이 제2의 BDA사태로 될 것을 우려해 우선 진상조사를 벌였기 때문이라는 해석도 있다.

17) 『연합뉴스』, 2018년 11월 7일.

〈표 3-1〉 북·미 고위급 및 정상 회담의 주요 논의 사항

차수	날짜/장소	주요 논의사항	비고
예비 1차	2018.3.31. 평양	미측 요구목록 (CVID원칙, 핵탄두, ICBM 조기반출 등) 의사 전달	
예비 2차	2018.5.08. 평양	북·미관계 개선 등에 관한 미국 입장 전달 ⇒ 정상회담 날짜, 장소 확정	
예비 3차	2018.5.31. 뉴욕	김정은 친서 전달 제1차 북·미 정상회담 의제 협의	뉴욕에서 고위급회담 개최 후 자동차편으로 워싱턴 방문
	판문점, 싱가포르	북·미 실무회담: 판문점 통일각 6차례, 싱가포르 3차례 등 총 9차례 진행	
1차 정상	2018.6.12. 싱가포르	1차 북·미 정상회담	4개항의 공동성명 발표
1차	2018. 7.6~7. 평양	미국: CVID원칙 확인, 모든 핵프로그램 신고 및 검증 제기 북한: 다방면교류, 7.27 종전선언 발표, 대형 엔진시험장 폐기 ⇒ 미군유골 발굴 및 반환 실무협상, 북·미 워킹그룹 설치 등 합의	폼페이오 국무장관의 김정은 위원장 면담 불발
2차	2018.10.7. 평양	미국의 상응조치 및 제2차 북·미 정상회담 협의	8.23 발표와 8.24 취소, 10.2 방북 발표
3차	2019.1.18. 워싱턴	제2차 북·미정상회담 협의 * 북·미 실무책임자 첫 미팅 (스톡홀름)	워싱턴에서 고위급회담 및 백악관 방문
	실무회담	북·미 실무회담: 스톡홀름과 평양, 싱가포르에서 개최	회담대표: 스톡홀름 (최선희-비건), 평양 및 싱가포르(김혁철-비건)
2차 정상	2019. 2.27~28 하노이	제2차 북·미 정상회담	공동성명 채택 불발

Ⅲ. 한·미와 북한의 비핵화 협상 전략과 쟁점

1. 한·미의 비핵화 협상 목표와 전략

(1) 비핵화의 기본 접근법

미국이 북한과 비핵화 협상을 통해 얻고자 하는 목표는 '완전하고 검증 가능하며 되돌이킬 수 없는 폐기(CVID)'이다. CVID라는 용어는 2003년 8월의 제1차 6자회담 당시 미국이 비핵화 협상의 원칙으로 내걸면서 시작됐다. 하지만 북한이 '되돌이킬 수 없는'이라는 표현이 패전국에게나 적용되는 굴욕적인 개념이라고 반발하면서 논란을 빚었다.

2018년 6월 12일 북·미 정상회담에서 미국측은 마지막까지 「6.12 싱가포르성명」에 CVID 용어를 포함시키고자 노력했다. 그러나 북한이 끝끝내 거부해 결국은 '한반도 완전한 비핵화'라는 표현이 들어가는 데 만족해야 하였다. 공동성명의 발표 다음날인 6월 13일 서울에 온 폼페이오 국무장관은 "완전한 비핵화는 검증과 불가역적 조치를 포함한다"고 주장하기도 했으나, 그 뒤 그는 북한이 거부감을 갖는 CVID 대신에 '최종적이고 완전히 검증된 비핵화(FFVD)'라는 용어로 대체 사용하고 있다.

한반도 비핵화 접근법과 관련해 한 동안 트럼프 미 대통령은 자신의 입장을 명확히 밝히지 않았다. 그가 한반도 비핵화 방식에 대해 처음 언급한 것은 5월 22일 한·미 정상회담 당시 가진 기자회견 때이다. 여기서 그는 일괄타결(all-in-one)과 단기이행(big bang) 방식을 선호한다는 뜻을 분명히 밝히면서, 다만 단계적 보상 방식(incremental, with incentives)과 절충할 수 있는 가능성도 완전히 닫지는 않았다.18)

문재인 대통령이 취임 초기부터 제시한 북핵 해법은 '단계적 포괄적 접근법'이다. 트럼트 대통령이 한 때 이러한 대북 접근법을 '유화책(appeasement)'이라고 저평가하기도 했지만, 미국의 『아틀랜틱』은 한국의 접근방식이 훨씬 분별력이 있다고 평가하며 "한국이 옳다"고 지적했다.19) 실제로 현재 협상이 진행되는 경과를 보면, 미국의 대북 접근법이 트럼프 대통령의 초기구상대로 움직이기보다는 문재인 대통령이 구상한 '단계적 포괄적 접근법'으로 가고 있음을 알 수 있다.

싱가포르 북·미 정상회담의 합의에도 불구하고, 몇 차례의 북·미 고위급회담에서 미국은 '선 비핵화'를 견지한 것으로 알려져 있다. 하지만 2018년 7월 8일 도쿄에서 열린 한·미·일 외무장관회담에서 폼페이오 장관은 "비핵화 도중에도 대북제재를 제외하고 관계개선, 체제보장의 동시행동이 가능(We have been very clear there were three parts of the agreement in the Singapore summit.....Each of those needs to be conducted in parallel. We need to work on those efforts simultaneously.)하다는 것으로 미국의 입장을 정리하였다.20)

폼페이오 국무장관의 병행적, 동시적 접근법은 2019년 1월 31일 스탠포드대학 연설에서 비건 대북정책특별대표가 동시적이고 병행적인

---

18) "Remarks by President Trump and President Moon of the Republic of Korea Before Bilateral Meeting," May 22, 2018. https://www.whitehouse.gov. (검색일 2018.06.30.)

19) Peter Beinart, "South Korea Is Right," *The Atlanthic,* September 5, 2017.

20) www.state.gov (검색일 2018.07.09.)

접근(simultaneously and in parallel)이라고 재확인했다. 하지만 2월 21일 비건 국무부 대북정책특별대표와 포틴저 NSC 선임보좌관은 전화회견(conference call)에서 새로운 접근법이 단계적 프로세스를 수용한 것이 아니라면서 "매우 빠르고 크게 한 방으로 나아가야 한다(we need to move very quickly and in very big bites.)"는 입장을 밝히고, 이를 위해 "북한은 핵탄두와 미사일 보유량을 완전히 밝혀야 한다"고 주장했다.[21]

(2) 비핵화 시간표

비핵화 시간표(timeline)에 대한 미국의 입장은 어떠한가? 트럼프 대통령은 1차 북·미 정상회담이 끝난 뒤 가진 기자회견에서 비핵화의 물리적인 시간을 강조하고 자신의 첫 임기인 2020년 말까지 한반도 비핵화를 완료하겠다는 입장을 분명히 했다. 폼페이오 미 국무장관도 1차 북·미 정상회담 이튿날인 6월 13일 한국을 방문한 자리에서 "2년 6개월 내에 '주요한 핵감축(major nuclear disarmament)'을 완료하겠다"고 공언하였다.

이와 관련해 스탠포드대학의 해커 박사는 완전한 비핵화를 위해서는 10~15년 소요될 것으로 추정하였다.[22] 하지만 국제안보전략연구

---

21) 『연합뉴스』, 2019년 2월 22일. 비건 대표에게 자문하고 있는 카네기국제평화재단 핵정책연구소는 새로운 접근법에 대해 국면별 접근법(Phased approach)이라고 부르고 있다.

22) Siegfried S. Hecker, Robert L. Carlin and Elliot A. Serbin, "A technically-informed roadmap for North Korea's denuclearization," Center for International Security and Cooperation(CISAC) Stanford University,

소(ISIS)의 올브라이트 박사는 헤커 박사가 쉬운 것부터 어려운 것으로 나아가는 단계적 접근법에 매달리고 있다고 비판하며 6개월에서 18개월 내에 핵심적인 비핵화가 가능하다고 주장하였다.23)

이처럼 핵전문가들조차 비핵화 시간표를 둘러싸고 이견을 보이는 것은 비핵화의 '완료'에 관한 관점이 다르기 때문으로 보인다. 이에 대해 트럼프 대통령은 6월 12일 "20%만 진행되어도 되돌릴 수 없는 지점이 있을 것(there will be a point at which, when you're 20% through, you can't go back.)"이라고 언급하였다. 7월 17일에는 "비핵화는 시간 제한이 없는 과정"이라고 말하기도 하였다. 이것은 '완전하고 검증가능한 비핵화'를 어디까지로 볼 것인가의 관점 차이에 따른 것이다.

2018년 7월 18일 평양주재 알렉산드르 마체고라 러시아 대사는 "(김 위원장이 결심하면) 미국이 제안한 2년 6개월, 1년 등의 기간에도 비핵화가 가능"하다고 밝혔다. 김정은 위원장도 지난 9월 5일 평양을 방문한 우리측 특사단에게 "트럼프 대통령의 첫임기 내에 70년간 적대역사를 청산하고 북·미관계를 개선해 나가면서 비핵화를 실현했으면 좋겠다"는 입장을 나타냈다.24)

제2차 북·미 정상회담에서 공동성명 채택이 무산된 뒤인 2019년 3월 7일 비건 대북정책특별대표는 언론브리핑에서 "트럼프 1기 안에 완전한 비핵화를 이루고자 시간표를 짜고 있다"고 말한 데 이어,25) 3

"May 28, 2018.

23) David Albright, "Denuclearizing North Korea," Institute for Science and International Security, May 14, 2018, p.2. http://isis-online.org/uploads/isis-reports/documents/Albright_North_Korea_slides_for_denuclearization_talk_may_14%2C_2018_final.pdf (검색일 2018.02.01.)

24) 『연합뉴스』, 2018년 9월 6일.

월 11일 카네기국제평화기금 핵정책회의에서는 "북한과 함께 일한다면 목표를 1년 안에 달성할 수 있을 것"이라고 언급했다.26)

(3) 대북제재의 완화/해제 시점

대북 경제제재의 해제 시점과 관련해, 미 국무부는 완전한 비핵화가 달성되기 전에는 대북제재의 전면적인 집행(full enforcement)이 필요하다는 입장을 견지하고 있다. 또한 중국이 독자제재를 완화해 북한의 비핵화 의지를 약화시킨다는 이른바 '중국배후론'을 제기하며 제재의 고삐를 늦추지 않고 있다. 헤더 노어트 국무부 대변인은 정례 기자간담회에서 "북한이 비핵화할 때까지 대북제재는 결코 해제되지 않을 것"이라고 강조하였다.27)

2018년 11월 1일자 김정은 위원장의 비난 발언에 대한 입장을 묻는 답변에서도 미 국무부는 "과거 실수를 되풀이하지 않겠다"면서 "트럼프 대통령은 제재 완화가 비핵화의 뒤에 따르게 될 것이라는 점을 매우 분명히 해 왔다"며 기존 입장을 재확인했다.28) 폼페이오 장관이 "완전한 비핵화뿐 아니라 그것이 이뤄졌다는 것을 검증할 역량을 갖는 것 역시 경제제재 해제를 위한 전제조건"이라고 말한 데 이어,29) 트럼프 대통령도 "나는 제재를 해제하고 싶지만 그들의 조치가

---

25) Senior State Department Official On North Korea, "Special Briefing," Department of State, March 7, 2019.
26) 『한겨레신문』, 2018년 3월 12일.
27) 『자유아시아방송(RFA)』, 2018년 8월 1일.
28) 『연합뉴스』, 2018년 11월 1일.
29) 『연합뉴스』, 2018년 11월 6일.

있어야 가능한 일이다. 그것은 쌍방향(two-way street)이어야 한다"며 기존 방침을 고수했다.30)

하지만 미국이 말하는 대북제재의 해제 시점이 '완전하고 최종적으로 검증된 비핵화'의 완료라고 하더라도, 이러한 입장은 대북제재의 완화 가능성을 배제하지 않는 것임은 분명하다. 앞선 6월 12일 트럼프 대통령, 6월 13일 폼페이오 국무장관이 말한 비핵화 시간표가 대북제재를 언제까지 지속할 것이냐는 질문에 답하면서 나온 것이다. 그런 점에서 아마도 대북제재의 완화 내지는 부분적인 해제는 북한의 비가역적 비핵화가 이루어진 시점(20% 비핵화, 주요한 핵군축)부터 가능할 것으로 추론할 수 있을 것이다. 10월 15일 문재인 대통령도 마크롱 프랑스 대통령과의 한불 정상회담에서 "되돌이킬 수 없는 비핵화 단계에 도달한다면 유엔제재의 완화를 통해 북한의 비핵화를 더욱 촉진해야 한다"며 제재완화의 조건을 밝힌 바 있다.31)

2. 북한의 비핵화 협상 목표와 전략

(1) 비핵화의 기본 접근법

김정은 위원장은 단계적, 동시행동적 조치(段階性, 同步的 措置)를 제시하였다. 3월 26일 중국인민대회당에서 열린 북·중 정상회담에서

---

30) 『연합뉴스』, 2018년 11월 8일.
31) '되돌이킬 수 없는 비핵화 단계'의 개념을 둘러싼 전문가들의 평가에 대해서는 다음을 볼 것. 『미국의 소리(VOA)』, 2018년 10월 18일.

김 위원장은 "남조선과 미국이 우리 노력에 선의로 회답하고 평화·안정의 분위기를 조성한다면, 평화 실현을 위해 단계적·동시행동적 조치로 한반도 비핵화 문제를 해결할 수 있을 것"이라고 말해 북한이 생각하는 비핵화 방식에 대해 처음으로 언급하였다.[32]

북한이 생각하는 비핵화 방식은 '선 비핵화, 후 체제보장'이나 '선 체제보장, 후 비핵화' 방식이 아닌 '상호조율된 조치'에 의한 '동시행동'을 요구하고 있는 것으로 볼 수 있다. 이것은 군사위협 해소와 체제안전 보장, 더 나아가 제재 완화/해제와 경제협력은 장기간에 걸쳐 효과가 나타나는 데 비해, 비핵화 조치는 일단 시행되면 되돌리는 데 어려움이 존재한다고 북측이 판단했기 때문이다.

북한이 미국과 비핵화 협상을 통해 얻고자 하는 목표는 '체제안전의 보장'과 '군사위협의 해소'가 뒷받침되는 한반도 비핵화이다. 북한은 자신들이 미국의 경제제재나 군사위협에 굴복해서가 아니라, "세계적인 핵군축을 위한 우리의 일관한 평화애호적 의지와 선의의 노력"에서 자발적으로 비핵화에 나선 것이라는 논리를 펴고 있다.[33] 그런 점에서 일방적인 굴복을 요구하는 '완전하고 검증 가능하며 되돌이킬 수 없는 폐기(CVID)' 원칙이라는 표현에 대해서는 단호하게 거부하였고 결국은 미국으로부터 FFVD라는 용어의 변경을 이끌어 냈다.

북한은 북·미 양측이 오랜 적대관계에 있었기 때문에 곧바로 비핵

---

32) 新华社, "习近平同金正恩举行会谈," 『新华网』, 2018年 3月28日. 김 위원장의 관련 발언은 다음과 같다. "如果南朝鮮和美國以善意回應我們的努力, 營造和平穩定的氛圍, 為實現和平採取階段性、同步的措施, 半島無核化問題是得到解決."

33) 『로동신문』, 2018년 6월 14일.

화 프로세스에 들어가기 전에 먼저 신뢰조성 작업이 필요하다고 보고 있다. 폼페이오 장관의 3차 방북 직후 북한외무성 대변인이 발표한 담화를 보면, 한반도 비핵화를 위한 기본원칙은 "신뢰조성을 앞세우면서 동시행동 원칙에서 풀 수 있는 문제부터 하나씩 풀어나가는 것"이며 "공동성명의 모든 조항들의 균형적 리행을 위한 결정적인 방도를 제기"하는 것이라는 입장을 밝혔다.34)

「6.12 싱가포르성명」에서 합의한 3대 과제, 즉 △새로운 북·미관계의 수립, △항구적이고 공고한 한반도 평화체제 구축, △한반도 완전한 비핵화를 실현하기 위해서는 동시행동 원칙을 적용해야 한다는 것이다. 이것은 폼페이오 장관이 도쿄 한·미·일 외무장관회담(7.8)에서 확인한 것과 같은 입장으로 현재 북·미 간에 큰 이견은 없다. 하지만 북한은 선 신뢰조성, 후 동시행동(관계개선, 체제보장, 비핵화)을 주장해 '신뢰조성'을 앞세우고 있다는 점에서 미국과 입장차이가 있다.

(2) 비핵화 시간표

비핵화 시간표(timeline)에 대해서 문재인 대통령이 김정은 위원장으로부터 '협상 타결 후 1년 내에 비핵화를 마치겠다'는 약속을 받고 이를 미국 측에 전달한 것으로 알려졌다35)(존 볼턴 국가안보좌관). 2018년 9월 초 방북한 우리측 특사단에게 김정은 위원장이 '트럼프 대통령의 첫 임기 안에 비핵화를 완료하겠다'는 입장을 밝혔고, 비공개서한을 통해 미국측에 전달됐음이 폼페이오 장관을 통해 확인되고

---

34) 『조선중앙통신』, 2018년 7월 7일.
35) 『뉴시스』, 2018년 8월 20일.

있다. 이러한 입장은 2018년 3월 26일 북·중 정상회담에서 김정은 위원장이 밝혔던 '단계적 동시행동적 접근법(階段性, 同步的措施)'과 조율하는 작업이 불가피하다.

그 동안 북한은 단계적 폐기를 내세워 미래핵(핵실험장, 미사일 엔진 실험장·발사대)에 대해서는 일방적 조치를 취하는 대신, 한·미가 한·미군사연습 중지, 종전선언을 상응조치로 내놓을 것을 요구했다. 현재핵(영변 핵물질생산 관련시설 및 핵무기·탄도미사일 제조시설)에 대해서는 신고와 검증 및 사찰을 통한 폐기를 수용할 용의가 있지만 미국이 상응조치를 해줘야 한다는 입장이었다. 마지막으로 과거핵(핵물질, 핵탄두, ICBM 등)에 대해서는 현재핵의 폐기가 완료돼야 신고, 검증하고 폐기에 들어갈 수 있다는 입장이었다.

북한이 제시한 대로 동시행동의 원칙에 따라 미래핵에서 현재핵, 과거핵의 검증된 폐기로 가는 단계적 접근법을 미국이 수용한다면, 미국이 말하는 '최종적이고 완전히 검증된 비핵화(FFVD)'까지는 오랜 시간이 소요될 수밖에 없을 것이다. 왜냐하면 북한은 미래핵과 현재핵, 과거핵을 검증 폐기하는 매 단계마다 미국이 적절한 상응조치를 제공해 줄 것을 요구하고 있기 때문이다.

이에 대해 김정은 위원장은 2019년 신년사에서 "우리의 주동적이며 선제적인 노력에 미국이 신뢰성 있는 조치를 취하며 상응한 실천 행동으로 화답해 나선다면 두 나라 관계를 보다 더욱 확실하고 획기적인 조치들을 취해 나가는 과정을 통해서 훌륭하고도 빠른 속도로 전진하게 될 것"이라며,[36] 신뢰에 기초한 상응조치를 미국이 빨리 내놓는다면 그만큼 비핵화 속도도 빨라질 수 있다는 입장을 드러냈다.

---

[36] 『조선중앙통신』, 2019년 1월 1일.

(3) 대북제재의 해제 시점

대북 경제제재의 해제 시점과 관련해, 북한은 남북 및 북·미 정상회담에서 체제안전의 보장과 군사위협의 해소를 내걸었을 뿐 제재해제 문제를 미국에게 공식 제기하지는 않았다. 그 대신 북한은 중국과 러시아를 통해 간접적으로 유엔 차원의 대북제재를 완화하고자 노력해 왔다. 우리측에 대해서도 유엔안보리 제재 등 때문에 본격적으로 남북경협을 추진하지 못하는 점에 이해를 표하면서도 비공식적으로는 2017년 9월에 결정한 UNICEF 등에 대한 인도지원 800만 달러의 집행 보류와 우리측 독자제재의 유지에 대해 불만을 갖고 있는 것으로 추측된다. 하지만 2018년 9월 29일 리용호 외무상이 유엔총회 연설에서 "제재가 불신을 증폭시키고 있다"면서 대북제재의 완화 문제를 처음으로 공식 제기하였다.

마침내 김정은 위원장까지 직접 나서 미국의 태도에 불만을 나타냈다. 원산 갈마지구를 방문한 김정은 위원장은 "우리를 변화시키고 굴복시켜 보려고 악랄한 제재 책동에만 어리석게 광분하고 있다"며 제재완화를 강하게 요구했다.37) 이를 뒷받침하듯이, 외무성 미국연구소 권정근 소장은 "지난 4월 우리 국가가 채택한 경제건설총집중노선에 다른 한 가지가 더 추가돼 '병진'이라는 말이 다시 태어날 수도"있다며 병진노선의 부활 가능성까지 거론하고 나섰다.38)

---

37) 『조선중앙통신』, 2018년 11월 1일.
38) 권정근, "언제면 어리석은 과욕과 망상에서 깨어나겠는가," 『조선중앙통신』, 2018년 11월 2일.

2019년 신년사에서 '새로운 길'의 모색 가능성을 언급한 북한이 '옛 길'에 해당되는 병진노선으로 되돌아갈 가능성은 높지 않다. 하지만 북한이 비핵화를 수용하게 된 주요 배경에 경제회생에 있는 만큼, 미국이 제재해제에 관한 기존 입장을 고수할 경우에는 북한이 현재 진행된 조치 이외에 추가적으로 비핵화를 진전시키지 않을 것으로 보인다. 실제로 앞서 외무성 미국연구소도 "미국이 상응한 화답을 해야 하다. 그렇지 않다면 산을 옮기면 옮겼지 우리의 움직임은 1mm도 없을 것"이라고 강조한 바 있다.39)

  2019년 2월 27~28일 베트남 하노이에서 열린 제2차 북·미 정상회담에서 북측은 유엔안보리의 11개 제재 중 2016~2017년에 채택된 5개 제재 일부(민수경제 및 민생 관련)를 해제해 달라고 요청했으나 끝내 미국은 거부했다. 결국 제2차 북·미 정상회담에서는 기대했던 「하노이 공동성명」의 채택이 불발되었다.

3. 한반도 비핵화 협상의 주요 쟁점

(1) CVID 원칙의 유효성 문제

  한반도 비핵화를 위한 CVID 원칙은 제1차 6자회담 때 처음 미국이

---

39) 『조선중앙통신』, 2018년 11월 2일. 북한의 미사일 기지에서 해체작업의 조짐이 안보인다는 미국 38노스의 분석은 이러한 주장을 뒷받침한다. "No further dismantlement at NK missile site". https://www.38north,org, Nov. 8. 2018. (검색일 2018.02.01.)

제기한 것이지만, 이 원칙에 대해 북한이 강하게 반발하면서 오히려 비핵화 협상이 제대로 진척되지 못했다. 그리하여 미국은 2004년 6월에 개최된 3차 6자회담 때부터는 'CVID' 용어 대신에 '포괄적 비핵화'(comprehensive de-nuclearization)라는 용어를 사용하였다. 결국 2005년 4차 6자회담에서 채택된 「9.19 공동성명」에서는 'CVID' 용어가 들어가지 않고 "한반도의 검증 가능한 비핵화"를 목표로 북한이 "모든 핵무기와 현존하는 핵 계획을 포기한다"는 표현으로 정리되었다.

「4.27 판문점선언」과 「6.12 싱가포르성명」에서는 남북과 북·미 정상이 '한반도 완전한 비핵화'에 합의하였다. 하지만 6월 13일 폼페이오 장관은 '완전한 비핵화'가 사실상 CVID라고 해석한 바 있고, 9월 25일 문재인 대통령도 미국 폭스뉴스와의 인터뷰에서 "김정은 위원장은 이번 평양 정상회담 기간 동안 미국을 비롯한 국제사회의 참관을 말했고, 그 다음에 영구히 폐기하겠다는 뜻을 말했고, 또한 불가역적인 폐기를 말했다"면서 "김 위원장이 말하는 완전한 비핵화라는 것은 미국이 요구하는 CVID라는 것과 같은 개념이라는 것을 확인할 수 있었다"고 밝혔다.[40]

2018년 7월 2일 세번째 방북을 앞두고 폼페이오 장관은 북한의 거부감을 고려하여 CVID 대신에 FFVD(Final, Fully Verified Denuclearization)라는 용어로 바꿔 사용하기 시작했다. 하지만 유엔안보리 대북 제재 결의안에는 CVID 용어가 계속 사용되고 있다. 가장 최근에 채택된 UNSCR 2397호 제3조를 보면, "(북한은) 모든 핵무기 및 현존하는 핵프로그램은 CVID방식으로 즉각 포기하고, 여타 대량살

---

40) 문재인 대통령의 미 폭스뉴스 인터뷰 전문은 다음을 볼 것. 『뉴시스』, 2018년 9월 26일.

상무기와 탄도미사일 프로그램을 CVID방식으로 포기해야 한다"고 되어 있다.41)

이 때문에 문 대통령이 유럽 순방 중에 만난 프랑스 대통령, 레이 영국총리, 메르켈 독일총리의 발언은 물론 ASEM의장성명에서도 북한의 CVID를 촉구하는 내용이 담기게 된 것이다. 그런 점에서 한반도의 완전한 비핵화는 내용적으로 '완전하고 검증 가능하며 되돌이킬 수 없는 폐기(CVID)'가 불가피한 것으로 보인다.

(2) 비핵화 조치와 상응조치의 가역성 문제

현재 북·미 비핵화 협상에서 최대 걸림돌로 작용하고 있는 원칙적인 문제로서 북한과 미국이 취하는 조치들의 가역성, 비가역성 문제가 있다. 미국은 자신들이 북한을 향해 취할 종전선언이나 대북제재 완화/유예 조치가 비가역적이라는 점을 우려하고, 북한도 자신들이 미국을 향해 취할 비핵화 조치들이 비가역적이라고 우려를 표시한다.

먼저, 2018년 7월 7일 북한외무성 대변인의 담화를 통해 쟁점으로 떠오른 '종전선언'의 가역성 문제에 관해 살펴보자. 미국 내 일부 전문가들과 관료들은 종전선언이 비가역성을 띠고 있다고 보고, 이를 채택할 경우 대북 군사옵션이 제약을 받고 유엔사령부 존립의 정당성이 없어진다는 이유에서 신중한 입장을 취하고 있다.42)

---

41) UNSCR 2397: "3....(The DPRK) shall immediately abandon all nuclear weapons and exisiting nuclear programs in a complete, verifiable and irrevisible manner, and immediately cease all related activities: and shall abandon any other weapons of mass destruction and ballistic missile programs in a complete, verifiable and irrevisible manner." (밑줄은 필자)

반면에 북·미 실무협상에 참여한 미국의 한 관계자는 북한이 자신들이 내놓아야 할 조치들은 대부분 비가역적인 데 비해 미국이 북한에게 제공할 조치들(한미군사연습, 종전선언, 연락사무소 등)은 가역적이라는 점에 대해 불안감을 나타내고 있다며 북측의 입장에 공감을 나타냈다. 이와 관련해 9월 25일 문재인 대통령도 미국 폭스뉴스와의 인터뷰에서 "미국과 한국 양국이 취하는 조치는 군사훈련을 중단하는 것, 언제든지 재개할 수 있다. 종전선언, 정치적 선언이기 때문에 언제든지 취소할 수 있다"고 언급하며 이를 뒷받침하고 있다.

다음, 북한의 모든 핵무기, 핵시설, 탄도미사일에 대한 신고, 검증 및 사찰 문제의 가역성 여부를 따져보자. 미국은 핵·탄도미사일 소재지를 포함한 핵프로그램 전체 목록의 일괄적 신고, 검증 및 비핵화 시간표를 요구하는 반면, 북한은 체제보장에 대한 신뢰할 만한 조치를 요구하면서 핵시설을 먼저 신고·검증 및 폐기하되, 이 작업들이 끝난 뒤에 핵무기·탄도미사일 및 제조시설에 대한 신고, 검증 및 사찰을 받겠다는 단계적 이행방안을 강력히 고수하고 있다.

이와 관련해 미국은 타협안으로 현재핵은 국제원자력기구(IAEA)에 신고, 검증 및 사찰을 받도록 하고, 과거핵에 대해서는 조기에 일부를 폐기하고 사후에 검증하는 방안을 내놓고 있다. 실제로 미 인터넷매체 복스(VOX)의 보도(8.8)에 따르면, 트럼프 행정부가 북한에게 '6~8개월 내 핵탄두의 60~70% 폐기'를 골자로 하는 비핵화 시간표를 제안했으나 북한이 이를 거부했다고 보도하고 있다.[43] 8월 28일

---

42) 문재인 대통령은 폭스뉴스와의 인터뷰에서 "종전선언은…평화협정이 체결될 때까지는 정전체제가 그대로 유지가 되는 것입니다. 그래서 유엔사의 지위라든지 주한미군의 지위에는 아무런 영향이 없습니다"라고 분명히 밝히고 있다. 『뉴시스』, 2018년 9월 26일.

국회 정보위원회에서 서훈 국가정보원장은 "비핵화의 1차 목표는 북한의 핵탄두를 60% 정도 없애는 것"이라고 말해 이를 뒷받침하고 있다.44)

(3) 북한 핵무력의 해체 및 조기 반출 문제

북한 핵무기와 탄도미사일 해체 및 반출 문제를 공개적으로 제기한 것은 초강경파로 알려진 존 볼턴 국가안보보좌관이다. 그는 취임 직후인 5월 13일 리비아 해법을 거론하며 "(북한의) 비핵화 결정 이행은 모든 핵무기를 처분하고 해체해 테네시주 오크리지(국립연구소)로 가져와야 한다는 의미"라고 단호하게 말했다. 하지만 북한은 5월 16일 김계관 외무성 제1부상이 개인명의 담화를 발표하며 "(존 볼턴이) 일방적인 핵포기만을 강요"한다며 그를 맹비난하였다. 앞서 언급한 대로, 미국의 인터넷매체 복스(VOX)도 제1차 평양 북·미 고위급회담 이래 줄곧 폼페이오 장관은 북한의 핵무기 60~70% 해외반출을 제안했으나 번번이 거부당했다고 보도한 바 있다.

이러한 북한 핵무력의 해체 및 반출을 둘러싸고 크게 세 가지 쟁점이 존재한다. 첫째는 핵무력의 범위와 대상을 어디까지로 할 것인가 하는 것이고, 둘째는 핵무력을 어떻게 해체 및 반출하는가 하는 것이고, 셋

---

43) "Washington had proposed Pyongyang hand over 60 to 70 percent of its nuclear weapons within six to eight months, after which the U.S. or a third party would take possession of the warheads and remove them from the North." Alex Ward, "Exclusive: Pompeo told North Korea to cut its nuclear arsenal by 60 to 70 percent," *Vox.com*, August 8, 2018.

44) 『한겨레신문』, 2018년 8월 29일.

째는 핵무력 해체의 주체와 반입국가를 어디로 할 것인가 등이다.

첫째, 핵무력의 범위와 대상과 관련해 미 의회 등 일각에서는 핵무기는 물론 모든 탄도미사일과 생화학무기까지 제거해야 한다고 주장한다. 6.12 북·미 정상회담을 앞둔 6월 4일 미 민주당 상원지도부는 트럼프 대통령에게 보낸 서신에서 '북한의 모든 핵무기, 생화학무기, 모든 탄도미사일과 프로그램의 해체 및 제거'를 요구했다.45) 제2차 북·미 정상회담이 끝난 뒤 볼턴 보좌관도 같은 주장을 반복했다.46) 반면, 미 국무부 동아태국과 국제지원처 아시아국의 공동보고서는 우선 핵무기 개발을 동결하고 영변핵시설을 가동중단하며 핵폐기의 초기조치를 취할 것을 제안하였다.47) 이는 현실적으로 핵무기와 대륙간 탄도미사일에 국한해서 해결을 모색하고 단거리·중거리 탄도미사일과 생화학무기 등은 이해당사국 간의 직접협상으로 풀거나 중장기 과제로 넘겨야 한다는 주장과 같은 맥락이다.

둘째, 존 볼턴 미 국가안보보좌관은 북한의 핵무력을 해체해 미국으로 가져와야 한다고 했지만, 해체를 어디서 할 것인지 분명히 언급하지는 않았다. 이에 대해 지그프리드 해커 박사도 해외로 반출해서 해체하기보다는 "핵탄두를 (북한에서) 직접 해체하는 것이 가장 안전

---

45) 이용인, "특파원 칼럼: 북·미 정상회담과 민주당 변수," 『한겨레신문』, 2018년 6월 7일.

46) "Interview with John Bolton," *CBS News*, March 3, 2018.; "Bolton said Trump is "open to a third summit," but nothing's been scheduled yet," *ABC News*, March 11, 2018.

47) State Department - Bureau of East Asian and Pacific Affairs USAID - Bureau for Asia, *Joint Regional Strategy: East Asia and the Pacific*, Approved November 20, 2018, pp.7~8.

한 방식"이라는 의견을 내놓고 있다. 7월 18일 평양주재 마체고라 러시아 대사는 (해외반출이 아니라) 북한 영토 내에서 핵무기들을 해체하는 결정이 내려질 가능성도 존재하며, 이를 위해서는 북한 내 특수시설의 건설이 필요하다고 지적하고 있다. 미 국무부도 반출국가로 미국뿐만 아니라 '제3국(third party)'도 가능하다는 입장을 갖고 있는 것으로 알려졌다.48)

셋째, 북한의 핵무력은 옛소련의 핵탄두·탄도미사일을 역공학(reverse engineering) 방식으로 제조한 것으로, 옛소련제를 원천기술로 하고 있다. 그렇기에 미국이 북한의 핵무력을 직접 해체하거나 미국으로 반입하려 할 경우 크게 반발할 가능성이 높다. 제1차 북·미 정상회담을 앞둔 2018년 5월 31일 라브로프 러시아 외무장관이 전격적으로 평양을 방문한 것은 이 문제와 관련이 있을 가능성이 높다. 미국과 러시아의 입회 아래 북한기술자가 직접 핵무력을 해체하고 북한지역에 국제기구의 감시하에 보관하는 창의적 대안의 모색이 필요하다.

Ⅳ. 한반도 비핵화와 평화체제 접근법: 포괄적 안보 - 안보 교환론의 적용

트럼프 대통령과 김정은 국무위원장은 싱가포르 센토사호텔에서 가진 역사적인 북·미 정상회담에서 미국의 대북 안전담보 제공과

---

48) Alex Ward, "Exclusive: Pompeo told North Korea to cut its nuclear arsenal by 60 to 70 percent," *Vox.com*, August 8, 2018.

북한의 완전한 비핵화를 완수하기로 하고, ① 새로운 북·미관계의 수립, ② 항구적이고 공고한 한반도 평화체제 구축, ③ 판문점선언 재확인 및 한반도 완전한 비핵화, ④ 전쟁포로, 행방불명자의 유골 발굴 및 송환 등 4개항에 합의하였다. 이 가운데 ①~③항은 서로 밀접하게 연관되어 있다. 완전한 비핵화를 실현하기 위해서는 북·미관계의 개선과 한반도 평화체제의 구축이 동시행동적으로 추진되어야만 하는 것이다. 즉, 북한이 취해야 할 완전한 비핵화 조치를 얻기 위해 미국은 북·미관계 개선, 평화체제 구축을 등가로 교환해 주어야 한다.

1. 새로운 북·미관계의 수립: 연락사무소 설치와 대사급 외교관계

(1) 새로운 북·미 외교관계 출발점으로서의 연락사무소 설치

「6.12 싱가포르성명」에서 북한의 비핵화 조치에 대해 미국이 제공하기로 한 첫 조치는 바로 '새로운 북·미관계의 수립'이다. 미국이 중국이나 베트남, 리비아 등과 새로운 외교관계를 수립할 때 취해온 전형적인 방식은 연락사무소를 개설한 뒤, 일정 기간이 지난 뒤에 대사급 외교관계로 격상하는 것이다. 미국은 북·미간 연락사무소의 교환 설치가 가역적인 것이어서 굳이 반대할 이유가 없다고 판단하는 것으로 알려졌다.

북·미 간 연락사무소의 교환 설치는 1994년의 「제네바 북·미 기본합의」 때 처음 합의되었다. 「제네바 기본합의」에서 북·미 양측은 협상을 통해 영사 및 기타 실무적인 문제들이 해결되는 데 따라 워싱턴과 평양에 '연락사무소'를 개설하며, 현안 해결의 진전에 따라 양국 관계를 '대사급'으로 격상하기로 합의한 바 있다. 1995년 1월과 4월 미국과 북한은 각각 평양과 워싱턴에 연락사무소 부지도 물색했으며, 특히 1996년 6월 미국은 스펜스 리차드슨(Spence Richardson)을 초대 연락사무소 소장으로 내정해 놓기도 했으나, 막판에 김정일 국방위원장의 변심으로 무산된 바 있다.

그 뒤 북한과 미국 간에는 「북·미 공동 커뮤니케」(2000.10.12.), 「9.19 공동성명」(2005.9.19.), 「2.13 합의」(2007.2.13.), 「10.3 합의」(2007.10.3.)를 통해 양국의 적대관계에서 벗어나 새로운 외교관계를 수립하기로 합의한 바 있다. 하지만 북한 핵문제가 걸림돌이 되어 북·미관계의 개선을 이루어지지 못하였다. 이번에 김정은 위원장의 비핵화 수용으로 새로운 북·미관계 수립의 전기를 맞게 되었다. 이번 「6.12 싱가포르성명」에서 북·미 양 정상은 "평화와 번영을 바라는 두 나라 국민들의 염원에 맞게 새로운 북·미관계를 수립"하기로 합의함으로써 또다시 기회가 찾아온 것이다.

아직 한반도 비핵화 로드맵과 시간표가 확정되지 않았기 때문에 평양과 워싱턴에 연락사무소를 설치하는 것은 시기상조일지 모른다. 하지만 북한지역 내 미군 유해 발굴 및 송환, 풍계리 핵시험장과 동창리 미사일 엔진시험장 및 발사대 해체를 위한 사찰단 활동 등을 위해 연락사무소 이전단계에 미국의 '임시사무소'를 평양에 설치하는 방안도 검토해 볼 수 있을 것이다.

(2) 대사급 외교관계의 수립 전망

북·미 정상회담에서 새로운 북·미관계의 수립을 약속했지만 전도는 불투명하다. 미국과 북한이 대사급의 전면적 외교관계(full diplomatic relation)를 맺기 위해 미 상원(재적 100명)의 과반수 참석과 2/3의 찬성(67명)을 얻는 것은 쉬운 일이 아니다. 미국 헌법은 상원의 조언과 동의(advice and consent) 권한을 명시하고 있으나, 현재는 상원이 동의 역할만 하면서 행정부가 외국과 조약을 체결할 때 이에 대한 비준(ratification) 권한을 행사하도록 요구하고 있다.

북한의 체제안전 보장을 고려할 때 가급적이면 미 상원의 동의를 얻는 것이 바람직하다. 외국의 사례들로 미루어볼 때, 북·미 관계정상화의 조건을 판단할 수 있을 것인 바, 현재 미 의회는 비핵화뿐만 아니라 북한인권, 탄도미사일, 위폐·마약 등 불법행동, 생화학무기 문제 등 광범위한 이슈들의 해결을 북·미 수교의 조건으로 제시하고 있다. 그렇기에 북·미가 대사급 외교관계를 수립하기 위해서는 상원 2/3의 지지를 받는 비준 동의 절차를 밟아야 한다는 점에서 미 의회가 요구하는 우려사항을 해소하는 것이 필요하다.

하지만 의회가 요구하는 사항들을 모두 충족시키기 위해서는 외교관계의 수립은 물론이고 북한 핵문제의 해결은 요원하다. 임기 내에 북핵문제 해결로 외교적 업적을 얻어 재선을 노리는 트럼프 대통령으로서는 행정부의 권한으로 가능한 행정협정 방식으로 부분적 외교관계의 수립을 모색할 가능성도 배제할 수 없다. 미 상원의 동의가 없더라도 행정부의 단독 권한으로 북·미 외교관계를 수립할 수 있다.

미 상원의 비준 동의가 외교관계의 절대적인 조건은 아니며, 미 행정부의 권한만으로 부분적인 외교관계가 가능하다. 1979년 1월에 수립된 미·중의 경우는 연락사무소의 설치에 이어 미 상원의 비준동의 없이 공동성명으로 대사급 외교관계를 수립한 전례도 있다. 미 상원의 동의 없이 행정부가 외교관계를 맺는 형식으로는 이익대표부(interest section)나 연락사무소(liaison office)가 있으며,[49] 그밖에도 외교대표부(representative office)의 설치가 가능하다. 다만, 행정명령으로 부분적인 외교관계를 수립할 경우 해외공관의 운영을 위한 예산 배정, 대사의 인준이 불가능하므로 정상적이고 안정적인 외교업무 수행에 차질을 초래할 수밖에 없다는 점에서, 일단 부분적인 외교관계를 수립한 뒤에 전면적 외교관계로 나아가는 방법을 생각해 볼 수 있다.[50]

2. 항구적이고 공고한 한반도 평화체제 구축: 종전선언과 평화협정, 남북기본협정

(1) 종전선언을 둘러싼 쟁점

한반도 평화체제를 둘러싼 북·미 간의 당면한 쟁점은 바로 종전선

---

49) Zachary S. Davis, Larry A. Niksch, Larry Q. Nowels, Vladimir N. Pregelj, Rinn-Sup Shinn and G. Sutter, Korea: Procedual and Jurisdictional Questions Regarding Possible Normalization of Relations with North Korea, CRS Report for Congress, November 29, 1994, pp.15~16.

50) 조성렬, "미국의 대북정책 전환과 북·미 관계 전망," 『민주사회와 정책연구』, 통권 13호, 2008년 상반기, pp.175~178.

언 문제이다. 국제법적으로 종전선언은 평화조약의 일부분으로 간주되고 있으며, 베트남전쟁을 끝낸 「파리 평화조약」의 제1조에 종전선언을 담은 것이 대표적인 사례이다. 하지만 「이집트-이스라엘 평화조약」과 「요르단-이스라엘 평화조약」처럼 종전선언(캠프데이비드 협약, 워싱턴 선언)을 먼저 채택하고 나중에 평화조약을 체결하는 등 단계적으로 추진된 사례가 있다. 그밖에도 「러-일 공동선언」처럼 평화조약의 체결 없이 종전선언과 수교를 맺고, 「한-중 수교성명」처럼 종전과 평화조약 없이 곧바로 수교로 넘어가기도 한다.

이처럼 전쟁당사국들이 전쟁을 끝내고 국교를 맺기 위한 기본경로는 '전쟁종결→평화회복→관계정상화'의 과정이지만, 한반도 경우 북핵문제의 해결을 위해 2단계(종전선언→평화조약) 방안이 효과적이다. 종전선언은 평화조약으로 가는 과도기 조치로서 잠정협정의 성격도 있지만, 무엇보다 북한 비핵화 착수에서 완료 때까지 과도기의 대북 안전보장의 성격을 갖고 있다. 이 때문에 「4.27 판문점선언」에서는 비핵화의 입구에서 종전선언을 발표하고, 비핵화의 출구에서 평화조약을 체결하기로 합의한 것이다.

그렇다면, 과연 종전선언이 북·미 비핵화 협상에서 어떤 의미와 위치를 갖는 것일까? 북한 외무성은 폼페이오 장관과 가진 제1차 고위급회담 때 종전선언을 강력히 요구하고 나섰다. 『로동신문』과 『우리민족끼리』와 같은 북한매체들도 법적 구속력이 없는 정치적 선언에 불과한데 왜 미국이 종전선언을 회피하려고 하느냐며 대대적인 캠페인을 벌였다. 이렇게 북한이 종전선언을 세게 제기하면서 미국 내에서는 종전선언에 대한 북한의 의도에 대해 의구심을 갖기 시작했다.

최근 들어 종전선언의 성격을 둘러싸고 미국과 북한이 이견을 보이고 있다. 종전선언에 대해 미국은 비핵화 착수에 대한 상응조치로 보고 있는 반면, 북한은 비핵화에 착수하기 위한 신뢰구축을 위한 사전조치로 간주하고 있는 것이다. 따라서 미국은 모든 핵신고목록의 제출과 비핵화 시간표를 약속해야 종전선언을 할 수 있다는 입장인 반면, 북한은 이미 핵·미사일 시험 중지, 핵실험장 폭파, 미사일 발사대 해체 등 신뢰구축 조치를 취했으니 이제 신뢰구축 조치의 일환으로 종전선언을 먼저 해 달라는 것이다.

2018년 가을에 들어와 북한은 종전선언에 대한 요구를 대폭 완화시켰다. 관영매체인 『조선중앙통신』(10.2)은 논평을 통해 종전이 "결코 누가 누구에게 주는 선사품이 아니며 우리의 비핵화 조치와 바꾸어 먹을 수 있는 흥정물이 더더욱 아니다"라고 못 박고, "미국이 종전을 바라지 않는다면 우리도 구태여 이에 연연하지 않겠다"는 입장을 밝혔다.[51] 이는 북한이 종전선언을 비핵화 조치의 상응조치가 아니라 신뢰구축을 위한 사전조치라는 기존 입장을 재확인한 것이다.

문재인 대통령은 한·미 정상회담 뒤에 가진 폭스뉴스와의 인터뷰에서 "종전선언을 가급적 빠른 시일 내에, 이제는 미국과 북한 간 적대관계를 청산한다는 하나의 상징으로서 빠른 시기에 이루어지는 것은 바람직하다는 공감대가 대체로 있다고 생각한다"고 밝혔다. 이것은 북·미 정상회담에서의 양자 종전선언도 무방하다는 인식을 보인 것이지만, 북·미 정상이 종전선언에 합의한 뒤 김 위원장의 서울 방문에 맞춰 남북 정상이 종전을 재확인함으로써 3자 종전선언의 의미를 살릴 수도 있다. 다만 김 위원장의 서울 방문 때 트럼프 대통령이 방한해 3자 정상간의 종전선언을 채택하기는 쉽지 않을 전망이다.

---

51) 『조선중앙통신』, 2018년 10월 2일.

(2) 종전선언과 남북기본협정, 평화협정의 관계

「4.27 판문점선언」의 합의대로 종전선언(또는 종전을 위한 평화선언)이 채택된다면, 그 다음 단계는 한반도 비핵화 프로세스의 진전과 함께 한반도 평화협정의 논의에 들어가는 것이다. 지금까지 한반도 평화협정의 체결 방식으로는 크게 남북한이 체결하고 미국과 중국이 보증자로서 하기서명하는 '2+2방식'과 남북한과 미국, 중국이 포괄협정(umbrella agreement)을 체결하고 남북한과 북·미가 부속협정(annex agreement)을 체결하는 '4+2+2 방식'으로 대별해 볼 수 있다.

그러나 이 두 가지 방식은 남·북·미·중이 참여하는 4자회담을 전제로 하고 있다는 점에서 재검토의 소지가 있다. 중국은 남북정상회담에 앞선 3월 25~28일 김정은 위원장의 베이징 방문을 실현시킴으로써 한반도 문제에서 존재감을 과시했다. 마이크 펜스 부통령, 존 볼튼 국가안보보좌관의 대북 강경 발언 속에서 폼페이오 국무장관의 두 번째 방북을 앞두고 김 위원장은 긴급히 다롄으로 시진핑 주석을 찾아가 긴급 자문을 구했고, 북·미 정상회담 뒤인 6월 19~20일 또다시 베이징으로 시진핑 주석을 찾아가 북·중 공조를 재확인하였다.

하지만 북·중의 과도한 밀착관계는 역풍을 맞이하였다. 트럼프 대통령은 5월 중순 김계관 외무성 제1부상과 최선희 부상의 대미 강경 발언의 배경에 중국이 있다는 중국배후론을 제기하였다. 또한 8월 24일 폼페이오 장관의 4차 방북을 취소시키면서도 중국책임론을 꺼내들었다. 미·중 무역전쟁이 한창 진행 중인 가운데 열세에 있는 중국으로서는 외부문제로 미국에게 빌미를 주는 것이 꽤나 부담스러웠던 것으로 보인다. 그리하여 시진핑 주석은 당초 예정됐던 북한의 정권수립 70주년 기념식(9.9절) 참석을 포기하였고, 9월 12일 동방경제포럼에 참석하여 한반도 문제의 당사자가 남북한과 미국 3자라고 천명함으로써 당분간 한반도 문제에서 거리를 둘 것임을 밝혔다.52)

이처럼 중국이 한반도문제에 적극 참여할 수 없는 조건에서 한반도 평화협정의 논의는 남북·미 3자간에 새로운 방식으로 접근할 필요가 있다. 새로운 접근법은 '2+2+4 방식'이다. 이 방식에 따라 우선 남북한이 남북기본협정을 우선적으로 추진하도록 한다. 남북기본협정은 남북의 평화공존을 규정하는 법규범으로, 북한의 비핵화 동력을 지속할 수 있는 체제안전 보장방안의 성격도 내포하고 있다.「4.27 판문점선언」에 대한 국회의 비준동의가 이루어질 경우, 굳이 새롭게 「남북기본협정」을 체결하지 않고「4.27 판문점선언」이 이를 대신할 수 있다. 즉,「4.27 판문점선언」을 기본문서로 하면서 분야별 합의서를 채택하는 방안도 가능하다.53)

---

52) 시진핑 주석이 9월 12일 동방경제포럼에서 밝힌 발언은 다음과 같다. "중국뿐 아니라 러시아도 그렇게 소망한다. 우리들은 이러한 평화보장을 할 수 있다. 우리 나름대로 노력하겠지만 이는 국제사회의 공동보장이 필요하다. 이러한 문제를 해결할 수 있는 주인공은 누구인가? 바로 당사자이다. 지금 당사자는 북한, 한국, 미국이다. 중국말에 '방울을 건 사람이 풀어야 한다'는 말이 있다. 그들은 계속하여 협조해야 하며, 한반도 비핵화, 평화프로세스에서 각종 사업을 추진하여야 한다."(我相信俄方都有这样的意愿, 我们可以来做这方面的和平保障的。从我们的角度做这种努力, 但是它需要国际社会共同保障, 而解决这个问题的主角是谁呢？ 就是当事方。现在的当事方就是朝，韩，美。中国人讲'解铃还需系铃人'。他们应该继续我们这个协助他们推动做好朝鲜半岛无核化和和平进程的各种工作。)

53) 2018년 9월 19일에 송영무 국방장관(당시)과 노광철 인민무력부장이 체결한 문서의 명칭이「역사적인 판문점 선언 이행을 위한 군사분야 합의서」라는 점도 이러한 구상을 뒷받침한다.

「남북기본협정」을 새로 체결하거나 「4.27 판문점선언」을 기본문서로 삼아 법적 절차를 마친 뒤에는 북·미 비핵화 협상의 진전에 따라 새로운 북·미관계를 담은 「북·미협정」(가칭)을 체결하도록 한다. 미·중과 한·중은 이미 대사급 외교관계를 맺고 있기 때문에 별도의 협정을 필요로 하지 않는다. 이처럼 「남북기본협정」(또는 「4.27 판문점선언」)과 「북·미 협정」(가칭)이 체결되고 나면, 자연스럽게 군사정전협정의 당사국인 중국이 참여하여 「4자 포괄협정」을 체결하여 '2+2+4 방식'의 한반도 평화협정을 마무리하도록 한다.54)

〈그림 3-1〉 한반도 평화협정의 추진 과정

남북기본협정 (판문점선언)	북·미협정	한반도 평화협정

o 주체: 남북 양자
o 성격: 부속협정
o 내용: 관계개선,
    긴장완화, 비핵화
	o 주체: 북·미 양자
	o 성격: 부속협정
	o 내용: 외교관계,
	    비핵화
		o 주체: 남북미중 4자
		o 성격: 포괄협정
		o 내용: 한국전쟁 법적
		    종식과 평화회복

---

54) 폼페이오 장관(2018.10.6.)은 "일이 잘 되면 정전협정을 끝내는 평화협정에 서명하게 될 것이고, 중국이 그 일원이 될 것이다."("If we do this well we will have signed a peace treaty that ends the armistice, that China will be part of that")이라고 언급해 주목을 끈 바 있다. David Brunnstrom, "Pompeo doesn't see China tensions hurting North Korea talks," *Reuters*, October 6, 2018.

3. 상호 군사위협 해소 문제

6.12 북·미 정상회담의 합의사항에는 들어있지 않지만, 김정은 위원장이 핵포기 조건의 하나로 제시할 만큼 중요한 것이 바로 군사위협의 해소 문제이다. 한국전쟁 이후 적대관계가 지속되는 가운데 남북한은 치열한 군비경쟁을 전개해 왔다. 남북한의 국력 격차가 벌어지면서 한국의 대북 군사력 우위가 확대되고 탈냉전의 도래로 사회주의 세계체제가 해체되어 외교적으로 고립이 심해지자 북한은 비대칭전력의 우위를 차지하기 위해 핵무기 개발에 착수하였다. 한국도 이에 대응하여 한국형 3축 체제를 비롯해 강력한 재래식군사력을 구축해 왔다. 이는 또다시 북한의 핵미사일 개발 가속화로 이어져 안보딜레마 상황에 빠져들었다.

이러한 상황 속에서 2018년 3월 5일 김정은 위원장은 우리측 대북특사단에게 핵무기의 포기 조건으로 체제안전의 보장과 함께 군사위협의 해소를 제시하였다. 지난 남북대화의 역사를 돌이켜보면, 한국전쟁으로 인한 상호 적대감 때문에 사소한 군사적 충돌만 발생해도 모든 대화와 교류가 중단되는 사태가 벌어지곤 했다. 그렇기에 교류협력보다 훨씬 민감한 의제인 비핵화를 실현하기 위한 환경을 만들어야 한다. 그런 점에서 상호 군사위협의 해소 문제를 우선적으로 다루지 않으면 안 된다.

그런데 일부 비판자들은 아직 비핵화 협상이 진행 중이고 북한이 비핵화 조치를 제대로 취하지도 않은 상황에서 전면적인 적대행위 금지와 우발적 충돌 방지 대책을 내놓아서는 안 된다고 주장하고 있다.

하지만 이러한 비판들은 먼저 해야 할 일과 나중에 해야 할 일의 앞뒤가 뒤바뀐 것이다. 북한으로 하여금 핵무기와 탄도미사일의 포기를 이끌어내기 위해서는 비핵화 협상의 초기에 군사충돌의 예방장치를 마련하는 것이 마땅히 우선해야 하는 것이다.

2018년 4월 27일 판문점 남측에 있는 '평화의 집'에서 열린 남북정상회담에서는 △DMZ 평화지대화, △서해해상 평화수역화, △군사회담 정례화 등 군사적 긴장완화 및 신뢰구축을 위한 실제적인 조치에 합의하였다.[55] 뒤이은 6월 14일 제8차 남북장성급군사회담을 판문점 북측지역인 '통일각'에서 개최해, '판문점선언'의 군사분야 합의사항에 대한 성실한 이행 의지를 확인하고 △군 통신선 복구, △서해해상의 우발적 충돌을 막기 위해 「6.4 합의」 복원에 합의하였다. 또한 △JSA 비무장화, △DMZ내 상호 시범적 GP 철수, △남북공동유해발굴, △서해 해상 적대행위 중지 조치 등 군사분야 합의사항 이행방안을 협의하였다.

6월 25일 경의선 남북출입사무소에서 남북 통신실무접촉을 갖고 빠른 시일 내에 동서해지구 군통신선을 정상화하기로 합의하고, 7월 16일까지 서해지구의 군통신선을 완전히 복구하고 8월 15일까지 동해지구 군통신선을 완전히 복구해 정상화하기로 합의하였다. 또한 서해에서 남북 경비함정 간에 국제상선공통망을 활용해 정기통신을 하기로 합의하여, 2008년 5월 이후 중단된 국제상선공통망 교신을 7월 1일부터 재개해 정상 운용하고 있다.

7월 31일 판문점 '평화의 집'에서 제9차 남북장성급군사회담이 열

---

55) 국방부 대북정책관실, 「판문점선언 이행을 위한 군사분야 합의서 해설자료」, 2018.9.19, p.1.

렸다. 이 자리에서는 제8차 장성급군사회담 때 협의한 △JSA의 비무장화 △상호 시범적 GP철수, △남북공동유해발굴, △지·해·공 적대행위의 중지 조치 등에 대한 세부 추진방향을 협의하였다. 또한 상호 견해를 일치시킨 협의사안을 중심으로 '포괄적 군사분야 합의서' 체결에 관해 합의하였다. '장성급군사회담' 전후 8차례 문서교환(전통문)을 통해 사안별로 상호 의견을 교환하고 입장을 조율하였다.

또한 9월 13~14일 양일간 제40차 남북군사실무회담을 판문점 통일각에서 갖고 장성급군사회담에서 논의해 온 사안을 중심으로 이행시기와 방법 등을 담은 군사분야 합의서의 체결과 관련된 실무협의를 진행하고 합의서에 포함될 사안에 대해 상호 최종입장을 확인하였다. 그리하여 마침내 다음과 같은 「판문점선언 이행을 위한 군사분야 합의서」가 채택되었는데, 여기에는 △ 모든 공간에서 일체의 적대행위를 전면 중지, △ 비무장지대의 평화지대화, △ 서해 북방한계선 일대의 평화수역화, △ 교류협력 및 접촉 왕래에 대한 군사적 보장, △ 상호 군사적 신뢰구축 조치, △ 발효절차 등의 내용을 담고 있다.

하지만 남북군사합의서는 아직 우발적 충돌방지와 초보단계의 운용적 군비통제에 불과하다. 북한의 비핵화 조치가 진전될 경우 한 단계 높은 운용적 군비통제와 함께 병력 감축 위주의 구조적 군비통제를 이어가야 할 것이다. 그리고 남북 간의 군비통제 뿐만 아니라 한반도에 군대를 주둔하고 있는 남북한과 미국이 참가하는 3자 군비통제 협상을 개최할 필요가 있다. 이같이 남북 및 남·북·미 군비통제 협상을 병행 추진해 한반도 비핵화와 평화체제의 기반을 만들어 가야 할 것이다.

4. 대북 경제제재 완화/해제 문제

1989년 11월 몰타 선언으로 사회주의 세계체제가 무너지고, 한국이 러시아와 중국과 수교하면서 북한이 국제적으로 고립되자 1992년 핵무기 개발을 본격화했다. 그 뒤 2006년 10월 첫 번째 핵실험에 성공하고 2012년 12월에는 자체 제작한 로켓을 발사하여 인공위성의 궤도 진입에 성공했다. 이러한 핵무력을 바탕으로 김정은 위원장은 공식무대에 첫 등장해 '경제강국의 건설과 인민생활의 향상'을 자신의 국정목표로 내걸었다. 그는 북한이 핵무기를 보유했으므로 이제 국가자원을 군비경쟁에 쏟아붓지 않고 경제건설에 매진할 수 있게 되었다고 공언했다. 하지만 북한의 핵무기 고도화 및 실전배치 움직임은 국제사회의 강력한 제재를 초래해 북한경제를 옥죄기 시작했다.

현재 북한에 가해지고 있는 경제제재는 우선 무역 및 투자, 금융거래의 금지 등 협의의 금수조치가 있다. 협의의 금수조치로는 유엔안보리의 대북제재 결의안과 한국, 미국 등의 독자제재가 있다. 특히 미국의 독자제재에 따른 금수조치는 법률 또는 행정명령에 따른 경제제재로서 북한과의 직간접적인 교역이나 투자, 금융거래 등 전 분야에 걸쳐 경제교류를 중단하는 조치이다.

광의의 미국 금수조치로는 미국정부가 「수출관리령(EAR)」을 북한에 적용하여 외국투자자들이 각종 기계설비를 북한에 반입하여 생산활동을 벌일 수 없도록 규제하는 전략물자의 금수조치와 국제금융기구에 파견된 미국인 이사가 북한이 회원국으로 가입하지 못하도록 거부권을 행사하도록 미국 법률로 규정해 국제금융기구로부터 차관 공여를 못하도록 하는 방식이 있다. 그밖에 미국정부가 「무역법」의 잭슨-배닉 수정안을 북한에 적용하여 북한산 제품에 대해 높은 관세를 매김으로써 세계 최대시장인 미국시장 접근을 어렵게 만드는 최혜국대우(MFN-T)의 금지조치가 있다.

지금 북한은 2018년 4월 20일 당 중앙위 제7기 3차 전원회의를 개최하여 기존의 병진노선을 총화하면서 새로운 경제건설 총력 노선으로 국가전략을 전환하였다. 하지만 미국이 대북 경제제재를 비가역적인 비핵화 시점까지 유지한다는 입장을 고수하고 있어, 북한은 제재 완화의 우회로를 찾고 있는 것으로 보인다. 중국은 2017년 말부터 독자 제재로 취한 북한관광 제한을 조금씩 풀고 있고, 시안(西安)과 평양을 잇는 국제항로 추가 개통도 검토하고 있다. 러시아도 나진항을 통한 자국산 석탄 수출을 예외조치로 인정받은 데 이어, 각종 비공식 교류를 진행하는 것으로 미국은 의심하고 있다.

2018년 6월 28일 미국은 중국과 러시아가 유엔안보리의 대북제재 결의의 완화를 촉구하는 언론성명을 내려는 시도를 저지하였다.[56] 미국의 입장은 그 동안 대북제재를 위한 국제공조체제를 촘촘하게 만들어놨는데, 이게 한번 무너지면 걷잡을 수 없이 무너질 것이라고 판단한 것으로 보인다. 또한 대북 경제제재를 유예/완화해 주었을 경우, 북한이 추가적 핵실험, 미사일 시험발사를 자제하면서 비핵화를 진전시키지 않을 경우에는 제재를 부활시키기 곤란하다는 점도 고려한 것으로 보인다.

11월 7~8일 폼페이오-비건과 김영철-최선희 간의 2+2 북·미 고위급협상을 앞두고 북한과 미국 간에는 대북제재의 완화 및 해제를

---

56) 『연합뉴스』, 2018년 6월 29일.

둘러싸고 신경전을 보인 바 있다. 미국은 강경화 외무장관의 '5.24 조치' 해제 발언에 대해서도 민감하게 반응하는 등 검증을 통한 비핵화 이전에는 제재 완화(sanctions relief)가 안 된다는 확고한 입장이다.57) 반면, 북한은 김정은 위원장까지 나서서 대북제재의 완화 내지 해제를 촉구하고 있다.

결국 대북제재를 둘러싼 근본적인 해법은 북한의 비핵화 속도에 달려있음은 분명하다. 하지만 문재인 대통령이 한·불 정상회담 공동기자회견에서 "북한의 비핵화 조치가 아주 올바른 선택을 한 것이라는 믿음을 국제사회가 줘 가면서 북한이 빠르게 비핵화를 할 수 있도록 끌어내야 한다"는 언급처럼 대북제재 완화는 비핵화를 위한 촉진제 역할을 할 수도 있다.58)

과거 리비아나 이란과의 비핵화 협상에서 단계적으로 제재 완화를 허용한 전례가 있다.59) 지난 제2차 북·미 정상회담에서 미국은 제재 일부 해제에 대해 강한 거부 태도를 보였지만, 북한이 과거핵(핵탄두, 대륙간탄도미사일 등)이 포함된 비핵화 로드맵과 시간표 작성에 성의를 보일 경우 검증에 의한 완전한 비핵화 이전에도 제재 완화의 가능성도 열려있는 것으로 보인다.

---

57) 미 국무부는 북한이 완전히 비핵화하기 전까지는 제재를 해제하지 않을 것임을 밝히고 있다. "US Secretary of State Mike Pompeo said Thursday that there will be no sanctions relief for North Korea until it completely denuclearizes and that North Korean leader Kim Jong-un understands denuclearization must happen "quickly." *Yonhap News*, Nov. 2, 2018.

58) 『연합뉴스』, 2018년 10월 16일.

59) 조성렬, "한반도 비핵화 과정의 국제정치: 외국 비핵화 사례와의 비교분석," 『외교』, 제126호, 2018년 7월, pp.29~34.

V. 비핵화 협상의 곡절과 신한반도체제의 시동

남북한은 1953년 정전체제의 성립 이후 65년 넘게 적대관계를 계속해 오며 서로에게 깊은 불신을 갖고 있다. 그렇기에 몇 차례의 정상회담과 고위급회담만으로 남북한과 북·미가 의견을 접근해 한반도에서 완전한 비핵화와 항구적이고 공고한 평화체제가 구축되리라고 기대하는 것은 성급하다. 완전한 비핵화와 대북 안전보장을 둘러싼 타결과 이행에 못지않게 중요한 것은 다방면적으로 남북관계와 북·미관계를 개선하려는 노력이다.

남북관계의 역사가 보여주듯이, 한반도 평화체제와 한반도 비핵화의 과제는 뿌리를 달리하고 있다. 한반도 평화체제가 1950~53년에 치러졌던 한국전쟁을 국제법적으로 종식하고 평화를 회복하는 것이라면, 한반도 비핵화는 북한이 비밀리에 핵프로그램을 운영하다가 완성단계에서 NPT를 탈퇴해 국제규범을 위반한 데 따른 원상회복 조치를 뜻한다. 더 나아가 북한이 국가핵무력을 완성함으로써 한반도를 비롯한 동아시아 세력균형을 깨뜨린 데 따른 원상회복 조치를 가리킨다.

하지만 2005년 7월 북한외무성이 대변인 담화를 통해 "조선반도에서 정전체제를 평화체제로 전환하게 되면 핵문제의 발생근원으로 되고 있는 미국의 대조선 적대시정책과 핵위협이 없어지게 되며, 그것은 자연히 비핵화 실현으로 이어지게 될 것"이라고 주장했다.[60] 이

---

60) 『로동신문』, 2005년 7월 22일.

담화의 발표 뒤로 이제 한반도 비핵화와 한반도 평화체제는 뗄 수 없이 연관된 과제가 되었다.

지금은 북한 핵문제 해결의 열쇠를 쥐고 있는 김정은 국무위원장의 전략적 결단에 의해 비핵화 협상이 진행되고 있다. 트럼프 대통령도 한반도 비핵화 성취를 자신의 외교적 업적으로 삼으려고 하고 있다. 이 사이에서 문재인 대통령은 훌륭하게 당사자이자 촉진자 역할을 수행하고 있다. 따라서 어느 때보다도 한반도 비핵화를 통한 항구적이고 공고한 평화체제를 수립할 수 있는 좋은 기회이다.

일각에서는 우리 정부가 너무 서두르는 게 아니냐는 우려를 나타내기도 한다. 하지만 외국의 비핵화 사례와 과거 남북관계사에 보듯이, 한국이나 미국의 정권교체로 인해 협상의 동력이 급격히 떨어지거나 기존 합의가 파기되는 경우도 종종 나타났다. 그렇기에 '기회의 창'이 열려 있을 때 최대한 한반도 비핵화와 평화체제 구축을 위해 속도를 낼 필요가 있다. 이를 위해서는 한반도 비핵화 과정에서 시간표 관리가 무엇보다 중요하다.

어찌 본다면 최근 한반도 정세의 변화는 시간 변수에 의해 크게 좌우된다고 볼 수 있다. 그런 점에서 본문에서 살펴본 한반도 비핵화를 둘러싼 미국과 북한의 전략과 「4.27 판문점선언」, 「6.12 싱가포르성명」 및 「9.19 평양선언」, 그리고 평양 남북정상회담에서 합의된 「역사적인 판문점 선언 이행을 위한 군사분야 합의서」는 향후 한반도 비핵화를 추진하고 평화체제를 구축하는 데 기본 지침이 되어줄 것이다.

당초 11월 8일 뉴욕에서 북·미 고위급/실무급 회담이 열릴 예정이었으나 북한의 일방적인 취소로 무산되었다. 약속됐던 김정은 위원장의 서울 방문도 해를 넘겼고, 기대를 모았던 베트남 하노이에서의 제2차 북·미 정상회담에서는 공동성명의 채택이 무산됐다. 이처럼 간단치 않은 난관에 직면해 한반도 비핵화 협상은 중대 기로에 서게 되었다.

지금까지 보아왔듯이, 미국과 북한은 오랜 불신관계 때문에 사소한 발언과 행동에도 오해하기도 한다. 미국과 북한 간에 불신의 골이 깊고 비핵화-안전보장의 입장차이가 큰 조건에서 지금까지 우리 정부의 노력으로 한반도 정세가 여기까지 풀려나왔다고 볼 수 있다. 그런 점에서 우리 정부는 지금까지 수행해 온 당사자 및 촉진자 역할을 한층 강화해야 한다.

앞으로도 우리 정부는 대안을 갖고 남·북·미 3자 틀 속에서 적극적으로 조정해 완전한 비핵화를 실현해 냄으로써 새로운 100년의 신한반도체제를 열어나가야 할 것이다. 전쟁위기를 해소하고 평화공존의 틀을 만듦으로써 분단 극복과 평화통일의 기반을 닦는 것이야말로 촛불 민심으로 만들어진 문재인 정부에게 부과된 국민들의 명령이자 역사적인 사명인 것이다.

제4장
한반도의 완전한 비핵화 추진 방안

I. 북한의 핵포기 약속은 진정성이 있는가

 북한의 최고지도자 김정은 국무위원장은 2018년 3월 5일 우리측의 대북 특사단에게 체제안전의 보장과 군사위협의 해소가 실현된다면 핵을 포기할 수 있다고 약속하였다. 이를 뒷받침하듯, 2018년 4월 20일 당 중앙위원회 제7기 3차 전원회의를 개최하여 기존의 경제건설 핵무력 건설 병진노선의 종료를 선언하고 새로운 사회주의 경제건설 총력노선을 발표하였다. 당 전원회의에서 채택된 결정서는 병진노선에서 경제총력노선으로 전환한 이유를 설명하면서 "병진노선의 승리"라고 밝혔다.
 그런데 북한은 핵무력 건설을 '포기'한다는 표현을 명확하게 사용하지 않고 '마무리한다', '종료한다'는 의미의 '결속(結束)'이라는 단어를 사용하였다. 또한 "핵무기 병기화를 믿음직하게 실현했다. 핵실험 중지는 세계적인 핵군축을 위한 중요한 과정"이라고 규정하고 있다. 이러한 점 때문에 북한이 핵 포기를 결정했다기보다 핵보유국으로서 핵군축을 선언한 것이 아닌가 하는 지적이 나왔다. 또한 핵실험 중단 결정이 핵보유국 입장에 서서 핵군축을 요구한 것이라고 주장하기도 한다.

뿐만 아니라 이른바 '4불 원칙'을 천명한 2018년 김 위원장의 신년사도 비슷한 논란을 불러일으켰다. 김 위원장은 "이미 더 이상 핵무기를 만들지도 시험하지도 않으며 사용하지도, 전파하지도 않을 것"이라며 '4불 원칙'을 표명했다. 이 가운데 불사용, 불전파의 내용이 비핵화 의지를 나타냈다기보다 핵보유국이 핵비확산을 선언한 것 같다는 비판이 제기되었다.[1]

북한이 「9.19 공동성명」에서 밝힌 대로 "모든 핵무기와 현존하는 핵프로그램을 포기"한다는 약속을 진정으로 지킬 의사가 있는지 하는 의구심은 '완전하고 검증 가능하고 되돌이킬 수 없는 폐기(CVID)' 개념에 대한 북한측의 강한 반발로 인해 제기되었다. 특히 북한은 '비가역적인 비핵화'에 대해 주권국가의 합법적인 권리마저 부인하는 것이라며 강한 거부감을 표시하였다. 결국 미국은 한 발 후퇴하여 대북 협상과 관련하여 CVID 용어 대신에 '최종적이고 완전히 검증된 비핵화(FFVD)'라는 용어를 사용하고 있다.

하지만 김정은 위원장이 2018년 3월 26일 북·중 정상회담에서 시진핑 중국주석에게 핵무기의 완전한 포기를 약속한 데 이어, 4월 27일 판문점 남북정상회담에서도 문재인 대통령에게 직접 비핵화 의지를 밝혔다. 뿐만 아니라 「판문점 공동선언」에서도 이 점을 명기했다.

---

[1] "김정은 신년사에서 눈에 띄는 4가지... 사실상 핵보유국 선언?," 『조선일보』, 2019년 1월 2일.

또한 6월 12일 역사적인 북·미 정상회담에서도 「싱가포르 공동성명」에서 비핵화 의지가 천명되었다. 2019년 4월 25일에 개최된 북·러 정상회담에서 공동성명이 발표되지는 않았지만 여기서도 한반도 비핵화 원칙이 확인되었다.

김 위원장이 공개적인 자리에서 육성으로 직접 비핵화 의지를 밝히지 않았다며 그의 비핵화 의지를 의심하는 분위기가 남아 있었는데, 이것도 2019년 신년사에서 김 위원장이 육성으로 직접 "완전한 비핵화로 나아가려는 것은 우리 당과 공화국 정부의 불변한 입장이며 나의 확고한 의지"라고 밝혀 그간의 우려를 불식시켰다.

당면한 최대의 목표는 한반도 평화이고, 이를 실현하기 위해서는 한반도 평화의 최대 도전요인인 북한 핵문제를 해결하지 않으면 안 된다. 하지만 30년 가까이 지속되어 온 핵문제를 해결하기는 쉽지 않다. 북한의 모든 핵무기와 현존하는 핵프로그램을 완전히 제거하기 위해서는 외국의 비핵화 사례에서 시사점을 얻을 필요가 있다. 뿐만 아니라, 과거의 경험과 핵프로그램의 특성에 기반하여 제시된 미국의 싱크탱크들의 완전한 비핵화 방식에도 주목할 필요가 있다.

외부적 안보환경과 국내적 사정이 다른 외국의 비핵화 사례를 그대로 한반도 비핵화 과정에 적용하는 것은 무리가 따른다. 그런 점에 제4장에서는 외국의 비핵화 사례가 주는 시사점들과 미국 싱크탱크들의 제언, 그리고 국내외의 여러 가지 문제제기들을 고려해 완전한 비핵화를 실현하기 위한 한반도형 비핵화 해법을 모색해 보고자 한다.

Ⅱ. 외국의 비핵화 성공사례와 특징

1. 남아공화국 비핵화 방식: 보상 없는 자발적 비핵화

(1) 비핵화 수용의 배경

  남아공화국은 1948년에 채택한 인종차별정책으로 유엔의 각종 제재를 받고 있던 중, 1975년에 쿠바군 5만 명이 앙골라 내전에 개입하기 위해 파견되자 안보위협을 느끼면서 1970년에 핵무기 개발을 결정하였다. 1976년과 1977년 두 차례 핵실험을 감행하는 바람에 국제적 비난을 받았지만, 그 뒤에도 비밀리에 핵개발을 지속해 1979년에 첫 핵폭발장치(nuclear explosive device)를 완성했고 핵무기 포기를 선언할 때까지 6개의 핵폭발장치를 보유하고 있었다.[2]

  그 뒤 1988년 앙골라 내전의 종식으로 쿠바군이 철수해 안보위협이 감소하고 1990년 2월 인종차별정책 폐지로 유엔제재가 풀리자, 1991년 7월 핵무기 개발프로그램을 종료한 뒤 핵무기비확산조약(NPT)에 가입하고 국제원자력기구(IAEA)와 핵안전협정을 체결하였다. 마침내 1993년 드 클라크 대통령은 핵무기 포기와 해체의 완료를 선언하였고, IAEA는 검증을 통해 남아공의 핵무기 프로그램이 완전

---

  [2] Wikipedia, "South Africa and Weapons of Mass Destruction," last modified on April 28, 2009. (검색일 2018.01.15.)

히 종료됐다고 결론 내렸다.3)

남아공화국이 비핵화를 수용한 가장 큰 이유는 핵무기 개발의 원인이 됐던 외부의 안보위협이 사라지자 국제사회의 경제제재를 해제하고자 한 데 있었다. 그리하여 남아공화국 스스로 NPT와 IAEA에 가입하여 자발적으로 핵무기 프로그램의 포기를 선언하였다.

(2) 비핵화 방식의 특징

남아공화국의 비핵화 방식이 가진 가장 큰 특징은 먼저 △자발적인 비핵화 조치를 취한 다음에 △국제원자력기구(IAEA)의 철저한 검증을 받는 방식("do it yourself" Option)을 취했다는 점이다.4) 남아공화국은 안보위기가 해소된 시점에서 국제사회의 경제제재 해제를 목표로 한 경제-안보 교환 방식에 가깝다고 평가할 수 있다. 남아공은 원자력의 평화적 이용권리를 보장받는 조건으로 자발적인 방식으로 6개의 핵무기와 관련 제조시설들을 해체한 뒤, NPT에 가입하고 IAEA안전조치협정에 가입하여 IAEA의 핵사찰을 받았다. 그리고 해체에 필요한 4억 달러를 자체적으로 조달하였다.

남아공화국의 비핵화 과정을 보면, 드 클라크 대통령은 1989년 8월에 칼라하리 사막에 위치한 핵실험 시설들을 전면적으로 폐쇄한 다음, 1990년 2월 비핵화 의지를 공개하면서 'Y-Plant'의 가동중단을 지시하였다. 이에 앞서 원자력공사, 국방부, ARMSCOR사 등으로 핵전문

---

3) Vipin Narang, *Nuclear Strategy in the Modern Era: Regional Powers and International Conflict*, New Jersey: Princeton University Press, 2014, pp.207~214.

4) David Albright, "Denuclearizing North Korea".

가그룹이 만들어져 세부적인 핵폐기 시간표와 핵탄두 해체방안이 수립되었다.

그리하여 1991년 6월까지 핵탄두를 모두 해체하고, 7월에는 핵무기비확산조약(NPT)에 가입한 뒤 핵실험 시설 및 핵제조시설에 대해 IAEA의 사찰을 받았다. 같은 해 9월에 국제원자력기구(IAEA)와 안전조치협정을 체결하고, 10월에는 핵무기 제조와 관련된 문서들을 IAEA에 제출하였다.

1992년 9월부터 남아공은 20%의 고농축우라늄을 5%미만의 저농축우라늄으로 전환하는 작업에 착수하였으며, 1993년에는 상업용 100MW 원자로 개발에 나섰다.[5] 마침내 1993년 3월 IAEA는 검증작업을 통해 남아공화국의 핵포기 계획이 완료되고 완전히 비핵화됐음을 공식 발표하였다.

〈표 4-1〉 남아공의 핵무기 해체과정 주요 일지

연도	주 요 일 지
1989	칼라하리 사막 내 위치한 핵실험 시설을 전면 폐쇄(8월)
1990	- 핵무기 프로그램 중단 선언 - 핵탄두 해체방안 수립(1989.12~1990.6)
1991	- 핵탄두 해체(1990.7~1991.6) - 핵무기비확산조약(NPT) 가입(7월) - 국제원자력기구(IAEA) 안전조치 협정 체결(9월) - 국제원자력기구(IAEA) 핵사찰 개시(1991.11~1992.8)
1992	20% 고농축우라늄을 5%미만의 저농축우라늄으로 전환하는 작업 착수

---

5) IAEA, *Country Nuclear Power Profiles*, 2002.

1993	- 드 클라크 대통령, 핵무기 개발 및 해체 사실 선언(3월) - 국제원자력기구(IAEA), 남아공화국 핵무기프로그램의 완전종료 결론 - 불가리아의 레이저 전문가, 남아공에 6불화우라늄(UF6)을 조사하는 레이저 동위원소 분자분리법(Molecular Laser Isotope Separation, MLIS) 기술 전수 - 100MW 상업용 페블베드 모듈형 원자로 개발 시작(2004년 본격 가동)
1994	MLIS 시험공장 설립·운영 명목으로 5,500만 달러 소요 및 550만 달러 추가 배분
1996	- 프랑스와 공동으로 MLIS 우라늄 농축기술 개발사업 착수(3월) - 포괄적 핵실험 금지조약(CTBT)에 서명(9월)

<출처> 조명철, 김지연, 홍익표, 「핵 포기 국가에 대한 국제사회의 경제개발지원경험이 북한에 주는 시사점」, p.46.

2. 우크라이나 비핵화 방식: 체제보장, 경제보상의 모범적 비핵화

(1) 비핵화 수용의 배경

옛소련에서 독립한 우크라이나는 옛소련으로부터 핵탄두 1,240개와 ICBM 176기를 승계하여 보유하고 있었다. 우크라이나 정부는 전략무기감축협정(START-I)의 한 당사자로서 모든 핵무기와 운반수단의 러시아 이전에 동의했지만, 이후 러시아의 안보위협이 증대되고 경제개혁 실패로 경제난에 시달리면서 핵무기 보유 결정을 내렸다. 결국 미국, 러시아, 영국은 우크라이나에게 안전보장과 경제지원을 제공하는 조건으로 핵무기와 ICBM을 포기하고 NPT에 가입하도록 약속을 받아냈다.

먼저, 우크라이나에 대한 체제안전의 보장을 위해 미국, 러시아, 영국과 「부다페스트 안전보장 양해각서」(1994.12.5.)를 체결했다. 그 뒤 프랑스와 중국도 개별적으로 우크라이나의 안전보장을 약속하였다. 위 양해각서는 첫째, 우크라이나의 독립·주권·국경선 존중. 둘째, 영토 완정성(完整性)과 정치적 독립에 반하는 위협·무력사용 금지. 셋째, 우크라이나 이익을 해치는 경제압력 중지. 넷째, 핵무기가 동원된 침공위협 및 침공 때 유엔안보리의 즉각 지원행동. 다섯째, NPT에 반하는 핵무기 사용의 금지 등을 규정하고 있다.6)

다음, 우크라이나에 대한 경제적 보상을 위해 1991년 11월 샘 넌, 리차드 루가 미 상원의원은 「소련 핵위협 감소법(Soviet Nuclear Threat Reduction Act)」(넌-루가 법안)에 따라 협력적 위협감소프로그램(CTR program)을 추진했다.7) 1991년부터 2012년까지 작동됐던 이 프로그램은 △옛소련제 대량살상무기 및 관련시설의 해체, △옛소련제 대량살상무기 관련 기술·물질의 통합 및 확보, △투명성 제고 및 높은 기준의 행동 촉진, △확산방지 목적의 군사협력 지원 등 핵확산 방지 차원의 경제적 보상 방안을 담고 있다.8)

---

6) *Memorandum on Security Assurances in connection with Ukraine's accession to the Treaty on the Non-Proliferation of Nuclear Weapons,* Budapest, 5 December 1994.

7) Sam Nunn, Richard Lugar, "What to do if the talks with North Korea succeed," *The Washton Post,* April 23, 2018.

8) Defence Threat Reduction Agency, "Cooperative Threat Reduction". http://www.dtra. mil/oe/ctr/programs (검색일 2018.07.07.)

(2) 비핵화 방식의 특징

우크라이나 해법은 국제사회의 협력(부다페스트 안전보장 양해각서, 협력적 위협감소 프로그램)으로 우크라이나의 핵탄두와 핵프로그램, ICBM의 해체를 평화적으로 이룩하는 데 성공한 대표적인 사례로 꼽힌다. 하지만 이러한 우크라이나 해법은 몇 가지 문제점을 안고 있다.

먼저, 우크라이나의 국경선을 보장한 「부다페스트 안전보장 양해각서」에도 불구하고 러시아의 침공에 의한 크림반도 합병을 막지 못하였다. 러시아는 양해각서가 체결된 지 20년이 지난 2014년 2월 크림반도에 군대를 파견해 무력으로 병합하였다. 안전보장 서명국인 미국, 영국과 개별보장국인 프랑스, 중국 등은 비난 성명을 발표하고 경제제재를 가할 뿐 러시아와의 군사충돌을 우려해 군사개입에 나서지 못하였다.

다음, 협력적 위협감소 프로그램(CTR program) 방식에 따른 핵 과학자·기술자 관리의 한계이다. CTR프로그램은 과거 핵·미사일 개발에 참여했던 과학자와 기술자의 전문성이 해외로 유출되는 것을 막고 비군사분야에서 종사할 수 있도록 지원하는 것이다. 하지만 소연방이 해체되면서 1991년 8월 24일에 독립했지만 CTR프로그램이 시작된 것은 1992년 7월부터였기 때문에 그 사이에 일부의 전문인력과 핵물질이 해외로 유출되었고, CTR프로그램이 적용된 뒤에도 연구기관으로 이전한 사람들은 3년 이내의 계약기간에 발목 잡혔고 민간분야로 진출한 사람들은 시장에 맞는 제품개발에 실패하는 바람에 해외의 유혹에 넘어가는 경우가 있었다.[9]

이처럼 몇 가지 한계를 드러내기는 했으나, 우크라이나 방식은 평화적인 비핵화 해법으로서 여전히 유효하다. 우크라이나 해법은 법제도에 의한 체제안전 보장을 기본으로 하면서 핵확산 방지 비용을 경제적 보상으로 제공받은 연성균형 방식의 포괄적 안보-안보 교환이라고 평가할 수 있다.

〈표 4-2〉 우크라이나의 핵무기 해체과정 주요 일지

연도	주 요 일 지
1990	우크라이나의 비핵화 3원칙(핵무기 획득, 생산, 용인 거부) 발표
1991	옛소련 해체과정에서 핵무기 흡수, 보유
1992	- 러시아, 벨라루스, 카자흐스탄, 미국과 전략무기감축협정 체결 - 핵무기 포기에 대한 경제보상 요구
1993	- 핵무기 이전에 관한 협의 중단 - 우크라이나 쿠츠마 수상, 핵무기 보유사실 공식 선언
1994	- 미 국가안보회의, 우크라이나 정책 재검토 - 미국, 러시아, 우크라이나 3자 협정 체결 - 우크라이나, 핵무기비확산조약(NPT) 가입
1996	모든 핵탄두의 러시아 이전 완료
2000	쿠츠마 대통령, 우크라이나 비핵화 의지 재천명
2009	- 우크라이나, 미국에게 핵연료 처리비용 지원 요청 및 미국의 수락 - 빅토르 유센코 대통령, 우크라이나의 비핵화 의지 강조
2010	- 빅토르 유센코 대통령, 세계 핵안보 정상회의에서 우크라이나에 존재하는 모든 고농축우라늄(HEU)을 2012년까지 이전, 제거할 계획임을 발표

<출처> 조명철, 김지연, 홍익표, 「핵 포기 국가에 대한 국제사회의 경제개발지원경험이 북한에 주는 시사점」, p.54.

---

9) 전성훈, 『북핵 '2.13 합의'와 평화적인 핵폐기 사례 분석』, 통일연구원, 2007, p.35.

3. 리비아 비핵화 방식: 체제보장 없는 투항적 비핵화

(1) 비핵화 수용의 배경

리비아는 중동전쟁에서 이스라엘이 승리하고 미국이 수도 트리폴리 폭격을 감행하면서 심각한 안보위협을 느끼기 시작했다. 1988년에 발생했던 팬암기 폭파사건에 리비아 정보기관원이 연루된 것이 드러났으나 리비아 정부가 관련자 신병인도를 거부하면서 국제사회와 마찰을 빚었다. 미국의 「이란-리비아 제재법(ILSA)」(1996) 제정과 유엔 안보리의 제재 결의로 석유수출이 제약 받는 등 리비아는 경제적으로 큰 타격을 받았다.

결국 리비아 정부는 테러용의자 2명의 신병을 인도하면서 유엔 경제제재의 유예를 얻어내는 한편, 비밀리에 본격적인 핵무기 개발에 뛰어들었다. 그러나 2003년 3월 미국의 이라크 침공으로 후세인 정권이 무너지고 같은 해 10월 독일로부터 HEU용 원심분리기를 밀반입하려다 미국에 적발되자 마침내 12월 19일 자발적으로 핵포기를 선언하게 되었다.

리비아는 카다피 국가수반의 집권 초부터 다양한 방법으로 핵무기 기술을 습득하고자 했으나, 국제사회의 감시와 제재로 인한 기술과 자금의 부족으로 2003년 말 핵포기를 선언할 당시까지 핵무기 개발에는 이르지 못하고 개발준비의 마지막 단계에 머물러 있었다. 국제사회의 경제제재에 따른 경제난과 후세인 정권의 붕괴 뒤 미국의 군사적 조치 가능성에 대한 심리적 부담이 대량살상무기의 포기 선언으로 이어진 것이다.

(2) 비핵화 방식의 특징

리비아가 자발적으로 핵프로그램의 포기를 약속한 만큼, 신고 및 검증, 폐기, 사찰 등에 필요한 시간이 최대한으로 단축될 수 있었다. 하지만 리비아 해법은 철저한 검증에 따른 비핵화 단계에 상응하여 제재완화와 국교정상화를 실현하는 3단계의 이행 방식을 채택하였다.[10]

첫 번째 단계(2004.1.)는 리비아가 포괄적 핵실험금지조약(CTBT)에 가입하고 핵무기 설계정보와 핵무기·미사일 프로그램 관련 주요 장비와 문서를 미국으로 반출한 것이다. 그에 따른 상응조치로 유엔은 경제제재를 해제하였고 미국은 독자제재를 유예하고 트리폴리에 이익대표부를 열었다.

두 번째 단계(2004.2~9.)에서 리비아는 IAEA 추가의정서에 서명한 뒤 포괄적 핵사찰을 수용하고, 화학무기금지조약(CWC)에 가입하고 화학무기금지기구(OPCW) 사찰을 받아들였다. 또한 원심분리기 부품, MTCR급 미사일 장비, 스커드-C 미사일, 미사일 발사대 등 1,000톤 이상의 WMD장비를 미국으로 반출하였고, 1980년대에 러시아로부터 제공받은 고농축우라늄(HEU) 16kg을 돌려보냈다. 상응조치로 미국은 2004년 4월 대부분의 상거래와 금융거래, 투자를 허용하고 ILSA법

---

10) 조명철, 김지연, 홍익표, 『핵 포기 국가에 대한 국제사회의 경제개발 지원경험이 북한에 주는 시사점』, 대외경제정책연구원, 2010년 12월 30일.

적용을 해제하는 2차 경제제재 해제를 단행했으며, 이익대표부를 설치한 지 4개월 만인 2004년 6월 연락사무소로 승격시켰다. 동시에 리비아도 워싱턴D.C.에 연락사무소를 개설하였다.

세 번째 단계(2004.10~2005.10.)는 리비아의 대량살상무기 프로그램을 완전히 폐기하는 과정이다. 2005년 10월 미 국무부는 리비아 내의 핵무기 프로그램과 모든 원료와 설비가 제거되고 관련 활동들이 중단되었다고 발표하여 핵폐기 완료를 인정하였다. 그리하여 미국은 연락사무소를 대사관으로 격상하여 25년 만에 외교관계를 회복하였고, 리비아에 대한 경제제재를 완전히 해제하고 테러지원국 명단에서 리비아를 삭제하였다.

리비아의 비핵화는 22개월이라는 짧은 기간 내에 이루어졌는데, 그것은 리비아가 군사공격 가능성을 우려해 사실상 미국에 투항한 상태였고 무엇보다 핵개발 수준이 낮았기 때문에 가능한 것이었다. 리비아가 핵프로그램을 자발적으로 포기한 보상으로 얻은 것은 미국과의 수교와 경제제재 해제뿐으로 안전보장이나 경제지원은 포함되지 않았다. 그런 점에서 리비아 해법은 불완전한 연성균형 방식의 포괄적 안보-안보 교환이라고 평가할 수 있을 것이다.

리비아의 핵포기가 완료되고 미국과의 관계정상화가 이루어졌으나, 2011년 2월 리비아에서 반정부 시위가 발생해 내전으로 비화되면서 새로운 상황이 나타났다. 미국을 비롯한 서방국가들은 반군을 지원하였고, 결국 같은 해 10월 20일 카다피 국가수반은 반군에게 체포되어 처형되고 말았다.[11]

---

11) 트럼프 대통령은 "리비아에서 우리는 그 나라를 파괴했다. 카다피와는 지킬 합의가 없었다"며 반군을 지원해 카다피 정권의 제거에 가담했음을 사실상 인정했다. 『경향신문』, 2018년 5월 18일.

〈표 4-3〉 리비아의 핵무기 해체과정 주요 일지

연도	주 요 일 지
2003	- 핵무기 해체, 폐기 결정을 공식 발표 - 모하메드 엘바라데이 IAEA 사무총장, 리비아 방문 - 유엔 경제제재 해제
2004	- 화학무기 및 핵무기프로그램 제거, 대륙간탄도미사일 제거, 핵무기비확산조약(NPT) 가입 및 규정 준수를 확인하는 국제사찰단의 방문 허용, IAEA 추가의정서 서명 - 성명 발표, 포괄적핵실험금지조약(CTBT) 가입, 미사일기술통제체제(MTCR) 지침 순응 의지 표명 - 원심분리기 부품, 미사일기술통제체제(MTCR)급 미사일 장비, 스커드 미사일, 미사일 발사대, 관련 장비를 미국으로 이송 - 고농축우라늄 러시아로 반출
2005	- 핵무기 개발과 관련된 모든 원료, 설비 제거 - 핵무기 프로그램 해체 공식적으로 완료
2006	- 미국의 테러지원국 명단에서 리비아 삭제 - 미국과의 관계 정상화

<출처> 조명철, 김지연, 홍익표, 「핵 포기 국가에 대한 국제사회의 경제개발지원경험이 북한에 주는 시사점」, p.49.

4. 이란 비핵화 방식: 미봉적 합의가 초래한 미완의 비핵화

친서방국가였던 이란은 미국의 지원을 받아 연구용 원자로를 가동하기도 했지만, 이슬람혁명으로 대미 관계가 악화되면서 이란의 핵무기 개발 의혹이 끊임없이 제기되었다. 2002년 이란에 비밀 우라늄농축시설이 존재한다는 폭로가 나온 뒤로 이란 핵위기가 시작되었으나, 2015년 7월 14일 이란과 유엔안보리 상임이사국 5개국, 독일 등

P5+1이 참가해 「포괄적 공동행동계획(JCPOA)」에 서명함으로써 마침내 13년 만에 일단락되었다.[12]

당시 오바마 미 대통령은 이슬람국가(IS) 격퇴전에 동참하고 있는 이란과의 암묵적인 협력 관계를 중시하였다. 그렇기에 이스라엘의 네타냐후 총리의 반발과 미국 공화당의 반대에도 불구하고 이란이 거부하는 '핵프로그램의 완전한 폐기'안을 채택하지 않고 '핵무기 획득 방지'라는 차선책을 선택하였다.

그리하여 JCPOA은 이란의 핵능력을 근본적으로 해체하기보다 우라늄농축시설의 신설을 금지하고 기존 원심분리기의 수량을 단계적으로 줄여 핵무기를 갖지 못하도록 하는 데 초점을 맞추고 있다. 이 때문에 트럼프 대통령은 후보시절부터 이 합의를 '재앙'이라고 부르며 "절대 체결되지 말았어야 할 끔찍하고 미친 합의"라며 파기 의사를 공공연히 밝혀왔다.[13]

트럼프 대통령은 취임 직후부터 JCPOA를 수정하자며 이란에 대해 △일몰조항(sunset clause)의 삭제, △탄도미사일의 제거, △군시설을 포함한 모든 핵시설의 사찰 등 3대 조건을 추가로 내걸었다. 그러나 이란은 미국의 제안을 끝내 거부하였고, 마침내 2018년 5월 12일 트럼프 대통령은 JCPOA의 파기를 선언하였다. 이로써 이란의 비핵화 방식은 무위로 돌아가고 말았다.

---

12) 조성렬, 『전략공간의 국제정치: 핵, 우주, 사이버 군비경쟁과 국가안보』, 서강대학교 출판부, 2016, pp.70~72.

13) 『연합뉴스』, 2018년 4월 24일.

〈표 4-4〉 주요 4개국의 비핵화 사례 비교

국 가	핵프로그램	주요 이슈	주요 보상	관련국가
남아공화국	핵무기 6개, 생화학무기(미확인), 미사일 및 우주발사 프로그램	인종차별제재	제재 해제	미국, EU
우크라이나	핵무기 1,900개, 전략폭격기 44대, 핵순항미사일 1,081기, ICBM 발사대 176기, 모든 HEU	건국을 위한 경제지원	안전 보장, 핵에너지 프로그램	유엔안보리 상임이사국 5개국(P5)
리 비 아	HEU계획, 화학무기, 미사일(500kg탑재 300km이상)	테러지원국	제재 해제, 국교정상화, 핵에너지 프로그램	미국, 영국
이 란	HEU프로그램	HEU프로그램	제재 해제	P5, EU

<출처> Jina Kim, "Issue Regarding North Korean Denuclearization Roadmap with a Focus on Implications from the Iran Nuclear Deal," *The Korean Journal of Defense Analysis*, Vol. 30, No.2, June 2018, p.180.

Ⅲ. 한반도형 비핵화 방식의 모색

1. 외국 비핵화 사례의 시사점과 미국, 북한의 입장

(1) 외국 비핵화 사례의 시사점

외국의 비핵화 사례가 한반도 비핵화 과정에 그대로 적용될 수는 없겠지만, 앞에서 살펴본 주요한 비핵화 방식들은 어느 정도 정책적

시사점을 준다.

남아공 방식은 드 클라크 대통령이 핵무기 프로그램의 포기를 선언한 뒤 자체의 기술과 비용으로 핵무기와 관련 시설들을 해체하고, 그 뒤에 NPT에 가입하고 나서 IAEA의 사찰을 통한 검증으로 비핵화를 완료한 것이다. 이는 자체적으로 풍계리 핵실험장을 폭파, 폐쇄하고 동창리 미사일 엔진시험장과 발사대를 해체하겠다고 한 북한의 처리방식과 유사하다. 다만, 남아공과 달리 북한은 미국과 신뢰가 부족하고 경제적, 기술적으로 한계가 있어 자발적 해체조치는 미래핵 등에 국한될 수밖에 없으며 해체과정에서 국제사회의 재정적, 기술적 지원이 필요할 수도 있다.

리비아 방식은 추가의 경제적 보상 없이 미국과의 관계정상화만 이루었으나, 미국과의 수교가 체제안전까지 보장해 주는 것은 아니라는 점을 잘 보여주고 있다. 「9.19 공동성명」에서 북한이 모든 핵무기와 현존하는 핵프로그램을 포기할 경우, 북·미 수교와 한반도 평화체제 구축을 통해 북한체제의 안전을 보장하기로 되어 있다. 하지만 리비아 사태의 교훈은 미국과의 국교정상화만으로는 부족하며 별도로 체제안전의 보장과 경제지원 내지 경제제재 해체를 위한 협의가 필요하다는 점을 시사한다.

우크라이나 방식은 북한 핵문제의 해결에 두 가지 면에서 시사점을 던져주고 있다. 하나는 「부다페스트 안전보장 양해각서」의 체결에도 불구하고, 3개 보장국가의 하나인 러시아가 이를 어겼다는 점이다. 우크라이나가 침공을 당해 영토의 일부를 상실했음에도 불구하고 조약이 아닌 양해각서라는 점을 들어 미국과 영국은 군사개입을 망설였다. 이는 대북 안전보장을 위해 미국 내 법적 구속력을 갖는 조약이 필요함을 보여준다.

다른 하나는 「협력적 위협감소(CTR) 프로그램」에 따라 북한의 핵·미사일 개발에 종사했던 과학자들과 기술자들을 재교육을 통해 전업시키는 프로그램이다. 이 프로그램은 여전히 유효하지만, 과거 우크라이나의 일부 과학자, 기술자들이 외국으로 유출된 사례가 있으므로 북한의 경우에는 보다 철저하고 장기적인 관리방안을 마련해야 한다.

이란 방식은 미국의 정권교체로 언제라도 기존 합의가 뒤집어질 수 있음을 보여주고 있다. 당시 오바마 행정부는 이 합의를 조약화함으로써 법적 구속력을 얻고자 했으나, 미 상원이 이를 거부하고 3개월마다 검토를 거치도록 한 「이란 핵검토법(Iran Nuclear Review Act)」이 빌미를 제공했다. 따라서 비핵화 합의가 유효하기 위해서는 가능한 한 트럼프 대통령의 첫 임기 때까지 비핵화와 안전보장 간의 안보-안보 교환을 마무리하고, 정권교체의 영향을 받지 않도록 합의문을 조약 형식으로 보장받아 놓아야 한다.

(2) 외국 비핵화 사례에 대한 미국과 북한의 견해

지금까지 트럼프 행정부의 인사들은 한반도 비핵화를 위한 외교적 해법으로 남아공 방식은 언급하지 않았으며, 리비아 방식과 이란 방식, 우크라이나 방식 등이 거론된 바 있다.

리비아식 해법의 한반도 비핵화에 대한 적용과 관련해, 14년 만에 국가안보보좌관으로 돌아온 존 볼턴이 또다시 꺼내들면서 주목을 받고 있다. 2018년 3월 20일 볼턴은 "리비아가 핵무기를 폐기하고 미국 테네시주 안보 단지 창고에 핵 물질을 보관하는 것과 비슷한 협상을 해야 한다"면서 "트럼프 대통령은 미·북 정상회담에서 북한이 시간을 벌려고 한다면 회담장을 떠날 것"이라고 언급했다.[14]

이에 대해 북한의 김계관 외무성 제1부상은 같은 해 5월 16일 리비아 방식에 대해 "본질에 있어서 대국들에 나라를 통째로 내맡기고 붕괴된 리비아나 이라크의 운명을 존엄 높은 우리 국가에 강요하려는 심히 불순한 기도의 발현이다.... 핵 개발의 초기 단계에 있었던 리비아를 핵보유국인 우리 국가와 대비하는 것 자체가 아둔하기 짝이 없다"고 비난했다.

이렇듯 북한이 공개적으로 반발하자, 트럼프 대통령과 백악관이 직접 나서 리비아 방식을 채택할 생각이 없다는 점을 분명히 했다. 5월 16일(현지시간) 백악관 대변인이 트럼프 행정부는 리비아 모델을 따르지 않는다고 밝힌 데 이어, 이튿날 트럼프 대통령도 북한에 리비아 모델을 적용하지 않을 것이며, (리비아에 체제안전을 보장하지 않은 것과 달리) 북한이 비핵화에 합의하면 체제안전을 보장하겠다고 밝혔다.15)

우크라이나식 해법의 한반도 비핵화 적용 문제는 트럼프 행정부가 매우 관심을 갖고 있는 것으로 보인다. 협력적 위협감소(CTR) 프로그램을 고안했던 샘 넌, 리처드 루가 전 상원의원은 "미국과 동맹국들이 북한에 대한 협상 전략과 수단을 짜내는 가운데 소련 붕괴 이후 1990년대 초를 되돌아봄으로써 배울 수 있는 중요한 교훈이 있다"며 우크라이나 방식을 북핵문제 해결에 적용할 것을 제안했다.16)

북·미 정상회담을 앞둔 2018년 6월 5일 트럼프 대통령은 샘 넌, 리처드 루가 전직 상원의원을 만나 소연방의 붕괴 이후 CTR프로그램

---

14) 『자유아시아방송(RFA)』, 2018년 3월 20일.

15) 『연합뉴스』, 2018년 5월 17일.

16) Sam Nunn, Richard Lugar, "What to do if the talks with North Korea succeed," The Washington Post, April 23, 2018.

을 위한 입법활동에 참여하는 과정에 얻게 된 통찰과 정보를 청취하였다.17) 실제로 2008년 2월 미 상원 외교위원회 공화당측 간사였던 루가 상원의원의 루스 보좌관이 스탠포드대학의 헤커 박사와 함께 평양을 방문해 CTR프로그램에 대해 외무성 관리들에게 설명한 바도 있다.18)

이란식 해법의 한반도 비핵화 적용은 오바마 행정부 당시 존 케리 미 국무장관이 2016년 6월 6일 베이징에서 열린 제8차 미·중 전략경제대화 개막연설에서 "앞으로 이란 핵문제를 모범으로 삼아 북핵문제를 해결해 나갈 것"이라면서 공개적으로 언급되었다. 같은 날 벤 로즈 백악관 국가안보 부보좌관도 카네기국제평화재단 연설에서 금융제재와 국제공조를 강화한 이란 해법이 효과적이라고 밝혔다.19)

하지만 트럼프 대통령은 자신의 저서 『불구가 된 미국』에서 이란 핵 합의를 "역사상 최악의 합의"라고 비판했다.20) 집권 후 트럼프 대통령은 「포괄적 공동행동계획(JCPOA)」의 파기를 추진하여 결국은 2018년 5월 12일 일방적인 파기를 선언했다. 이처럼 트럼프 행정부가 점진적인 동결과 폐기에 맞춰 제재 축소를 단행하는 이란식 해법을 수용할 가능성은 없을 것으로 보인다.21)

---

17) 『연합뉴스』, 2018년 6월 7일.
18) 「자유아시아방송(RFA)」, 2008년 3월 24일.
19) 「미국의 소리(VOA)」, 2016년 6월 6일.
20) 도널드 트럼프(김태훈 옮김), 『불구가 된 미국: 어떻게 미국을 다시 위대하게 만들 것인가』, 이레미디어, 2016년 7월. (원제 Crippled America: How to Make America Great Again)
21) 『연합뉴스』, 2018년 3월 31일.

2. 미국 주요 싱크탱크들의 북핵 해법 제언

(1) 스탠포드대학 국제안보협력센터(CISAC)

스탠포드대학의 헤커 박사팀은 북한 비핵화 과정에 미국의 핵전문가들이 참여하게 되면 미 정보기관이 미처 파악하지 못한 비밀 핵시설이나 핵무기 저장고, 농축 핵물질 등을 발견할 가능성이 높아 예상보다 더 오래 걸릴 수 있기 때문에 국면별 접근(phased approach)이 필요하다고 보았다.22) 국면별 접근이 북한 핵프로그램을 완전히 해체하는 데 필요한 신뢰와 상호의존성을 구축하는 효과적이기 때문에 반대할 필요는 없으며, 그 대신 핵실험, 중·장거리 미사일 시험, 플루토늄(Pu) 및 고농축우라늄(HEU) 생산, 핵무기·핵물질·핵기술 수출 금지와 같은 초기적 조치가 시급하다고 밝히고 있다.

헤커 박사팀의 해법이 가진 특징은 긴박한 위험요인들은 집중적으로 관리해야 하되 관리가능한 영역은 과감하게 북한의 요구를 수용하고 있는 점이다. <표 4-5>는 북한 비핵화 프로세스를 단기(1년 이내, 멈춤), 중기(2~5년, 원상복귀), 장기(6~10년, 제거 또는 한계설정)의 3개 국면으로 나누어 구체적인 이행사항을 제시한 것이다.

---

22) Sigfried S. Hecker, Elliot A. Serbin, Robert L. Carlin, "Total Denuclearization Is an Unattainable Goal. Here's How to Reduce the North Korean Threat," *Foreign Policy*, June 25, 2018.

이 표에서 ☐ 영역은 단기적으로 관리가 가능한 항목으로 북한의 요구를 수용해도 되며, ▩ 영역은 즉각적이고 긴급한 위험을 나타내고 있는 것으로 미국은 여기에 집중해야 한다고 권고하고 있다.

〈표 4-5〉 헤커 박사팀이 제시한 북한 비핵화 로드맵

	특정시설/활동	단기(1년내) 가동중지	중기(2~5년내) 원상회복	장기(6~10년) 제거/한계설정
핵무기	핵무기고	덮개	신고 및 감축	제거-검증, NPT가입
핵과학자	과학자, 기술자, 기술	작업 멈춤 지원	원상회복 지원	민간분야 전업
핵실험	핵실험	일시중지/보류	금지	금지(CTBT 서명)
	갱도	활동 보류	폐쇄	파괴
	핵실험 인프라	활동 보류	해체	해체-검증
미사일 실험	IRBM, ICBM	일시중지/보류	신고, 불능화, 감시	미사일파괴, 개발금지
	SLBM, 고체로켓엔진	일시중지/보류	신고, 불능화, 감시	미사일파괴, 개발금지
	신형 엔진시험	보류	멈춤, 감시	시험 및 개발 금지
	SRBM, MRBM	단기간 보류	미정-허용한계 설정	미정-허용한계 설정
	우주발사장치	단기간 보류	미정-프로토콜 수립	미정-수용한계 설정
플루토늄	재고목록	덮개	덮개, 신고-감시	제거
	5MWe 원자로	멈춤	해체	퇴역
	실험용 경수로	멈춤 또는 미개시	사찰, 장래는 미정	미정
	IRT-2000	멈춤	해체	퇴역, 아마도 대체
	재처리시설	미가동	해체(신규연료 금지)	해체 및 퇴역
	금속핵연료 처리시설	미가동	해체	퇴역
수소탄 물질	삼중수소	원자로 멈춤	원자로-핫셀 해체	제거
	리튬-6	생산 멈춤	생산시설 해체	제거
우라늄 농축	HEU 재고	제한(지원설비 멈춤)	덮개, 신고-감시	제거
	영변 원심분리기	멈춤-사찰	사찰, 장래는 미정	미정
	비공개 원심분리기	제한(지원설비 멈춤)	신고-검증	제거
비확산	핵·미사일 기술	수출금지 선포	핵수출 금지 및 MTCR 가입	핵수출 금지 및 MTCR 가입

<출처> Hecker, Carlin & Serbin, "A technically-informed roadmap for North Korea's denuclearization," CISAC Stanford University, p.10.

헤커 박사팀은 북한이 핵무기를 개발한 이유가 체제안전과 더불어 경제적·정치적인 목적도 있기 때문에, 완전한 비핵화를 위해서는 미국의 체제안전 제공과 더불어 경제적·정치적인 대안도 제시해야 한다고 지적한다. 그리하여 북한이 핵무기프로그램을 멈추고(halt), 원상태로 되돌리며(roll back), 현존하는 핵무기와 미사일 등 군사적 핵프로그램을 없애는(elimination) 데 동의한다면 원자력의 평화적 이용권을 보장해 핵프로그램의 민수용 전환을 지원해야 한다고 주장한다.

전기를 생산하는 경수로나 의료용 동위원소 연구용 원자로와 같은 민간용 핵프로그램의 보유와 우주의 평화적 이용권리를 인정해도 적절한 검증조치를 마련한다면 충분히 관리할 수 있다는 것이다. 그리고 미국이 러시아와 공동으로 추진했던 CTR프로그램의 경험을 살린다면 핵무기와 미사일 개발에 참여했던 과학자, 전문가들이 무기프로그램의 해체 작업에 도움을 줄 수 있으며, 이후에도 그들을 민간프로그램에 참가시킬 수 있다고 조언하고 있다.[23]

(2) 과학국제안보연구소(ISIS)

미국 과학국제안보연구소(ISIS)의 데이비드 올브라이트 소장은 워싱턴DC에서 열린 '북한의 검증된 비핵화' 주제의 세미나에서 미국이 달성하려는 한반도 비핵화의 목표가 2016년 유엔안보리 결의 2270호가 밝힌 "모든 핵무기와 현존하는 핵프로그램을 완전하고 검증가능하고 되돌이킬 수 없는 방식으로 포기해야 하며, 모든 관련된 활동을 즉

---

23) Sigfried S. Hecker, Robert L. Carlin and Elliot A. Serbin, *A technically-informed roadmap for North Korea's denuclearization*, CISAC Stanford University, May 28, 2018, p.9.

각적으로 중지"하는 것이라는 점을 재확인하고 있다. 하지만 그는 유엔안보리 결의가 '그밖의(any other)' 탄도미사일의 제거를 요구하고 있지만, 검증된 비핵화와 연관된 대상은 대륙간탄도미사일(ICBM)과 관련된 제조능력의 검증된 제거라는 견해가 늘고 있다고 밝혔다.24)

그는 북한의 핵 포기 및 검증대상으로 플루토늄(Pu) 프로그램과 우라늄농축 프로그램(UEP), 수소폭탄용 핵융합물질 프로그램, 핵무기 및 핵물질 확산뿐만 아니라 불법적 핵 거래 및 밀수 네트워크 등이 망라돼야 한다고 주장했다. 올브라이트 소장은 북한 비핵화를 3단계(3 Steps)로 구분하고, 제1·2단계는 6개월 안에 가능하지만 제3단계의 핵신고 검증까지 앞으로 18개월, 그리고 불법적 핵 거래 및 밀수 네트워크를 포함한 실질적 폐기까지는 최대 30개월이 소요된다고 전망했다.25) 올브라이트 소장이 밝힌 북한 비핵화의 3단계는 다음과 같다.

제1단계, 금지 대상 활동의 중지, 장비와 시설의 동결 내지 불능화 및 핵무기 프로그램의 신고서를 제출한다. 검증기관은 동결을 감시하고, 불능화 작업을 지원하며, 신고서에 대한 검토를 시작한다. 이때 북한은 초기단계의 상응조치를 받는다.

제2단계, 핵무기와 시설들을 해체하고, 핵무기와 부품들, 플루토늄과 고농축우라늄 및 장비 등 핵심요소들을 제거하거나 해체한다. 검증기관은 핵심요소의 해체 또는 제거를 검증하고, 신고서 검증작업을 계속한다. 이때도 북한은 추가적인 상응조치를 받게 된다.

제3단계, 북한은 핵무기비확산조약(NPT)를 준수한다. 검증 기관은 장기적인 검증을 실시하여 미신고 핵활동이 있는지 검증하며, 북한이

---

24) David Albright, "Denuclearizing North Korea," p.2.
25) 『미국의 소리(VOA)』, 2018년 5월 14일.

제출한 신고서에 대한 완전성 여부에 대해 결론을 내린다. 북한은 계속해서 합의된 상응조치를 얻게 된다.

더불어, 그는 사찰 대상시설로는 영변 외에도 △우라늄 광산, △원심분리기 공장 및 제조시설, △핵융합물질인 리튬-6 생산공장, 실험 및 연구조사시설 등도 검증대상이 돼야 한다고 밝히면서, 플루토늄, 우라늄농축, 무기화 및 핵융합물질 프로그램의 검증된 해체(Verified Dismantlement)를 위한 3개 국면(3 Phases)의 작업 과정을 다음과 같이 제시하였다.26)

제1국면에서는 포기 대상시설들의 목록을 작성하고 서술하며, 이들 시설들에 대한 방문(미국 전문가와 관리의 단독방문도 무방)하고, 이들 시설들의 작업을 중단한 뒤 IAEA 감시장비를 설치한다. 제2국면에서는 이들 시설들을 불능화하고 신고서를 만든다. 제3국면에서는 신고서를 검증하여 미신고 핵물질이나 시설, 무기 등이 없는지 확인하고, NPT의 규정들을 준수하며, 되돌이킬 수 없도록 해체 및 파기한다.

비핵화의 시간과 관련해 올브라이트 소장은 "헤커 교수의 주장은 우선 쉬운 부분부터 집중해 해결하고 어려운 문제를 뒤로 미루는 경향이 심각하다"고 비판하면서 남아프리카 공화국의 비핵화 사례를 거론하며 "핵무기 자체의 폐기에는 몇 주밖에 걸리지 않는다"고 주장했다. 그러면서 "북한 비핵화는 어려운 문제를 먼저 해결하는 것을 목적으로 하는 등 근본적으로 달라야 한다"며 "북한을 검증가능한 수준으로 비핵화하는 데는 2년 내에도 가능하다"고 주장했다.27)

---

26) David Albright, "Denuclearizing North Korea," p.6.
27) David Albright, "Denuclearizing North Korea," p.84 및 『미국의 소리(VOA)』, 2018년 5월 14일.

(3) 카네기국제평화재단 핵정책연구소

카네기국제평화재단의 핵정책연구소는 현재 스티븐 비건(Stephen Biegun) 대북정책특별대표에게 조언하고 있는 가장 영향력이 있는 팀으로 알려져 있다.28) 토비 달턴 박사가 이끄는 카네기팀은 한반도 비핵화를 위해 국면별 접근(phased approach)이 불가피하다고 진단하면서 다음과 같이 3개 국면의 비핵화 로드맵을 제시하고 있다.29)

제1국면은 제1차 북·미 정상회담의 결과로 비핵화 목표와 즉각적인 악화방지 및 광범위한 협상틀을 설정하는 단계이다. 이 국면에서 북·미 양측은 자신들이 요구하는 사항과 내놓을 수 있는 사항들을 테이블 위에 올려놓아 포괄적 합의를 시도할 필요가 있다.

카네기팀이 제시한 포괄적 합의의 미측 목록에는 모든 핵 및 미사일 실험의 중지, 플루토늄과 삼중수소의 생산 중지, 영변 단지 내외의 모든 우라늄의 농축 중지, 핵무기의 제조 중지가 포함된다. 포괄적 합의의 북측 목록에는 B-52폭격기의 출격 중단을 포함해 한·미 군사연습의 범위와 방향 설정을 포함시키고 있다. 그리고 어느 쪽도 합의를 위반하지 않고 있는지 하는 검증작업은 제재 감시장치와 IAEA의 기술 지원과 북한 과학자들의 지원을 받은 원격 모니터링으로 가능하다고 보고 있다.

제2국면은 북한 핵·미사일 프로그램의 포괄적이고 검증가

---

28) 『한겨레신문』, 2018년 2월 23일.

29) Toby Dalton, Ariel (Eli) Levite, George Perkovich, *Key Issues for U.S.-North Korea Negotiations*, Carnegie Endowment for International Peace, June 04, 2018.

능한 봉인(Comprehensive, Verifiable Capping)의 단계이다. 이 국면은 핵무기의 추가 개발과 증강을 막아 상황을 개선하는 것이 목적인데, 이를 위해 모든 핵분열물질과 미사일, 미사일 수송 및 발사장치의 생산 동결이 필요하다. 이를 위해 전반적인 핵·미사일 프로그램을 포괄적이고 검증가능하도록 봉인할 필요가 있다.

북한이 비핵화 과정에 들어섰다고 하더라도 여전히 핵무기를 보유하고 있기 때문에, 궁극적으로 모니터링과 검증이 가능하도록 핵미사일 활동과 재고량에 관한 포괄적 신고를 해야 한다. 핵분열물질의 모니터링과 검증은 IAEA가 맡도록 하고, 미국과 중국 또는 러시아는 핵무기 및 관련 활동에 대한 검증을 맡으면 될 것이다. 이 국면에서 북한의 과학자, 기술자들을 다른 분야로 직업전환하기 위한 협력적 위협감소 프로그램을 도입할 수도 있다.

제3국면은 핵무기, 탄도미사일과 핵분열물질을 해체하고 제거하는 단계이다. 제2국면의 포괄적이고 검증가능한 봉인이 충실히 이행된다면 북한의 핵무기를 실제로 해체하기 위한 전제조건이 충족될 수 있다. 이 국면에서 북한은 핵·미사일과 인프라를 해체할 뿐만 아니라, 핵무기와 관련된 법과 정책도 변경해야 한다.

북한의 생화학무기 프로그램과 대규모 재래식군사력 문제도 중요하다. 이는 비핵화 로드맵의 개념화와 병행해서 다루어야 한다. 신고와 검증, 그리고 생화학무기와 관련 인프라의 봉인은 핵프로그램의 봉인에 따르도록 순서를 정해야 하며, 해체와 파괴는 핵무기 인프라의 파괴와 맞물려서 진행해야 한다. 비핵화 과정에서 재래식군사력의 감소는 한반도 평화정착에 기여한다는 것과 금지된 핵·미사일 활동을 군사시설에 은폐할 가능성을 차단하기 위한 것 등 두 가지 측면에서 필요하다.

〈표 4-6〉 달턴 박사팀이 제시한 북한 비핵화 로드맵

시간표	목표	대상	범위	검증
현 재	악화 방지 *성명*	협상기간 도발행위 유 보	-핵·미사일 실험 중지 -플루토늄프로그램 동결 -농축프로그램 제한 -미사일엔진시험 중지 -WMD/미사일 수출중지	-원격 모니터링 -수출입 모니터링 -통지 -IAEA의 안전 및 안보 관여 -과학기술 공동작업
차 후 [범위]	상황 개선 [안정화] *유형자산*	-전면적인 핵·미사일 프로그램의 포괄적이고 검증가능한 봉 인	-분열물질생산 동결 -핵무기 비축 및 장거리 미사일 제한 -핵태세 및 작전준비 통제 -협력적 위협감소 활동/ 과학자 관여	-신고 및 투명성 조치 -원격·현장 모니터링 -수출입 체제 -완전한 IAEA안전조치 (점진적)
최 종	해결 *유무형 자산*	-비핵화 -인프라 전환	-원자로 폐기, 핵무기체계 및 핵분열물질의 제거 -신고 정책 및 법의 변경 -여타 대량살상무기 금지 -협력적 위협감소 활동	-원격·현장 모니터링 -투명성 협력 -지역체제 -완전한 IAEA안전조치 및 추가의정서

신뢰구축 → 비가역화

<출처> Toby Dalton, Ariel (Eli) Levite, George Perkovich, *Key Issues for U.S. -North Korea Negotiations*, Carnegie Endowment for International Peace, June 04, 2018.

(4) 스팀슨 센터(The Stimson Center) 38노스 프로젝트

스팀슨센터(The Stimson Center)가 운영하는 38노스(38 North) 프로젝트는 북한 비핵화의 검증에 초점을 맞춰 특별보고서를 작성했다. 이 보고서는 앞의 세 보고서가 2018년 6월 제1차 북·미 정상회담 이전에 발표된 것과 달리 2018년 1월에 발표된 것이다. 따라서 「6.12 싱가포르성명」과 그 뒤에 몇 차례 개최됐던 북·미 고위급 회담의 논의 결과를 반영한 것이라고 볼 수 있다. 그런 점에서 이 보고서는 원

론적인 접근법이 아니라 '실용적이고 점진적 접근법(Pragmatic and Incremental Approach)'에 따른 것이 특징적이다.30)

존 칼슨은 이 보고서에서 논의되는 제언들의 기본전제로 △핵실험 및 핵탑재용 미사일 발사시험 중지, △핵분열물질 생산 중단, △비핵화 이후에는 평화적 목적 외 핵활동 금지, △감시·검증의 수용, △핵프로그램의 되돌리기, △핵물질·기술·노하우 수출금지, △NPT가입 및 IAEA규정 준수 등 7가지를 들고 있다.

이러한 기본전제 아래에서 '이상적인 비핵화 검증모델'을 8단계(8 stages)로 나누어 제시하고 있다. ① 핵분열물질(HEU, Pu)의 생산중지, ② 무기 관련 활동의 금지, ③ 핵물질, 핵시설 및 핵 관련시설 위치를 '모두'신고, ④ 신고된 시설 및 관련 핵물질의 사찰, ⑤ 군사프로그램 내 초과 핵물질(HEU, Pu)의 신고 및 역외반출 또는 안전조치프로그램에 따라 되돌릴 수 없도록 이전, ⑥ 핵탄두의 점진적 감축, ⑦ 미신고된 핵시설, 핵물질을 확인하기 위한 검증 활동, ⑧ 북한의 비핵무기국가 확인 등이다.31)

칼슨은 북한과 어떠한 비핵화 합의를 이루더라도 핵심은 효과적인 검증 장치를 마련하는 것이라고 주장한다. 하지만 앞의 이상적인 모델과 달리 북한당국이 체제 생존을 위해 핵무기가 더 이상 필요하지 않다는 확신이 들 때까지 효과적인 핵억제력을 유지하고자 할 것으로 보고 있다. 따라서 그는 비핵화와 관련된 검증의 진전은 한반도 평화

---

30) John Carlson, "Denuclearizing North Korea: The Case for a Pragmatic Approach to Nuclear Safeguards and Verification," *38North Special Report*, The Stimson Center, January 2018, p.9.

31) John Carlson, "Denuclearizing North Korea: The Case for a Pragmatic Approach to Nuclear Safeguards and Verification," pp.5~8.

프로세스와 미국과의 지속가능한 관계의 형성 여부에 달려 있다고 판단하고 있다. 그리고 비핵화 과정이 성공적이라는 확신이 들기 위해서는 북한 전체에 대한 IAEA 안전장치가 적용되고, 검증작업의 진행에 대해 북한당국이 완전히 협력할지 여부에 달려있다고 보고 있다.

그는 완전하고 검증가능하고 되돌이킬 수 없는 핵군축(CVI Disarmament)을 실현하기 위해서는 몇 개의 중간단계를 거치는 단계적 접근법(step-by-step)이 현실적이라고 밝히면서, 다음과 같이 비핵화 협상의 단계(stage)와 단계별 검증수단을 제시하고 있다.32)

첫 단계는 핵실험과 탄도미사일 시험의 중지로서, 북한의 신고나 사찰 없이도 가능하다.

두 번째 단계는 핵무기의 확산방지로서, 핵분열물질 생산중단으로, 영변지역의 재처리 및 농축활동 중단은 어느 정도 원격감시가 가능하지만 영변 이외의 지역에서 농축작업이 진행된다면 이는 북한의 신고와 사찰 없이는 검증이 불가능하다. 따라서 영변 이외의 농축시설에 대한 신고와 사찰, 감시는 북한측의 합의를 얻어야 한다.

세 번째 단계는 군사용과 민수용 핵활동의 분리, 탄두해체와 분열물질 제거로 군사자산의 원상태 되돌리기가 필요한 데, 이 단계에서 필요한 검증 및 감시는 양자 또는 지역적 사찰기구, 또는 동북아 비핵무기지대가 담당토록 해야 한다.

---

32) John Carlson, "Denuclearizing North Korea: The Case for a Pragmatic Approach to Nuclear Safeguards and Verification," pp.9~13.

3. 새로운 한반도형 비핵화 방식의 모색

(1) 6자회담의 경험과 교훈

한반도 비핵화를 위한 새로운 방식을 모색하기 위해서는 앞의 제2장에서 살펴본 과거 6자회담의 평가를 통해 새로운 방식을 위한 시사점을 얻을 필요가 있다. 6자회담(2003.8~2008.12)에서 채택된 「9.19 공동성명」은 북한이 핵실험을 실시한 2006년 10월 9일 이전의 합의여서, 이 방식으로 완전한 비핵화를 실현하기에는 일정한 한계가 있다. 하지만 이 방식으로도 비핵화 추진에서 일정한 성과를 거두었다는 점에서 새롭고 창의적인 방식을 설계하는 데 중요한 교훈을 얻어낼 수 있다.

5년여의 기간 동안 진행됐던 6자회담의 전과정을 정리해 보면, '포괄적 합의'와 '단계적 타결', '단계적 이행'의 3가지로 구성되어 있음을 알 수 있다.

먼저, 2003년 8월 27일 제1차 6자회담이 처음 열린 뒤 25개월 만인 2005년 9월 19일 제4차 6자회담에서 '포괄적 합의'라고 할 수 있는 「9.19 공동성명」이 도출되었다. 그 동안 한·미 양국과 북한이 제기했던 의제들 가운데 양측의 의견이 상충되는 '고농축프로그램'을 최종 과제로 미뤄두고 모두 하나의 합의문에 담았다.

다음, 후속회담을 통해 단계적 목표를 정하고 서로의 요구사항을 주고받는 타결안이 마련되었다. 2007년 2월 13일에는 북한 핵시설의 '가동중단과 봉인'을 목표로 「9.19 공동성명 이행을 위한 초기조치」

(2.13 합의)가 타결되어 그 해 6월말까지 이행을 완료하였다. 그 뒤 같은 해 10월 3일에 북한 핵시설의 '불능화'를 목표로 「9.19 공동성명 이행을 위한 제2단계 조치」(10.3 합의)를 타결짓고 이행에 들어갔다. (<표 4-1> 참조)

〈그림 4-1〉 6자회담의 비핵화 프로세스

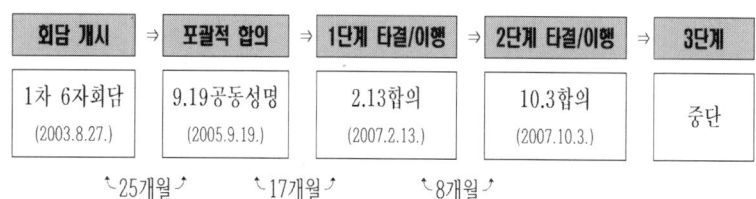

「2.13 합의」는 일본측이 납치문제를 거론하며 당초 약속했던 중유 20만 톤의 제공을 거부하는 바람에 이행이 완료되지 못하였다. 이명박 정부가 등장한 이후로도 영변 원자로 핵프로그램 가동일지 제출과 냉각탑 파괴 등의 성과가 있었으나, 2008년 12월의 6자회담 수석대표회담이 검증 문제로 결렬되면서 협상이 중단되고 말았다. 그 때문에 최종단계라고 할 수 있는 핵시설의 '폐기'에는 진입하지 못하였다.

2003년 8월 27일 제1차 회담부터 시작해 2008년 12월 제6차 회담 수석대표회의를 마지막으로 끝이 나버린 6자회담을 평가해 본다면 다음과 같다.

첫째, 6자회담은 「9.19 공동성명」에서 포괄적 합의가 이루어지고, 「2.13 합의」를 통해 1단계 타결(가동중단·봉인)과 이행이 완료되었고, 「10.3 합의」를 통해 2단계 타결(불능화·신고)이 이루어졌으나 80%정도 진행된 상태에서 이행이 중단되었고, 3단계는 타결(폐기·

신고)조차 이루어지지 못한 채 비핵화 과정이 종료되고 말았다.

둘째, 6자회담은 2003년 8월 제1차 회담이 시작되어 2007년 10월 제6차 회담까지 5년 2개월이 걸리는 등 협상기간이 길었다. 그런 사이에 한국은 2008년 2월 노무현 정부에서 이명박 정부로 교체되었고, 미국도 2009년 1월에 부시 행정부에서 오바마 행정부로 교체되었다. 이처럼 정권교체가 이뤄지면서 협상의 동력이 소멸되고 말았다.

셋째, 6자회담은 협상이 상향(Bottom-up) 방식으로 진행되었다. 6자회담 수석대표의 직급을 보면, 한국과 북한, 중국, 러시아는 차관급이었고 미국은 국무부 동아태 차관보, 일본은 외무성 아시아대양주 국장이었다. 이들에게 전권에 주어져 있지 않았기 때문에 협의사항들을 상부에 보고하고 결심을 얻어내는 데 시간이 소요되었다. 따라서 중요한 의사결정을 내리는 데 시간이 많이 걸렸다.

넷째, 소극적 안전보장의 한계를 볼 수 있다. 6자회담 「9.19 공동성명」에 "미국은·····핵무기 또는 재래식무기로 북한을 공격 또는 침공할 의사가 없다"고 명시하고 있지만, 『2010 핵태세보고서(NPR 2010)』에서는 "NPT 회원국이면서 비확산의무를 다하는 비핵무기국가에 대해 소극적 안전보장을 약속"하여 NPT 탈퇴국가와 위반국가에 대한 소극적 안전보장을 제외하고 있다. 미국의 국무부 차관보가 합의한 공동성명보다 미 국방장관이 서명한 보고서가 더 큰 규정력을 갖고 있기 때문에, 북한으로서는 『9.19 공동성명』이 밝힌 소극적 안전보장에 대해 신뢰하지 못하고 있다.

결국, 6자회담에 대해 미국은 북한이 살라미 협상전술을 써 시간을 끌며 비핵화를 회피하려 한다는 부정적인 인식을 갖게 되었고, 북한도 미국이 비핵화를 우선시한 채 대북 안전보장을 후순위에 두었고 그나마도 상위의 문서인 NPR을 발간해 대북 안전보장 약속을 부정했다며 비난하였다. 따라서 새로운 한반도 비핵화 협상에서는 6자회담의 과오를 되풀이하지 않도록 교훈으로 삼아야 할 것이다.

(2) 한반도형 비핵화 방식의 요건

앞에서 살펴본 외국의 비핵화 사례가 주는 시사점과 6자회담의 시행착오를 통해, 당면한 한반도 비핵화를 위한 다음과 같은 몇 가지 교훈을 얻을 수 있다.

첫째, 연성균형과 경성균형 방식의 배합을 통한 포괄적 안보-안보 교환이 이루어져야 한다. 안전보장 조치는 북·미 수교나 한반도 평화체제를 넘어 한·미 군사연습의 조정과 군사적 신뢰구축 등 긴장완화 조치가 포함되어야 한다. 북한이 비핵화를 수용한 배경에는 경제건설에 총력을 기울일 수 있는 환경을 만드는 데 있는 만큼, 상응조치는 체제안전의 보장과 군사위협의 해소뿐만 아니라 제재 해제와 에너지·경제 협력을 포함하는 포괄적인 내용이어야 한다.

둘째, 북한과 미국은 비핵화-안전보장의 조치들이 쉽게 되돌이킬 수 없도록 해야 한다. 이를 위해 북한은 '비가역'이라는 용어를 합의문에 담지 않더라도 쉽게 되돌이킬 수 없는 비핵화 조치를 취해야 한다. 트럼프 대통령이 이란과의 핵합의(JCPOA)를 파기하면서 들었던 중요한 이유 중 하나도 일정 시간이 지나면 이란이 핵능력을 되살릴 수 있는 여지를 남겨둔 '일몰조항'이 포함된 점이었다.

미국도 조약 방식을 통해 체제 안전보장을 제공해야 한다. 이 방식은 2018년 5월 24일 미 상원 외교위원회 청문회에서 폼페이오 미 국무장관이 언급한 바 있다. 북한의 비핵화 이행별로 미국이 제공할 상응조치를 담아 미리 미 상원의 동의를 받아놓는 방식이 될 것이다. 이와 유사한 방식으로 지난 2006년 5월 루가 상원의원이 작성한 「북한관계법 초안」이 있다. 이 초안은 전문가와 의원들에게 회람했지만 실제 추진되지는 않았다.

셋째, 한반도 비핵화의 시간표를 엄격히 관리하기 위해 의제를 제한해야 한다. 이란 사례는 물론 6자회담의 경우도 미국의 정권교체로 인해 동력이 크게 떨어지거나 상실된 경험이 있다. 2018년 6월 13일 폼페이오 미 국무장관은 '주요한 핵무기감축(major nuclear disarmament)'을 트럼프 대통령의 첫 임기인 2년 반 안에 이행을 완료해야 한다는 입장을 밝혔다.

'주요한 핵무기감축'을 2년 반 안에 이행완료하기 위해서는 협상의 제를 확대하지 말고 핵무기와 대륙간탄도미사일(ICBM)에 집중할 필요가 있다. 핵물질생산시설과 핵무기 및 대륙간탄도미사일은 동결조치에서 시작해 폐기까지 이행하되, 중단거리 미사일이나 생화학무기, 인권문제 등은 남북 및 북·일 대화, 필요시 남·북·일 3자대화를 통해 풀어나가도록 역할을 구분해야 한다.

넷째, 포괄적 합의, 일괄타결, 단계적 이행의 로드맵에 따르되 단기간 내에 '주요한 비핵화'를 완료하기 위해 시간차 접근법을 채택한다. 포괄적 합의는 비핵화의 범위와 대상을 정하는 것이라면, 타결은 합의이행의 시간(timing), 순서(sequencing), 성취방법을 정하는 것이다.[33] 6자회담에서 경험했던 가동중단, 불능화, 폐기와 같은 단계별 타결과 단계별 이행 방식은 북한이 살라미 전술로 나올 경우 시간관리가 어렵다. 대안으로 비핵화 완료 뒤가 아니라 패키지별로 시간을 달리해

---

[33] Michael R. Pompeo, "Interview With Pete Mundo of the Pete Mundo Morning Show, KCMO," March 18, 2019. www.state.gov (검색일 2019.04.30.)

이행-보상을 교환하는 시간차(time-difference) 타결 방식이 있다.

다섯째, 북한의 핵물질·핵무기의 은닉 및 완전한 폐기 이후 재개발의 위험성을 막기 위한 사후관리장치를 마련해야 한다. 이를 위해서는 신고와 검증이 필요하지만, 아무리 철저한 검증 방안을 마련해 놓는다고 해도 북·미 간에 신뢰가 없다면 북한이 어떻게든 빠져나갈 궁리를 하게 될 것이다. 그런 점에서 철저한 검증을 위해서도 비핵화 과정과 함께 북·미 관계개선 노력이 병행될 필요가 있다.34)

(3) 남북 및 북·미 정상회담과 한반도형 비핵화 모델

김정은 위원장이 경제건설에 총력을 기울여 신흥개도국의 길을 가기 위해 비핵화의 결단을 내렸다고는 하지만, 비핵화 수용은 체제안전의 보장과 군사위협의 해소를 전제로 하는 것이다. 이것은 이른바 '국가핵무력의 완성'을 기반으로 「9.19 공동성명」의 연성균형 방식의 안보와 경성균형 방식의 안보를 넘어 경제적 인센티브를 포함하는 포괄적 안보-안보 교환을 실현하고자 하는 것이다.

북한의 최고지도자로서는 한국전쟁 이후 처음으로 남쪽 땅을 방문해 판문점 평화의 집에서 개최된 남북정상회담에서는 「4.27 판문점

---

34) 폼페이오 장관은 도쿄에서 열린 한·미·일 외교장관 회담(2018.7.8.)에서 병행적, 동시적 접근의 필요성을 인정했다. 비건 대표도 스탠포드대학 연설에서 동시적이고 병행적인 접근법이 필요하다고 밝혔다. U.S. Department of State, "Secretary of State Michael R. Pompeo, Japanese Foreign Minister Taro Kono, and South Korean Foreign Minister Kang Kyung-wha at a Press Availability". www.state.gov (검색일 2018.07.09.) ; Stephen Biegun, "Remarks on DPRK at Stanford University," January 31, 2018. www.https://kr.usembassy.gov (검색일 2019.02.10.)

선언」이 채택되었다. 판문점 선언은 머리말에서 '한반도에 더 이상 전쟁은 없을 것'임을 선언하고, 제1조에서는 남북관계의 개선을 통한 공동번영을 약속하였고, 제2조와 제3조에서는 '완전한 비핵화'를 위한 조건들로서 군사적 신뢰구축과 군비통제, 종전선언과 평화협정 체결을 담았다.

뒤이어 역사적인 제1차 북·미 정상회담이 싱가포르의 센토사 섬에서 성공리에 개최되었다. 이로써 70년간의 적대관계를 청산하고 한반도 평화와 비핵화를 위한 담대한 첫걸음이 내딛어졌다. 이번 회담에서 채택된「북·미 정상회담 공동성명」에서는 새로운 북·미관계의 수립, 항구적이고 공고한 한반도 평화체제의 구축, 판문점선언 재확인 및 한반도의 완전한 비핵화 실현, 미군 실종자 유해 발굴 및 송환 등 4개 항이 합의되었다.[35]

「6.12 싱가포르성명」에 따른 후속조치들이 잇달아 발표되었다. 트럼프 대통령은 협상 중에는 한·미 군사연습을 중단한다고 밝혔다. 7월 6~7일 폼페이오 국무장관이 세 번째로 평양을 방문하였다. 이 북·미 고위급회담에서 핵심의제에 관한 양측의 이견을 좁히지는 못하였지만, △비핵화 검증을 위한 실무그룹의 창설, △북한의 미사일엔진 시험장 폐쇄, △북한지역 내 미군 유해의 송환을 위한 실무회의를 갖기로 하는 등 작지만 의미 있는 진전은 있었다.

제1, 2차 북·미 정상회담에서는 한반도 비핵화와 대북 안전보장에 대한 포괄적 합의조차 이루어지지 못하였다. 포괄적 합의가 이루어지지 못한 이유는 유엔안보리 결의에 담긴 생화학무기 등 WMD

---

35) 조성렬, "한반도 완전한 비핵화와 북한체제의 안전보장,"『6.12 북·미 정상회담과 한반도 정세』, 경남대 극동문제연구소, 2018, p.23.

와 단·중거리 탄도미사일(SRBM, MRBM)을 어떻게 다룰지 결정하지 못했기 때문이다. 북한은 비대칭우위 요소인 핵무기와 장거리·대륙간탄도미사일(IRBM, ICBM)을 포기할 경우 재래식 군사력의 열세를 만회하기 어렵기에 생화학무기와 단·중거리 탄도미사일은 별도의 대화로 미루고, 우선은 비핵화 협상의 의제를 핵무기와 IRBM·ICBM으로 제한할 필요가 있다.

아래의 <그림 4-2>는 한반도형 비핵화 모델을 개념화한 것이다. 우선 고위급회담에서 비핵화의 대상과 범위를 확정해 포괄적 합의를 이루고, 다음으로 제3차 북·미 정상회담을 개최해 완전한 일괄타결을 이룬 뒤, 마지막으로 일괄타결로 작성된 로드맵에 따라 단계적으로 이행하는 것이다. 만약 일괄타결이 어렵다면 예비회담 성격으로 한두 차례 고위급회담을 열어 부분적 타결과 부분적 이행으로 신뢰를 쌓은 뒤 정상회담에서 최종 일괄타결하고 이행을 완료할 수도 있다.36)

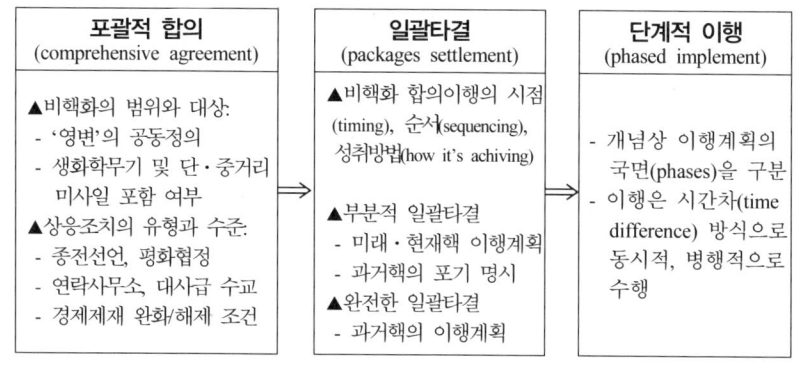

〈그림 4-2〉 한반도형 비핵화 모델: 개념도

---

36) 조성렬, "한미 '굿이너프 딜'의 성공조건," 『경향신문』, 2019년 4월 2일.

Ⅳ. 최종적이고 완전히 검증된 비핵화 조치의 추진

1. 최종적인 비핵화 조치: 비핵화 정의와 원자력의 평화적 이용

(1) 한반도 비핵화와 북한 비핵화

현재 한반도 비핵화와 관련해 논란이 되는 쟁점 가운데 하나가 한국과 미국이 추구하는 북한의 '완전하고 검증 가능하며 되돌이킬 수 없는 폐기(CVID)' 또는 '최종적이고 완전히 검증된 비핵화(FFVD)'가 북한이 말하는 '조선반도 비핵화'와 개념적으로 같은 것인가 아닌가 하는 점이다. 한반도 비핵화든 조선반도 비핵화든, 북한이 이행해야 할 완전한 비핵화의 내용은 이견이 있을 수 없다. 이에 대해서는 김정은 위원장도 동의하고 있는 것으로 보인다.

이와 관련해 문재인 대통령은 2019년 1월 10일 신년 기자회견에서 북한이 주장하는 조선반도 비핵화와 한국과 미국을 비롯한 국제사회가 요구하는 북한의 비핵화 개념에 관해, "김 위원장은 (문 대통령, 트럼프 대통령, 시진핑 국가주석 등 — 필자) 직접 만난 각국 정상들에게 국제사회가 요구하는 비핵화, 완전한 비핵화와 전혀 차이가 없다고 분명히 밝혔다"고 말했다.37)

여기서 간과해서는 안 될 부분은 김 위원장이 핵무기를 포기하는

---

37) 『연합뉴스』, 2019년 1월 10일.

조건으로 '체제안전의 보장과 군사위협의 해소'를 내걸었고, 「4.27 판문점선언」, 「9.19 평양선언」과 「6.12 싱가포르성명」에서 한국과 미국의 대통령이 이에 대해 동의했다는 사실이다. 따라서 주목해야 할 부분은 북한이 이행할 '완전한 비핵화'와 그에 따른 '합리적 안보 우려'를 해소해 줄 미국 등 국제사회의 상응조치가 무엇인가 하는 것이다.

이와 관련해 김정은 위원장은 2018년 9월 5일 남측 특사단이 평양을 재차 방문한 자리에서 "조선반도에서 무력충돌 위험과 전쟁의 공포를 완전히 들어내고 이 땅을 핵무기도, 핵위협도 없는 평화의 터전을 만들자는 것이 우리의 확고한 입장이며 자신의 의자"라고 밝혔다.[38] 「9.19 평양선언」 제5조에서 남북정상은 "한반도를 핵무기와 핵위협이 없는 평화의 터전으로 만들어나가야 하며 이를 위해 필요한 실질적인 진전을 조속히 이루어나가야 한다"고 의견을 모았다.

이처럼 우리가 주목해야 할 것은 북한의 완전한 비핵화뿐만 아니라 상응조치로 제공해야 할 '핵위협의 해소' 내용이 무엇인지 하는 것이다. 미국의 일부 전문가들은 북한이 완전한 비핵화의 대가로 요구하는 상응조치와 관련해 '주한미군의 철수'(데니스 와일더 전 백악관 아시아담당 선임보좌관)[39], '한미동맹의 파기'(개리 세이모어 전 NSC 대량살상무기 담당조정관)[40], '핵우산 폐지'(테드 포 공화당 하원 외교위원회 의원)[41]라는 주장을 내놓고 있다.

이와 관련하여 2018년 12월 20일 조선중앙통신은 조선반도 비핵

---

38) 『조선중앙통신』, 2018년 9월 6일.
39) 『미국의 소리(VOA)』, 2019년 1월 10일.
40) 『미국의 소리(VOA)』, 2019년 1월 11일.
41) 『미국의 소리(VOA)』, 2018년 5월 3일.

화를 북한만의 비핵화로 보는 데 반대하면서, "조선반도 비핵화란 우리의 핵 억제력을 없애는 것이기 전에 '조선에 대한 미국의 핵 위협을 완전히 제거하는 것'이라고 하는 것이 제대로 된 정의"라고 논평하였다.

(2) 한반도 비핵화를 위한 핵위협 해소의 5대 조건

그렇다면 한반도 비핵화와 관련해서 북한이 말하는 '핵위협'의 내용은 무엇인가? 북한이 말하는 핵위협의 내용을 추정해 볼 수 있는 것으로 2016년 7월 6일의 「7.6 공화국 정부 성명」이 있다. 이 성명은 조선반도 비핵화가 한반도 전역의 비핵화이며 여기에는 한국의 핵폐기와 한국 주변의 비핵화가 포함되어 있다고 강조하면서 '핵위협 해소'의 내용으로 다음 5가지를 제시하고 있다.

"첫째, 남조선에 끌어붙여놓고 시인도 부인도 하지 않는 미국의 핵무기들부터 모두 공개하여야 한다. 둘째, 남조선에서 모든 핵무기와 그 기지들을 철폐하고 세계 앞에 검증받아야 한다. 셋째, 미국이 조선반도와 그 주변에 수시로 전개하는 핵타격수단들을 다시는 끌어들이지 않겠다는 것을 담보하여야 한다. 넷째, 그 어떤 경우에도 핵으로, 핵이 동원되는 전쟁행위로 우리를 위협 공갈하거나 우리 공화국을 반대하여 핵을 사용하지 않겠다는 것을 확약하여야 한다. 다섯째, 남조선에서 핵사용권을 쥐고 있는 미군의 철수를 선포하여야 한다."

북한이 '핵무기 포기'의 상응조치로 요구하는 5가지의 '핵위협 해소' 조치조치 가운데, 첫 번째와 두 번째는 1991년 9월 27일 부시 대통령(당시)의 "남한에서 주한미군 소유의 전술핵무기를 철수하겠다"는 발표에 이어 그 해 12월 18일 노태우 대통령이 핵무기 부재를 선언함으로써 잠정 해결됐다. 「9.19 공동성명」에서도 미국은 한반도에 핵무기를 갖고 있지 않으며 한국은 '1992년 한반도 비핵화 공동선언'에 따라 핵무기를 접수 및 배비하지 않는다는 약속을 재확인하고 자국 영토 내에 핵무기가 존재하지 않는다는 것을 확인하였다.

하지만 당시 우리 정부가 주한미군의 핵무기에 대한 소유권이 없었음은 물론 이것을 검증할 입장도 아니었다. 따라서 '남한 내 핵무기 부재'는 미국과 한국의 일방적인 선언이었기 때문에 북한이 검증을 요구할 가능성은 남아 있다. 어쨌거나 당시에는 북한당국도 이러한 미국과 한국의 선언을 받아들여 1992년 2월 '한반도 비핵화 공동선언'을 채택했다. 그렇기에 「7.6 공화국 정부 성명」의 제1, 2조는 더 이상 문제가 되지 않는 부분이다. 네 번째는 「9.19 공동성명」에서 "한반도에 핵무기를 갖고 있지 않으며 핵무기 또는 재래식 무기로 북한을 공격 또는 침공할 의사가 없다는 것을 확인하였다"고 밝혀 이미 소극적 안전보장(NSA)을 약속한 바 있다.

여전히 쟁점이 되는 부분은 세 번째와 다섯 번째 요구조건이다. 세 번째로 요구한 핵타격수단의 반입은 북한이 요구하는 '핵위협 해소'와 관련된 핵심사항이다. 북한은 2017년 9월 3일의 수소탄 실험과 11월 29일의 대륙간탄도미사일 화성15형 시험발사 이후 지금까지 핵실험과 탄도미사일 시험발사를 중지하였다. 미국도 「6.12 싱가포르성명」 직후 대규모 한·미 군사연습의 일시중지를 발표하였다. 따라서 북한의 완전한 비핵화가 달성된다면 미국이 핵타격수단을 한반도 및 주변지역 전개할 필요성은 크게 줄어들 것이다.

다섯 번째 조항은 해석상의 논란이 있다. '핵사용권'에 방점이 있다면 대북 핵사용권을 쥐지 않는 미군이라면 철수하지 않아도 된다는 뜻이 되고, '선포'를 강조하는 것이라면 원칙적으로 주한미군의 철수를 원하지만 비핵화 이후 상황을 봐서 용인 여부를 결정하겠다는 의미로 해석될 수 있다. 하지만 '철수'에 방점이 둔 것이라면 한·미가 받아들이기 어렵다. 이와 관련해 주목되는 것은 김영철 당부위원장이 2019년 1월 19일 백악관에서 트럼프 대통령을 만났을 때 "한반도 평화체제 구축 이후에도 주한미군 문제를 거론하지 않겠다"는 김정은 위원장의 구두메시지를 전했다는 사실이다.42) 이것은 '핵위협 해소'와 관련해 북한의 입장이 '핵사용권'에 방점을 두고 있는 것으로, 북한에 대해 조약 방식의 핵무기 불사용 보장이 이루어진다면 핵무기를 포기할 수 있다고 해석할 수 있는 부분이다.

(3) 원자력의 평화적 이용 권리와 NPT 가입 시기

2019년 1월 신년사에서 김정은 위원장은 "나라의 전력문제를 풀기 위한 사업을 전국가적인 사업으로.... 원자력 발전능력을 전망성있게 조성"해 나갈 것을 지시해, 북한의 완전한 비핵화 이후에 원자력의 평화적 이용권리를 포기하지 않고 보유하겠다는 의지를 간접적으로 나타냈다. 여기서 완전한 비핵화의 종료 뒤에 과연 북한이 다시 평화적 목적으로라면 원자력 발전을 재개할 수 있는지 여부가 쟁점이 된다.
「핵무기비확산조약(NPT)」은 제4조 1항에서 "본 조약의 어떠한 규정도 차별없이 또한 본 조약 제1조 및 제2조에 의거한 평화적 목적을 위한 원자력의 연구생산 및 사용을 개발시킬 수 있는 모든 조약당사국의 불가양의 권리에 영향을 주는 것으로 해석되어서는 아니된다," 제4조 2항에서 "모든 조약당사국은 원자력의 평화적 이용을 위한 장

---

42) 『뉴시스』, 2019년 2월 7일.

비 물질 및 과학기술적 정보의 가능한 한 최대한의 교환을 용이하게 하기로 약속하고, 또한 동 교환에 참여할 수 있는 권리를 가진다'라고 규정하여 비핵무기국가(non-nuclear-weapon State)의 평화적 이용권리를 인정하고 있다.

이처럼 원자력의 평화적 이용권은 주권국가라면 어느 나라에게도 인정된 권리이지만, 북한의 경우는 「핵무기비확산조약(NPT)」에 가입한 채로 핵무기프로그램을 개발했고 핵무기가 완성될 단계에 탈퇴를 선언하는 등 '불량행동'을 했다. 그렇기에 국제사회는 북한의 평화적 이용권을 제약했던 것이다. 따라서 한반도의 완전한 비핵화가 실현된 뒤에는 북한에게 다시 원자력의 평화적 이용권이 되돌려져야 한다.

실제로 2005년의 「9.19 공동성명」에서도 북한의 의무사항으로 "모든 핵무기와 현존하는 핵 계획을 포기할 것과, 조속한 시일내에 핵무기비확산조약(NPT)과 국제원자력기구(IAEA)의 안전조치에 복귀할 것"을 공약하였다. 또한 "조선민주주의인민공화국은 핵에너지의 평화적 이용에 관한 권리를 가지고 있"고 여타 당사국들은 이에 대해 존중을 표명했다고 밝히면서, 적절한 시기에 북한에 대한 경수로 제공 문제에 관해 논의하기로 한 바 있다.

여기서 '현존하는 핵 계획'으로 특정한 것은 향후 경수로와 같은 미래의 원자력 발전을 허용한다는 의미를 내포하고 있는 것이다. 다만 북한의 핵프로그램 포기를 검증하기 위해 IAEA 안전조치의 복귀는 사전에 가능하지만, 이와 달리 NPT 복귀는 완전한 비핵화를 완료할 때까지는 어려울 것으로 보인다. 북한의 NPT 재가입은 한반도 비핵화 로드맵의 최종단계에서나 실현될 것이다.[43] 왜냐하면 북한은 「

---

43) 북·미 협상의 막후 채널이었던 앤드루 김 전 CIA 코리아미션 센터장도

9.19 공동성명」 발표 이후에도 6차례나 핵실험을 실시하는 등 사실상 핵무기국가가 되어 있어 NPT 회원국의 자격이 없기 때문이다.

2. 완전히 검증된 비핵화 조치: 검증과 사찰의 방법

(1) 참관의 한계와 사찰의 필요성

북한은 단계적 비핵화 조치를 강조하며 초기단계에서는 남아공화국의 보상 없는 비핵화처럼 자발적 비핵화, 북한식 표현으로 '주동적 비핵화' 방식을 취하였다. 김정은 위원장은 2018년 4월 27일 판문점 남북정상회담에서 "풍계리 핵실험장을 5월 중에 폐쇄하겠다"면서 "국제사회에 투명하게 공개하기 위해 한·미 전문가와 언론인들을 초청하겠다"고 약속했다. 김 위원장은 "일부에선 못 쓰게 된 핵실험장을 폐쇄하는 거라고 하는데, 와서 보면 알겠지만 기존 실험시설보다 큰 2개의 갱도가 더 있고 아주 건재하다"고 밝히면서 스스로 '통 큰' 결정이라고 밝혔다.

실제로 북한당국은 2018년 5월 24일 풍계리 일대에 있는 핵실험장들을 자발적으로 폭파해 폐쇄하였다. 당초 약속했던 전문가는 빠졌고 기자들 중에서도 한국기자만 빠진 상태에서 5개국 외신기자들이 폭파현장에서 약 500m 떨어진 산 위에서 참관한 가운데 북한당국은 수시간 동안 풍계리 핵실험장을 폭파시켜 공식적으로 폐쇄했다. 하지만

2018년 2월 22일 스탠포드대학 강연에서 북한의 NPT 재가입을 비핵화 로드맵의 최종단계로 설정하고 있다. 『연합뉴스』, 2018년 2월 23일.

핵실험장의 폭파와 폐쇄가 단지 외신기자들의 참관(observation)에 의한 것으로 전문가들의 사찰(inspection)을 통한 것이 아니라는 점 때문에44) 서로 반대되는 방향에서 비판이 제기되었다.

하나는 위장된 폐쇄라는 비판으로, 이번 폭파로 핵실험장이 폐쇄됐다고 해도 굴착공사를 진행해 온 서쪽과 남쪽 갱도에서는 앞으로도 핵실험을 실시할 수 있다는 점에서 불가역적이라고 보기 어렵다는 지적이다.45) 반대로 다른 하나는 핵실험장이 수소탄 실험으로 사실상 내부붕괴가 이루어졌다고 보면서 폐쇄 자체는 인정하지만 검증 과정을 '참관'과 '사찰'로 나누어 시간을 끄는 것으로 "말을 두 번 파는 꼴"이라는 비판도 있다.46)

이러한 비판과 관련해, 2018년 9월에 개최된 평양 남북정상회담에서 합의된 중대한 진전에 주목할 필요가 있다. 그동안 북한은 핵 문제와 관련해 한국을 배제한 채 미국과만 협상할 수 있다는 입장을 취해 왔다. 하지만 이번 「9.19 평양선언」 제5조에서는 "한반도를 핵무기와 핵위협이 없는 평화의 터전으로 만들어나가야 하며 이를 위해 필요한 실질적인 진전을 조속히 이루어나가야 한다"면서 다음 3개 항을 합의

---

44) 신범철, "'核 포기는 비현실적' 北이 노리는 건 '자포자기' 여론?," 『동아일보』, 2018년 1월 21일.

45) 이정훈, "북 핵실험장 만탑산의 불편한 진실," 『주간동아』, 2018년 5월 6일.

46) 비핀 나랑(Vipin Narang) 미국 MIT대학 교수는 트위터를 통해 "풍계리 약속의 진짜 의미는 김정은이 수개월 동안 시간을 끌기 위해 한 가지 겉치레를 양보하면서 최대한 이득을 뽑아내는 기술에 통달했다는 것"이라면서 "이미 해체를 약속했던 풍계리를 6개월간 계속 이야기하면서 아주 성공적으로 똑같은 말을 두 번 팔았다"고 비판했다. 『연합뉴스』, 2018년 10월 9일.

하였다. 여기서 주목할 대목은 동창리 엔진시험장과 미사일 발사대에 대해 유관국 전문가들의 '참관(observation)' 하에서 폐기하기로 한 점이다.

"첫째, 북측은 동창리 엔진시험장과 미사일 발사대를 유관국 전문가들의 참관 하에 우선 영구적으로 폐기하기로 하였다. 둘째, 북측은 미국이 6.12 싱가포르성명의 정신에 따라 상응조치를 취하면 영변 핵시설의 영구적 폐기와 같은 추가적인 조치를 계속 취해 나갈 용의가 있음을 표명하였다. 셋째, 남과 북은 한반도의 완전한 비핵화를 추진해나가는 과정에서 함께 긴밀히 협력해나가기로 하였다."[47]

미 국무부는 2018년 10월 7일 폼페이오 국무장관의 방북과 관련한 성명 발표를 통해 김정은 위원장이 풍계리 핵실험장이 불가역적으로 해체됐다는 사실을 확인하기 위한 미국 사찰단을 초청했다고 밝혔다. 북한당국의 미국측 사찰(inspection) 수용이 '참관' 방식의 한계를 인정한 데 따른 것이라는 점에서 뒤늦게나마 국제사회의 요구에 부응한 것은 다행이라고 할 수 있다.

(2) 검증의 방법과 절차

그동안 미국을 비롯한 국제사회는 북한의 완전하고 검증 가능하며 되돌이킬 수 없는 폐기(CVID)나 최종적이고 완전히 검증된 비핵화(FFVD) 등 어떤 경우이든 검증의 필요성을 강조해 왔다. 특히 2000년대 중반 6자회담 당시 검증 문제에 대한 이견 때문에 「9.19 공동성명」에서 합의한 '모든 핵무기와 현존하는 핵프로그램 포기'의 이행이 중

---

47) 「9.19 평양선언」.

단된 사례가 있었기 때문에,48) 대부분의 핵전문가들은 검증의 중요성과 어려움을 잘 이해하고 있다.

한반도 비핵화의 검증절차는 ① 검증 합의, ② 검증목록 제출, ③ 검증단 구성, ④ 검증계획 수립, ⑤ 현장사찰, ⑥ 시료분석, ⑦ 평가의 순으로 진행될 것이다. 비핵화 단계에서 북한의 모든 핵무기 및 원자력 프로그램 관련 활동에 대해 합의된 사항을 확인하고 미신고 활동 여부를 파악하게 된다. 한반도 비핵화에 대한 검증 주체 및 이행방법에 따라 한국의 역할과 참여 범위가 결정될 것으로 보인다. 과거 사례를 보면, 검증주체가 다자협의체(6자회담), IAEA, 남북한(한반도 비핵화선언)으로 달랐다.

우선은 검증과 사찰의 개념과 양자의 차이를 이해할 필요가 있다. **검증**(verification)은 사실확인뿐만 아니라 심사·권고 등의 법적인 조치를 수반하는 조치로서 사찰도 포함하는 보다 넓은 개념이다. 검증을 통해 실제 수량을 확인하는 것으로, 여기에는 회계검증과 재고량 검증이 있다. 회계검증(verification of an accounting)은 기록의 교차확인(cross-check) 등을 통해 물질 회계기록의 일치성·완전성·정확성을 파악하는 것이며, 재고량 검증(verification of an inventory)은 그 실재 및 수량기록의 정도를 측정하는 것으로서 현장사찰·측정·샘플링·분석 등의 방법이 동원된다.49)

사찰(inspection)이란 국제법상의 의무이행확보를 위해 의무국의 이행상황 중 의무의 이행에 관련하는 사실을 확인하는 조치로 국제원자

---

48) 김일기, 안제노, "북한의 완전한 비핵화를 위한 검증 전략," 「INSS전략보고」 2018-19, 2018년 12월, 국가안보전략연구원, pp.6~9.

49) 한국원자력산업회의, 『원자력용어사전』(개정판), 2016년 12월.

력기구(IAEA)가 시행하는 사찰의 종류에는 임시사찰(ad hoc Inspection) 과 통상사찰(routine inspection), 특별사찰(special inspection)의 세 가지가 있다. 사찰은 대상국의 영역 내에서 실시하는 경우가 많아 현장사찰(on site inspection)이라고도 하며, 대상국의 동의가 필요하다. IAEA에서 실시하는 사찰의 방식으로는 계량관리, 봉쇄 및 감시 그리고 현장사찰의 3가지 범주로 분류할 수 있다.[50]

최종적이고 완전히 검증된 비핵화를 달성하기 위해서는 폐기와 검증의 범위와 대상을 어떻게 설정해야 할지가 확정되어야 한다. 지난 제2차 북·미 정상회담에서 공동성명의 채택이 불발된 이유 중의 하나도 바로 '영변'에 관한 공동의 정의에 합의하지 못했기 때문이다.

첫째, 영변지역에는 5MWe 흑연로, 100MWe 실험용경수로 등 원자로, 재처리시설, 폐기물저장시설 및 관련 핵물질이 있다. 원자로는 2007년 6월에 신고가 이루어져 가동일지를 보면 추가 생산된 플루토늄의 양이 어느 정도인지 파악할 수 있다.

둘째, 고농축우라늄(HEU)과 관련해 육불화우라늄(UF6) 생산시설, 우라늄 농축시설, 원심분리기 제조시설 및 관련 핵물질이 이에 해당된다. HEU 생산에 필요한 원심분리기의 경우는 미국이 파악했던 독일제 원심분리기 8,400여 개 외에 더 있는지 확인이 필요해 추후 북한의 신고가 필요하다.

셋째, 핵무기 대상시설로서 핵무기 연구시설, 핵무기 제조 및 저장시설, 고폭실험 시설, 핵실험장 관련 시설이 있다. 그밖에 수소탄의 제조용으로 사용되는 삼중수소(H3) 생산시설로 추정되는 영변원자로 부속시설이 있다. 북한은 2018년 5월 24일 풍계리에 있는 북부핵실험장

---

50) 외교부, 『2013 군축·비확산 편람』, 2013년 9월, p.43.

은 폭파해 폐기했는데, 검증이 필요하다.

넷째, 핵무기 관련 물질로는 플루토늄(Pu), 고농축우라늄(HEU), 폴로늄210(Po-210), 삼중수소(H3), 리튬6(Li6), 베릴륨(Be), 고밀도금속(Ir, Pt, Au), 고성능 폭약 등이 있다. 이 가운데 북한이 수소탄 제조를 위해 H3를 생산했는지 Li6를 이용했는지 논란이 있다. 미국 정부와 미국 핵전문가들, 그리고 한국화생방사령부는 북한이 영변원자로의 사용후연료를 이용해 H3를 생산했다고 보고 있다.51)

끝으로, 탄도미사일도 폐기와 검증의 대상에 포함된다. 여기서 중요한 것은 탄도미사일의 범위이다. 북한은 미사일기술통제체제(MTCR)에 가입해 있지 않기 때문에 탄도미사일 폐기는 의무가 아니지만, 미국 본토를 위협할 수 있는 ICBM을 다루지 않고 북·미회담을 진행하는 것은 사실상 불가능하다. 그렇다면 북한이 포기할 수 있는 탄도미사일의 범위는 어디까지인가?

북한은 2018년 4월 20일 당 중앙위 제7기 3차 전원회의 결의문에서 "핵시험과 중장거리, 대륙간탄도로케트 시험발사도 필요없게 되였으며 이에 따라 북부핵시험장도 자기의 사명을 끝마치였다"고 한 것을 볼 때 핵실험 중지와 함께 중장거리(IRBM) 및 ICBM의 폐기는 수용할 것으로 보인다.52) 북한은 한국이나 일본을 사거리에 넣는 중거

---

51) 과학기술정책연구원(STEPI)의 이춘근 박사는 H3 생산의 난이성을 들어 러시아, 중국 등 사회주의권 핵기술의 개발경로 연구를 통해 H3 대신에 Li6를 사용했을 것으로 추정하기도 한다. 남문희, "매년 핵탄두 4~5개 고농축우라늄 만든다," 『시사인』 제472호, 2016년 9월 27일, pp.42~43.

52) 북한이 2017년 8월 14일 '군사행동 장전완료'를 선언하면서 공개한 지도에서 한반도 전역과 일본 열도, 미국의 서태평양 전진기지인 괌까지 타격목표로 삼고 있어 SRBM, MRBM 등은 포함되지 않을 것으로 예상된다.

리(MRBM) 및 단거리(SRBM) 미사일은 협상에서 제외할 가능성이 높은 것으로 보인다.

3. 비가역적 조치: 은닉 및 재개발 가능성의 근본 차단

(1) 은닉 가능성 차단과 핵억제의 작동원리

현재 북한의 핵무기 보유수량은 정확히 파악되지는 않고 있다. 미군 정보당국 내부에서도 15+개(주일미군사령부), 60개(미 국방정보국) 등 차이가 나고, 일부 핵과학자들도 16~60개로 큰 편차를 보이고 있다.[53] 현재 비핵화 협상이 진행되고 있지만, 국내외에서 제기되는 우려는 북한이 핵포기 약속으로 체제안전을 보장받고 경제제재마저 해제됐는데 몰래 핵무기나 핵분열물질의 일부를 숨겨놓지 않을까 하는 점이다. 충분히 상정해 볼 수 있는 우려이지만, 다음 세 가지 점 때문에 그다지 걱정하지 않아도 된다.

첫째, '핵포기'와 '핵군축' 개념이 갖는 '은닉 가능성'의 차이다. 만약 북한과 미국이 핵무기의 수량을 줄이는 핵군축에 합의했다면, 북한은 일부 핵무기나 핵분열물질을 은닉한 채 자신의 보유량을 적게 신고할 수 있다. 그럴 경우 북한이 협조하지 않는 한 미국이나 국제원자력기구가 은닉한 핵분열물질이나 핵무기를 찾아내기가 쉽지 않다.

---

[53] 주일미군은 2018년 12월 18일 홈페이지에 '주일미군의 임무'라는 홍보물을 올려, 북한을 '핵보유 선언국'으로 분류하고 핵무기 보유수량을 15개+로 제시했다가 물의를 빚자 삭제했다. 『경향신문』, 2018년 1월 17일.

핵군축이라면 북한이 핵마사일을 운용하는 전략군을 굳이 해체하지 않을 것이기 때문에 운반수단도 일부만 감축한 채로 보유하게 된다. 그러나 핵분열물질과 핵탄두를 완전히 제거하는 핵포기의 경우라면 사정이 완전히 다르다. 북한이 핵포기를 약속했다면, 핵미사일을 운용하기 위해 신설된 전략군도 해체되거나 과거의 포병으로 재편되지 않으면 안 된다. 또한 핵포기를 한다고 해놓고 핵분열물질이나 핵무기의 은닉 사실이 발각되면 스냅백(snap-back) 조항이 작동되어 북한에 대한 체제보장 약속이 전면 취소되고 해제됐던 경제제재 조치들이 전면적으로 부활하게 된다. 그럴 경우 북한정권은 극도로 취약한 상태에 빠지게 되어 존립을 장담할 수 없는 상황에 처하게 된다.

둘째, 북한이 핵포기의 이행을 완료했다고 선언한 뒤로는 핵무기를 은닉했다고 해도 핵억제력을 발휘할 수 없다. 핵억제란 한 국가가 강력한 응징의 위협으로 어떤 국가가 행위에 나서지 못하도록 막는 군사전략을 가리킨다. 따라서 핵억제가 상대국에게 통하려면 한 국가의 핵무기에 대해 상대국이 위협을 느꼈을 때 작동된다.

이러한 핵억제의 기본요소는 능력(Capability)과 의도(Intention)이며,54) 이러한 능력과 의도가 상대국에게 전달(Communication)되고 상대국이 그것을 신뢰(Credibility)했을 때 비로소 핵억제력이 작동하게 된다. 이처럼 핵억제력은 능력, 의도, 전달, 신뢰의 4개 패키지(3C1I) 또는 능력, 전달, 신뢰의 3개 패키지(3Cs)로 이루어지며, 패키지의 요소들 가운데 하나라도 결여되면 핵억제력은 작동되지 않는다.55)

---

54) Yehoshafat Harkabi, *Nuclear War and Nuclear Peace*, Transaction Publishers, September 18, 2017.

55) 핵억제의 패키지를 능력, 의도, 전달, 신뢰의 4요소(Harkabi, 2017)로 보거나, 능력에 의도가 포함된다고 보고 능력, 전달, 신뢰의 3요소(Major

⟨그림 4-3⟩ 핵억제 패키지의 3요소(3Cs)

Capability(Intention) 능력(의도) ⇒ Communication 전달 ⇒ Credibility 신뢰

<출처> Claudia Major and Christian Mölling, "Rethinking Deterrence: Adapting an Old Concept to New Challenges," The German Marshall Fund of the United States, Policy Brief, No. 130, 2016, p.2를 참고로 필자가 작성

셋째, 북한은 2017년 9월 3일 수소탄(열핵폭탄, Thermonuclear Bomb)을 이용한 제6차 핵실험을 실시해 50kT~160kT의 폭발력을 과시했다.56) 그에 앞서 북한은 7월 4일과 28일 사거리 5,500km가 넘는 대륙간탄도미사일 화성 14형, 11월 29일에는 사거리 11,000~12,000km의 대륙간탄도미사일 화성 15형을 성공리에 시험발사했는데, 그 이전에 시험발사한 화성 12형이 원자폭탄에 맞게 설계된 데 비해 화성 14형과 화성 15형 모두 수소탄을 탑재할 수 있도록 설계되어 있다.

수소탄을 제조하기 위해서는 삼중수소(Tritium)가 필요한데, 북한은 중수로형 영변원자로를 가동하는 과정에서 생기는 중수에서 삼중수

---

and Mölling)로 구성된다고 보기도 한다. Claudia Major and Christian Mölling, "Rethinking Deterrence: Adapting an Old Concept to New Challenges," The German Marshall Fund of the United States, *Policy Brief*, No. 130, 2016, p.2.

56) 수소폭탄의 원리는 핵융합 과정에서 중수소(2H, 중성자 1개+양성자 1개)와 삼중수소(Tritium 또는 3H, 중성자 3개+양성자 1개)를 초고온으로 가열하면 서로 충돌해 더 무거운 핵으로 합쳐지면서 발생하는 엄청난 에너지를 이용하는 것이다. 핵융합반응에서 삼중수소는 헬륨3(중성자 2개+양성자 1개) 하나와 중성자 하나로 바뀌고, 이때 줄어드는 질량은 아인슈타인의 공식 $E=mc^2$에 의해 18.6keV의 에너지로 바뀐다.

소를 분리해 낸 것으로 보인다. 국군화생방방호사령부는 "영변 5MW 원자로와 연결된 소형건물이 삼중수소 분리시설, 신축 중인 경수로와 그 아래 건축물은 중성자를 통해 방사능 동위원소를 만들어내는 시설일 가능성이 크다"고 평가하였다.57) 그런데 삼중수소의 반감기는 12.35년에 불과하기 때문에 북한당국이 소형화를 위해 수소탄을 제조했다고 해도 장기간 보관하기 어렵다.

〈그림 4-4〉 북한이 공개한 원자탄 및 수소탄 모형

내폭형 원자탄 핵탄두
(2016년 3월 9일)

화성 14형 수소탄 핵탄두
(2017년 9월 3일)

북한이 핵포기를 선언하고 완전한 비핵화를 이행했다면 당연히 핵무기 능력과 핵사용 의도가 소멸되고 이것이 국제사회에 전달되어 더 이상 핵위협을 신뢰하지 않게 될 것이다. 그렇지만, 북한이 모든 핵무기를 포기한다고 약속해 놓고도 실제로는 비밀리에 핵무기 일부를 은닉할 경우를 생각해 볼 수 있다. 이럴 경우 과연 북한은 핵억제력을 가질 수 있을까?

북한이 국제원자력기구(IAEA)의 사찰을 피해 핵무기 일부를 몰래

---

57) 국군화생방방호사령부, 『2015년 후반기 합동 화생방 기술정보』, 2016년 1월 3일.

감춰서 실제로는 핵능력을 갖고 있다고 해도 핵억제력은 가질 수 없다. 왜냐하면 북한이 모든 핵무기를 포기한다고 약속했고 그에 따라 신고된 핵무기를 폐기했기 때문에, 국제사회는 북한의 핵 능력 및 의도가 소멸했다고 믿게 되고 그에 따라 핵위협이 다른 나라들에게 전달되지 못하면서 더 이상 핵위협의 존재를 신뢰하지 않게 되기 때문이다.

또한 북한이 핵군축이 아닌 핵포기를 약속한 상황에서는 핵분열물질이나 핵무기 몇 개를 은닉하더라도 무의미하다. 더군다나 삼중수소(3H, Tritium)를 사용해 제조하는 수소폭탄의 경우, 삼중수소의 반감기가 12.35년에 불과하기 때문에 장기간 보관하기가 어렵다. 그럼에도 불구하고 북한이 약속을 위반할 경우에 대비해 위반사실이 발각될 경우 각종 체제안전 보장이 철회되고 제재가 부활되도록 하는 스냅백(snap-back)조항을 설정해 놓을 필요가 있다.

이와 같은 안전장치를 설치해 놓는다면, 북한의 무모한 핵무기 은닉 시도는 북한정권의 존립을 근본적으로 흔들게 된다. 따라서 북한정권이 합리적인 판단을 한다면, 완전한 비핵화를 약속해 놓고 핵무기 일부를 은닉해 치명적인 체제위기를 자초하는 어리석음을 저지르지는 못할 것이다.[58]

---

[58] 현재 이스라엘은 NCND 핵정책을 취하고 있지만, 1986년 10월 핵 개발에 참여했던 바누누(Mordechai Vanunu)가 핵무기 보유 사실을 폭로하면서 외부에 알려졌다. 만약 그 때 이스라엘의 핵개발 능력이 외부에 전혀 알려지지 않았다면, 이웃한 아랍국가들은 이스라엘의 핵억제력 보유 사실을 모른 채 재래식 방식의 새로운 중동전쟁을 기획했을지도 모르는 일이다. 조성렬, 『전략공간의 국제정치: 핵·우주·사이버 군비경쟁과 국가안보』, 서강대학교 출판부, 2016년 9월, pp.55~57 참조.

(2) 핵·미사일 지식 및 기술의 확산 방지와 넌-루가 프로그램

 일부 전문가들은 북한이 미국이 요구한 '최종적이고 완전히 검증된 비핵화(FFVD)' 방식으로 비핵화를 이행한다고 해도, 수천 명에서 수만 명에 달하는 것으로 추산되는 북한의 핵·미사일 과학자, 기술자들이 남아있는 한 언제라도 재개발이나 해외 확산 가능성이 남아 있다는 점을 지적하고 있다. 그렇기에 핵·미사일 개발에 참여한 인력들의 문제를 해결하지 못한다면 비가역적(irreversible) 비핵화는 불가능하다고 주장한다.
 이와 관련해서는 앞서 살펴봤던 우크라이나와 카자흐스탄, 벨라루스 등 옛소련 소속 3개국들의 비핵화 경험에서 해답을 얻을 수 있다. 미국을 비롯한 국제사회는 1991년부터 2012년까지 22년간 협력적 위협감소 프로그램(CTR program)을 운용했다. 이 프로그램에 따라 옛소련 3개 국이 보유했던 수천 기에 달하는 핵탄두와 대륙간탄도미사일 537기, 핵폭격기 128대, 잠수함발사탄도미사일 496기, 핵잠수함 27척을 폐기하는 성과를 거두었다. 이와 같은 CTR프로그램을 보완하여 북한에 적용한다면 재개발이나 확산의 우려를 해소할 수 있을 것이다.
 CTR프로그램은 1991년 당시 미 상원의원이었던 샘 넌과 리처드 루거 두 사람이 공동발의해 미 의회에서 86-8로 통과된 넌-루거 법(Nunn-Lugar law)에 따른 것으로, 조지 H. W. 부시 대통령의 서명으로 발효되었다. 미국의 CTR프로그램은 1992년 7월 미·소 간 CTR 포괄협정(Umbrella Agreements) 체결을 통해 공식적으로 시작되었다. 처음에는 1998년까지 7개년을 목표로 했으나, 1999년 연장협장을 맺어 2006년까지 1차 연장이 이루어졌다가 2005년에 2차로 연장되어 2012

년까지 지속되었다.

미국은 CTR프로그램을 적용하여 우크라이나와 카자흐스탄, 벨라루스 소재의 핵무기 및 핵시설, 운반수단 등을 폐기하기 위해 필요한 기술과 자금을 제공하였는데, 총 150~200억 달러가 소요됐으며 이 가운데 미국은 매년 4~5억 달러씩 총 88억 달러를 부담하였다.[59] CTR프로그램의 큰 흐름은 초기에 핵무기 중심에서 생·화학무기로 초점이 옮겨졌고, 점차 무기해체를 통한 위협감소를 넘어 군사변환이나 기술자 재교육 등과 같은 비확산에 더 많은 관심을 쏟는 경향을 보였다.[60]

이처럼 CTR프로그램은 단지 핵무기나 관련 시설의 폐기뿐만 아니라 핵·미사일과 관련된 과학자와 기술자들을 위한 평화적인 과학활동, 재교육과 재취업 알선 등 직업전환 프로그램 운영 등을 지원해 제3국가나 테러단체로 핵·미사일 기술이 유출되는 것을 막는 데 크게 기여하였다. 이 법안에 따라 시행된 핵·미사일 관련 인력들에 대한 재훈련과 재취업, 해외이주를 지원하는 프로그램에 따라 5만 8,000명이 다른 분야 직종으로 전환했다.

CTR프로그램이 성과를 거둠에 따라, 이를 북한의 비가역적 비핵화에 적용해 보려는 노력이 있었다. 2004년 1월 미 상원 외교위원장 루거 의원(공화)의 키스 루스 보좌관과 외교위원회 민주당 간사인 조지프 바이든 의원(민주)의 프랭크 자누지 보좌관, 핵전문가인 스탠포드

---

59) 신성원, 앞의 글, pp.18~19 및 Amy F. Woolf, "Nonproliferation and Threat Reduction Assistance: U.S. Programs in the Former Soviet Union," *CRS Report* RL31975 (February. 4, 2011), p.11.

60) 박종철, 손기웅, 구본학, 김영호, 전봉근, 『한반도 평화와 북한 비핵화: 협력적 위협감축(CTR)의 적용 방안』, 통일연구원 KINU 연구총서 11-07, 2011년 12월, p.62.

대학 명예교수 존 루이스, 전 로스앨러모스 핵연구소장 지그프리드 헤커 등이 북한을 방문해 협력적 위협감소 프로그램을 북한당국자에게 설명한 바 있다.[61]

한·미 외교당국은 2007년 초부터 넌-루거 프로그램의 북한 적용을 위해 수차례 협의를 가진 바 있다. 2007년 8월 바이든 위원장의 고위보좌관, 11월에는 루거 상원의원의 고위보좌관 2명이 이 프로그램의 북한 적용 가능성을 타진하기 위해 북한을 방문하였다.[62] 이들은 북한에서 핵과학자들의 재교육 및 재취업 알선을 통해 핵기술 유출을 막는 데 중점을 두는 방식으로 적용되었다.

이러한 움직임은 북한 비핵화를 위한 협상이 본격화된 2018년에 들어와 재개되었다. 스탠포드대학의 헤커 박사팀이 만든 로드맵도 CRT프로그램이 북한 비핵화의 모델이 될 수 있다고 제안하였다. 현재 미 의회를 중심으로 논의되고 있는 CRT프로그램의 북한 적용 방안은 대상을 북한으로 확대하기 위해 기존의 「넌-루거 법」을 개정한다는 것이다.

샘 넌과 리차드 루가 전직 상원의원은 『워싱턴 포스트』 기고문에서 북한의 핵무기, 여타 대량살상무기 및 운반수단을 검증을 통해 해체하기 위해 협력적 위협감소(CRT)의 개념을 북한에 적용하자고 제안했다.[63] 북한의 핵물질 생산시설과 핵무기, 탄도미사일 및 제조시설을 완전히 폐기하는 데는 천문학적인 자금이 소요될 것으로 보이는데,

---

61) 『한국일보』, 2004년 1월 6일.

62) 『자유아시아방송(RFA)』, 2007년 11월 6일.

63) Sam Nunn and Richard Lugar, "What to Do If the Talks with North Korea Succeed," *The Washington Post*, April 23, 2018.

이를 위해 미국을 비롯해 동맹국들과 국제사회의 국가들이 중심이 되어 자금을 모아 시행할 것을 촉구하는 등 구체적인 대안을 제시한 것이다.

V. 더욱 중요해진 한반도형 비핵화 모델

　미국과 북한은 지난 70년간 적대관계를 계속해 오며 서로에게 깊은 불신을 갖고 있다. 이제부터 상호 신뢰를 쌓아가는 중이다. 그렇기에 두 차례의 정상회담과 몇 차례의 고위급회담만으로 북·미의 의견이 접근해 일괄타결이 이루어져 완전한 비핵화가 실현되고 북·미관계가 정상화되고 한반도 평화체제가 구축되리라고 기대하는 것은 성급하다고 말할 수 있다.

　그렇기 때문에 북·미 간의 핵심쟁점인 완전한 비핵화와 대북 안전보장을 둘러싼 타결과 이행에 못지않게 중요한 것은 다방면으로 북·미관계를 개선하려는 노력이다. 이미 「6.12 싱가포르성명」에서 밝힌 대로, 북·미 간의 관계개선, 대북 안전보장, 북한 비핵화를 위한 동시 행동이 필요하다.

　하지만 외국의 비핵화 사례와 과거 남북관계사에 보듯이, 한국이나 미국의 정권교체로 인해 협상의 동력이 급격히 떨어지거나 기존 합의가 파기되는 경우도 종종 나타났다. 그렇기에 '기회의 창'이 열렸을 때 되돌이킬 수 없는 정도로 한반도 비핵화의 수준을 끌어올려 놓을 필요가 있다. 어느 때보다도 한반도 비핵화 과정에서 시간표 관리가 무엇보다 중요하다. 어찌 보면 최근 한반도 정세의 변화는 시간 변수에 의해 크게 좌우된다고 볼 수 있다.

여기서 한국의 역할이 어느 때보다도 중요하다. 제2차 북·미 정상회담의 공동성명 채택 불발에서 보았듯이 미국과 북한 간에 불신의 골이 깊고 비핵화-안전보장(제재해제)의 입장 차이가 크다. 그나마 한반도 정세가 지금 여기까지 올 수 있었던 것은 우리 정부의 노력이 주효했던 것으로 볼 수 있다. 제2차 북·미 정상회담의 결렬로 자칫 협상이 장기간 교착상태로 빠질 우려가 있다. 그러므로 우리 정부는 북·미간 협상에만 맡겨놓고 있을 것이 아니라, 한반도 문제의 당사자로서 비핵화와 안전보장을 담은 전체 로드맵을 담은 구체안을 제시하는 등 한반도형 비핵화 모델에 기초해 적극적으로 문제해결에 나서야 한다.

그런 점에서 이 장에서 살펴본 외국의 비핵화 사례와 과거 6자회담의 경험은 한반도형 비핵화 모델을 만드는 데 중요한 시사점을 제공해 줄 것이다. 앞으로도 우리 정부는 당사자로서 비핵화 협상의 상황에 맞게 창의적인 한반도형 비핵화 모델을 제시하여 남·북·미 3자 틀 속에서 적극적인 조정자 역할을 수행함으로써 완전한 비핵화를 실현해 항구적이고 공고한 한반도 평화시대를 열어나가야 할 것이다.

제5장

한반도 비핵화의 상응조치(1):
북한에 대한 체제안전 보장 방안[1]

I. 합리적 안보우려 해소가 비핵화의 출발점

　북한의 김정은 국무위원장은 평창동계올림픽 폐막식에 참석하기 위해 김영철 당 부위원장 겸 통전부장을 대남특사로 파견하였고, 그에 대한 답방 형식으로 정의용 국가안보실장을 단장으로 하는 우리 특사단이 2018년 3월 5~6일 양일간 평양을 방문하였다. 김정은 위원장은 우리 특사단을 만난 자리에서 6개항의 남북합의문에 합의하면서 핵무기 포기와 북·미 관계 정상화의 의지를 피력하였다.
　김정은 위원장은 남북합의문 제3항에서 "북측은 한반도 비핵화 의

---

[1] 제5장은 조성렬, 김영준이 공동집필한 다음 보고서를 토대로 내용을 대폭 수정·보완한 것이다. 조성렬, 김영준, "한반도 비핵화를 위한 미국의 북한체제 안전보장 법·제도 연구," 「INSS전략보고」 국가안보전략연구원, 2018-13, 2018년 10월.

지를 분명히 했다. 북한에 대한 군사적 위협이 해소되고 북한의 체제 안전이 보장된다면 핵을 보유할 이유가 없다는 점을 명백히 하였다"면서 조건부 비핵화 의사를 밝혔다. 남북합의문 제4항에서는 "북측은 비핵화 문제 협의 및 북·미관계 정상화를 위해 미국과 허심탄회한 대화를 할 수 있다는 용의를 표명하였다"고 하여 비핵화를 전제로 한 북·미관계 정상화 의사를 표명하였다.

이러한 남북합의문을 바탕으로 4월 27일 남북정상회담과 6월 12일 북·미 정상회담이 개최되어 김정은 위원장의 비핵화 의지를 구체적으로 확인하였다. 「4.27 판문점선언」에서는 △남북관계의 개선과 발전, △군사적 긴장완화와 전쟁위험 해소, △항구적이고 공고한 평화체제의 구축을 통한 완전한 비핵화 등에 합의하였다. 「6.12 싱가포르성명」에서는 △새로운 북·미관계의 수립, △항구적이고 공고한 평화체제의 구축, △한반도의 완전한 비핵화를 약속하였다.

이처럼 김정은 위원장의 완전한 비핵화 약속은 최고지도자의 선의에 기초한 일방적인 양보조치가 아니라 새로운 북·미관계의 수립과 한반도 평화체제 구축 등 체제안전에 대한 법제도적 보장을 조건으로 한 약속이다. 하지만 북한이 요구하는 체제안전은 트럼프 대통령이 약속한다고 해서 이행이 보장되는 것이 아니다. 북한의 비핵화에 따른 상응조치로 제공될 미국의 안전보장 제공은 미국의 대통령과 의회의 관계 속에서 결정되므로, 미국의 법제도에 관한 이해가 필요하다.

제5장은 북한의 완전한 비핵화를 이루는 데 필요한 미국의 대북 체제안전 보장방안과 관련된 미국의 법제도를 분석하는 데 목적이 있다. 이러한 미국의 법제도 분석을 통해 미 대통령과 미 의회가 취할 수 있는 대북 체제안전 보장조치들을 밝혀내 완전한 한반도 비핵화를 이끌어낼 정책시사점을 이끌어낼 것이다.

Ⅱ. 비핵화와 안전보장: 안보-안보 등가교환

1. 미국 내의 대북 무력사용 논의

(1) 1953년 휴전 이후 미국 내 대북 무력사용 논의

한국전쟁 이후 휴전선 일대에서 미군과 북한군 사이에서 1968년 1월 23일 미 첩보함 푸에블로호 납치사건, 1969년 4월 15일 북한 미그-17 전투기에 의한 미 정찰용 항공기 EC-121 워닝스타 격추사건, 1976년 8월 18일 판문점 도끼만행사건 등 북한의 무력사용으로 심각한 사태가 벌어졌지만, 북한의 승조원 송환 또는 사과, 그리고 미국의 자제력 발휘 등으로 전쟁위기로까지 비화되지는 않았다. 그러나 북한의 핵무기 개발이 시작되면서 북한 핵시설에 대한 미국의 선제공격론이 등장하면서 미국에 의한 대북 군사행동론이 나타나기 시작했다.

김영삼 정부 시절, 북한이 핵무기를 개발했던 초기단계 당시 미군의 북한 폭격 논의가 있었던 것으로 알려졌다. 1994년 6월 15일 클린턴 미 행정부는 국가안전보장회의를 소집해 북한의 영변핵시설에 대한 선제공격 가능성을 검토한 것으로 알려졌다. 하지만 윌리엄 페리 국방장관(당시)이 미국이 핵시설을 폭격할 경우 북한군이 반드시 보복공격에 나설 가능성이 높으며 이 경우 100만 명의 인명피해가 발생할 가능성이 있다고 보고하여 북한 영변 핵시설에 대한 폭격 논의가 중단되었다고 한다.[2]

그 뒤에도 미국이 북한의 핵시설을 선제공격한다는 내용의 한반도 전쟁위기설은 북한이 정전협정 무효화를 선언했던 2013년 3월 11일 즈음에 나왔고, 그 뒤로도 매년 키리졸브·독수리 합동군사연습 등 때마다 수차례 유포되었다. 이러한 전쟁위기설은 실제로 미국의 북폭 가능성이 있었기 때문이라기보다, 1981년 7월 6일 이스라엘 공군기의 이라크 오시라크 원전 파괴, 2007년 9월 6일밤 시리아 핵의혹시설에 대한 폭격을 연상해 북한의 핵시설에 대한 미국의 선제공격 가능성을 우려하면서 나온 것들이다.

그러나 북한의 핵무기 개발이 완성단계에 들어서자, 미국 내에서 공개적으로 대북 무력사용에 대한 발언들이 나오기 시작했다. 2017년 2월 12일 북한이 트럼프 대통령의 취임 직후 고체엔진을 사용해 북극성 2형 탄도미사일을 시험 발사하자, 2월 28일 캐슬린 맥팔랜드 NSC 부보좌관이 모든 옵션을 검토할 수 있다면서 대북 군사행동 방안을 처음으로 거론하였다.

그 뒤 2017년 7월 4일과 7월 28일 북한이 화성 14형 탄도미사일을 고각으로 시험발사했는데, 이에 대해 미 국방정보국(DIA)이 화성 14형을 정각 발사할 경우 미국의 알래스카와 하와이에 도달할 수 있는 사거리 5,500km 이상에 달한다는 평가보고서를 발표하였다. 그 직후부터 미국 내에서는 대북 군사행동론이 본격적으로 대두하였다.

미 DIA보고서가 발표된 직후인 7월 28일 트럼프 대통령이 "북한 핵·미사일을 그대로 내버려두느니 전쟁하겠다"고 발언한 이후, 8월 2일에 펜스 부통령이 "모든 옵션이 테이블 위에 놓여 있다"고 발언하고 맥매스터 국가안보보좌관도 "북한 핵능력을 제거하기 위한 예방전

---

2) 정관용 당시 대통령 비서실장의 증언, 『중앙일보』, 2017년 12월 16일.

쟁 등 모든 옵션을 준비하겠다"며 대북 군사행동의 가능성을 열어놓았다. 마침내 8월 8일 트럼프 대통령은 "북한은 더 이상 미국을 위협하지 않는 것이 좋을 것"이라며 "그들은 화염과 분노, 그리고 힘에 직면할 것이고, 이는 세계가 이전에 보지 못한 것"이라고 경고했다.3)

(2) 미국의 대북 무력사용을 뒷받침하는 법적 근거

그렇다면 미국은 어떤 조건에서 북한에 대해 무력사용을 할 수 있을 것인가? 미국은 대외 군사력의 사용에 대해 법률로 규정해 놓고 있는데, 가장 기본적인 것이 「미국 헌법」이다. 그밖에 1973년 11월 7일에 제정된 「전쟁권한법」(War Powers Act, P.L.93-148)과 2001년 9월 14일에 미 의회가 대통령에게 무력사용의 권한을 사전에 위임한 「무력사용권한법」(AUMF, Authorization for Use of Military Force)이 있다.

첫째, 미국에 대한 적국의 직접적인 공격이 임박했다고 미국이 판단하거나 실제 공격이 이뤄지면 「미국 헌법」 2조에 따라 전쟁을 수행할 수 있다.

둘째, 「전쟁권한법」은 미국이 전쟁을 일으킬 수 있는 절차에 대해 다음과 같은 세 가지 경우를 제시하고 있다.4) ① 선전포고(declaration of war)에 따른 전쟁 개시이다. 선전포고는 일정한 요건을 갖췄을 때 의회의 결의를 통해 이루어진다. 하지만, 1945년 세계 제2차 대전이 끝난 이후 미국이 선전포고를 하고 군사행동을 실시한 사례는 한 번

---

3) 『미국의 소리(VOA)』, 2017년 8월 8일.
4) 조성렬, "북한은 왜 불가침조약에 집착하는가-체제 유지·美 공격 차단의 '다목적 카드'," 『신동아』, 2004년 2월호, pp.390~399.

도 없다. ② 성문화된 특별권한(special statutory authorization)에 따른 전쟁 개시이다. 미 의회의 비준을 거친 「북대서양조약」의 자동개입조항에 따른 참전과 「유엔헌장」에 따른 유엔안보리가 침략전쟁으로 규정한 전쟁에 참전하는 경우에 여기에 해당된다. ③ 국가비상사태(national emergency)에 따른 전쟁 개시이다. 미국의 영토나 자산 또는 미군이 공격받는 등 자위권의 발동에 따라 전쟁에 돌입할 수 있다.

셋째, 「무력사용권한법(AUMF)」은 미국에 대한 적의 공격이 임박했다고 판단될 경우 대미 공격을 계획·승인·감행한 이들과 조력자를 대상으로 대통령이 미 의회의 동의 없이 필요한 모든 수단을 사용할 수 있다고 규정하고 있다. 2001년 발생한 9.11 테러사태 직후 조지 부시 미 대통령(당시)이 테러집단에 대응하기 위해 무력사용 권한을 달라고 의회에 승인을 요청했고 의회는 9.11사태 발생 3일 만인 9월 14일에 동의해 주었다.

부시 행정부와 오바마 행정부는 무력사용권한법에 적용 시한이 없고 대상이 구체적으로 명시되지 않았다는 점을 활용하여 전 세계의 잠재적 테러리스트에 대한 공격을 허용하는 근거로 해석하였다. 트럼프 대통령은 「2001년 무력사용권한법(2001 AUMF)」을 근거로 미 의회의 동의 없이 2017년 4월과 2018년 4월 두 차례나 시리아에 대한 군사공격을 감행했다. 북한이 전면적으로 남침하거나 미 본토를 공격하지 않는 한 「전쟁권한법」에 따른 대북 군사공격을 감행하기는 어렵다. 하지만 「무력사용권한법」은 폭넓게 대통령의 무력사용권한을 인장하고 있어, 미국의 대북 선제공격 가능성은 언제나 열려 있다.

북한의 공격이 임박했다고 어떻게 판단할지, 북한의 핵무기 보유를 임박한 위협으로 볼 수 있는지를 놓고 미 의회 내에서도 강온파 간에 입장차이가 존재한다. 이 때문에 미 연방의회에서는 민주당을 중심으로 대통령의 무력사용권한을 제한하려는 논의가 대두되기도 했다. 2017년 10월 30일 매티스 국방장관(당시)은 미 상원 외교위원회에서 '대북 군사옵션에서 대통령이 가진 권한'에 대해 "미국에 대한 직접적이고 임박한 공격 징후 또는 실제 공격에 임할 시 군통수권자로서 헌법 2조가 적용될 것"이라는 입장을 내놓은 바 있다.

2. 비핵화와 안전보장의 맞교환

(1) 북한의 비핵화에 대한 회의론과 합리적 안보우려

김정은 정권이 출범하면서 북한은 몇 차례 조건부로 핵 포기 의사를 밝혔다. 2013년 6월 16일 북한은 국방위원회 대변인의 중대담화를 발표하여 '조선반도 비핵화는 우리 수령님과 우리 장군님의 유훈'이라고 밝히면서 미국에 대해 북·미 고위급회담을 제의하였다. 또한 2016년 7월 6일 공화국 정부성명을 통해 '조선반도 비핵화 5대 조건'을 제시하였다. 그러나 앞선 북·미 비핵화 협상 제의에 대해 미국은 기만에 불과하다며 두 차례 모두 거부의사를 밝혔다.

2017년 3월 5일 김정은 위원장은 평양을 방문한 우리측 특사단에게 군사위협의 해소와 체제안전의 보장 등 두 가지 조건이 충족된다면 핵무기를 포기할 수 있다는 입장을 재차 천명하였다. 하지만 이번에도 북한의 비핵화 표명이 과연 진정성이 있는지에 대한 문제제기가 나왔다. 많은 국내외 북한전문가와 핵전문가들은 북한이 20여 년 동안 국력을 총동원해 핵무력을 완성시켰기 때문에 김정은 위원장의 비핵화 약속을 액면 그대로 믿을 수 없으며 결국 거짓으로 드러날 것이라고 비판하였다.

2018년 4월 27일 남북정상회담에서 발표된 「4.27 판문점선언」과 6월 12일 제1차 북·미 정상회담에서 채택된 「6.12 싱가포르성명」에서 '한반도의 완전한 비핵화'에 합의했지만, 반대진영에서는 회의적인 시각을 버리지 않았다. 특히 일부에서는 「제네바 북·미 기본합의」나 「9.19 공동성명」 등 미국이 포함된 북한과의 이전 핵 합의들에 비해 이번 북·미 정상회담의 합의사항이 너무 추상적이어서 구체화 과정에서 심한 진통을 겪은 끝에 파행에 이를 가능성이 높다고 비판하였다.5)

하지만, 김정은 위원장이 핵실험과 미사일 발사시험을 중단하고 당 중앙위 전원회의를 통해 기존의 '병진노선'을 대신하여 '경제건설 총력노선'으로 전환한 마당에 끝까지 진정성을 논하는 것은 바람직하지 않다. 탈냉전 이후 북한은 사회주의 세계체제가 붕괴되면서 국제적으로 고립되어 있다. 북한은 소연방의 해체로 경제적·안보적 위기에 직면했을 뿐만 아니라 한국과 러시아, 중국의 국교정상화로 북방삼각이 무너짐에 따라 외교적으로도 고립되면서 피포위의식이 심화되어 있다.

결국 북한은 탈냉전 이후 핵무력 건설에 본격적으로 착수하여 마침내 수소탄 실험과 함께 대륙간탄도미사일의 시험발사에 성공했다. 따라서 북한의 핵·미사일을 포기시키기 위해서는 김정은 위원장의 비핵화 의지가 진정성이 있는지 여부를 예단하기보다는 북한의 피포위의식

---

5) 일본 언론인 후나바시 요이치는 북·미 정상회담 합의문의 비핵화라는 말은 "모호한(elusive)" 것이라 비판하며, 만일 힐러리 클린턴이 이런 합의를 했다면 트럼프는 바로 "가짜(fake) 비핵화"라고 공격했을 것이라고 불신감을 표시하였다. www.economist.com/breifing/2018/06/16/kim-jong-un-did-better-than-donald-trump-at-the-singapore-summit (검색일 2018.07.02).

(siege mentality)과 합리적 안보우려(reasonable security concerns)를 해소해 주면서 완전한 비핵화로 끌어내려는 노력이 중요하다.

(2) 북·미 정상회담 공동성명: 안전보장과 비핵화의 맞교환

김정은 위원장의 비핵화 의지에 대한 진정성 못지않게 중요한 것은 트럼프 변수이다. 트럼프 미 대통령의 '미치광이 전략(madman strategy)'으로 대북 정책의 예측성이 떨어지기 때문에 과연 북·미 정상회담에서 미국이 약속한 대북 체제 안전보장이 지켜질 수 있을지 의문이 증폭되고 있는 것도 사실이다.

미국이 「포괄적 공동행동계획(JCPOA)」을 파기한 뒤 이란을 방문한 리용호 북한외상은 "완전한 비핵화를 이루려면 미국이 자신의 약속을 지켜야 하는 데 그렇게 하기를 거부한다"며 미국에 대한 불신을 표시한 바 있다.[6] 김 위원장이 제1차 북·미 정상회담에서 약속한 한반도의 완전한 비핵화를 이행도록 하기 위해서는 트럼프 대통령이 약속한 북·미 관계개선과 한반도 평화체제 구축 등 대북 안전보장의 법제화가 필요하다.

2018년 6월 12일 한반도 비핵화를 실현하기 위한 역사적인 제1차 북·미 정상회담이 싱가포르에서 개최되어 '새로운 북·미관계의 수립과 한반도의 항구적이고 공고한 평화체제 수립'과 '한반도의 완전한 비핵화'를 맞교환하기로 합의하였다. 「6.12 싱가포르성명」은 "트럼프 대통령은 북한에 안전담보를 제공할 것을 확언하였으며 김정은 위원장은 한반도의 완전한 비핵화에 대한 확고부동한 의지를 재확인

---

6) 『연합뉴스』, 2018년 8월 9일.

하였다"고 하여 경성균형 방식의 안보-안보 교환에 합의하였다.

그리하여 한반도의 군사적 긴장상태에서 벗어나 평화로운 한반도를 위한 국면 대전환의 계기가 마련되었다. 제1차 북·미 정상회담에서 채택된 공동성명은 원칙적인 내용에 그쳤으나, 최초로 북·미 정상들 간의 합의라는 점에서 향후 이 틀 안에서 실무진이 비핵화 협상을 진행해 나가는 톱다운 방식으로 보인다. 여기서 비가역적인 북한의 비핵화를 유도하는 데 관건은 미국이 비가역적 대북 체제안전 보장책을 마련하는 것이라는 점이 확인되었다.

〈표 5-1〉 미국의 국제협정 체결방식: 조약과 행정협정의 비교

종류		제정 절차	적용 사례
조 약(treaty)[1]		상원의원 2/3이상의 동의에 의해 체결된 국제협정	상호방위, 범죄인인도, 인권, 무기 통제 및 감축 조약, 환경보호, 조세, 국경분쟁 해결 등의 분야에 주로 적용
행정협정	의회행정협정 (congressional-executive agreement)	법률 제정과 동일한 절차, 즉 연방하원 과반수와 연방상원 과반수 동의를 얻은 국제협정	주로 우편협정, 기후협정, TPP, NAFTA와 같은 무역협정 등의 분야에 적용
	단독행정협정[2] (sole-executive agreement)	미 의회를 거치지 않고 헌법이 보장하는 대통령의 고유권한에 근거하여 체결하는 국제협정	주로 군대 해외파견, 정전, 군사 등의 분야에 적용

1) 미 의회의 입법현황을 볼 때 조약 방식을 채택하는 경우는 점차 감소
2) 일반적으로 행정협정이라 하면 단독행정협정을 의미하며, 미국이 체결한 단독행정협정의 주요 사례로는 1953년 한반도 군사정전협정과 1973년 파리(베트남) 평화조약, 1994년 제네바 북·미 기본합의 등이 존재.
<출처> 미 국무부 조약과 https://www.state.gov/s/l/treaty/faqs/70133.htm (검색일 2018.07.02.) 및 도경옥, "토론문", 『KINU 정책토론회 한반도 평화협정문 구상』, 통일연구원, 2018.07.12., p.26.

3. 미국의 대북 안전보장 방식

국제적인 안전보장의 유형은 유럽의 사례에 따른다면 크게 교차불가침보장형, 보장조약형, 집단안전보장형의 세 가지로 분류된다.7) 북한에 대한 체제안전 보장은 교차불가침의 필요성이 낮다는 점에서 보장조약과 집단안전보장형이 있지만, 한국전쟁이 법적으로 종식되지 않은 점을 감안할 때 한반도 평화협정도 포함되어야 한다. 또한 직접적인 안전보장 방안은 아니지만 적대관계의 해소라는 측면에서 북·미 수교도 검토할 필요가 있다. 따라서 미국의 대북 체제안전에 관한 보장방식은 직접적인 보장방안과 간접적인 보장방안으로 나누어볼 수 있다.

직접적인 보장방안은 대북 불가침을 보장하는 것으로 한반도 평화조약, 북·미 불가침협약, 다자간 안전보장 조치 등 3가지 방식을 들 수 있다.8) 첫째, 한반도 평화협정의 체결로서 한국전쟁에서 비롯된 불안정한 군사정전체제에서 벗어나 북·미 사이의 적대관계를 법적으로 해소함으로써 항구적이고 공고한 평화체제로 전환하는 것이다. 둘째, 북·미 불가침 협약으로 미 상원의원 2/3의 지지를 얻어

---

7) 전동진, "한반도 평화체제의 국제적 보장을 위한 유럽사례의 교훈과 시사점," 『21세기 정치학회보』, 제9집 2호, 1999, pp.207~222.
8) 미국의 대북 불가침 보장에 관한 논의는 다음을 참조 김영준, "북·미 정상회담과 북·미 상호 불가침 약소," 국가안보전략연구원 『이슈브리프』, 2018.5.29.

야 하는 조약 또는 미 대통령이 발동하는 행정협정 등 두 가지 방식이 있다. 셋째, 다자 공동안전보장으로 주변 강대국들의 합의나 유엔안보리 결의를 통해 북한의 체제 안전을 보장하는 문서를 채택하는 것이다.

간접적인 보장방안은 적대관계의 해소를 통해 미국의 대북 무력사용 가능성을 낮추는 것으로 북·미 외교관계의 수립을 들 수 있다. 세계 최강대국인 미국과 완전한 외교관계를 수립하는 것은 북한이 정상국가로서 국제사회의 일원이 되는 것을 의미한다. 북·미 외교관계 수립을 계기로 미국이 대북 제재를 해제할 경우 미국을 포함한 외국인 투자와 미국 주도의 국제금융기구 가입 제한이 없어지게 된다. 그렇게 되면 북한에 대한 국제금융기구의 차관 공여가 가능하게 되어 본격적인 경제개발의 기회를 얻을 수 있게 된다.[9]

〈표 5-2〉 불가침 조항을 포함한 미국의 조약 체결 사례

체결방식	불가침조항	분류	사례
조 약	체결당사국들은 유엔헌장 내에서 활동하고, 어떠한 국제분쟁도 국제적인 평화와 안전, 정의가 위험에 처해지지 않는 평화로운 방식으로 해결하며, 유엔의 목적과 일치하지 않는 어떤 방식으로든 국제관계에서 위협이나 무력사용을 자제한다.	·방위협약 ·불가침협약 ·협의협약	한미상호방위조약, NATO, SEATO (1977.6 종료)
조 약	상 동	·방위협약 ·불가침협약	미-대만 상호방위조약 (1980.1 종료)

---

9) 임을출, 『국제금융기구의 북한 개입: 조건, 시나리오 및 과제』, 통일연구원, 2007, pp.18~19.

행정 협정	참가국들은 상호 관계뿐만 아니라 일반적으로 국제 관계에서도 영토 보전이나 정치적 독립에 대한 무력의 위협이나 사용을 자제할 것이다..... 따라서 참여국들은 다른 참가국에 대한 군사적 위협 또는 직간접적인 무력사용을 삼간다. 마찬가지로 그들은 다른 참여국이 온전한 주권행사를 포기하도록 유인할 목적으로 한 힘의 과시를 삼갈 것이다. 마찬가지로 그들은 상호관계에서 무력에 의한 보복 행위를 삼갈 것이다. 무력을 통한 위협이나 사용을 분쟁 해결의 수단 또는 분쟁을 일으키는 문제로 사용하지 않을 것이다.	・불가침협약	헬싱키 협약
행정 협정	당사국들은 평화적인 방법으로 분쟁을 해결하고 서로의 영토 보전과 정치적 독립에 대한 위협이나 무력 사용을 자제한다.	・불가침협약	미-러 우호 협력헌장 (1992.6.17)

* 본 사례는 Brett Ashley Leeds의 The Alliance Treaty Obligations and Provisions Project(ATOP)의 군사조약 분류자료에 따른 것임을 밝힌다. ATOP 프로젝트는 군사조약을 다섯 가지로 분류하였으며, 그 중 방위협약, 불가침협약, 협의협약 세 가지가 본 보고서의 내용에 해당된다. ATOP 프로젝트의 정의에 따르면 방위협약(defence pact)은 체결국의 주권・영토가 공격당했을 때 군사적으로 지원하기로 한 약속이고, 불가침협약(non-aggression pact)은 체결국 사이의 군사적 갈등을 자제하고 평화를 유지하기 위한 것이고, 협의협약(consultation pact)은 체결국에 위기가 발생했을 때 능동적인 군사적 지원은 아니나 공동대응을 위한 협의를 갖기로 한 국가들 사이의 약속이다. Brett Ashley Leeds, Alliance Treaty Obligations and Provisions(ATOP) Codebook (version 3.0), Rice University, July 12, 2005, pp.9~10. https://atop.rice.edu/

<출처> The Alliance Treaty Obligations and Provisions Project(ATOP)
https://atop.rice.edu/

Ⅲ. 직접적 대북 안전보장: 체제안전 보장 방안

1. 한반도 평화협정

(1) 군사정전협정의 평화협정 전환 논의

북한의 핵문제는 한반도 평화체제／협정과는 뿌리가 다른 문제이다. 한반도 평화체제／협정이 한국전쟁을 법적으로 종식하고 항구적이고 공고한 평화를 제도화하는 문제, 또는 법적인 형식의 문제라면, 한반도 비핵화는 핵무기비확산조약(NPT)의 회원국이었던 북한이 조약을 위반하면서 개발한 모든 핵무기와 현존하는 핵프로그램의 포기를 다루는 문제이다. 북한은 '평화체제'나 '평화보장체계'라는 용어를 혼용하고 있는데, 이 개념에는 상호 불가침뿐만 아니라 북·미 양국의 국교정상화도 포함되어 있다.10)

한반도 평화체제 또는 평화협정과 관련되어 언급된 최초의 합의문서는 「군사정전협정」이다. 「군사정전협정」 제4조 60항에는 "정전협

---

10) 한반도 평화체제는 국제법적 측면(정전협정 종료와 평화협정 체결), 군비통제 측면(군사적 긴장완화와 전쟁 재발방지), 국제관계 측면(북·미수교, 북·일수교)의 3가지로 이루어져 있다. 다만, 학자에 따라 국제법적 측면과 군비통제 측면만 한반도 평화체제에 포함시키고, 국제관계 측면은 별도로 다루는 경우도 있다. 조성렬, 『뉴 한반도 비전: 비핵 평화와 통일의 길』, 백산서당, 2012, pp.171~187.

정이 조인되고 효력을 발생한 후 3개월 내에 각기 대표를 파견하여 쌍방의 한급 높은 정치회의를 소집하고.... 한국문제의 평화적 해결문제 등을 협의"한다고 밝히고 있다. 휴전 직후 한국전쟁 참전국들은 1954년 4월 26일부터 6월 15일까지 제네바 정치회의를 개최했으나, 주로 외국군대 철수문제가 논의되었고 회담 마지막 날 남일 북한외무상이 남북한 대표가 위원회를 구성하여 평화협정 체결을 논의하자고 제의한 것이 고작이었다.[11]

오랫동안 한반도 평화협정/조약에 관한 언급이 없다가 2000년 10월 12일 김정일 국방위원장의 특사로 미국을 방문한 조명록 제1부위원장이 클린턴 대통령에게 친서를 전달한 뒤 올브라이트 국무장관, 코언 국방장관 등과 만난 뒤 작성한 「북·미 공동 커뮤니케」에서 다음과 같은 합의사항이 나온다. 「북·미 공동 커뮤니케」는 "두 나라 사이의 쌍무관계를 근본적으로 개선하는 조치들을 취하기로 결정"하고, "한반도에서 긴장상태를 완화하고 1953년의 정전협정을 공고한 평화보장체계로 바꾸어 한국전쟁을 공식 종식"한다고 합의하였다.

(2) 한반도 평화협정과 비핵화 문제의 연계

북한 핵문제와 평화체제 문제가 연계되기 시작한 것은 2005년 7월 22일 북한외무성의 대변인 담화 때부터이다. 북한이 핵무기를 개발하게 된 배경에 군사정전체제에 따른 남북 및 북·미 적대관계가 있다는 점에서 서로 밀접한 관계를 맺게 되었다. 2005년 7월 26일~8월 7일 개최되는 제4차 6자회담 1단계 회의를 앞두고, 북한 외무성은 대

---

11) 조성렬, 『뉴 한반도 비전: 비핵 평화와 통일의 길』, pp.164~165.

변인 담화를 통해 "조선반도에서 정전체제를 평화체제로 전환하게 되면 핵문제 발생의 근원으로 되고 있는 미국의 대조선 적대시정책과 핵위협이 없어지는 것으로 되며 그것은 자연히 비핵화 실현에로 이어지게 될 것"이라고 주장하였다.[12]

그리하여 2005년 9월 19일 남북한과 미국, 중국, 러시아, 일본이 참가한 가운데 열린 제4차 6자회담 2단계 회의에서 채택된 「9.19 공동성명」에서는 북・미 양측이 "상호 주권을 존중하고, 평화적으로 공존하며, 각자의 정책에 따라 관계정상화를 위한 조치를 취할 것을 약속"하고, "직접 관련 당사국들은 적절한 별도 포럼에서 한반도의 항구적 평화체제에 관한 협상을 가질 것"을 합의하였다. 여기서 관련 당사국들이란 남북한과 미국, 중국을 의미하는 것이었다.

2008년 12월 4~5일 개최된 6자회담 수석대표회의에서 검증의정서 채택에 실패한 뒤 휴회하였다. 이에 앞서 4월 8일 힐 미 국무부 차관보와 김계관 북한외무성 부상이 북핵신고 문제에 관해 협의하여 잠정 합의를 도출했으며, 이 합의에 따라 5월 8~10일 북한이 영변원자로 가동일지를 미국측에 전달한 데 이어, 6월 26일 플루토늄 생산량 등을 적시한 핵신고서를 의장국인 중국에게 제출했다. 그러나 11월 12일 북한은 외무성 성명을 통해 핵신고 검증을 위한 시료채취 거부 입장을 고수하면서 결국 6자회담의 막을 내리게 된 것이다.

그 뒤 북한은 2009년 4월 5일 장거리로켓 은하2호, 광명성2호를 시험발사하고, 4월 16일 영변 주재 IAEA 감시요원을 추방한 뒤 핵시설을 원상복구하고 4월 25일 사용후연료봉을 재처리했을 뿐만 아니라, 5월 25일 제2차 핵실험을 단행하였다. 6월 13일에는 북한외무성이 성

---

12) 『조선중앙통신』, 2005년 7월 22일.

성명을 통해 우라늄농축에 착수한다는 방침을 발표하고, 9월 3일에는 유엔안보리 의장에게 보낸 편지에서 우라늄 농축 시험에 성공했다고 밝혔다.

이처럼 사태가 악화되자 보스워스 대북특사는 평양을 방문하여 북한의 비핵화 의지를 이끌어내기 위해 남·북·미·중 4자회담을 조기에 개최하여 한반도 평화협정을 논의하자고 북측에 제안하였다. 이러한 미국측 제안에 대해, 2010년 1월 11일 북한외무성은 성명을 발표하여 "조선전쟁 발발 60년이 되는 올해에 정전협정을 평화협정으로 바꾸기 위한 회담을 조속히 시작할 것을 정전협정 당사국들에게 정중히 제안한다"는 입장을 밝혔다.[13] 1월 12일 최진수 중국주재 북한대사는 "(한국이) 휴전협정에 반대해 조인하지 않았고 현재도 반대하는지 어떤지 알지 못한다"고 말해 한국의 평화협정 회담 참가에 유보적인 입장을 표명하였다.[14]

북한은 2010년 1월 11일의 외무성 성명 이후 한반도 평화협정을 더 이상 요구하지 않고, 본격적으로 핵무력의 완성을 위해 매진했다. 이것은 김정일 위원장의 와병 이후 체제안전을 위해 핵무력의 확보가 중요하다고 판단해, 핵무기 포기의 대가로 제공받기로 된 평화협정을 더 이상 요구하지 않은 것으로 보인다. 특히 김정일 위원장의 사후 김정은 체제가 등장하면서 북한은 핵무력의 완성에 전념하면서 제3~6차 핵실험을 실시하고 화성 12형, 14형, 15형 등 중장거리, 대륙간탄도미사일 시험발사를 강행하였다.

결국 북한은 2017년 11월 29일 '국가핵무력' 완성을 선언한 뒤

---

13) 『로동신문』, 2010년 1월 12일.
14) 『共同通信』, 2010년 1월 12일.

2018년 1월 1일 김정은 위원장의 신년사를 통해 국가노선의 전환을 시작했다. 그리하여 10년 6개월 만에 열린 문재인 대통령과 김정은 위원장 간의 남북정상회담에서 「4.27 판문점선언」을 채택하여 "완전한 비핵화를 통해 핵 없는 한반도를 실현한다는 공동의 목표"를 위하여 "정전협정을 평화협정으로 전환하며 항구적이고 공고한 평화체제 구축을 위한 남·북·미 3자 또는 남·북·미·중 4자회담 개최를 적극 추진해 나가기로" 합의하였다. 여기서는 종전선언과 평화협정의 주체에 한국을 포함시키고 있다.

2018년 6월 12일 싱가포르에서 트럼프 미 대통령과 김정은 국무위원장이 만나 가진 제1차 북·미 정상회담에서 채택된 「6.12 싱가포르성명」에서도 "한반도의 완전한 비핵화를 위하여" 북·미 양측이 "새로운 북·미관계를 수립해 나가기로" 하고 "한반도에서 항구적이며 공고한 평화체제를 구축하기 위하여 공동으로 노력"하기로 합의하였다.

2. 대북 불가침 보장

(1) 대북 불가침 조약

북한은 제2차 북핵 위기의 발발 직후부터 법적 구속력이 있는 북·미 불가침조약의 체결을 요구하기 시작하였다. 2002년 10월 25일 북한 외무성은 대변인 담화를 통해 "미국이 불가침조약을 통해 우리에 대한 핵불사용을 포함한 불가침을 법적으로 확약한다면 우리도 미국의 안보상 우려를 해소할 용의가 있다"고 언급하면서, "작은 나라인

우리에게 모든 문제 해결방식의 기준점은 우리의 자주권과 생존권의 위협제거"라고 밝혔다.15)

2003년 8월 13일 북한 외무성은 6자회담의 첫 개최를 앞둔 시점에서 대변인 담화를 발표하여 미 의회가 '서면 안전보장'이나 주변국들의 '다자공동안전보장'을 거론하고 있다면서 법적 구속력이 있는 북・미 불가침조약의 체결을 또다시 주장하였다. 이 주장은 그에 앞서 8월 1일 콜린 파월 미 국무장관이 미국은 북한과 불가침협정을 맺을 수는 없지만 북한의 체제보장에 대한 우려를 해소해 주기 위해 미국의 불가침 의사를 논의할 다양한 방법이 있다면서 상원 인준 등 의회의 비준과정을 거칠 수 있다고 말한 데 대한 반응이었다.16)

북한의 체제안전을 보장해 주기 위해 미국이 채택할 수 있는 군사분야 국제협약의 유형은 크게 방위협약(Defense Pact), 불가침협약(Non-aggression Pact), 협의협약(Consultation Pact) 등 3가지이며, 중복된 형태로 체약국에 대한 안전보장을 제공할 수도 있다.17) 지금까지 미국이 외국과 맺은 군사조약 가운데 불가침 조항이 포함된 것은 6건이며, 이 가운데 4건이 조약 방식으로 체결됐고 나머지 2건이 행정협약 방식으로 체결됐다.18) 북한에 대한 불가침을 보장하는 방법도 조

---

15) 『조선중앙방송』, 2002년 10월 25일.
16) 『중앙일보』, 2003년 8월 4일.
17) Brett Ashley Leeds, *Alliance Treaty Obligations and Provisions(ATOP) Codebook* (version 3.0), Rice University, July 12, 2005, pp.9~10. 군사조약 연구의 권위자인 브렛 애쉴리 리즈(Brett Ashley Leeds)교수의 분류에 따르면, 미국은 1816년부터 2000년 사이에 모두 28건의 군사조약을 맺었으며 그 중 6건의 조약이 불가침 조항을 포함하고 있다.
18) Leeds, Brett Ashley, Andrew G. Long, and Sara McLaughlin Mitchell.

약이나 행정협약 두 가지 모두 가능하다.

2013년 10월 3일 미·일 안전보장협의위원회(2+2) 참석차 일본을 방문한 케리 미 국무장관(당시)은 "북한이 비핵화를 결심하고, 진정성 있는 협상에 나선다면 우리는 북한과 불가침협정(non-aggression agreement)을 체결할 준비가 돼있다"고 언급한 바 있다.19) 여기서 케리 미 국무장관이 "불가침협정(non-aggression agreement)"이라는 용어를 사용했다는 점으로 미루어 볼 때, 오바마 행정부는 행정협정 방식으로 북·미 불가침협정을 체결하고자 하였던 것으로 추정해 볼 수 있다.

북한의 비핵화와 관련된 대북 체제안전 보장과 관련해 폼페이오 국무장관은 2018년 5월 24일 미 상원 외교위원회에서 북한과의 합의 사항들을 조약으로 상원에 제출하기를 희망하며, 그렇게 된다면 북한에게도 좋을 것으로 생각한다고 답변해 조약 방식으로 북한의 체제안전 보장 방안을 추진할 것을 시사하였다.20) 하지만 현재 미 상원이 여당인 공화당이 지배하고 있기는 하지만 트럼프 미 행정부와 상원의 관계, 그리고 상원의 대북 태도 등을 고려할 때 미국이 북한에 제공할

(2000). "Reevaluating alliance reliability: Specific threats, specific promises." *Journal of Conflict Resolution* 44(5) pp.686-699: Leeds, Brett Ashley, Andrew G. Long, and Sara McLaughlin Mitchell. (2002). "Alliance treaty obligations and provisions, 1815-1944." *International Interactions*, 28(3), pp.237~260.

19) 『한겨레신문』, 2013년 10월 4일.

20) Michael Pompeo, "United States Senate Committee on Foreign Relations. Full Committee Hearing Review of the FY 2018 State Department Budget Request." www.foreign.senate.gov/hearings/review-of-the-fy-2019-state-department-budget-request-052418. (검색일 2018.07.31)

불가침보장 약속을 조약 방식으로 통과시키기는 것은 지난한 과제임에 틀림이 없다.

(2) 대북 다자 안전보장

북한의 비핵화에 대한 상응조치로서 검토되고 있는 방안 중의 하나가 바로 한반도 주변국들에 의한 다자 안전보장 방안이다. 이는 북한의 체제안전에 관한 '직접 관련 당사국들'인 한국과 미국, 중국의 3국이 한반도의 완전한 비핵화에 따른 북한의 체제안전을 보장해 주는 방식이다. 이밖에도 「9.19 공동성명」에서 밝힌 "6자는 동북아시아의 평화와 안정을 위해 공동 노력"한다는 구상이 실현되어 동북아다자안보기구가 창설될 경우, 이 기구를 통해서도 대북 체제안전 보장이 가능하다.

다자 안전보장 구상은 1971년 4월 18일 장충단공원에서 제7대 대통령 선거의 신민당 후보로 출마한 김대중 국회의원(당시)이 연설을 통해 제시한 '4대국 보장 하의 한반도 전쟁 억제' 방안과도 유사하다. 그는 선거공약으로 4대국 안전보장과 남북한의 4대국 교차승인 그리고 남북한 유엔 동시가입을 주장하였다.[21] 그의 주장은 당시 정세를 반영하여 북한에 국한되지 않고 남북한 모두에 대한 안전보장 방안이었지만 오늘날에도 시사하는 바가 크다.

다자 안전보장 방안의 실제 사례로서, 우크라이나에 대한 체제안전의 보장을 위해 1994년 12월 5일 미국, 러시아, 영국 3국이 체결한

---

21) 이낙연 국무총리, 「김대중 대통령 노벨평화상 수상 18주년 기념식 축사」, 2018년 12월 6일.

「부다페스트 안전보장 양해각서」가 있다. 이 양해각서는 그 뒤 프랑스과 중국도 개별적으로 안전보장을 약속하였다. 위 양해각서는 △우크라이나의 독립·주권·국경선 존중, △영토 완정성과 정치적 독립에 반하는 위협·무력사용 금지, △우크라이나 이익을 해치는 경제압력 중지, △핵무기가 동원된 침공위협 및 침공 때 유엔안보리의 즉각 지원행동, △NPT에 반하는 핵무기 사용의 금지 등을 담고 있다.22)

하지만 「부다페스트 안전보장 양해각서」에 따른 다자 안전보장 약속에도 불구하고, 3개 보장국가의 하나인 러시아가 이를 어기고 2014년 2월 우크라이나의 자치공화국인 크림공화국에 무장병력을 투입해 의회 등 주요시설을 점령하고 크림반도를 러시아 영토로 귀속시켰다. 이와 같은 러시아의 약속 파기에도 불구하고 '조약'이 아닌 '양해각서'라는 점을 들어 미국과 영국은 군사개입을 망설였다. 이 점 때문에 북한은 불가침 보장을 위해 미국을 비롯한 체결국들에게 의무와 법적 구속력이 발생하는 형식의 약속인 조약을 요구할 것으로 보인다.23)

하지만, 조약의 형식으로 다자 안전보장할 경우에 체제안전의 보장 수준이 높아지지만 몇 가지 한계도 안고 있다. 무엇보다 다자 안전보장을 조약으로 추진할 경우 각국이 비준 동의를 얻어 발효시킬 때까지 시간이 많이 걸리며, 다음으로 체결국 중 어느 일국이 군사공격을 가했을 때 다른 체결국들이 자국과의 전쟁으로 비화될 것을 우려해 군사개입하지 못할 위험성도 안고 있다. 가령, 미국이 한국과 「한미상

---

22) Memorandum on Security Assurances in connection with Ukraine's accession to the Treaty on the Non-Proliferation of Nuclear Weapons, Budapest, 5 December 1994.
27) 조성렬, "한반도 비핵화과정의 국제정치: 외국 비핵화 사례와의 비교분석," 『외교』, 제126호, 2018년 7월, pp.29~30.

호방위조약」을 체결했음에도 불구하고 조약에 "각자의 헌법적 절차에 따라 행동한다"고 규정해 미국의 자동개입을 배제하고 있다.24) 이것은 한반도의 전쟁에 미국이 자동적으로 연루되는 것을 피하려 했던 것이라는 점에서, 조약 형식의 다자 안전보장이라고 해도 자동개입조항을 삽입하느냐 여부가 관건이 될 것으로 보인다.

3. 동북아 비핵무기지대 조약

(1) 국제 핵무기 경쟁의 재연과 한반도 비핵화

미국은 2017년 12월 발표한 「2017 국가안보전략보고(NSS2017)」를 통해 첨단핵무기 개발 재개를 선언한 뒤, 2018년 10월 트럼프 대통령은 냉전종식의 신호탄으로 여겨졌던 중거리핵전력폐기(INF)조약의 파기를 전격적으로 선언하였다. 이에 반발한 푸틴 러시아 대통령도 중단거리 핵전력 개발의 재개를 선언했다. 이로써 21년간 중단됐던 미국과 러시아 간의 핵무기 개발경쟁이 재개될 수 있게 되었다.25) 현재 동북아시아 지역차원의 핵균형은 한·일 양국에 대한 미국의 확장억제력 제공과 러시아, 중국의 핵전력 사이에서 형성되어 왔으나 근년 들어 중국의 핵전력 증강와 미국의 INF조약 파기에 따라 새로운

---

24) 조성렬, "한미 상호방위조약과 한미동맹 50년의 평가,"『한미동맹 50년: 법적 쟁점과 미래의 전망』, 백산서당, 2004, pp.37~42.
25) 박동선, "미국의 중거리핵전력조약(INF) 탈퇴와 우리의 안보환경,"「외교광장」, XIX-2, 한국외교협회, 2019년 2월 28일.

핵무기 경쟁 가능성이 높아지고 있다.

러시아는 2010년판 「러시아연방 군사독트린」에서 탈냉전 이후 나토의 재래식 전력 증강을 이유로 오랫동안 견지해오던 선제핵 불사용 원칙을 공식 파기했다.26) 중국도 『2013년도 국방백서』에서 선제핵 불사용원칙을 삭제했다가 국제사회의 의구심이 증폭되자 『2015년도 국방백서』에 다시 명기했다.27) 최근 미국의 INF조약 폐기로 미·러 간에 핵무기 개발경쟁의 가능성이 높아지자 중국은 재차 선제핵 불사용원칙의 폐기를 고려하고 있는 것으로 알려졌다.28) 일본은 2018년 7월 「미·일 원자력협정」을 연장해 사용 후 핵물질의 재처리 권한을 다시 인정받아 여전히 핵잠재국가의 지위를 유지하고 있다.

이처럼 새로운 핵무기 경쟁이 일어나고 있는 가운데, 한반도 비핵화를 추진하기 위해서는 비핵무기국가들의 체제안전 문제가 제기될 수밖에 없다. 한반도 비핵화를 추진하는 데서 미국 등이 제공할 수 있는 상응조치로 중요한 부분은 이미 비핵무기국가인 한국, 일본은 물론, 핵무기 포기를 결심해 비핵무기국가가 될 북한에 대한 안전보장 제공 문제가 제기된다. 북한의 완전한 비핵화 이후 상응조치 차원에서 조약에 의한 안전보장 방안으로 고려해 볼 수 있는 것이 바로 동북아비핵무기지대(NEA-NWFZ)이다.

---

26) 조성렬, 『전략공간의 국제정치: 핵·우주·사이버 군비경쟁과 국가안보』, 서강대 출판부, 2016년 9월, pp.211~212.

27) 조성렬, 『전략공간의 국제정치: 핵·우주·사이버 군비경쟁과 국가안보』, pp.216~218.

28) Minnie Chan and Kristin Huang, "Is China about to abandon its 'no first use' nuclear weapons policy?," The South China Morning Post, Feb. 7, 2019.

(2) 선 한·일 비핵무기지대, 후 동북아비핵무기지대

동북아 비핵무기지대 방안은 북한뿐만 아니라 한국, 일본, 몽골 등 동북아지역의 비핵무기국가들에 대해 핵무기국가인 미국, 러시아, 중국이 소극적 안전보장(NSA)을 제공하도록 조약화하는 방안이다.[29] 지금까지 제안된 동북아 비핵지대 방안들이 동북아 및 한반도 안보균형에 초점을 맞춘 것이라고 한다면[30], 새로운 방안은 미국과 중국과 같은 핵무기 보유국들과 플루토늄 대국 일본의 책임도 일정 정도 지우는 방식으로 북한 비핵화를 유도하고자 하는 의도가 내포되어 있다. 이를 통해 동북아지역에서 핵무기국가에 의한 비핵무기국가에 대한

---

29) Hiromichi Umebayashi, "A Northeast Asia Nuclear Weapon-Free Zone (NEA-NWFZ)," *Peace Depot & Pacific Campaign for Disarmament and Security Briefing Paper*, April 2004.; Peter Hayes and Richard Tanter, "Key Elements of Northeast Asia Nuclear-Weapons Free Zone (NEA-NWFZ)," Nautilus Institute, November 13, 2012.

30) 전성훈, 『한반도의 비핵화 실현과 남북한일본 3국 비핵지대 창설』, 통일연구원, 1999; Hiromichi Umebayashi, "A Northeast Asia Nuclear Weapon-Free Zone(NEA-NWFZ)," *Peace Depot & Pacific Campaign for Disarmament and Security Briefing Paper*, April, 2004; 이삼성, 우메바야시 외, 『동북아시아 비핵지대』, 살림출판사, 2005.; 김승국, 『한반도의 평화 로드맵』, 한국학술정보, 2008; Chung-in Moon, "The Six-Party Talks and building a nuclear-free Northeast Asia," East Asia Forum, May 20th, 2012; Peter Hayes, Roger Cavazos, "North Korean and US Nuclear Threats: Discerning Signals from Noise," The Asia-Pacific Journal, April 09, 2013; 조성렬, "새로운 동북아 비핵질서의 모색: 한반도 비핵화와 동북아 비핵지대의 병행 추진," 『JPI 정책포럼』, 2017-9호, 2017년 12월.

핵 위협을 제거할 뿐만 아니라, 한반도 비핵화 이후 북한의 체제안전 보장장치를 마련해 줄 수 있다.31)

동북아 비핵무기지대 방안은 미·러·중과 같이 핵무기비확산조약(NPT)이 인정한 공식 핵보유국가들의 기득권을 인정하여 기존의 글로벌 핵질서를 유지·존중하면서도 한반도 및 한반도 주변구역에서 미국과 중국의 핵무기 배치를 제한하거나 비핵무기국가들에 대한 NSA 보장을 국제조약으로 약속함으로써 한반도 비핵화는 물론 일본마저 핵무장을 영원히 포기토록 하여 새로운 핵무기 보유국의 출현을 막는 방안으로 유효하다.

동북아 비핵무기지대 구상이 현실성을 갖기 위해선 무엇보다 당면한 과제로 제기되고 있는 한반도 비핵화 논의를 기본으로 하면서 기존 한·일 정부가 내건 정책과 밀접히 관련을 맺으면서 추진되는 것이 바람직하다.32) 동북아 비핵무기지대의 기본틀과 이념을 바탕으로 한국정부가 견지해 온 「한반도 비핵화 공동선언」과 일본정부가 견지해 온 「비핵 4정책」을 재규정하고, 한반도 비핵화에 대한 「9.19 공동성명」의 내용을 결합해 창조적으로 재구성하는 것이 필요하다.

---

31) 칼슨은 북한 비핵화의 최종단계에서 사찰 및 감시를 위한 한 방법으로 동북아 비핵무기지대를 제안하고 있다. John Carlson, John Carlson, "Denuclearizing North Korea: The Case for a Pragmatic Approach to Nuclear Safeguards and Verification," *38 North Special Report*, The Stimson Center, January 2019, p.4.

32) Peter Hayes, *Korea-Japan Nuclear Free Zone (KJNWFZ) Concept Paper*, Nautilus Institute, February 15, 2010.

<표 5-3>에서 보듯이, '동북아 비핵무기지대 조약'과 이미 발표된 「한반도 비핵화 공동선언」, 「9.19 공동성명」을 비교해 보면, 완전히 분리된 문제가 아니라 상호 보완적인 측면이 있어 연계 추진이 바람직하다는 것을 알 수 있다. 그 동안 일본정부는 동북아 비핵무기지대의 정당성과 필요성에는 원칙적으로 공감하면서도 북한의 핵무기 포기가 우선이라는 입장을 견지해 왔다. 이제 북한이 완전한 비핵화를 수용했기 때문에 일본도 동북아 비핵지대화를 거부할 명분이 사라졌다. 따라서 먼저 한・일 양국이 '한・일 비핵무기지대'를 만들 필요가 있다. 그 뒤 북한의 비핵화가 이루어짐에 따라 북한이 핵무기비확산조약(NPT)에 가입하도록 하고 체제안전의 보장 차원에서 동북아비핵무기지대에 참여토록 해야 한다.

〈표 5-3〉 동북아 비핵무기지대와 한반도 비핵화의 비교

	동북아 비핵무기지대 (Nuclear-weapon Free Zone in Northeast Asia)	한반도 비핵화 (Denuclearization of Korean Peninsula)
목 표	남북한과 일본의 비핵무기지대 설정 및 주변 핵무기국가 미・러・중의 소극적 안전보장 제공 (3+3案)	한반도의 검증 가능한 비핵화를 평화적 방법으로 달성
대상국가 (회원국)	핵무기국가(미국, 러시아, 중국), 비핵무기국가(남한, 북한, 일본)	남한, 북한
지역안보	핵무기국가와 비핵무기국가가 공동으로 참여	한반도 평화체제 및 6개국 동북아 다자안보 틀 속에서 한반도비핵화 실현
법적근거	국제조약	정치적 선언 (한반도 비핵화 공동선언, 9.19 공동성명)

비핵화 관련	- 비핵국가의 지·해·공 및 기타 주권이 미치는 영토와 핵국의 지정된 영토에서 · 핵무기 보유의 제한 · 핵무기가 배제되는 지역을 제한 - 적용지대 내에 위치한 모든 원자력 시설의 확인에 동의	- 북한: 모든 핵무기와 현존하는 핵 계획을 포기할 것임과 조속한 시일 내에 NPT와 IAEA의 안전조치에 복귀할 것임을 공약 - 미국: 한반도 내 핵무기를 갖고 있지 않고 동시에 '북한을 핵무기 또는 재래식 무기로 공격 또는 침공할 의사가 없음'을 확인
소극적 안전보장	5개 핵보유국에 의한 NSA 보장	5개 핵보유국에 의한 NSA와 무관 (미국 단독의 對北 소극적 안전보장 제공)
검증기구	- IAEA 안전조치 규정의 이행 최첨단 검증체계 설립에 동의하고 검증 목적의 달성에 필요한 모든 기술 공유	수석대표회담에서 검증기구의 설치 방법과 시점을 놓고 논의했으나 합의 실패(2008.12)
산하기구	비핵무기지대 검증기구	5개 실무그룹: 비핵화, 대북 에너지지원, 북·미관계, 북·일관계, 동북아 평화·안보체제

* 「동북아 제한적 비핵지대(LNWFZ-NEA)조약」 초안(일명 「서울조약(The Seoul Treaty)」) 및 「한반도 비핵화 공동선언」, 「9.19 공동성명」을 토대로 필자가 작성.
<출처> 조성렬, "새로운 동북아 비핵질서의 모색: 한반도 비핵화와 동북아 비핵지대의 병행 추진," 『JPI정책포럼』, 2017-9호, 2017년 12월, p.8.

Ⅳ. 간접적 대북 안전보장: 미국과 북한의 외교관계 수립

1. 북·미 적대관계의 형성과 전개

북한이 미국과 적대관계가 된 직접적인 배경은 1950년 발발한 한국전쟁에서 교전당사자였다는 점에 있다. 북한은 미국에 대해 한국전쟁을 일으킨 철천지원수로 바라보고 있는 반면, 미국은 북한에 대해 한국을 침공한 부당한 침략자로 간주하고 있다. 이처럼 북·미 양측의 상대에 대한 현격한 인식차이와 적대감, 그리고 자유-공산 두 진영 사이의 대립 때문에 냉전시기 북·미 사이에는 이렇다 할 제도화된 소통이 부재하였다.

북한과 미국은 미·소 대립이 만들어낸 동서 냉전구조와 한국전쟁의 경험에서 기인한 상대방에 대한 부정적인 인식, 그리고 60~70년대의 군사적 충돌로 인해 상호간의 적대관계는 더욱 굳어져 갔다. 하지만 냉전시기 북한은 중·소 분쟁 속에서 외교적 줄다리기가 불가피했던 상황도 있지만, 사회주의 세계체제에 편입되어 안전보장과 경제교류 등을 통해 그럭저럭 체제 유지가 가능하였다.

이와 같은 북·미 양자관계는 냉전이 끝나는 1980년대 후반부터 북핵문제가 불거지면서 새로운 국면을 맞이하게 된다. 사회주의 세계체제의 붕괴로 냉전이 끝나고 미국의 유일패권체제가 형성됨에 따라 미국과의 관계변화 없이는 국가의 생존을 유지하기 어려운 국제환경에 직면하고 있다. 북한은 인권유린, 국제범죄 연루, 대량살상무기 개발 등의 이유로 미국으로부터 불량국가 등으로 낙인찍혀 각종 제재를 받으면서 국제사회로부터 고립되어 있었다.

북한이 국제적 고립에서 탈피하여 경제건설을 이루기 위해서는 국제금융기구로부터의 차관과 외국인 민간투자의 도입이 불가피한 상황이지만, 미국과의 관계정상화 없이는 사실상 이를 실현하기 어려운 실정이다.[33] 북한은 대량살상무기의 개발과 완성으로 미국에 대한 직접적인 위협요인으로 부상함에 따라 미국의 군사공격 대상으로 간주되면서 오히려 체제의 안전보장에 대한 부담감이 가중되었다.

2. 북·미 간 외교관계 수립에 관한 합의 현황

(1) 북한 핵위기의 발생과「제네바 기본합의」의 연락사무소 합의

탈냉전 시기에 미국과 적대관계가 해소되지 않은 상태에서 북한은 핵무력 건설을 선택하였다. 이 같은 북한의 대미 접근법은 미국 주도의 질서에 순응하여 편입하는 방식이 아니라, 핵·미사일의 개발로 압박하여 미국 주도의 세계질서 속에서 자국의 지위를 확보하고 안전을 보장받으려는 방식이었다. 이에 따라 약소국인 북한은 강대국인 미국을 상대로 강압외교의 일종인 '선군외교'라는 독특한 방식으로 대미 접근을 통해 관계정상화를 시도하고 있다.[34]

---

33) 장형수, "남북개발협력을 위한 재원 조달 방안,"『한반도 신경제구상 실현을 위한 남북 농업협력 모델』, 서울대학교 북한·해외 농업연구소, 서울대 교수회관, 2018.7.25.

34) 서 훈,『북한의 선군외교』, 명인출판사, 2008, pp.22~24.

북·미 양측은 북핵문제를 계기로 대화를 시작했고 1차 북핵위기를 거친 뒤 1994년 10월 21일 「제네바 북·미 기본합의」를 통해 점차 정치적, 경제적인 관계를 회복하기 시작했다.35) 미국과 북한의 전문가들은 협상을 통해 영사 및 기타 실무적인 문제들이 해결되는 데 따라 워싱턴과 평양에 '연락사무소'를 개설하며, 현안 해결의 진전에 따라 양국관계를 '대사급'으로 격상한다는 약속이 이루어졌다. 그리하여 1994년 12월 북·미 양측은 연락사무소 개설을 위한 전문가회의를 워싱턴에서 갖고, 이 자리에서 외교행랑의 판문점 통과 허용과 비엔나 협약에 따른 영사기능 수행 등에 관한 '양해록'을 작성하였다.

1995년 1월 4일 린 터크(Lynn Turk) 미 국무부 북한담당관을 단장으로 한 대표단이 평양에 파견되어 연락사무소 부지를 물색했다. 미 대표단은 평양 주재 구(舊)동독 대사관 건물을 연락사무소로 활용하기 위한 건물보수 문제 등을 북한과 협의했다. 같은 해 4월 북한도 유엔 주재 대표부 직원들이 워싱턴을 방문해 연락사무소 부지를 물색했으나 결정을 내리지는 못했다. 9월에는 미국 대표단이 방북해 북측과 '상호임시영사보호권'에 합의하였다. 그 내용은 연락사무소 개설 때까지 북한주재 미국인에 대해서는 주북한 스웨덴 대사관이, 미국 체류 북한인은 주UN 북한 대표부가 쌍방 국민의 영사보호권 행사를 대행하기로 한다는 것이다.

하지만 같은 해 7월 북한은 외교행랑(파우치)의 판문점 통과와 미 외교관의 판문점 왕래허용 및 통신문제 등 기술적인 사항에서 체제보안문제를 제기하면서 기존의 합의를 번복하고 이를 불허한다고 미국

---

35) 조성렬, "미국의 대북정책 전환과 북·미 관계 전망," 『민주사회와 정책연구』, 통권 13호, 2008년 상반기, pp.170~172.

측에 통보하였다. 특히 양측은 외교행랑 및 평양주재 외교관의 판문점 통과에 따른 보안문제와 워싱턴 주재 북측 연락사무소 건물에 대한 미국 측의 재정지원 문제 등에서 입장 차이를 노출했다.

그런 와중에도 미국은 1996년 8월 스펜스 리처드슨(Spence Richardson)을 주(駐)평양 미 연락사무소장으로 내정했다. 협상 부진 속에서 양측은 1997년 12월 연락사무소 개설 사전준비를 위한 임시요원 상호교환 방식에 합의하기도 했다. 그리고 1998년 1월 북한은 미국이 북한주재 연락사무소 소장으로 재차 내정된 리비어(Evans Revere)의 방북 때는 경제제재의 추가 완화를 새롭게 수교조건으로 제시하기도 했다.

그러나 1996년 9월에 북한 잠수함의 동해안 침투사건 등이 발생하면서 협상 진전의 걸림돌로 작용했다. 1998년 8월 북한이 '대포동1호' 미사일을 발사함으로써 논의 자체가 중단됐다. 결국, 2000년 7월 방콕에서 열린 올브라이트 미 국무장관과 백남순 북한외상의 회담 때 북한이 미국의 대북 적대시 정책과 재원 부족문제를 들어 추진이 불가하다는 입장을 표명하여 연락사무소 개설 논의는 중단되었다.36)

(2) 「9.19 공동성명」 이후의 북·미 간 외교관계 수립 논의

「제네바 기본합의」 이후 북한과 미국 사이에 이루어진 외교관계 수립의 합의는 2000년 10월 12일에 발표된 「북·미 공동 커뮤니케」이다. 여기서는 북·미 관계를 개선하는 것이 자연스러운 목표이며, 앞

---

36) 2000년 10월 올브라이트 미 국무장관의 방북 때, 김정일 국방위원장이 연락사무소 개설단계를 거치지 않고 곧바로 외교관계를 수립하고 상주 대사관의 교환 설치를 제의하기도 하는 등 혼란된 모습을 보이기도 했다.

으로 과거의 적대감에서 벗어난 새로운 관계를 수립하기로 약속하였다. 그러던 중 2002년에 제2차 북핵 위기가 발생했고, 그 뒤 북한이 핵·미사일 개발을 계속 추진하여 국가 핵무력의 완성을 선언하기에 이르는 등 북핵 개발로 인한 위기상황이 지속되었다.

2005년 9월의 제4차 6자회담 2단계 회의에서「9.19 공동성명」이 채택되었는데, 이 성명에서 북·미 양측은 상호주권을 존중하고 평화적으로 공존하며 각자의 정책에 따라 관계정상화를 위한 조치를 취하기로 합의했다. 하지만 6자회담은 경수로문제와 미국의 대북 금융제재 문제로 2005년 11월 5차 1단계 회담 이후 중단되었다가 13개월 만인 2006년 12월에 재개되는 등 어려움을 겪었다.

이러한 장기간 교착국면이 끝나면서 마침내 2007년 2월 5차 3단계 6자회담에서「9.19 공동성명의 초기단계 이행조치」(이하「2.13 합의」)가 도출되었다.「2.13 합의」에서는 '양자간 현안해결' → '전면적 외교관계'의 단계를 거쳐 북·미관계 정상화로 나아가기로 하고, 양자대화를 위해 북·미 관계 정상화 실무그룹을 설치하기로 합의하였다.

「2.13 합의」에 따라 미국 뉴욕에서 '제1차 북·미 관계 정상화 실무그룹회의'(2007.3.5~6)가 개최되었다. 이 회의에서 국교관계 정상화를 위한 조건으로서 북한 비핵화의 진전, 그리고 미국의 대북 테러지원국 명단 삭제[37], 대적성국교역법 적용 종료 문제가 논의되었다. 연락사무소 개설문제와 관련해서, 김계관 외무성 부상은 곧바로 대사급 외교관계로 나가자고 주장했다.[38]

---

37) Larry Niksch and Raphael Perl, *North Korea: Terrorism List Reform?*. CRS Report for Congress, Updated April 6, 2007.

'제2차 북·미관계 정상화 실무그룹회의'(2007.9.1~2)는 스위스 제네바에서 열렸다. 이 회의는 양국관계 정상화 문제보다는 6차 2단계 6자회담(9.27~30)의 사전협의 성격이 짙었다. 따라서 주로 북한이 취해야 할 조치(불능화의 수준, 농축우라늄프로그램(UEP)의 의혹 해소)와 미국이 취할 관계정상화 조치(대북 테러지원국 명단 삭제, 대적성국교역법 적용 종료)가 논의되었다.

마침내 2007년 10월에 「9.19 공동성명의 2단계 이행조치」(이하 「10·3합의」)가 채택되었다. 이 조치는 2007년 12월 31일까지 북한이 3개 핵시설을 불능화하고, 모든 핵시설, 핵물질, 핵프로그램을 신고하도록 하고 있다. 그에 상응하여 미국도 테러지원국 지정 해제와 적성국교역법 적용 종료를 '병행적으로' 조치하도록 규정하고, 북·미는 양자관계를 개선하고 전면적 외교관계로 나아간다는 공약을 유지하고 양자간 교류를 증대하고 상호 신뢰를 증진하기로 약속하였다.

2008년 8월 김정일 국방위원장의 와병과 사망, 그리고 2012년 3월 김정은 정권의 출범 이후 체제가 안정될 때까지 이렇다 할 대화가 진행되지 않았다. 2017년 북한의 국가핵무력 완성과 미국의 대북 군사행동론이 맞서는 가운데 2018년부터 새롭게 대화국면이 조성되었다. 그리하여 제2차 북·미 정상회담에서 채택된 「6.12 싱가포르성명」에서 북·미 양측은 평화와 번영을 바라는 두 나라 국민들의 염원에 맞게 새로운 북·미관계를 수립하기로 합의하였다. 2018년 2월 27~28일 베트남 하노이에서 개최된 제2차 북·미 정상회담에서는 연락사무소의 설치 등 한 단계 높은 관계개선 합의가 이루어질 것으로 기대됐으나 합의 불발로 다음을 기약하게 되었다.

---

38) 『연합뉴스』, 2007년 3월 7일.

〈표 5-4〉 북·미 관계정상화에 관한 합의 내용

합의문		관련 내용
제네바 북·미 기본합의 (1994)		o 전문가협상을 통해 영사 및 기타 실무적인 문제들이 해결되는 데 따라 워싱턴과 평양에 연락사무소를 개설 o 현안해결의 진전에 따라 양국관계를 대사급으로 격상
북·미 공동커뮤니케 (2000)		o 관계를 개선하는 것이 자연스러운 목표 o 앞으로 과거의 적대감에서 벗어난 새로운 관계를 수립
9.19 공동성명 2항(2005)		o 북한과 미국은 상호주권을 존중하고, 평화적으로 공존 o 각자의 정책에 따라 관계정상화를 위한 조치를 취하기로 약속
2.13 합의 (2007)	2-(3)	o 북한과 미국은 양자간 현안을 해결하고 전면적 외교관계로 나아가기 위한 양자대화를 개시 o 미국은 북한을 테러지원국 지정으로부터 해제하기 위한 과정을 개시하고, 북한에 대한 대적성국 교역법 적용을 종료시키기 위한 과정을 진전
	3-(2)	o 북·미 관계정상화 실무그룹 설치
10.3합의 2-(1) (2007)		o 북한과 미국은 양자관계를 개선하고 전면적 외교관계로 나아간다는 공약을 유지 o 양측은 양자간 교류를 증대하고 상호 신뢰를 증진 o 북한을 테러지원국 명단에서 삭제하기 위한 과정을 개시하고 또 북한에 대한 대적성국 교역법 적용을 종료시키기 위한 과정을 진전시켜나간다는 공약을 상기하면서, -미국은 북·미관계 정상화 실무그룹 회의를 통해 도달한 컨센서스에 기초해 북한의 조치들과 병렬적으로 북한에 대한 공약 완수
북·미 정상회담 공동성명 (2018)		o 평화와 번영을 바라는 양 국민들의 염원에 맞게 새로운 북·미관계를 수립

3. 북·미 외교관계 수립을 위한 미국 법제도

(1) 외교관계의 수립 방식: 전면적 외교관계와 부분적 외교관계[39]

미국이 북한과 외교관계를 맺는 방식은 완전한 방식과 부분적 방식이 있다. 미국과 전면적 외교관계(full diplomatic relation)를 맺기 위해서는 미 상원(재적 100명)의 과반수 참석과 2/3의 찬성(67명)이 필요하다. 미국 헌법은 상원의 조언과 동의(advice and consent) 권한을 명시하고 있으며 행정부가 외국과 조약을 체결할 때 이에 대한 비준(ratification) 권한을 행사하도록 요구하고 있다. 미 상원의 비준 동의가 없다면 △해외공관의 운영을 위한 예산배정, △대사의 인준이 불가능하므로 완전한 외교관계의 유지가 어렵게 될 수 있다.

하지만 미 상원의 비준 동의가 외교관계의 절대적인 조건은 아니다. 미 행정부의 권한만으로도 부분적 외교관계(partial diplomatic relation)를 맺을 수 있다. 상원의 동의 없이 행정부가 외교관계를 맺는 형식으로 연락사무소(liaison office)나 이익대표부(interest sect)가 있으며,[40] 외교대표부(representative office)의 설치도 가능하다. 외교관계

---

39) 조성렬, "미국의 대북정책 전환과 북·미 관계 전망," 『민주사회와 정책연구』, 통권 13호, 2008년 상반기, pp.175~178.

40) Zachary Davis, Larry A. Niksch, Larry Q. Nowels, Vladimir N. Pregelj, Rinn-Sup Shinn and G. Sutter, *Korea: Procedural and Jurisdictional Questions Regarding Possible Normalization of Relations with North*

형식에 따라 외교관 파견의 수준도 달라진다. 미 의회가 전권대사(Ambassador)의 인준을 동의하지 않더라도 대리대사(chargé d'affaires) 체제를 운영할 수 있다.

미 의회의 거부에도 불구하고 부분적 외교관계를 맺었던 대표적인 사례로 클린턴 행정부 때의 미국-미얀마 간 국교 회복을 들 수 있다. 클린턴 행정부는 1993년 미얀마와 수교를 결정했지만, 공화당이 지배하고 있던 미 상원이 인권문제를 들어 미얀마 전권대사의 인준을 동의해주지 않았다. 하지만 미 행정부는 미얀마와의 국교 회복을 추진했다. 미얀마에는 국교 회복 이전에도 미국 공관이 있었기 때문에 큰 예산문제가 없었으며, 한동안 대리대사 체제로 외교관계를 지속하였다.41)

미국과 국교가 단절되었거나 없었던 과거 적대국가들과 외교관계를 맺는 경우, 곧바로 대사관의 설치로 갈 수도 있지만 중간에 연락사무소 등을 개설한 뒤 점진적으로 정식 외교관계를 맺는 경우가 많다. 미국과 베트남의 경우, 1994년 2월에 미국의 베트남 경제제재 해제 직후 곧바로 수교협상에 들어가 1년 5개월 만인 1995년 7월에 공식적인 외교관계를 회복하였다.42)

이에 비해, 미국은 중국과 리비아와는 연락사무소 단계를 거쳐 완전한 대사급 외교관계를 수립했다. 미·중 양국은 1972년 리처드 닉슨 대통령이 베이징을 방문한 뒤 국교정상화에 합의하고 1973년에 연

Korea, CRS Report for Congress, November 29, 1994, pp.15~16.
41) Larry A. Niksch와의 인터뷰(2007.9.20 at Washington).
42) 당시 베트남은 캄보디아 괴뢰정권 지원 중단, 미군유해송환 문제 등 미국과 양자현안을 사전에 해결하고 나서 수교협상에 본격적으로 나섰기 때문에 빠른 시간 내에 미국과의 수교가 가능했던 것이다

락사무소를 개설했다. 미·중 수교를 추진하던 닉슨 대통령이 탄핵으로 중도하차하는 바람에 관계 격상이 늦어지는 바람에, 6년이 지난 1979년 1월에야 대사급 외교관계가 체결되었다.

리비아도 연락사무소 개설을 거쳐 대사관 설치에 이른 또 다른 사례이다. 미국은 1972년 리비아 주재 대사를 소환했으며 1979년 12월 9일에 미 대사관에 남아 있던 직원들을 완전히 귀국시킴으로써 양국 국교는 단절되었다. 미국의 이라크 침공 직후, 다음번 타깃이 될 것을 우려한 리비아는 2003년 12월 모든 핵프로그램의 포기를 선언했다. 이를 받아 2004년 6월 24일 미국과 리비아 양국은 연락사무소를 설치하였으며, 마침내 2006년 5월 31일 연락사무소를 대사관으로 격상하여 전면적인 외교관계를 수립했다.[43]

(2) 북·미 외교관계 수립의 전망

이와 같은 미국의 제도와 외국 사례로 미루어볼 때, 북·미 관계 정상화의 조건을 판단할 수 있을 것이다. 대북 체제안전을 보장하기 위해 조약 방식이 가장 확실하지만, 그렇다고 미국과 맺은 조약이 만능은 아니다. 미 대통령이 제출한 조약이 미 상원에서 부결된 사례가 존재한다. 대표적인 사례가 1919년의 베르사이유 조약과 1999년 포괄적 핵실험금지 조약(CTBT), 그리고 2012년 장애인 권리협약이 있다. 따라서 완전한 외교관계를 수립하기 위해서는 양국 정부당국의 합의 뿐 아니라 의회의 비준 동의 절차가 필요하다는 점에서 미 의회가 요

---

43) http://libya.usembassy.gov/history2.html; NBC News, "U.S. to renew diplomatic relations with Libya," May 15, 2006. http://www.msnbc.msn.com/id/12799651/ (검색일 2007.10.15.).

구하는 우려사항을 해소할 필요가 있다.

현재 미 의회는 비핵화뿐만 아니라, 북한인권, 탄도미사일, 위폐·마약 등 불법행동, 생화학무기 문제 등 광범위한 이슈들의 해결을 북·미 수교의 조건으로 제시하고 있다. 하지만 미 의회가 북·미 간의 관계개선을 위해 북한 핵문제의 완전한 해결을 요구하고 있어 이러한 사항들을 모두 충족시키려다 보면 수교는 물론이고 오히려 북한 핵문제의 해결도 요원한 일일 수밖에 없다.

2018년 11월 6일 중간선거에서 하원은 민주당이 승리하여 다수당이 되었지만, 완전한 외교관계를 비준 동의할 권한이 있는 상원은 여전히 공화당이 다수당의 지위를 유지하고 있다. 그렇다고 해도 상원 의원 2/3의 지지를 받기는 결코 쉬운 일이 아니다. 그래서 임기 내에 북한 핵문제를 해결하여 자신의 외교적 업적을 만들어 재선을 도모하는 트럼프 대통령으로서는 미 상원의 비준 동의를 거치지 않고 미 행정부의 권한으로 가능한 행정협정 방식으로 부분적인 외교관계의 수립을 먼저 추진할 가능성도 있다.

V. 대북 체제안전 보장의 실효성 제고 방안

1. 미국의 역대 대북 안전보장 약속에 대한 평가

그 동안 미국은 북한과의 협상 과정에서 대통령 친서, 공동성명, 합의문을 통해 안전보장을 약속해 왔다. 하지만 북·미 사이의 기존 약속들은 「조약법에 관한 비엔나협약(Vienna Convention on the Law of

Treaties)」이 정의하는 국제조약과 달리, 북한과 미국의 의무를 부과하는 형식이 아니다. 북한의 비핵화 약속 이행에 따라 미국이 북한에 제공할 안전보장 조치가 법적 구속력을 갖기 위해서는 행정협정이나 조약처럼 그에 상응하는 미국 국내의 법제도적 절차와 형식을 갖추는 것이 필요하다.

미국이 「북·미 공동코뮤니케」, 「제네바 북·미 기본합의」, 「9.19 공동성명」 등에서 북한에 약속했던 안전보장의 주된 내용은 '핵무기 또는 재래식 무기로 북한을 공격하거나 위협하지 않는다'는 소극적 안전보장(Negative Security Assurance)이다. 미국이 적극적 안전보장(Positive Security Assurance) 방식으로 제공한 경우도 있지만, <표 5-5>에서 보듯이 구체성이 떨어지는 포괄적 내용에 지나지 않았다.

이처럼 미국의 대북 안전보장 약속을 종합적으로 살펴보면, 「9.19 공동성명」의 합의에도 불구하고 「2010 핵태세 보고서(NPR2010)」에서 NPT 탈퇴국가와 위반국가에 대해 소극적 안전보장의 제공을 제외함으로써 사실상 북한에 대한 핵사용의 길을 열어놓고 있다.[44] 또한 「2018 핵태세 보고서(NPR2018)」에서는 "북한 핵무기는 국제안보의 가장 즉각적이며 엄청난 핵확산 위협"이라고 규정하고 북한을 겨냥한 새로운 저위력 핵무기 개발과 배치가 필요하다고 밝히고 있다.[45]

이같이 미 국방장관이 서명한 핵태세보고서에서 북한을 사실상 '핵선제사용 가능국가'로 분류함으로써 미 국무부 차관보급이 서명한 「9.19 공동성명」의 소극적 안전보장 약속을 무력화하고 있는 것

---

[44] Office of The Secretary of Defence, *Nuclear Posture Review Report 2010*, April 2010, p.15.

[45] Office of The Secretary of Defence, *Nuclear Posture Review Report*, February 2018, pp.11~12 및 pp.32~33.

이다. 미국이 지금껏 제도적, 내용적 완결성이 떨어지는 방식으로 북한과 안전보장 제공을 약속한 데에는 첫째로 불량국가로 규정한 북한과 제도적 수준이 높은 합의를 하는 데에 대한 정치적 부담감, 둘째는 미 의회의 행정부 견제, 셋째로 북·미합의로 인해 미국의 정책 자율성이 구속되는 데 대한 거부감이 복합적으로 작용한 것으로 평가된다.

〈표 5-5〉 미국의 대북 불가침 보장 내용

	합의문 내용
소극적 안전보장	"핵무기를 포함한 무력을 사용하지 않으며 이러한 무력으로 위협도 하지 않는다는 것을 담보한다." 【1993 북·미 공동성명】
	"미국은 조선민주주의공화국에 대해 미국의 핵무기 사용과 위협을 하지 않는다는 공식적 보장을 제공한다." 【1994 제네바기본합의】
	"미국은 한반도에 핵무기를 보유하지 않으며 핵 또는 재래식 무기로 북한을 공격하거나 침공할 의사가 없다는 것을 확인한다." 【9.19 공동성명】
적극적 안전보장	"쌍방은 상대방에 대하여 적대적 의도를 갖지 않을 것을 선언하며, 과거의 적대감에서 벗어나 미래를 위한 새로운 관계 수립을 위해 모든 노력을 기울일 것을 확인한다." 【북·미 공동코뮤니케】
	"적대적 의도를 가지고 있지 않으며, 주권과 동등성에 대한 상호존중의 정신에 입각하여 양국관계 개선에 필요한 조치들을 취할 준비가 되어 있음" 【2.29 합의】

2. 미국의 직·간접적 대북 안전보장 조치에 대한 평가와 시사점

(1) 직접적인 안전보장 방식

한국전쟁을 법적으로 종식하는 문서에 대해 미국은 평화협정이 아닌 평화조약(peace treaty)이라는 용어를 사용하고 있다. 당초 주은래 중국 외교부장이 「군사정전협정」을 조약화하자고 덜레스 미 국무장관에게 제안했으나 그가 거부하는 바람에 무산된 바 있다. 그렇기에 한반도 평화조약이 될지 평화협정이 될지 속단하기 어렵다. 평화조약이 체결되면 한국전쟁이 법적으로 종식되어 미국의 각종 대북 제재와 적대시정책을 끝낼 수 있는 제도적 근거가 마련되지만, 평화조약을 맺었다고 해도 북한의 도발 시 언제라도 대북 무력사용이 가능하다는 점에서 미래의 전쟁까지 막아주는 것은 아니다.

북한에 대한 안전보장 조치로 가장 확실한 것은 별도의 불가침조약을 맺는 방법이다. 하지만 미국은 별도의 불가침조약을 맺기를 꺼려하고 있을 뿐만 아니라 미 상원의원 2/3의 비준 동의를 받아야 하기 때문에 결코 쉬운 작업이 아니다. 그렇지만 별도로 불가침조약을 체결하지 않더라도 대북 안전보장 문서에 불가침 항목을 조문으로 넣어 동일한 효력을 발휘하도록 할 수 있다. 다자간 공동안전보장에는 각서(memorandum) 방식과 유엔안보리 결의 방식 등이 있다. 각서 방식으로는 미, 영, 러 3국이 우크라이나와 맺은 「부다페스트 안전보장 각서」가 대표적이다. 하지만 각서를 체결해 우크라이나의 안전보장을 약속했으나, 러시아의 크림반도 합병을 막지 못했다. 당시 오바마 행정부는 군사개입을 하지 않는 이유로서 조약이 아닌 각서라는 점을 들었다. 이처럼 각서 방식의 다자 안전보장 방식은 법적 구속력이 제한될 수밖에 없다.

이와 같은 한계를 극복하기 위해서는 각국이 대북 안전보장문서에 대해 국회의 비준 동의를 받아 조약화하는 방식이 있다. 다자간 공동 안전보장과 유사한 체제안전 보장방식으로 동북아비핵무기지대조약이 있다. 이 조약은 역내 비핵무기국가인 남북한과 일본이 체결한 뒤 핵무기국가인 미, 러, 중이 조약 방식으로 보장하는 것이기 때문에 법적 구속력이 높다. 하지만 이 방식도 조약이기 때문에 미 상원의원 2/3의 찬성이 필요하다.

조약 방식의 대안으로 생각해 볼 수 있는 것이 한반도 비핵화 완료에 맞춰 미국의 발의로 유엔안보리 결의를 통해 북한에 대해 안전보장을 제공하는 방안이다. 「전쟁권한법」 등에 따르면, 유엔안보리 결의는 미국의 국내법과 동일한 법적 구속력을 발휘하도록 되어 있다. 따라서 미 상원이 아니라 유엔안보리의 결의를 얻을 수 있다면 좀 더 손쉽게 안전보장을 제공할 수 있다.

(2) 간접적인 안전보장 방식

세계 패권국가인 미국과의 외교관계 수립은 북한이 국제사회에서 정상적인 국가로 활동할 수 있어 안전보장 효과를 높일 수 있는 장점이 있다. 하지만 미국과의 수교 그 자체가 북한정권의 안전을 보장해 주는 것은 아니다. 미국과 대사급 외교관계를 맺더라도 미국이 지원하는 반군 또는 쿠데타로 인해 정권이 교체되는 경우가 있고, 어떤 경우에는 미국과의 관계 악화로 일방적으로 단교되거나 격하되기도 한다.

리비아는 핵개발 포기결정 뒤 이익대표부, 연락사무소를 거쳐 대사급 외교관계를 맺었지만, 결국 카다피 정권은 미국의 지원을 받은 반군에 의해 붕괴되었다. 이와 관련하여 트럼프 대통령은 "리비아에서 우리는 그 나라를 초토화했다. 카다피를 지켜준다는 합의가 없었다. 우리는 가서 그를 학살했다"면서, 리비아와 수교는 했지만 안전보장에 대해서는 합의하지 않았기 때문에 정권 붕괴를 지원할 수 있었다고 실토하였다.46)

미국과의 외교관계는 항구적인 것이 아니라 미국에 의해 일방적으로 단절되거나 격하될 수 있는 가역적인 조치라는 한계도 존재한다. 미얀마는 미국과 완전한 외교관계를 맺고 있었지만, 군사독재정권이 들어와 민주화운동을 탄압하자 미 행정부는 각종 행정명령과 「버마자유민주법」(2003) 제정 등을 통해 경제제재, 미 대사 소환조치 등을 통해 불완전한 외교관계로 격하한 사례가 있다.

3. 미국의 대북 안전보장에 대한 보완책: 유엔안보리 결의

조약 방식의 체제안전 보장조치는 미국 행정부와 의회가 모두 동의할 때 가능한 것으로 합의의 지속성이 높아 북한이 요구하는 체제 안전보장의 가장 유력한 방법이다. 하지만 미 행정부가 의회에게 신속한 처리를 요청할 권한이 없어 상원의 비준을 얻으려면 논의하는 데 많은 시간이 걸리고 표결이 지연되는 경우가 대부분이다. 트럼프 행

---

46) 『연합뉴스』, 2018년 5월 17일.

정부가 조약을 상원에서 표결에 부친다고 해도 상원의원들의 구성과 북한에 대한 태도로 볼 때 대북 안전보장이 통과되리라는 보장도 없는 것이 현실이다.

그런 점에서 행정협정 방식의 대북 안전보장 방안을 고려해 볼 수 있다. 행정협정은 미 의회의 비준 동의 절차 없이 대통령의 명령으로 체결될 수 있어 효율적이고 단기간 내 시행이 가능하다. 하지만 행정협정 방식은 조약에 비해 상대적으로 가역성이 높기 때문에 북한이 최종적이고 완전히 검증된 비핵화(FFVD)의 상응조치로서 그대로 수용하기에는 불완전한 것이 사실이다.

따라서 북한의 합리적 안보우려를 해소하면서 한반도의 완전한 비핵화를 조기에 달성하기 위해서는 북·미 간의 협정 체결과 유엔안보리 차원의 결의안 채택을 병행할 필요가 있다. 이를 통하여 대북 안전보장 조치의 비가역성을 높일 수 있을 것이다. 미 상원의 2/3 동의 확보가 어렵다고 판단될 경우, 행정명령으로 대북 안전보장 협정을 체결한 뒤 「부다페스트 안전보장 양해각서」에 준하는 내용으로 유엔안보리의 대북 안전보장 결의안을 추진하는 방식이다. 유엔안보리에서 결정된 사항은 유엔 회원국들에게 그 의무를 이행할 제도적 책무가 발생된다는 점에서 미 대통령의 행정명령에 의한 대북 안전보장 협정을 제도적으로 보완할 수 있게 될 것이다.

제6장

한반도 비핵화의 상응조치(2):
남·북·미 상호 군사위협 해소 방안

Ⅰ. 군사적 긴장완화는 비핵화의 필요조건

　김정은 북한 국무위원회 위원장은 2018년 3월 5일 평양을 방문한 남측 특사단에게 "군사위협이 해소되고 체제안전이 보장된다면 더 이상 핵무기를 가질 이유가 없다"면서 북한 핵문제 해결을 위한 상응조치의 하나로 군사위협의 해소를 요구하였다. 북한은 법제도적인 체제안전의 보장뿐만 아니라, 실질적인 군사적 위협의 제거를 요구하고 있다. 이처럼 북한이 제시한 한반도 비핵화의 조건은 연성균형 방식과 경성균형 방식이 결합된 포괄적 안보-안보 교환인 것이다.
　하지만 북한에 대한 체제안전의 보장과 달리, 군사위협 해소는 일방적인 조치라기보다는 상호 위협의 제거가 필요하다는 점에서 한반도 군비통제의 차원에서 접근하는 것이 바람직한 것이다. 이에 따라 2018년 4월 27일 「판문점선언」 제2조의 "첨예한 군사적 긴장상태를 완화하고 전쟁 위험을 실질적으로 해소하기 위하여 공동으로 노력"한다는 남북정상회담의 합의에 따라 남북 군사당국 간에 본격적인 군비통제 협상이 시작되었다. 마침내 같은 해 9월 19일 남북국방장관회담에서 「4.27 판문점선언의 이행을 위한 남북군사합의서」(이하 9.19 남북군사합의서)가 채택되었다. 이로써 남북 간의 우발충돌방지 및 초보단계 운용적 군비통제에 대한 합의가 이루어졌다.

남북한뿐만 아니라 미국이 포함된 한반도 군비통제 협상은 2019년 2월 27~28일 양일간에 걸쳐 베트남 하노이에서 개최된 제2차 북·미 정상회담에서 하노이 공동성명이 나와 한반도 비핵화에 관한 한 단계 높은 합의가 이루어질 경우 본격화될 것으로 전망되었다. 하지만 아쉽게도 제2차 북·미 정상회담에서는 합의문 도출이 불발되었다. 나중에라도 북·미 협상에서 비핵화–상응조치가 합의될 경우 한반도 군비통제를 위한 본격적인 협상이 이루어질 것이다.

경우에 따라서는 완전한 비핵화 로드맵이 나오기 전에라도 북핵 문제 해결의 군사적 환경 조성을 위해 남북 양자 및 남·북·미 3자 사이에서 한 단계 높은 군비통제 협상이 추진될 수도 있다. 한 단계 높은 본격적인 군비통제는 북핵문제 해결을 위한 군사환경을 조성하는 차원을 넘어, 한반도에서의 항구적인 평화체제 하에서 한반도 내 군사관계를 뒷받침할 수 있는 남북 및 남·북·미 군비통제의 포괄적인 내용이 담기게 될 것이다.

제6장은 남북한의 군사목표와 군사전략을 살펴본 뒤 상호 군비통제 협상의 필요성을 이끌어낸다. 그리고 한반도 군비통제의 협상 틀을 남북군사회담과 남·북·미 3자 군사회담으로 나누고, 협상의 경과와 현단계 추진내용, 향후 군비통제의 추진방향에 관해 살펴본다. 이를 통해 한반도 군비통제 협상의 추진 시 고려사항을 제시해 본다.

Ⅱ. 한반도 비핵화와 상호 군사위협 해소

1. 북한의 군사전략과 대남 군사위협 요인

(1) 김정은 정권의 국가 및 군사전략 목표

북한정권의 국가목표는 지도자마다 강조점이 바뀌면서 발전해 왔다. 김일성 주석은 '일심단결'을 통한 정치사상강국을 내세워 북한정권의 토대를 구축하였다면, 김정일 국방위원장은 사회주의체제의 위기 속에서 '불패의 군력'을 위한 핵군사강국의 노선을 걸었다. 할아버지와 아버지의 권력을 승계한 김정은 국무위원장은 '새세기 산업혁명'을 추진하여 '인민생활의 향상과 경제강국의 건설'을 완수함으로써 사회주의 강성국가를 완성한다는 구상을 갖고 있다.[1]

하지만 핵군사강국의 건설을 목표로 내세웠던 김정일 국방위원장은 자신의 목표를 마무리짓지 못한 채 2011년 12월 19일 사거하였다. 이를 계승한 김정은 정권은 김정일 정권이 완성하지 못한 핵군사강국의 목표와 자신의 목표인 경제강국의 건설을 병행하는 국가노선을 취

---

[1] 최영림 내각 총리는 5·1절 기념 중앙보고대회에서 "김정은 동지는 역사상 일심단결과 불패의 군력에 새 세기 산업혁명을 더하면 그것은 곧 사회주의 강성국가라는 고전적 정식화를 처음으로 주시었다"며 3대 혁명의 관계를 설명하고 있다.『로동신문』, 2012년 5월 2일.

하였다. 그리하여 2013년 3월 31일 당중앙위원회 제6기 23차 전원회의에서 경제건설과 핵무력 건설을 병행해 추진한다는 이른바 '경제건설-핵무력건설 병행노선'이 채택된 것이다.

병행노선은 핵억제력을 확보해 외부 군사위협을 제거함으로써 김정은 체제의 권력기반을 안정화하고, 국방비의 효율적 사용으로 경제건설에 매진할 수 있는 군사적 토대를 구축하는 것을 전략목표로 내세웠다.2) 김 위원장은 "새로운 병진노선의 참다운 우월성은 국방비를 추가적으로 늘리지 않고도 전쟁 억제력과 방위력의 효과적를 결정적으로 높임으로써 인민생활 향상에 힘을 집중할 수 있게 한다"는 점을 강조했다.3) 하지만 국제사회의 고강도 대북 경제제재가 계속되면서 핵무력을 바탕으로 경제건설에 매진한다는 북한의 구상은 현실에서 멀어졌다.

그리하여 북한은 수소탄 실험과 대륙간탄도미사일 시험발사를 토대로 '국가핵무력의 완성'을 선언한 뒤 대남, 대미 협상에 나선다는 전략을 수립했다. 2017년 한 해 동안에 총 15회 20발에 달하는 탄도미사일을 시험 발사했는데, 이 가운데 문재인 정부가 출범한 이후 쏜 것만도 9회 11발이다. 이 수치는 김정일 국방위원장 집권 기간(1998~2011)에 총 9회 16발의 탄도미사일을 발사한 것보다 훨씬 많은 것이다. 뿐만 아니라 수소탄을 사용해 6번째 핵실험을 단행하였다.

결국 북한은 '국가핵무력의 완성'을 선언한 뒤에야 전략도발을 멈추었다. 2018년 1월 1일 신년사와 남북한 특사교환을 통해 군사위협의 해소 등을 내세우며 핵무기의 포기를 약속하였다. 그리고 4월 20

---

2) 본서 제3장 제1절 참조
3) 『조선중앙통신』, 2013년 3월 31일.

일 당중앙위원회 제7기 3차 전원회의에서 병진노선의 종료와 경제건설 총력노선의 채택으로 이어졌다. 북한이 대북 군사위협 해소와 체제안전 보장을 조건으로 기존의 '핵 가진 경제빈국'에서 탈피하여 '핵 없는 신흥개도국'으로 국가전략노선을 선회한 것이다.

(2) 김정은 정권의 군사전략과 위협요인

북한은 핵·미사일을 실전 배치하면서 동시에 재래식무기와 핵무기를 결합한 새로운 억제전략을 수립한 것으로 평가된다. 북한군은 2015년 8월 '준전시태세' 선포를 통해 기존 재래식 군사전략을 총점검한 뒤, 재래전 및 핵미사일전의 배합이라는 새로운 군사전략으로 전환한 것이다. 북한은 이른바 '남조선작전지대'에서는 재래식전력에 기반한 피해제공능력으로 한국군과 주한미군을 상대하면서, 다른 한편으로 '일본작전지대', '아시아태평양지역 미제침략군 기지'에 대해서는 핵·미사일 전력에 기초한 억제전략으로 해외에서 들어오는 미 전시증원군을 상대한다는 것이다.

북한은 한미동맹이 유지되는 한 자신의 전쟁공간이 한반도를 넘어서지 않을 수 없다고 보고, 전쟁공간을 미국의 서태평양 전진기지가 있는 괌도까지 확대해 놓고 있는 것이다. 북한의 새로운 군사전략은 반접근지역거부(A2AD)와 응징적 억제의 전략적 배합이라고 볼 수 있다. 한편으로는 동아시아지역에 주둔한 미군을 포함한 전시증원군이 괌, 오키나와, 일본열도를 통해 한반도로 들어오는 것을 거부하면서, 다른 한편으로는 응징력의 확보를 통해 미 본토로부터의 전략적 지원을 차단하려는 디커플링(Decoupling) 전략을 구상하고 있는 것이다.

〈그림 6-1〉 북한 전략군의 괌도 포위사격 검토

<출처> 『로동신문』, 2017년 8월 15일.

먼저, 주일미군을 비롯한 유엔군 전시증원전력에 대한 반접근·지역거부(A2AD)를 위해 핵공격의 목표를 미군의 서태평양 전진기지인 괌도 앤더슨 공군기지, 아프라 해군기지까지 확장하고, 일본열도 내의 주일미군기지 및 괌도에 도달할 수 있는 중거리탄도미사일(MRBM)인 화성 7형(노동), 화성 9형(노동-ER) 및 중장거리 탄도미사일(IRBM)인 화성 10형(무수단), 화성 12형 등 다양한 탄도미사일의 개발 및 성능 향상에 주력하고 있다.

다음, 수소탄 실험을 통한 핵탄두의 소형화, 경량화 실현 및 대륙간 탄도미사일(ICBM) 급인 화성 14형, 화성 15형의 개발로 미 본토를 핵미사일로 타격할 수 있는 응징능력을 확보함으로써, 한반도 유사시 미국이 자국의 핵무기 피해를 감수하면서까지 한국에 대한 확장억제력을 제공할 수 없는 상황을 조성하고자 하고 있다. 2017년 9월 3일 수소핵실험 직후 조선아태평화위원회가 성명을 통해 노동당의 '전략적 핵무력 건설 구상'을 밝히면서, "미국은 수소탄 보유로 달라진 북한의 지위와 무게를 헤아릴 것"을 경고한 것은 바로 이 때문이다.4)

이러한 북한의 새로운 군사전략은 북한으로서는 자위를 위한 것이라고 주장하겠지만, 한국을 비롯한 주변국들은 물론 미국에게도 군사적 위협요인이 되고 있다.

(3) 대북 군비통제 협상의 필요성

김정은 위원장이 약속한 대로 북한이 모든 핵무기를 포기한다면, 더 이상 새로운 재래식-핵무기 배합전략의 운용이 불가능하다. 또한 핵·미사일을 운용하는 전략군의 개편 내지 폐지가 불가피할 뿐만 아니라 억제전략의 수립을 위해 제조해 놓은 핵탄두 및 탄도미사일 전력의 단계적인 폐기도 추진해야 할 것이다. 이처럼 한반도 비핵화가 추진되어 완료된다면, 북한의 군사전략의 변화가 불가피하다.

2018년 4월 20일에 개최된 북한 노동당 중앙위원회 제7기 3차 전원회의에서 북한당국은 '핵실험과 중장거리·대륙간탄도미사일의 시험발사 중지'를 약속했다. 따라서 북측은 군비통제의 대상으로 핵무기 외에 중장거리미사일과 대륙간탄도미사일의 폐기를 수용해 응징적 억제전략을 포기할 가능성이 있다. 하지만 북한의 새로운 전쟁공간 개념과 억제전략을 고려할 때, 비핵화 협상을 추진하더라도 거부적 억제력까지 포기할 것으로 보이지는 않는다. 따라서 북한이 군비통제의 대상으로 삼을 중장거리 탄도미사일은 사거리 3,300~4,500km로 추정되는 화성 12형을 가리키고 대륙간탄도미사일은 화성 14형과 화성15

---

4) 『조선중앙통신』, 2017년 9월 7일.

형인 것으로 보인다.5)

2017년 9월 3일 수소탄 실험을 실시한 직후인 9월 7일 조선아태평화위원회는 성명에서 "쥔 것도 변변치 못한 남한은 핵이나 전략탄도로켓이 아니더라도 간단하게 상대가 가능하다는 것을 깨달아야 할 것"이라며 핵무기가 없더라도 재래식 군사력 상으로도 문제 없다며 자신감을 표시한 바 있다.6) 하지만 이러한 근거 없는 자신감만으로 객관적인 군사력 열세가 해소되는 것이 아니기 때문에 북한은 어떤 형태로든 대책 마련에 나설 것으로 보인다.

북한이 모든 핵무기 및 중장거리, 대륙간 탄도미사일의 해체 약속을 이행한다고 해도 여전히 다음 두 가지 문제가 남는다. 하나는 북한이 약속한 핵·미사일의 완전한 해체 및 반출까지는 상당한 시간이 걸릴 수밖에 없다는 점에서 과도기간 동안에 미국의 확장억제력 제공이 유지되어야 한다. 다른 하나는 북한이 합의대로 핵억제력의 제거 과정에 들어간다고 해도 한국에 대한 군사력 열세 때문에 북한군이 대대적인 재래식 군비증강에 나설 가능성이 높아 지금부터 군비경쟁을 막기 위한 군비통제 협상을 시작해야 한다.

---

5) 미국에서 발행되는 『핵과학자 회보』는 북한의 ICBM(5,500km 이상)은 화성 13, 14, 15형, 대포동2형, IRBM(3,000~5,000km)은 화성 10형(무수단), 12형, MRBM(1,000~3,000km)은 화성 7형, 9형(스커드 ER), 북극성 2형, SLBM은 북극성 1형으로 구분하고 있다. Hans M. Kristensen & Robert S. Norris, "North Korean Nuclear Capabilities, 2018," *Bulletin of the Atomic Scientists*, Vol.74, No.1, 2018, pp.41~51.

6) 『조선중앙통신』, 2017년 9월 7일.

2. 한·미의 군사목표와 대북 군사억제 전략

(1) 한국과 미국의 군사목표

한국의 군사목표는 국가의 안위와 국민들의 생명과 재산을 보호하기 위해 튼튼한 군사태세를 구축하는 데 있다. 무엇보다 북한의 군사적 위협에 대비하는 것이 최대의 임무이다. 최근 들어 남북관계의 개선에 따라 북한의 직접적인 군사적 위협이 감소되고는 있지만 여전히 핵·미사일을 비롯한 전략적 위협이 해소되지는 않았다. 또한 동북아 지역의 불안정성이 증대되고 해상영토와 배타적 경제수역을 둘러싼 갈등요소가 표면화하고 있으며 군비경쟁의 조짐까지 나타나는 등 잠재적 위협이 증가하고 있다. 아울러 재해, 재난, 테러, 사이버 등과 같이 비군사 위협도 점진적으로 확산되고 있다.

한국과 미국의 공동 군사목표는 「한미상호방위조약」의 전문(前文)에 잘 명시되어 있듯이, "외부로부터의 무력 공격에 대하여 자신을 방위"하는 군사동맹의 일반적인 목표와 같다. 하지만 분단된 현실에서 한미동맹의 현실적인 목표는 한반도 차원에서 대북 억제력을 확보하여 북한의 전면 남침을 억제하고 북한이 군사도발을 자행할 경우에는 이를 저지하고 격퇴할 수 있는 방어능력을 갖추는 것이다.

또 다른 한·미의 공동 군사목표는 한·미 연합전력을 유지함으로써 지역의 평화와 안전을 수호하는 것이다. 특히 주한미군은 중국이 대외 영향력을 확대하지 못하도록 차단함으로써 동북아시아 세력균형을 위한 안정자 역할을 수행하고 있다. 2019년 2월 12일 로버트 에 이브럼스 주한미군사령관이 미 상원 군사위원회 청문회의 증언에서 "주한미군 주둔은 북한에 대한 억제를 제공할 뿐 아니라 중국의 영향력 확대에 대한 방어벽 역할"에 있다며 주한미군의 역할을 명확히 규정하고 있다.7)

한국군의 또 다른 군사임무는 국제사회의 책임 있는 일원으로서 해외파병을 통해 국제평화에 기여하는 것이다. 우리나라는 1991년에 유엔에 가입한 이후 소말리아 공병부대 파견을 시작으로 서부사하라 국군의료지원단, 앙골라 공병부대, 동티모르 상록수부대, 아이티 단비부대를 파견하였고, 지금도 분쟁지역에서 약 1,000명이 유엔 평화유지활동, 다국적군 평화활동을 전개하고 있다. 2018년 12월 말 현재 레바논 동명부대 331명, 남수단 한빛부대 280명과 개인 단위 파병 등 6개국에서 635명이 임무를 수행하고 있다.8)

(2) 한·미의 대북 군사전략과 북한의 위협인식

한국군 단독 또는 한·미 연합전력의 대북 군사전략은 전면전 및 국지전, 우발적 충돌사태에 대비하여 각각 억제전략과 방위전략, 국지도발대응전략 등으로 나누어 살펴볼 수 있다.

---

7) Robert Abrams(U.N. Command, Combined Forces Command & U.S. Forces Korea Commander), *Hearing to Receive Testmony on the United States Indo-Pacific Command and United States Forces Korea in Review of the Defence Authorization Request for Fiscal Year 2020 and the Future Years Defense Program*, U.S. Senate Committee on Armed Services, Washington, D.C., Tuesday, February 12, 2019.
8) 국방부, 『2018 국방백서』, 2018년 12월, p.151.

첫째, 한국군은 전시작전통제권 환수 계획에 대비하여 독자적으로 북한의 핵·미사일 위협을 억제하기 위해 비대칭 전력인 '한국형 3축 체제'의 조기 구축을 목표로 추진하고 있다. 한국형 3축 체제는 한국형 미사일방어체계(KAMD), 킬체인, 대량응징보복(KMPR)으로 구성되어 있다.9) 2018년 「9.19 남북군사합의서」의 채택 이후 불필요하게 북한을 자극하지 않기 위해 '한국형 3축 체제(3K)'의 명칭을 '전략적 억제능력 구축'으로 바꾸고, 킬체인을 '전략적 타격'으로, 대량응징보복은 '압도적 대응'으로 변경하였다.10) 한국형 미사일 방어체계는 명칭을 그대로 유지하며 구축작업도 그대로 추진한다.

둘째, 북한의 전략적 도발 가능성을 억제하기 위한 미국의 확장억제력 제공이다. 확장억제란 미국이 동맹국인 한국에 대해 미 본토와 같은 수준의 핵억제력을 제공한다는 의미이다. 미국의 확장억제력 제공 약속은 북한의 1차 핵실험 직후에 열린 2006년 10월 한·미 안보협의회의(SCM)에서 처음 등장하였으며, 2013년 10월 SCM에서 한·미 국방장관이 서명한 '한·미 맞춤형 억제전략(TDA)'으로 구체화되었다. 그 뒤 북한의 5차 핵실험 직후인 2016년 10월 한·미 외교-국방장관(2+2) 회의 때 한·미 양국 외교·국방차관이 참석해 미국의 확장억제 제공 문제에 관한 거시적 전략과 정책을 논의하는 고위급 대화 채널인 확장억제전략협의체(EDSCG)를 출범시키기로 하였다. 북한의 6차 핵실험 직후인 2017년 9월 5일 한·미 양국 대통령은 EDSCG를 정례화하기로 합의하였다.11)

---

9) 조성렬, 『전략공간의 국제정치: 핵·우주·사이버 군비경쟁과 국가안보』, 서강대학교 출판부, 2016년 9월, pp.476~478.

10) 『한겨레신문』, 2018년 12월 10일.

셋째, 북한의 전면적 남침에 대비한 국방태세의 확립이다. 1970년대 이후 전면전에 대비해 '작계 5027'이 있었지만 전시작전통제권(이하 전작권)이 2012년 12월까지 한국군에 전환될 경우에 대비해 2007년 이후 한·미 양국 군이 함께 '작계 5015'를 연구해왔다. 마침내 2016년 6월 최윤희 합참의장과 스캐퍼로티 한미연합사령관이 '작계 5015'에 서명하였다.12) '작계 5015'는 당초 한국군이 전작권을 넘겨받은 뒤 '한국군 주도, 미군 지원'이라는 틀로 작전계획이 만들어질 예정이었지만, 2014년 10월 한·미 국방장관 회담에서 전작권 전환이 무기한 연기됨에 따라 한국군이 아니라 한미연합사가 주도하도록 되어 있다. 향후 전작권이 전환되고 미래 연합사가 출범할 될 경우, 원래 계획대로 한국군이 주도하게 될 것으로 보인다.

넷째, 북한의 국지적 도발에 대한 국지도발대비계획의 수립이다. 북한의 국지도발에 대비한 '한·미 공동 국지도발 대비계획'은 한국군이 1차적으로 현장 대응을 하고, 이후 한·미가 공동 대응에 대해 협의한 후 미군도 참여하는 공동의 군사적 대응으로 조기에 진압한다는 개념이다. 이 계획은 연평도 포격 도발 이후 한·미 합참의장 합의로 작성된 '한국군 주도, 미군 지원'의 북한 국지도발 시 대비계획이다. 한·미 양국은 2013년 3월 정승조 합참의장과 셔먼 주한미군사령관이 이 대비계획에 서명하였다. 이 대비계획은 2015년 8월 북한의 목함지뢰 도발 때 처음으로 가동되었다.

---

11) 「확장억제전략협의체(EDSCG) 공동성명」 2017월 9월 5일. https://kr.usembassy.gov/ko/090517-joint-statement-extended-deterrence-strategy-consultation-group-ko/ (검색일 2018.03.08.).

12) 조성렬, 『전략공간의 국제정치: 핵·우주·사이버 군비경쟁과 국가안보』, pp.478~481 및 『조선일보』, 2015년 10월 7일.

이와 같은 한국군 및 한미연합군의 국방태세는 북한의 전략도발과 군사적 위협에 대응하기 위한 방어 목적이기는 하지만, 북한은 자신들에 대한 군사적 위협요인으로 인식하고 이의 해소를 요구하고 있다.

(3) 한반도 군비통제의 한·미 요인을 둘러싼 쟁점

한반도 비핵화 협상이 진행되면서 북한의 핵위협이 해소되어 감에 따라, 한·미의 대규모 군사연습과 한국에 대한 미국의 확장억제력 공약, 미군 전략자산의 한반도 전개, 한국군의 대북 삼축체제의 재정비 문제 등이 동북아 군사력 균형과 북한의 군사위협 해소 요구 차원에서 한반도 군비통제의 핵심쟁점으로 대두될 것으로 보인다.

먼저, 북한의 핵·미사일 위협에 대응하기 위한 주한미군의 전역고고도미사일방어체계(THAAD) 배치와 한국군의 SM-3 요격미사일 도입 문제이다. THAAD 배치와 관련해서는 북한에 못지않게 중국이 크게 반발해 왔다. THAAD 배치로 인해 중국군의 탄도미사일을 무력화시켜 동북아의 전략균형을 흔들 수 있다는 중국의 우려 때문이다. 미 국방부가 발표한 「2019 미사일방어 검토보고서(MDR 2019)」에서는 미국을 미사일로 위협하는 잠재적인 적으로 북한, 이란, 러시아, 중국을 꼽고, 반접근지역거부 전략에 맞서 동맹국과 '통합항공미사일방어망(IAMD)'을 구축할 것으로 제안하고 있다.[13]

다음, 한국군의 SM-3 요격미사일 구축 문제이다. 한국은 한국형 미사일방어체계(KAMD)의 일환으로 이지스함(KDX-III 배치2형)에 탑재

---

13) Office of the Secretary of Defense, *2019 Missile Defense Report*, US Department of Defense, 2019, p.33.

할 요격고도 150~500km인 SM-3 요격미사일의 도입을 결정했다.14) 이로써 북한이 발사하는 대륙간탄도미사일(ICBM)을 중간단계에서 요격할 수 있게 되었다. 「2019 미사일방어 검토보고서(MDR 2019)」는 미국의 '통합항공미사일방어망(IAMD)'과 동맹국 미사일방어체계의 '상호운용성(interoperability)'을 강조하고 있다.15) 이 때문에 일각에서는 미국의 MD체계에 편입되는 게 아닌가 논란을 불러일으킬 것을 우려하고 있다.

이어서, 대규모 한미군사연습과 전략자산의 전개 문제이다. 이에 관해 2019년 1월 1일 김정은 위원장의 신년사에서 "조선반도 정세긴장의 근원으로 되고 있는 외세와의 합동군사연습을 더 이상 허용하지 말아야 하며 외부로부터의 전략자산을 비롯한 전쟁장비 반입도 완전히 중지되어야 한다"고 요구하였다. 또한 당기관지 『로동신문』은 2019년 2월 6일자 논평에서 "남조선에서 끊임없이 감행되어 온 외세와의 합동군사연습과 외부로부터의 전쟁장비 반입을 비롯한 대규모적인 무력증강은 조선반도 정세긴장의 근원"이라고 주장하고 있다.16)

끝으로, 북한이 한국군의 전력 증강도 문제삼고 있어 이것도 한반도 군비통제의 의제로 떠오를 가능성이 있다. 『로동신문』의 같은 기사에서 북한은 남한 군부가 '3축 타격체계'의 명칭을 '핵 및 대량살상무기 대응체계'로 바꾸고 이를 위해 대규모 무력증강에 나서고 있다면서, "스텔스전투기 F-35A를 3월부터 실전배치하고 각종 외국산 무

---

14) 개량형인 SM-3 블록2A의 요격고도는 1,000km이다. 『연합뉴스』, 2018년 10월 12일.

15) Office of the Secretary of Defense, *2019 Missile Defense Report*, p.33.

16) "군사적 대결을 추구하는 위험한 처사," 『로동신문』, 2019년 2월 6일.

장장비를 도입하려 하는 등 공격적 성격이 명백히 드러나는 매우 위험한 행위"라고 비난하면서 첨단 군사장비의 도입을 문제 삼았다.[17]

3. 한반도 비핵화를 위한 군비통제의 방향과 협상틀

(1) 한반도 군비통제의 기본방향

북한을 비핵화 협상으로 이끌어내기 위해서는 연성균형 방식의 안보-안보 교환의 한계를 넘어 '핵억제'를 대체할 수 있는 경성균형 방식의 안보-안보교환(군사적 안전보장 방안)의 병행 추진이 불가피하다. 남북관계의 개선에 따라 우선 교류·협력의 군사적 보장이 필요하며, 그 외에도 우발적 무력충돌의 방지, 전쟁 억제, 군비경쟁 완화, 평화체제 전환, 역내 안정성 강화 등의 조치가 필요하다. 아울러 완전한 비핵화 이후 항구적이고 공고한 평화체제 구축을 위해서는 적정군사력을 갖춘 새로운 한반도 군사관계를 실현해야 한다.

맨 먼저, 남북 교류·협력의 군사적 보장이 필요하다. 2008년 7월 금강산관광객 피격사망사건과 2010년 3월과 11월에 발생한 천안함 및 연평도 사태로 인해 남북 간의 군사적 긴장이 한층 고조되었다. 한국정부는 금강산관광객 피격사망사건이 발생하자 금강산관광을 중지시켰으며, 천안함 사태가 발생하자 '5.24 조치'를 발표했다. 이에 맞서 북한도 현대아산의 자산 몰수, 현대아산의 독점계약권 취소 등의 조

---

17) 『로동신문』, 2019년 2월 6일.

치를 취하였고, '5.24 조치'가 나오자 북한군 총참모부가 '중대 통고문'을 통해 "남북교류에 대한 군사적 보장의 철회"를 발표하였다.

이처럼 남북 양측이 상대방에 대한 제재조치와 상응조치를 내놓음으로써, 현재 남북 교류·협력이 중단되고 군사적 보장이 모두 철회된 상태이다. 따라서 향후 남북한 교류·협력을 복원하기 위해서라도, 북한의 사과를 전제로 군사적 보장방안을 우선적으로 마련해야 할 것이다.

다음으로, 군사적 신뢰구축이 필요하다. 남북한 군사적 신뢰구축의 목표는 남북 상호간의 불신과 적대감을 상당 정도로 해소하고, 군사 분야의 투명성과 예측성을 확보할 수 있도록 해주며, 남북간 군비통제 회담을 제도화하고, 본격적인 군비통제를 추진하기 위한 기반을 만드는 것이다. 군사적 신뢰구축을 위한 구체적인 조치들로는 우발적 군사충돌을 방지하기 위한 전방부대 지휘관 간의 직통전화 설치 및 신호규정 제정 등 상호통보체제 구축 조치, 초보적인 군 인사교류나 함정 및 항공기, 지휘관 상호방문 등 군사분야의 투명성과 예측성을 확보하기 위한 조치, 군비회담의 제도화 조치 등을 들 수 있다.

이어서, 군비경쟁의 완화와 전쟁억제를 위한 군비통제가 필요하다.[18] 군비통제는 운용적 군비통제(Operational Arms Control)와 구조적 군비통제(Structural Arms Control)로 나눌 수 있다. 운용적 군비통제는 군사력의 구조나 규모를 변경하지 않고 군사력의 운용과 배치에 대한 제한을 통해 기습공격과 전쟁 발발의 위험성을 감소 및 방지하

---

18) 국방부는 군비통제를 "잠재 적대국 간 군비경쟁의 안정화, 즉 군사력의 운용과 구조(병력, 무기)를 통제하고 합의사항 위반을 제재함으로써 전쟁 위험과 부담을 제거 또는 최소화하여 안보를 증대하려는 모든 노력"이라고 정의하고 있다. 국방부, 『2019 국방백서』, p.214.

는 군사적 조치이며, 구조적 군비통제는 군사력의 규모, 편성 등 군사력을 구성하는 실질적인 요소인 병력과 무기체계를 구조적인 차원에서 제한 및 감축하여 군사적 안정성과 균형을 유지하려는 제반 군사적 조치로 정의된다.19) 원칙적으로 주한미군의 전력은 남북 군비통제 협상의 대상에서 제외된다.

〈표 6-1〉 정책목표별 한반도 군비통제 조치

	우발적 충돌방지	전쟁억제	군비경쟁 완화	평화체제 전환	역내 안정성 강화
신뢰구축 조치	o대규모 군사훈련의 1년전 통보 o직통전화의 설치 o일정규모 이상의 군사훈련 중단	o대규모 군사훈련참관단 파견 o한·미, 북한의 상호 무력 불사용 선언 o핵무기와 장거리 미사일 모라토리움, 폐기 선언 및 검증	o군사현대화 문제에 관한 상호 토의 o경제건설을 위한 군병력 전용 사용	o비난, 파괴활동 금지 o정부, 민간 교류 o양측의 안보 우려 토의와 해소 위한 공식, 비공식 포럼 개최 및 정례화	o지역안보대화에서 미래 한국군 역할 토론 o동북아 6자의 지역 신뢰구축방안 토의
운용적 군비통제	o비대칭적 후방배치 o후방이동한 지역에 레드라인 설치	o기습공격 방지를 위한 군사력 재배치 및 레드라인 설정	o현재의 훈련 강도와 준비태세의 감소	o대규모 훈련 잠정 중지 o한·미 군사력의 급속한 변화 금지	o남북한 신뢰구축과 공격제한조치 이후 미 지상군 점진적 감축, 해·공군 전환
구조적 군비통제	o신속공격 가능한 군사현대화 금지	o동등한 낮은 수준으로 병력 감축	o동등한 낮은 수준으로 병력 감축	o주한미군 문제 협상의 제 수용, 군사비 현 수준에서 동결	o미래 한국의 독립과 안전보장 위한 군사력 수준 확보

<출처> 한용섭, 『한반도 평화와 군비통제』, 박영사, 2015 및 김재홍, 「KIDA TRM 내부자료」, 2018.6 등을 참고로 필자가 재작성.

---

19) 국방부, 『2019 국방백서』, p.214.

끝으로, 정전체제의 평화체제로의 전환과 동북아 역내 안정성의 강화가 필요하다. 현재와 같은 정전체제를 평화체제로 전환하기 위해서는 무엇보다 군사분계선과 비무장지대를 대신하여 평화경계선을 획정하고 평화지대로 전환해야 한다. 또한 정전체제를 감시·감독해 온 군사정전위원회를 대신하여 평화관리기구를 창설해야 한다. 한·미 양국은 평화체제 문제와 한미동맹 관련 사안은 별개이기 때문에 주한미군은 논의대상이 아니라는 입장을 갖고 있다. 하지만 역내 안정성 강화를 위해 지역안보대화와 주한미군 문제가 논의되는 것은 불가피할 것으로 보인다.

(2) 한반도 군비통제의 협상 틀

그렇다면 한반도 군비통제는 어떤 방식으로 추진되어야 할 것인가? 1990년대 후반에 개최된 4자회담(1997~99)의 주관심은 정전체제의 평화체제 전환이었다. 4자회담은 '긴장완화'와 '평화체제'의 양대 분과로 나누어 진행됐는데, 남북한과 미국, 중국이 모두 양대 분과에 참여하였다. 여기서 군비통제 문제는 긴장완화 분과에서 다루어졌는데, 이 회의에서 북한은 주한미군의 철수 문제를 집중적으로 제기하였다.

하지만 현재 제기되는 의제는 한반도 비핵화를 위한 군사적 분위기 조성과 비핵화 추진에 따른 평화체제로의 전환이다. 따라서 이번의 협상은 2007년 미 대서양위원회 보고서의 제언에 따라 남북 양자회담, 남·북·미 3자 군사회담, 남·북·미·중 4자 평화회담, 남·북·미·중 및 러·일이 참가하는 6자회담 등 다양한 협상틀을 갖추는 것이 바람직할 것이다. 남·북·미 3자 틀은 한반도에 군대를 주둔하고 있는 남북한과 미국이 당사자로 참여할 필요가 있다. 남·북·미

·중 4자 틀은 한반도 평화포럼으로서, 한반도 비핵화와 평화체제 논의를 위한 6자회담에서 핵심적인 위치를 차지한다. 그밖에 북·미 및 북·일의 양자 틀, 남·북·미·중·일·러의 6자 틀은 지역의 안정과 평화 문제를 포괄적으로 논의하기 위한 틀로 유용할 것이다.

한반도 군비통제는 4자회담과 다른 두 국면(Two Phases)의 새로운 협상틀이 필요하다. 제1국면(1st Phase)은 남북 고위급 군사회담으로, 한반도 군사적 긴장완화를 다루게 된다. 이미 합의한 「9.19 남북군사합의서」와 이후 지속적으로 논의되어야 할 추가 군사합의서의 추진이 필요하다. 제2국면(2nd Phase)은 남·북·미 3자 군사회담으로, 이 협상틀에서는 한반도 군사구조 전환과 군사적 안전보장 방안을 논의하도록 해야 할 것이다.[20]

〈그림 6-2〉 한반도 군비통제의 두 국면 협상 틀

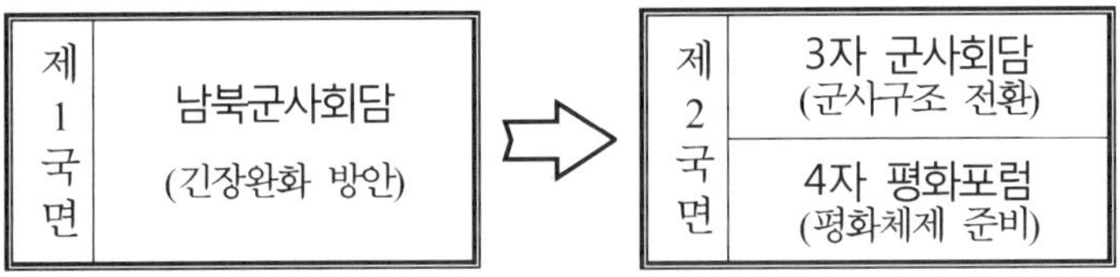

제1국면	남북군사회담 (긴장완화 방안)	⇒	제2국면	3자 군사회담 (군사구조 전환)
				4자 평화포럼 (평화체제 준비)

---

[20] 대서양위원회 보고서는 남·북·미가 군사적 신뢰구축과 군대 배치에 관한 3자협정(Trilateral Agreement)의 체결을 권고하고 있다. 다음을 볼 것. The Atlantic Council Working Group on North Korea, *A Framework for Peace and Security in Korea and Northeast Asia*, The Atlantic Council of the United States, April 2007, pp.19~23.

Ⅲ. 한반도 비핵화를 위한 남북 군비통제의 방향

1. 남북 군비통제 협상의 경과[21]

(1) 역대 남북 군비통제 협상의 경과

역대 남북한 당국은 한반도 군사적 긴장완화를 위해 정상회담, 총리회담 및 장성급 군사회담, 군사실무회담을 통해 기본적인 군비통제 방안에 대해 합의한 바 있다. 주요 합의사항은 다음과 같다.[22]

첫째, 1991년 12월 31일에 채택된 「남북기본합의서」의 남북불가침 조항에서 △무력불사용, △분쟁의 평화적 해결, △우발적인 무력충돌 방지, △불가침 경계선 및 구역, △남북군사공동위원회의 구성·운영, △군사직통전화의 설치·운용, △남북군사분과위원회의 구성·운영 등에 합의하였다.

둘째, 2002년 9월 17일에 개최된 남북군사 실무회담의 '철도·도로 연결사업'이 있다. 여기서 △남북관리구역의 설정, △철도·도로작업의 군사보장, △남북관리구역 임시도로 통행의 군사보장, △남북관리구역 경비초소의 설치·운영 등에 합의하였다.

---

21) 통일부, 「2018 남북관계 주요성과 설명자료」, 2018년 11월 29일, pp.7~8.
22) 황진환, "남북한 군사적 신뢰구축과 군비통제 추진 방향," 『한반도 군비통제』, 제49집, 국방부, 2011년 6월, p.44 및 p.48, p.53.

셋째, 2004년 6월 4일 남북장성급 군사회담에서는 서해상의 우발적 충돌방지와 선전활동 중지 및 수단제거에 관해 합의하였다. 서해상 우발적 충돌방지 조치로 △국제상선 공동망 운용, △쌍방 경비함 정간 기류 및 발광신호 운용, △쌍방 관련 군사당국간 불법 조업선박에 대한 정보 교환, △새로운 통신선로 및 통신연락소 설치·운용, △통신운용 등이, 선전활동 중지 및 선전수단 제거 조치로 △2004.6.15. 0시부터 군사분계선 지역에서 모든 선전활동 중지, △8.15까지 군사분계선 지역에서 모든 선전수단 제거, △합의사항에 대한 구체적 이행방안 마련을 위해 후속회담 개최 등이 합의되었다.

넷째, 2007년 2차 남북정상회담에서 채택된 「10.4 정상선언」에서는 서해해상의 군사충돌을 막기 위해 서해협력특별지대의 설치가 합의되었다. 주요 내용은 △남북공동어로구역과 평화수역 설정, △해주경제특구의 건설, △해주항의 평화적 활용, △민간선박의 해주직항로 통과, △한강하구의 공동이용 등이다.

다섯째, 2014년 2월 12~14일 판문점 남북고위급 접촉에서 「2.14 합의」가 채택되었는데,[23] 이는 북측 국방위원회의 남북고위급 접촉 제안(2.8)을 우리측이 수용해 개최된 것이다. 이 접촉에서 남측 요구(이산가족상봉행사 개최, 핵문제 해결)과 북측 요구(한·미 군사연습 연기, 상호비방과 적대행위 중단)를 조율하여 ① 이산가족 상봉행사 진행, ② 신뢰증진을 위한 상호 비방·중상의 중지, ③ 상호 관심사에 대한 지속적 협의를 통해 남북관계 발전 등 3개 사항에 합의하였다.

여섯째, 2015년 8월 25일 판문점 남북고위급 접촉에서 「남북 고위당국자 접촉 공동보도문」이 나왔다. 여기서는 ① 남북관계를 개선하

---

23) 『조선중앙년감』, 조선중앙통신사, 2015, pp.405-406.

기 위한 당국자 회담을 개최해 대화·협상 진행, ② 북측은 지뢰폭발로 남측 군인들이 부상을 당한 것에 대한 유감 표명, ③ 남측은 비정상적인 사태가 발생하지 않는 한 군사분계선 일대의 모든 확성기 방송 중단, ④ 북측은 준전시 상태를 해제, ⑤ 올해 추석을 계기로 이산가족 상봉, ⑥ 다양한 분야에서의 민간교류 활성화 등에 합의했다.

(2) 남북한의 군비통제 제안

김대중 정부와 노무현 정부를 통해 개선되었던 남북관계는 이명박 정부에 들어와 점차 악화되다가 2008년 7월 11일 금강산관광객 피격사망 사건을 계기로 크게 악화되었다. 북측의 요구로 2008년 10월 2일에 열린 제37차 남북군사실무회담에서 우리 정부는 △ 우리 대통령에 대한 비방·중상의 중지, △ 모든 수준 대화의 전면적 재개, △ 금강산관광객 피격사망에 대한 진상규명과 재발방지, 신변안전보장 대책, △남북관리구역 출입·통행의 불편과 애로의 해결을 요구하였다.24) 2010년 3월 26일과 11월 23일의 천안함 및 연평도 사태 뒤 제38 및 39차 군사실무회담에서 우리측은 '천안함 폭침과 연평도 포격 도발 문제'를 제기하였다.25)

김정은 정권의 출범 이후 북한은 몇 차례 대남 군사회담을 제안하였다. 2013년 신년사에서는 한반도의 정세를 '세계 최대의 열점지역'으로 진단하면서 외세의 영향력을 배격하고 민족적 단합과 자주권을

---

24) 남북대화사무국 편, 『남북대화(2008.2~2009.12)』, 제74호, 통일부, pp.7~17,

25) 국방부, 『2018 국방백서』, pp.202~205.

이룩하자고 주장하였다.26) 2014년 신년사에서는 '우리민족끼리'의 입장에서 남북관계 문제를 개선해나가자면서 남북 간 상호 비방과 중상, '종북' 소동을 중지할 것을 요구하였다.27)

북한은 2014년 1월 16일 국방위원회를 통해 우리측에 △ 1월 30일 설 명절을 계기로 상호 비방·중상과 관련한 모든 행위를 전면 중지,28) △ 2월 말부터 진행될 키리졸브(KR) 연습과 독수리(FE) 훈련 중단을 비롯한 모든 군사적 적대행위 중지 및 굳이 한·미 합동군사 연습을 추진하려면 한반도 지역에서 멀리 벗어난 장소에서 할 것과 서해5도에서 쌍방을 자극하는 모든 행위를 중지, △ 한반도의 핵재난 방지를 위하여 미국의 핵전력을 끌어들이지 말 것 등 세 가지를 요구하였다.29) 북한은 2014년 6월 30일 국방위원회 명의의 특별제안30),

---

26) 『로동신문』, 2013년 1월 1일.

27) 『로동신문』, 2014년 1월 1일.

28) 2004년 6월 제2차 남북장성급회담에서 서해해상에서 우발적 충돌방지와 군사분계선 지역에서의 선전활동 중지 및 선전 수단 제거를 약속한 '6·4합의서'를 채택한 바 있다. 조성렬, 『뉴 한반도 비전: 비핵·평화와 통일의 길』, 백산서당, 2012, p.178.

29) "우리 민족끼리의 단합된 힘으로 북남관계개선의 활로를 열어나가자: 남조선 당국에 보내는 중대 제안," 『로동신문』, 2014년 1월 17일. 북한의 이러한 제안은 일주일 후인 1월 23일에 동일하게 반복되었다. "북남관계개선의 활로를 열어나가는데 한사람같이 떨쳐나서자: 남조선당국과 여러 정당, 사회단체들, 각계층 인민들에게 보내는 공개서한," 『로동신문』, 2014년 1월 24일.

30) "자주, 평화, 민족대단결의 3대원칙을 틀어쥐고 북남관계개선의 새로운 국면을 열어나가자: 남조선당국에 보내는 특별제안," 『조선중앙통신』, 2014년 7월 1일.

8월 14일 조국평화통일위원회의 성명31)에서도 비슷한 주장을 되풀이 하였다.

그러던 중 남북 고위당국자 회담이 진행되고 나서 3일 후인 2014년 10월 4일 서해상 남북 함정 간 총격전이 발생하였다. 북측은 남북관계 개선의 국면을 보장하자며 우리측에 접촉을 제의해 와 10월 15일 판문점에서 남북긴급접촉이 열렸다. 이 자리에서 북한은 서해상 우발적 충돌방지를 위해 △서남 해상의 예민한 수역, 예민한 선을 넘지 않도록 대책, △고의적인 적대행위가 아닌 이상 절대로 선불질 금지, △충돌을 야기시킬 수 있게 규제된 현 교전규칙의 수정, △불의적이며 복잡한 정황이라 하여도 대화와 접촉을 통하여 해결, △'불법어선단속'을 위해 행동하는 쌍방 함정들이 약속된 표식을 달아 우발적인 총격을 미리 차단 등 다섯 가지 방안을 제시하였다.32)

2015년 8월 4일 군사분계선 남측지역에서 목함지뢰사건이 발생하자 우리측이 대북 확성기 방송을 시작하였고, 이에 8월 20일 북한군이 우리측 확성기를 향해 포격을 가하고 전선지대에 준전시상태를 선포하였다. 결국 8월 25일 우리측에서 김관진 국가안보실장과 홍용표 통일부장관, 북측에서 황병서 총정치국장, 김양건 당비서가 참석한 가운데 「남북고위당국자접촉 공동보도문」을 채택하고 △남측의 군사분계선 일대 확성기 방송 중단, △북측의 준전시상태 해제 등 6개 항을 발표하였다.33)

---

31) "8.15해방을 맞던 환희와 기세로 민족의 완전한 자주독립과 조국통일을 위한 거족적인 성전에 한사람같이 떨쳐나서자: 조국평화통일위원회 성명," 『로동신문』, 2014년 8월 14일.

32) "북남관계개선분위기를 흐리게 하는 부당한 처사의 진상을 밝힌다: 조선중앙통신사 공개보도," 『로동신문』, 2014년 10월 17일.

2. 현단계 남북 군비통제 협상의 추진 내용

(1) 문재인 정부의 초기 군비통제 협상

문재인 정부에 들어와 북한은 재래식 군사도발을 자제하는 대신, 여러 종류의 탄도미사일 시험발사를 실시하는 등 전략도발을 강화해 왔다. 그리고 수소탄 실험과 대륙간탄도미사일의 시험발사를 성공시킨 뒤 마침내 2017년 11월 29일 '국가핵무력의 완성'을 선언했다. 북한은 이러한 대남, 대미 군사억제력 확보를 기반으로 2018년 1월 김정은 위원장의 신년사를 통해 대화를 제의해 왔다. 그리하여 북한의 평창동계올림픽 참가를 계기로 화해국면이 전개되었다.

11년 만에 개최된 2018년 4월 27일의 남북정상회담과 역사적인 6월 12일의 제1차 북·미 정상회담을 계기로 남북한 군비통제가 본격적으로 추진되었다.

먼저, 남북정상회담의 개최 이전에 대화분위기 조성을 위해 사전 조치를 취하였다. 남북은 남북정상회담을 앞두고 4월 23일(한국)과 4월 24일(북한) 군사분계선에서 대북확성기 방송을 중단하였다. 그리고 「4.27 판문점선언」을 통해 긴장완화 및 초보적 신뢰구축 조치 추진에 합의하였다. 그 뒤에 「4.27 판문점선언」 채택 직후 일주일만인 5월 4일에 선전수단의 철폐를 신속하게 모두 완료하였다.

---

33) 국방부 정책기획관실, 『남북군사회담 자료집』, 대한민국 국방부, 2017년 11월, p.216.

다음, 남북 군사당국간 상시적 연락채널을 정상화한 뒤 세 차례의 장성급군사회담(6.14, 7.31, 10.26)과 남북 군사실무회담 등을 통해 △서해상 국제상선공통망 운용 재개(7.1) △서해지구 군통신 정상화(7.16) △동해지구 군통신 정상화(8.15) 등 우발적 충돌 방지와 군사적 긴장완화 조치를 협의하였다.

마침내 2018년 9월 평양에서 개최된 남북정상회담의 부속협상에서 송영무 국방부장관(당시)과 노광철 인민무력부장은 「역사적인 판문점선언 이행을 위한 군사분야 합의서」(이하 9.19 남북군사합의서)를 채택하였다. 그 뒤 합의사항에 따른 군사적 이행 조치가 실시되었으며, 추가적인 남북 간 협의를 통해 실질적인 군사적 긴장완화 조치를 이행하고 있다.

(2) 「9.19 남북군사합의서」의 내용과 이행 현황

「9.19 평양선언」의 채택 이후 부속문서로 채택된 「9.19 남북군사합의서」의 내용은 다음과 같이 다섯 부분으로 나누어져 있다.

첫째, 육상, 해상, 공중 등 모든 공간에서의 상대방에 대한 일체의 적대행위를 전면중지하기로 하였다. 무력충돌의 방지를 위한 다양한 대책을 강구하기로 하고, 군사분계선 일대에서 대규모 기동훈련의 중지와 군사분계선 일대의 비행금지구역 설정, 우발적 무력충돌 방지를 위한 공동의 작전수행절차 등에 합의하였다. 11월 1일부터 지상, 해상, 공중에서 상호 적대행위의 중지가 시행되고 있다.

둘째, 비무장지대를 평화지대로 만들어 나가기 위한 군사적 대책을 강구하였다. 이를 위한 상호 감시초소(GP) 철수, 판문점 공동경비구역의 비무장화, 남북 공동유해 발굴 추진, 역사유적 공동조사 발굴을 위한 군사적 보장 방안의 협의 등에 합의하였다. 11월 1일부터 쌍방 1km 이내 근접 11개 GP 시범철수를 개시하여 양측 검증단의 검증을 통해 12월 12일 시범철수 GP에 대한 철수작업이 마무리되었다. 판문점 공동경비구역(JSA)의 비무장화와 관련해 △지뢰제거(10.1~20) △초소·화기 등 철수(10.21~25) △남·북·유엔사 공동검증(10.26~27)을 완료하였다.

셋째, 서해 북방한계선 일대에 평화수역의 조성 및 안전한 어로활동을 보장하기로 하였다. 이를 위하여 서해해상에서의 우발적 충돌 방지와 적대행위의 중지 조치, 시범적 공동어로구역 및 평화수역 설정 운용 방안, 안전한 어로활동 보장을 위한 공동순찰 방안을 마련하기로 합의하였다.[34] 이 부분은 남북군사공동위원회를 먼저 구성한 뒤 다루기로 하였다.

넷째, 다양한 분야의 교류협력 및 접촉 왕래 활성화와 관련된 군사적 보장이다. 이를 추진하기 위해 남북관리구역의 통행·통신·통관에 대한 군사적 보장, 동·서해선 철도와 도로의 연결 및 현대화에 대한 군사적 보장, 한강하구 공동이용 수역의 설정 및 해당수역 내 교류협력의 군사적 보장, 서해 평화수역과 연계한 해주 직항로 및 제주해협 통과 문제의 협의 등을 추진하기로 하였다. 이 가운데 남북은 강화도 말도~파주시 만우리 구역 약 70km에서 수로측량 및 조석관측을 수행(11.5.~12.9.)한 뒤, 2019년 1월 30일 군사실무접촉을 갖고 우리 군은 남북공동수로조사 결과를 반영해 만든 해도와 조사결과 보고서 등을 북측에 전달하였다.

---

34) 서해상의 긴장이 완화됨에 따라 해양수산부는 어장을 확장하고 조업시간을 1시간 연장하는 조치를 취하였다. 『아주뉴스』, 2019년 3월 6일.

〈그림 6-3〉 남북군사합의서 주요내용

육상 적대행위 중단구역
(포병 사격 및 연대급 이상 야외기동훈련)

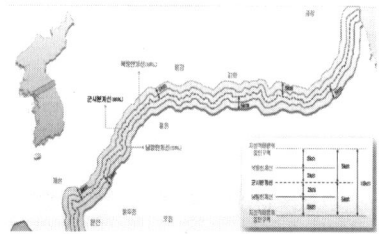

해상 적대행위 중단구역
(maritime measures to cease Hostile Acts
해안포·함포사격과 해상기동훈련)

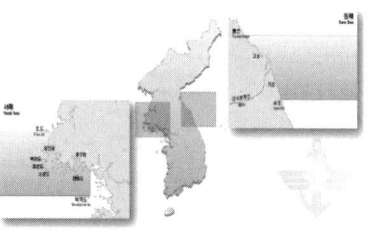

공중 적대행위 중단구역
(고정익, 회전익, 무인기, 기구 Buffer Zone 설정)

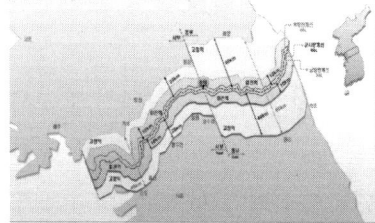

비무장지대 내 상호 시범적 GP 철수

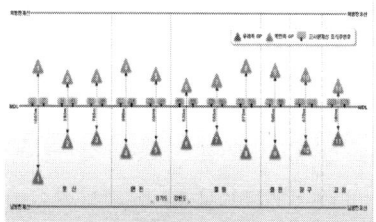

판문점 공동경비구역 비무장화

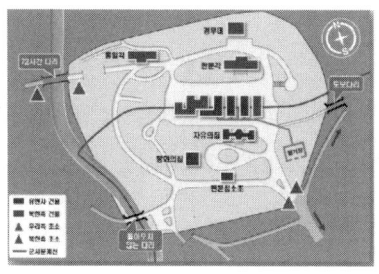

한강하구 공동이용 수역
(말도로부터 만우리까지 길이 70km, 면적 280km)

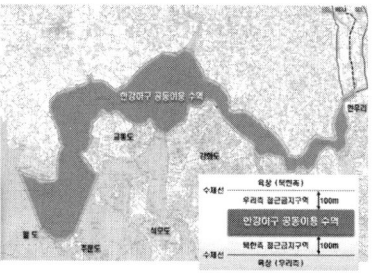

<출처> 국방부 대북정책관실, 『「판문점선언 이행을 위한 군사분야 합의서」 해설자료』, 2018년 9월 19일.

다섯째, 상호 군사적 신뢰구축을 위한 다양한 조치를 강구하기로 하였다. 구체적인 추진조치로 남북군사당국자간 직통전화 설치 운영 문제, 남북군사공동위원회 구성 운영 문제, 남북군사당국간 합의의 철저 이행 및 정기적 이행상태 점검 등을 협의하기로 하였다. 2018년 10월 26일 남북 장성급군사회담에서 남북군사공동위원회 구성에 합의하여 NLL일대의 평화수역 조성 등을 논의하게 되며, 향후 북측 장사정포의 후방 이전배치 등 군비통제까지 다룰 예정이다. 군사공동위원회에는 2~3개 분과를 두며, 기존의 군사회담들을 대체하게 된다.

그밖에 남북 공동유해발굴을 위해 화살머리고지 일대에서 지뢰제거 작업이 진행중인 가운데 11월 22일 발굴지역 내에 남북간 전술도로를 연결하였다.

(3) 9.19 남북군사합의서의 의의

제3차 남북 국방장관회담에서 채택된 「9.19 남북군사합의서」는 크게 다음과 같은 세 가지 의의를 갖고 있다.

첫째는 우발적 군사충돌을 예방해 불필요한 군사적 긴장을 제거하고 안정적인 남북관계의 환경을 조성할 수 있다. 과거 남북관계의 역사를 볼 때, 사소한 군사충돌이 한 번만 발생해도 오랫동안 쌓아온 신뢰가 깨지고 대화가 중단되는 사태가 되풀이됐다는 점에서 우발적 충돌의 방지가 최우선 과제인 것이다. 북한의 비핵화 촉진을 위해 북한의 합리적 안보우려를 해소해 주기 위해서도 군사적 긴장완화의 제도화가 필요하다.

둘째, 한반도 비핵화 과정에서 재래식 군비경쟁의 가능성을 차단할 수 있다. 남북한이 서로의 군사위협 해소로 한반도 비핵화 완료 이후 재래식 군비경쟁 가능성을 차단하는 효과를 기대할 수 있다. 한반도 비핵화 완료로 경제제재가 완전히 해제되어 북한이 본격적으로 경제개발에 착수할 경우, 군사위협이 남아있다면 북한은 재래식 군사력 건설에 경제성장의 성과를 우선 투입할 가능성이 높기 때문이다.

셋째, 한반도 평화체제 구축을 위한 군비통제의 의미를 갖고 있다. 한반도의 공고한 평화체제 구축을 위한 군사적 토대를 마련하기 위한 것이다. 한반도 평화체제의 3대 요건은 국제법적으로 평화협정 체결, 군사적으로 군비통제의 실시, 국제관계에서 북·미 및 북·일 관계정상화이라는 점에서,35) 이번 남북군사합의서는 한반도 평화체제 수립 과정에서 군사분야의 토대로 기능할 수 있을 것이다.

3. 향후 남북 군비통제의 추진 방향

(1) 향후 남북 군비통제 추진의 기본원칙

한반도 비핵화를 촉진하기 위해 남북한 간의 군사적 긴장을 완화하고 남북 간의 교류·협력을 확대 강화해야 한다. 이를 위해서는 우발적 군사충돌을 막고 군사적 신뢰를 쌓을 뿐 아니라 교류·협력의 군사적 보장이 필요하다. 또한 한반도 평화체제 구축을 위한 운용적, 구조적 군비통제를 추진할 필요가 있다. 이처럼 군비통제가 반드시 필요한 과제이기는 하지만, 그 과정에서 우리의 국가안보가 위협을 받는 일이 생겨서는 안 된다. 그런 점에서 향후 남북 군비통제 협상에서

---

35) 조성렬, 『뉴 한반도 비전: 비핵 평화와 통일의 길』, pp.171~188.

다음 세 가지를 유념해서 추진해야 할 것이다.

첫째, 완전한 비핵화 달성 때까지 군비통제의 과도기(transition period) 관리를 철저히 해야 한다. 한반도 비핵화가 착수되어 검증을 통해 완료될 때까지는 북한의 핵무기 보유 및 그에 따른 위협이 남아 있게 된다. 그런 점에서 한반도 평화프로세스의 출발점에서부터 최종적인 평화협정 체결에 이르는 과도기 동안 혹시 있을지도 모르는 북한의 군사적 도발에 대비할 수 있는 대비태세가 마련되어야 한다. 현재 현재 국방부는 「국방개혁 2.0」에서 기존의 북한 위협에 대비한 '플랜A' 외에 비핵화와 군비통제 추진으로 평화협정이 체결되어 북한의 위협이 감소되는 상황에 대비한 '플랜 B'를 상정해 놓고 있다.36)

〈그림 6-4〉「국방개혁 2.0」의 '플랜 B'에 따른 군비통제의 방향

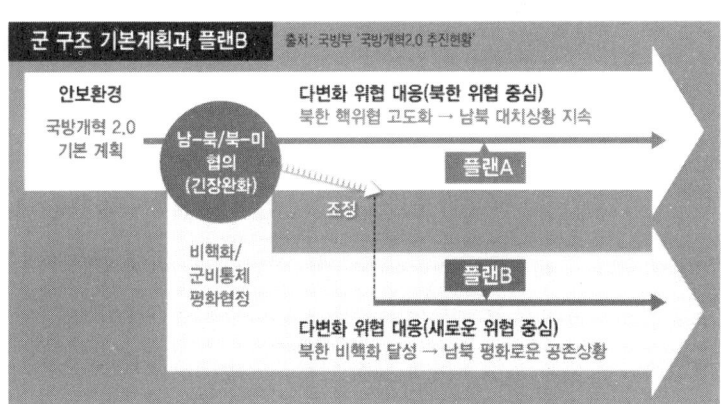

<출처> 『한겨레신문』, 2018년 12월 10일.

---

36) 『한겨레신문』, 2018년 12월 10일.

둘째, 우선순위 설정을 비롯한 군비통제의 수순(sequence) 관리가 매우 중요하다. 남북 또는 남·북·미가 이행해야 할 군비통제의 목록에 합의하는 포괄적 합의도 중요하지만, 이러한 목록들을 어떤 순서로 이행할 것인가 하는 수순을 제대로 결정하는 것이 더욱 중요하다. 군비통제의 수순은 되돌이키기 쉬운 조치에서 점차 되돌이키기 어려운 조치로 나아가는 것이 바람직하다. 그렇지 않고 순서가 뒤바뀌거나 북한이 약속을 지키지 않을 경우 우리 안보에 공백이 생길 수 있기 때문이다.

셋째, 합의된 군비통제 조치의 이행사항에 대한 검증(verification) 작업이 필요하다. 판문점 공동경비구역(JSA)을 포함한 비무장지대의 경우는 남북한군이 합동검증단을 구성해서 상대방측이 군사합의를 제대로 이행했는지 검증토록 해야 한다. 이미 실시한 비무장지대 내 감시초소(GP)의 시범철수 검증단의 활동처럼 상호 현장검증이 필요하다. 현장검증을 통해 미흡한 부분은 상호 협의를 통해 보완조치를 취할 수 있도록 해야 한다.

(2) 9.19 남북군사합의서 이후의 추가조치

2018년 10월 19일 제10차 남북장성급회담에서 서해 평화수역 등 「9.19 남북군사합의서」의 이행을 점검할 군사공동위원회의 대표단 구성에는 합의했으나, 운영세칙에 대해서는 추가적인 합의가 필요한 실정이다. 따라서 우선 남북군사공동위원회를 2~3개 분과로 나누어 구성하고 운영세칙을 마련한다. 남북군사공동위를 통한 군사회담 정례화, 제도화를 통해 북측의 합의 이행을 확인하는 검증조치와 함께 충돌방지 및 신뢰구축을 위한 실질적 조치를 더욱 강화해야 한다.

「9.19 남북군사합의서」는 군사적 신뢰구축 및 초보단계의 운용적 군비통제 조치로서 북한이 전방배치한 장사정포 등 위협과 도발을 원천적으로 막을 수는 없다. 그러므로 전방지역의 정보를 실시간으로 파악할 수 있는 한미 정보공조체제의 유지 및 보완이 필요하다. 우리 군이 도입할 예정인 글로벌 호크(Global Hawk)의 감시작전에 대한 제한이 없도록 하고, 탐지거리가 수km 이내에 불과한 육군의 대대급 무인기 리모아이(Remoeye)-006 및 군단급 무인기 송골매가 무인기 비행금지구역(서부 10km, 동부 15km) 밖에서 북한 전방지역을 지속적으로 감시할 수 있도록 성능을 개량할 필요가 있다. 또한 미국이 운용 중인 정찰자산(Global Hawk, Gray Eagle, U-2)과의 실시간 정보공조체제를 유지하도록 한다.

지금까지 한·미 양군의 공조 아래 다양한 감시자산을 중첩 운용하여 장사정포를 감시해 왔다. 하지만 「9.19 남북군사합의서」에서 비행금지구역의 설정으로 장사정포에 대한 감시가 차질을 빚지 않도록 보완조치가 필요하다. 이를 위해 비행금지구역 합의로 인해 북한의 탄도미사일과 장사정포를 포함한 북한 전방지역을 감시하는 데 △임무능력이 많이 제한되는 자산과 △제한을 크게 받지 않고 감시임무를 수행할 수 있는 자산을 구분하여 부족분을 보완할 필요가 있다.

2009년 11월 대청해전 이후 남북한의 열점으로 떠오른 서해지역의 평화수역화는 한반도 비핵화를 위한 군사적 환경조성은 물론, 한반도에서의 전쟁억제를 위해서도 반드시 필요한 조치이다. 북한이 서해 북방한계선(NLL)을 기점으로 하는 평화수역 조성에 동의한다면 이는 서해를 평화의 바다로 만드는 출발점이자 한반도 평화체제 구축의 청신호가 될 것이다. 하지만 「9.19 남북군사합의서」에 평화수역과 공동어로구역의 기준선으로 NLL이 명시되지 않았고, 그 뒤에도 북측은 국제상선 공용통신망을 통해 '경비계선'을 여전히 주장하고 있다.

따라서 남북 군사공동위원회를 통해 먼저 북측이 평화수역과 공동어로구역의 기준선으로 NLL을 명시적 또는 묵시적으로 수용하도록 설득이 필요하다. 다음으로 공동어로구역의 위치, 남북 민간어선들에 대한 관리 및 통제 방안, 수역 내 통제 및 관리를 위한 함정의 척수 및 통제 규칙 등 평화수역과 공동어로구역 운영규칙을 정교화해야 한다. 제3국 어선에 대한 공동대응방안 등도 추가로 합의해야 한다.

「9.19 남북군사합의서」의 후속조치로 전시작전통제권의 전환과 3축 체제 구축과의 관계를 올바로 설정해야 한다. 우리 군의 정보능력 부족이 킬체인 운용 및 전작권 전환의 가장 중요한 변수였는데, 이번 「9.19 남북군사합의서」의 채택으로 직접적인 영향이 없도록 사후 보완조치가 필요하다. 북한측이 비핵화 조건으로 우리 군의 3축 체제의 폐기를 문제삼을 수 있다. 그런 점에서 3축 체제의 구축이 북한을 겨냥한 것이 아니라 주변국의 잠재적 위협에 대비한 것이라는 점을 설득할 수 있는 대응논리를 마련해 놓아야 한다.

Ⅳ. 한반도 비핵화를 위한 남·북·미 군비통제의 방향

1. 정전체제와 남·북·미 3자 포함의 군사회담

(1) 군사정전위원회

군사정전위원회는 「정전협정」을 이행·준수하여 한반도 정전체제를 유지하도록 하는 핵심적인 기구이다. 「정전협정」 제19항 '정화 및 정전의 구체적 조치'에서는 군사정전위원회의 구성, 직책과 권한에 관해 규정하였다. 제24항은 군사정전위원회의 임무에 대해 "정전협정의 실시를 감독하며 정전협정의 어떠한 위반사건이든지 협의하여 처리하는 것"이라고 규정하고 있다.[37]

「정전협정」 제20항은 군사정전위원회는 총 10명(유엔군 총사령관이 5명, 조선인민군 최고사령관과 중국인민지원군 사령원이 5명 임명)으로 하고 이 가운데 3명씩 장성급을 포함시키도록 규정하였다. 유엔사측은 미군 장성을 수석대표로 임명하고 한국군 대표는 1954년 3월부터 1명이 임명되었다가 1964년 6월 이후 2명으로 늘어났다. 공산측 군정위는 북한군 4명, 중공군 1명으로 구성되었다. 군사정전위원회(MAC) 본회의는 「정전협정」 체결 직후 1953년 7월 28일 제1차 회의로 시작해 1992년 5월 29일 제460차 회의로 중단되었다.

1991년 3월 25일 군정위 유엔사측 수석대표를 미군 장성 대신에 한국군 장성인 황원탁 소장을 임명하자 북한은 이를 구실로 본회의 참석을 거부하였다. 그 뒤 1994년 4월 28일 군사정전위 북한군 대표를 철수하고, 5월 24일 조선인민군 판문점대표부를 일방적으로 설치하였다. 이와 함께 북한은 1993년 4월 3일 중립국감독위원회(NNSC) 체코 대표의 입북을 거부하고, 1994년 12월 15일에는 중공군 대표를 철수시켰으며, 1995년 2월 28일에는 폴란드 대표도 축출하였다. 이처럼 북한은 군사정전체제의 양대 기구인 군사정전위원회와 중립국감독위원회를 무력화하였다. 결국 북한은 1996년 3월 29일 '인민무력부장 담화', 4월 4일 '조선인민군 판문점대표부 성명'을 발표해 군사분계선과 비무장지대의 유지 및 관리 임무를 포기한다고 선언했다.

---

37) 국방부 정책기획관실, 『남북군사회담 자료집』, p.30.

군사정전위원회의 기본임무는 정전협정의 유지·관리이지만, 유엔사측과 북측에 의해 군비통제와 관련된 제안들도 나왔다.[38]

먼저, 유엔사측의 제안사항을 보면 △판문점 경비인원의 무기 휴대 금지, △판문점 쌍방 경비인원의 격리, △DMZ의 재비무장화, △대규모 군사훈련의 사전통보, △DMZ 안에서 중립국감독위의 정전협정 위반 조사 등이다. 유엔사측의 군비통제 제안은 주로 우발적 충돌방지 등 군사정전체제를 유지·관리하기 위한 내용들이다.

다음, 북측의 제안을 보면 △임진강 하류의 '한강하구'나 DMZ를 통한 교류, △어부명단·인적사항을 사전에 북한 지방정부에 제출하고 흰기를 달면 안전을 보장, △한반도에서 모든 외국군대 철수, △정전협정을 평화협정으로 교체하는 회의 개최, △남북 가족방문과 경제·문화 교류 관련 협의, △판문점 포함한 군정위 본부구역 전역의 비무장화, △판문점 모든 군사시설과 초소의 철거, △경비병을 현 35명에서 10명으로 감축, △중감위와 공동조사반의 검사·확인 도입 등이다. 북측의 군비통제 제안은 우발적 충돌방지를 포함해 교류·협력의 군사적 보장의 내용도 담고 있다.

(2) 유엔사-북한군 장성급 회담[39]

1994년 4월 28일 북한이 군사정전위 대표를 사전통보 없이 철수하여 「정전협정」에 규정된 군사정전위원회 회의가 개최되지 못하고 있다. 북측은 5월 24일 조선인민군 판문점대표부를 설치하고 평화보장

---

38) 이문항, 『JSA-판문점(1953-1994)』, 도서출판 소화, 2001, pp.396~397.
39) 국방부 정책기획관실, 『남북군사회담 자료집』, pp.38~44.

체제의 협상을 위해 북한군과 미군의 회담 개최를 주장하였다. 유엔사 측은 북한의 주장을 정전협정체제를 유명무실화하려는 의도로 보고 군사정전위 체제의 유지를 주장해 왔다. 그러던 중 1994년 12월 17일 미군 정찰용 헬기 1대가 군사분계선을 월선했다가 피격되어 추락되는 사건이 발생하여, 생포된 미군조종사 홀(Hall) 준위를 송환받기 위해 12월 21일 판문점에서 군사정전위 유엔사측의 스미스 소장과 조선인민군 판문점대표부 리찬복 중장이 처음으로 유엔사-북한군 장성급 접촉을 가졌다.

이를 계기로 북한은 북·미 장성급회담의 개최를 주장하였으나 미군측은 이를 거부하였고, 마침내 유엔사-북한군 장성급 회담이 열리게 되었다. 하지만 새로운 회담에서 다루게 될 의제를 둘러싸고 한동안 이견을 좁히지 못했다. 유엔사와 국방부는 「정전협정」 관련사항을 다루어야 한다는 입장인 반면, 북한군측은 한반도 평화와 안전보장 대책과 관심사항을 다루자는 입장을 고수했다. 결국 1998년 1월 유엔사와 국방부는 '군정위 틀' 안에서 회담을 개최한다는 최종안을 마련해 북측에 제시하였으며, 마침내 북한이 받아들여 같은 해 6월 8일 '정전협정의 틀 안'에서 「유엔사-북한군 장성급회담을 위한 개최 절차」에 합의하였다.

그러나 북한은 1998년 10월 9일 유엔사-북한군 장성급회담의 비공식 접촉에서 처음으로 남·북·미 3자 군사공동기구의 구성을 요구했으며, 1999년 2~6월의 4차 회담과 5차, 7차 회담에서도 계속해서 남·북·미 3자 군사공동기구의 설치를 요구했다. 이것은 남·북·미·중이 참가하는 4자회담 본회담(1997.12.9.~1999.8.9.)이 열려 한반도 평화체제 논의가 진행됨에 따라, 군사정전체제를 유명무실화하고 DMZ 남측지역 관할권을 가진 유엔사의 법적 지위를 부정하기 위해 의도적으로 제기한 것으로 평가된다.

유엔사-북한군 장성급회담은 1998년 6월 23일 1차 회담부터 2002년 9월 12일 14차 회담까지는 수시로 개최되었으나, 제1차 남북정상회담 이후인 2004년 5월 26일 남북장성급회담이 열리면서 한동안 열리지 않았다. 그러다가 2008년 이명박 정부의 출범 이후 남북관계가 악화되어 남북장성급회담이 중단되자, 2009년 3월 2일 북한측 요구로 15차 유엔사-북한군 장성급회담이 개최되었고 후속으로 3월 6일 16차 회담이 개최되었다. 그 뒤로는 유엔사-북한군 장성급회담이 열리지 않고 있다.[40]

유엔사-북한급 장성급회담의 주요한 군비통제 성과로는 비무장지대에서 남북한 철도연결 및 도로 건설을 위한 정전협정의 보충합의서를 채택한 것을 들 수 있다. 2000년 11월 17일 제12차 유엔사-북한군 장성급회담에서 경의선 철도 연결 및 도로 건설과 관련해 「비무장지대 일부구역 개방에 관한 국제연합군과 조선인민군 간 합의서」에 서명 및 비준하였다. 2002년 9월 12일 제14차 유엔사-북한군 장성급회담에서는 동해선 DMZ 개방과 관련된 문제와 긴장완화와 신뢰구축에 관한 문제에 관해 토의하여 「비무장지대 일부구역 개방에 관한 국제연합군과 조선인민군 간 합의서」에 서명 및 비준하였다. 이 두 개의 합의서는 철도와 도로가 통과하는 구역에 대해 남북한의 군대가 관리(administration)한다고 합의함으로써 정전협정을 보완하게 되었다.

---

[40] 천안함 사태 이후 유엔사와 북한군 사이에 유엔사-북한군 장성급회담 개최를 위한 대령급 접촉을 7차례(2010.7.15.~10.17) 가졌으나, 양측의 이견으로 장성급회담의 개최로 이어지지는 못했다.

⟨표 6-2⟩ 비무장지대 일부구역 개방 관련 정전협정 보충합의서

	경의선 관련 사항	동해선 관련 사항
서명	미군 소장 마이클 M. 던 북한군 판문점대표부 대좌 박림수	미군 소장 제임스 N. 솔리건 북한군 상장 리찬복
대상	신의주-서울 간 철도, 개성-문산 간 도로가 지나가는 군사분계선과 비무장지대 일부구역	온정리-저진 간 철도, 고성-송현리 간 도로가 지나가는 군사분계선과 비무장지대 일부구역
주요 합의	o 개방된 군사분계선 및 일부구역을 남북의 관리구역으로 설정 o 개방과 관련된 기술 실무적 문제들과 남북 관리구역에서 제기되는 군사적 문제들을 정전협정에 부합되게 남북의 군대가 협의처리	
발효	2000년 11월 17일	2002년 9월 12일

(3) 남북한-유엔사 3자협의체

남북한이 「9.19 남북군사합의서」에서 밝힌 공동경비구역 비무장화와 도로와 철도 연결사업 등 여러 합의 사안들을 이행하기 위해서는 「정전협정」의 규정상 유엔사령부의 승인과 협의가 필요하다. 유엔사령부는 유엔안보리 결의에 따라 주한미군이 전권을 위임받아 운영하고 있다. 현재 남북한과 유엔사는 '3자 협의체'를 구성해 공동경비구역 내 비무장화 작업을 추진하고 있으며, 2018년 말 현재 3차례의 회의를 개최하였다.[41]

빈센트 브룩스(Vincent K. Brooks) 유엔군사령관 겸 주한미군사령관도 '3자 협의체(trilateral dialogue)' 구성을 환영한다면서, 이것이 "유엔사와 북한군 간의 현존하는 군사정전위원회 체제에 부합하는 것"이며

---

41) 국방부, 『2019 국방백서』, pp.212~213.

"9.19 남북군사합의서 이행을 위한 남북 군사대화와도 연결됐다"고 설명하였다. 또한 남북-유엔사 3자협의체가 "9.19 군사합의서의 추가적 실질조치를 이행하기 위한 남북 간의 다음 단계를 지원한다"고 덧붙였다.42)

하지만 2018년 8월 23일 남북이 공동으로 군사분계선을 넘어 경의선 철도의 개성~문산간 북측 구간을 조사하려던 계획에 대해 유엔사가 한국 측이 사전통보 시한을 넘겼다며 우리 정부 관계자의 북한 방문요청을 불허하는 일이 발생했다. 유엔사의 공식입장은 군사분계선(MDL)을 넘으려면 정전협정 상 MDL 관련 인원·물자에 대한 승인권을 지닌 유엔사에 '출입 계획'을 48시간 전에 알려줘야 하나, 북측 협의가 지연된 한국 정부가 이를 24시간 전에야 통보했다는 것이 이유였다. 하지만 유엔사의 승인권은 형식적이었고 한국군의 통보로 갈음하는 게 관행이었기 때문에 미국정부의 간섭이 주권침해의 수준에 이르렀다는 비판이 제기되기도 했다.43)

2. 현단계 남·북·미 3자 군비통제 협상에 미치는 요인들

(1) 북한의 '미국의 핵위협' 제거 요구

북한 핵문제를 평화적으로 풀기 위해서는 북한이 제시한 비핵화의

---

42) 『미국의 소리(VOA)』, 2018년 10월 25일. https://www.voakorea.com/a/4627848.html (검색일 2019.03.10.)

43) 『한겨레신문』, 2018년 8월 30일.

조건에 주목할 필요가 있다. 북한은 제7차 당대회(2016.5.6.~9)가 개최된 지 두 달 뒤에 공화국 정부성명의 형태로 한반도 비핵화 5대 조건(2016.7.6.)을 제시하였는데, 그 내용은 △남한 내 핵무기 공개, △남한 내 핵무기 철폐 및 검증, △핵타격수단의 반입금지, △핵무기 위협·사용 금지의 확약, △핵사용권을 쥐고 있는 미군의 철수 선포 등이다.

또한 김 위원장은 2018년 3월 5일 우리측 대북 특사와 만난 자리에서 핵무기 포기의 조건으로 △군사위협 해소, △체제안전 보장을 제시하였으며, 「9.19 평양선언」에서는 "핵무기와 핵위협이 없는 평화로운 한반도"를 건설하기로 합의하였으며, 2019년 신년사에서는 '군사위협 해소'와 관련해 한·미 군사연습 및 전략자산 등 전쟁장비 반입의 중단을 요구하였다.

한반도의 완전한 비핵화를 실현하기 위해서는 북한의 핵무기 포기와 함께 북한이 요구하고 있는 대북 핵위협의 제거도 동시에 추진할 필요가 있다. 현재 미 국방부가 발행한 「핵태세 보고서」에서는 여전히 북한에 대한 핵공격 가능성을 유지하고 있다. 이처럼 미국의 핵태세보고서는 북한에 대한 핵공격 가능성을 유지하고 있기 때문에,[44] 북한은 「9.19 공동성명서」에서 미국의 대북 소극적 안전보장 약속에도 불구하고 자신들에 대한 핵위협이 계속되고 있다고 불만을 토로하고 있다.

---

44) 이것은 북한이 NPT체제 하에서 불법적으로 핵무기 개발을 시작했고 그 뒤에 「핵무기비확산조약(NPT)」을 탈퇴해 핵무기 개발을 완성하고 실전 배치한 데 따른 조치였다. Office of The Secretary of Defence, Nuclear Posture Review Report 2010, Department of Defense, April 2010, p.15; Office of The Secretary of Defence, Nuclear Posture Review Report 2018, Department of Defense, February 2018, pp.11~12 및 pp.32~33.

따라서 한반도 평화를 위한 대북 핵위협을 제거해 주기 위해서는 대규모 한·미 군사연습의 횟수와 규모를 축소할 뿐 아니라,45) 훈련 내용 중에서 '핵타격수단(전략자산)'의 반입 금지를 공식화할 필요가 있다. 아울러 북한의 비핵화 진행에 따라 미국의 「핵태세보고서(NPR)」 등 대외 군사전략서에서 북한에 대한 핵무기 사용위협 및 사용금지 공약을 명문화할 필요가 있다.46)

(2) 한국군의 전시작전통제권 환수와 미래연합사 출범

한·미 양국은 2015년에 합의한 「조건에 기초한 전작권 전환계획(COTP)」을 수립하였으며, 북한 핵문제의 진전에 따라 2018년 10월 제50차 한·미 안보협의회에서는 COTP를 수정하기로 하고 전시작전통제권의 전환에 필요한 조건을 조기에 충족하기 위해 협력하기로 하였다. 따라서 북한 핵문제의 가시적인 성과가 나온다면 조기에 전시작전권 전환이 이루어질 가능성도 있다.

이처럼 전작권 전환이 앞당겨 이루어질 경우, 미래 한미연합사의 출범 시기도 앞당겨질 가능성이 있다. 미래 한미연합사는 약속대로 한국

---

45) 2019년 3월 3일 한·미 국방당국은 2019년부터 키리졸브 연습과 독수리훈련을 중단하며 키리졸브 연습은 '동맹'으로 이름을 바꾸어 3월 4일~12일(주말 제외) 사이에 7일간 실시하고 독수리훈련은 대대급 이하 소규모 부대 위주로 연중 실시한다고 발표하였다.

46) 「2010 핵태세 보고서」에서 NPT 탈퇴국가와 NPT 위반국가에 대한 소극적 안전보장을 제외한 데 이어, 「2018핵태세 보고서」에서는 3대 핵 위험 국가로 러시아, 중국과 함께 북한을 지목하고 이들 국가들 겨냥해 저위력(Low-yield) 전술핵무기를 개발하겠다고 밝히고 있다.

군 4성 장성이 사령관, 미군 4성장성이 부사령관을 담당하는 것으로 확정되었다. 그럴 경우 한국 합참의장이 미래연합사령관을 겸임하게 되는 만큼, 주한미군사령관, 한미연합사령관, 유엔사령관의 3개 직위를 갖고 있는 미군 4성장성의 위상과 역할도 재조정이 불가피하다.

한반도 비핵화와 함께 평화협정이 체결될 경우, 유엔사령부의 위상과 역할 변화가 예상된다. 유엔사령부는 정전체제 아래에서 정전협정을 관리할 뿐만 아니라, 주한미군의 전쟁 개입을 보장하고 주일 유엔사 후방사령부의 전략병참기지 사용을 통한 전쟁 지속능력을 확보하며 유엔사 회원국들의 추가 전개를 위한 지원체제이다.47)

여기서 전작권과 평화체제의 관계 속에서 유엔사령부의 위상에 관해 살펴보자. 먼저, 평화협정 체결 이전에 전작권이 환수된다면 정전협정을 관리해 온 유엔사령부에 대한 지원 임무는 주한미군 주도의 한미연합사에서 한국군 주도의 미래연합사로 전환되어 수행될 것이다. 다음, 평화협정의 체결과 함께 또는 그 이후에 전작권이 전환된다면 유엔사의 해체는 불가피하며 한국군 또는 한국군 주도의 미래연합사가 평화관리기구를 담당하게 될 것이다.

(3) 한반도 평화체제 구축과 한반도 군사구조의 변화

한반도 차원의 남·북·미 3자 군비통제는 변화된 정세변화를 반영하는 차원에서 추진되어야 한다.

---

47) 정철호, "전시작전통제권 전환 이후 유엔사령부의 위상과 역할," 『세종정책연구』 제6권 2호, 2010, pp.199~215. ; 쿠라타 히데아(倉田秀也), "평화안보법제와 한반도: 미일동맹의 '갱신'과 한반도 '유사'의 위상," 『국방정책연구』, 제32권 제1호, 2016년 봄(통권 제111호), p.10.

첫째, 평화협정 체결 이후 유엔사 해체에 따른 한반도 군사구조의 변화가 불가피하다. 유엔사령부는 69년 역사상 처음으로 비미국인인 캐나다 출신 웨인 에어(Wayne Eyre) 육군중장을 부사령관으로 임명하는 등 성격전환을 꾀하고 있다. 에어 부사령관은 평화협정이 체결된 뒤에 유엔사 해체의 불가피성을 원론적으로 언급한 바 있다.48)

한반도 비핵화에 따른 평화협정의 체결 이후 '유엔사령부'라는 명칭의 소멸은 불가피할 것으로 보이나, 다국적 참모조직으로서의 유엔사 조직은 그대로 유지될 가능성도 있다. 유엔사령부는 실제 병력을 파병한 15개 국이 참여한 가운데 참모부를 확대 강화해 오고 있다. 즉, 한국군 4성장성이 작전통제권을 보유한 미래연합사와 미군 4성장성이 작전통제권을 보유한 유엔사의 역할 분담에 따라 이중적 통제구조로 될 가능성도 배제할 수 없다.

둘째, 한반도 비핵화의 완료에 따른 북·미관계 정상화 이후 한미동맹의 재정의가 필요하다. 그 동안 북한은 「정전협정」이 1953년 7월 27일 최종서명된 이후 「한미상호방위조약」이 8월 8일에 체결되고 1954년 11월 18일에야 발효됐다는 점을 들어, 이 조약에 근거해 주둔하고 있는 주한미군이 불법이라고 주장해 왔다.49) 하지만 북·미관계 정상화로 양국 간의 적대관계가 해소될 경우, 주한미군의 임무가 한반도 방위동맹을 벗어나 지역안정자의 역할로 재정의될 가능성이 높다.

---

48) 『미국의 소리(VOA)』, 2018년 10월 5일.

49) 제2차 4자회담 제2차 전체회의(1999.3.17.)와 제5차 4자회담 제2차 전체회의(1999.4.24)에서 북측 대표의 발언. 통일부, 『4자회담 주요 쟁점에 대한 각측 입장 비교(제1차 4자회담~제6차 4자회담)』, 통일부, 2000년 1월, p.156 및 p.175.

3. 남·북·미 3자 군비통제의 추진 방향

한반도 차원의 남·북·미 3자 군비통제는 무엇보다 북한이 최종적이고 완전히 검증가능한 비핵화를 수용할 수 있는 군사적 환경을 만드는 데 초점을 맞출 필요가 있다. 그런데 그 동안 북한은 한반도 평화의 걸림돌이라면서 주한미군의 철수를 요구해 왔다. 1990년대 후반에 있었던 4자회담에서 북한대표는 "전쟁을 법률적으로 종식시키는 평화협정을 체결할 때에는 의례히 외국군대 문제를 어떻게 하겠는가를 논의하는 것이 하나의 국제관례적인 요구"라고 주장하면서 한반도의 평화실현에서 가장 주된 장애가 되고 있는 미군철수 문제가 평화협정 체결과 병행하여 이루어져야 한다고 요구하였다.[50]

최근 들어 주한미군에 관한 북한의 입장이 바뀐 것으로 보인다. 제2차 북·미 정상회담을 앞둔 2019년 1월 19일 백악관을 방문한 김영철 노동당 부위원장은 트럼프 대통령에게 "한반도 평화체제 이후에도 주한미군 철수 문제를 제기하지 않겠다"고 약속하였다.[51] 주한미군의 주둔을 용인한 북측의 언급은 1992년 1월 22일 김용순 노동당 국제부장(당시)이 아널드 캔터 미 국무부 정무차관(당시)에게 발언한 데 이은 두 번째의 일이다.[52] 주한미군 문제가 해결됨으로써 한반도 군비

---

50) 1998년 3월 17일 제2차 4자회담 제2차 전체회의에서 북한대표의 발언. 통일부, 『4자회담 주요 쟁점에 대한 각측 입장 비교(제1차 4자회담~제6차 4자회담)』, 통일부, 2000년 1월, p.158.

51) 『뉴시스』, 2019년 2월 7일.

통제의 커다란 걸림돌이 제거되었다.

하지만 북한이 주한미군의 철수를 요구하지 않는다고 해서 주한미군의 현 위상과 지위를 그대로 인정한다는 의미는 아닐 것이다. 실제로 4자회담에서 북한측 대표가 「정전협정」 제4조 60항을 들어 주한미군의 철수를 요구했을 때, 미국측 대표는 주한미군만이 아니라 남북한의 군대를 포함한 모든 군대들의 구조(all force structure)를 논의한다면 이에 반대하지 않는다는 입장을 편 바 있다.53) 따라서 한반도 평화협정 체결 논의의 최종단계에서 주한미군의 규모와 구조에 대한 논의도 함께 이루어질 가능성이 있다.

(1) 한·미 공통의 안보우려 해소

북한은 한국과 미국의 공통된 안보우려를 해소할 수 있어야 한다. 이를 위해 「북한헌법」의 전문(前文) 및 핵독트린을 담은 법령의 개폐가 필요하다. 「북한헌법」의 전문에는 "불패의 정치사상강국, 핵보유국, 무적의 군사강국"이라고 명시되어 있으며, 「자위적 핵보유 지위 공고화 법」은 북한군이 견지해야 할 10개 항의 핵독트린을 담고 있다.54) 따라서 북한이 스스로의 비핵화 의지를 보여주기 위해서는 핵

---

52) 김일성 주석이 살아 있을 당시인 1992년 1월 22일 미국을 방문한 김용순 노동당 국제부장(당시)이 아널드 캔터 미 국무부 정무차관을 만났을 때 주한미군을 용인하겠다는 입장을 밝힌 바 있다.

53) 1998년 3월 18일 제2차 4자회담 제4차 수석대표회의에서 미국대표의 발언. 통일부, 『4자회담 주요 쟁점에 대한 각측 입장 비교(제1차 4자회담~제6차 4자회담)』, 통일부, 2000년 1월, pp.162~163.

54) 최고인민회의, "자위적 핵보유국의 지위를 더욱 공고히 할데 대한 법,"

보유국이라는 헌법의 규정이나 북한 핵무기 보유에 관한 법적 근거를 삭제해 수정하거나 아예 폐기해야 한다.

핵무기와 운반수단의 폐기에 맞춰 북한 전략군의 해체도 불가피하다. 북한의 전략군은 핵전략 차원에서 각종 탄도미사일의 운용과 지휘통제를 전담하는 작전지휘조직으로서 2013년말 독립사령부로 출범하였다. 육군, 해군, 항공·반항공군은 북한군 총참모장이 작전통제권을 갖고 있는 것과 달리, 제4군종인 전략군은 김정은 위원장이 직접 지도하는 '친솔군종'이다. 모든 핵무기와 현존하는 핵프로그램 및 장거리·대륙간 탄도미사일 해체·반출이 이루어지게 되면 전략군의 해체도 함께 이루어지도록 해야 한다.55)

남북한의 군비통제 진전에 따라 남·북·미 3자 모두 대규모의 병력 감축이 필요하다. 적정군사력 수준을 넘는 과도한 남북한 병력의 감축을 추진할 필요가 있다. 현재 『2018 국방백서』에는 한국군 병력수 59만 9천 명, 북한군 병력수 128만여 명으로 나타나 있다.56) 그런데 2008년 10월 유엔인구기금(UNPF)의 지원을 받아 실시한 북한 인구센서스를 분석한 연구결과들은 북한군의 병력이 70만이 넘지 않을 것으로 추산하고 있다.57) 이러한 연구결과가 사실이라면, 병력감축

『조선중앙통신』, 2013년 4월 1일.

55) 북한의 전략군에 관한 상세한 내용은 다음을 볼 것. 조성렬, 『전략공간의 국제정치: 핵·우주·사이버 군비경쟁과 국가안보』, 서강대학교 출판부, 2016년 9월, pp.141~144.

56) 국방부, 『2018 국방백서』, p.244.

57) 宮本 悟, "朝鮮人民軍の軍制と戰力," 『오늘의 북한학, 한반도 통일을 말하다. 2015 세계 북한학 학술대회 발표논문집』, 2015년 10월 13~14일 및 정영철, 『북한의 인구 통계와 사회 변화- 교육체제의 변화와 군대 규모에 대

위주로 될 것으로 보이는 남북한 구조적 군비통제 협상에서 남북한이 동일비율로 감축하게 되면 우리측에게 불리하게 작용할 위험성이 있다는 점에서 북한군 병력 추계를 엄밀하게 재설정해야 할 것이다.

(2) 북한의 합리적 안보우려 해소

북한의 합리적 안보우려 해소는 어떤 방향에서 추진되어야 할 것인가? 2015년 1월 1일 김정은 신년사가 밝히고 있듯이, 대규모 한미군사연습에서 '대규모'의 의미는 전략자산의 반입 여부가 핵심 관건이다. 미국은 2010년 연평도 포격사건 이후 한미군사연습 때부터 전략자산의 전개를 시작했고, 북한의 3차 핵실험 직후인 2013년 2월 12일 미국은 김정은 정권 출범 이후 본격적으로 전략자산을 전개하였다. 한반도에 전개된 대표적인 미국 전략자산으로는 핵추진 항공모함, 핵무기 탑재 원자력 추진 잠수함, 전략폭격기(B-52H, B-1B, B-2) 등으로 유사시 핵무기의 운용이 가능하다.

또한 「9.19 남북군사합의서」와 전작권 전환, 3축 체제 구축의 관계 설정이 필요하다. 북측이 비핵화 조건으로 우리 군의 3축 체제 구축을 문제삼을 수 있기 때문에, 3축 체제가 북한을 겨냥한 것이 아니라 주변국의 잠재적 위협에 대비한 것이라는 점을 설득할 수 있는 논리의 마련이 필요하다. 우리 군의 정보능력 부족이 킬체인 운용 및 전작권 전환의 가장 중요한 변수였는데, 이번 「9.19 남북군사합의서」 채택으로 직접적인 영향이 없도록 사후 보완조치가 필요하다.

한 새로운 추정』(2015년 11월, 국회 정보위원회 정책연구용역보고서), pp.55~66.

(3) 미국의 동아시아 전략과 부합하는 한반도 군비통제

한반도 군비통제는 미국의 동아시아 군사전략과 부합하도록 추진되어야 한다. 미국 트럼프 행정부는 전임 오바마 행정부의 아시아재균형 전략과 같은 기조 속에서 '자유롭고 열린 인도-태평양 전략(Free and Open Indo-Pacific Strategy)'을 추진하고 있다. 대규모 한미군사연습의 실시를 중지하는 문제는 북한군의 전쟁공간 범위를 축소하는 문제와 연계할 필요가 있다. 이는 북한군의 군사전략을 변경하는 문제와 직결되어 있다.

한반도 및 주변지역에 핵타격수단의 반입을 금지하되 미국의 대한(對韓) 핵우산 공약(확장억제력 제공 공약)을 유지하는 것이다. 미국이 북한에 대한 핵무기 위협 및 사용 금지를 조약 방식으로 소극적 안전보장(NSA)을 제공하고, 한국에 대해서는 한반도나 주변해역에 핵무기를 배치하지는 않되 한·미 안보협의회의(SCM)를 통해 확장억제력 제공의 공약을 유지할 필요가 있는 것이다.

지금처럼 미국이 「한미상호방위조약」의 일환으로 한국에 대해 핵우산, 확장억제력을 제공하는 것이 필요하다. 또한 미국은 북한의 완전한 비핵화를 전제로 차후에 발간할 『핵태세 보고서(NPR)』에 대북 선제핵공격 가능성을 배제하도록 수정해야 할 것이다.

V. 한반도 군비통제 협상 틀과 한미동맹 파급영향

1. 남·북 및 남·북·미 군비통제의 협상 틀

남북군사회담에 대비하여 이미 합의했거나 운용중인 군사, 비군사 분야의 회담을 정비하여 군비통제 회담의 체계를 구축할 필요가 있다. 그리고 정상회담, 총리회담 등 범정부 차원의 회담기구와 국방장관회담, 군사공동위원회, 장성급회담 등 군사당국간 회담기구의 상호 연계와 협조를 강화해 나간다. 특히 남·북·미 군비통제 협상을 위해서는 군사정전위원회 부활 방안, 유엔사-북한군 장성급회담 활용 방안, 3자 군사공동위원회 신설 방안이 있는데, 어떤 방식이 바람직한 군사회담인지 장단점을 살펴볼 필요가 있다.

첫째, 1991년 이래 열리지 않고 있는 군사정전위원회를 부활한 뒤, 여기서 군비통제 논의와 함께 평화협정 논의를 하는 방안이다. 이 방안은 천안함 사태와 관련하여 중국 측이 남북한, 미국과 함께 중국이 참가하는 군사정전위원회를 부활하여 국제조사단의 발표에 대해 공동으로 검증하자고 제안한 것과 같은 방식이다. 하지만 이러한 중국 측의 제안에 대해 누구보다 북한이 "있지도 않은 군사정전위원회 파견은 기만행위"라며 반발한 바 있어 실현가능성이 거의 없다고 봐야 할 것이다.58)

---

58) 황준범, 권혁철, 이용인, "중 "남·북·미·중 천안함 공동조사" 제안,"

이와 같은 북한의 반발 외에도 군사정전위원회의 임무로 볼 때 군정위가 군비통제 및 평화협정을 논의하는 장으로서 적절치 않은 측면이 있다. 군정위의 임무가 정전협정의 실시를 감독하고 정전협정 위반 사건에 대해 조사를 하는 데 한정되어 있기 때문이다. 실제로 「정전협정」제4조 60항에서는 '한국문제의 평화적 해결', 즉 평화체제 구축 문제는 '쌍방의 한 급 높은 정치회의'에서 논의하기로 되어 있다.

둘째, 현재 가동되고 있는 유엔사·북한군 장성급 군사회담을 활용하는 방안이다. 이것은 천안함 사태의 국제적 검증을 위해 우리 정부가 유엔사와 협의하여 북측에 제안한 바 있는 방안이다. 북한 국방위원회의 '검열단' 파견 요구에 대해, 장광일 국방부 정책실장(당시)은 "유엔사가 천안함 침몰사건과 관련한 북한의 정전협정 위반 여부를 조사할 것"이라면서 "북한이 정전협정을 위반한 것으로 드러나면 유엔사-북한 간 장성급회담에 나와야 한다는 내용의 전통문을 북한에 보냈다"고 밝혔다.[59]

이것은 유엔사 특별조사팀이 먼저 정전협정 위반 여부를 조사한 뒤, 다음으로 유엔사-북한군 장성급회담을 열어 북한측 입장을 청취한다는 프로세스를 말한다. 유엔사-북한군 장성급회담은 군사정전위원회가 개최되지 못한 데 따른 대체기구의 성격을 띠고 있어 기본임무 역시 정전협정 실시의 감독과 위반사건 조사라는 한계가 있다. 하지만 이 회담의 구성이 북한군측 4명과 유엔군측 4명으로 이루어져

『한겨레신문』, 2010년 5월 29일.

[59] 박인호, "軍 '北 보유 부인한 130t급 잠수정 사진 확보'," 『데일리 NK』, 2010년 5월 30일.

있고, 유엔군측에 미군과 한국군이 참여하고 있기 때문에 쌍방이 합의만 한다면, 정전체제를 넘어 군비통제 및 평화체제를 공동 협의하는 장이 될 수 있을 것이다.

셋째, 남북군사공동위원회 및 남·북·미 3자 군사공동위원회를 구성하여 여기서 남북한 군비통제와 한반도 차원의 군비통제 문제를 협의, 이행하는 방안이다. 남북군사공동위원회는 「9.19 남북군사합의서」에서 구성하기로 합의된 바 있다. 3자 군사공동위원회 방안은 1998년 10월 9일 유엔사-북한군 장성급회담의 비공식 접촉에서 북한측이 남·북·미 장성으로 구성된 새로운 군사공동기구인 '군사안전보장위원회'를 설치하자고 제안하면서 시작되었다. 북한의 제안은 평화협정의 체결 이전에 군사정전위원회를 대체하는 정전관리기구 내지는 평화관리기구를 상정한 것이다.

하지만 미 대서양위원회(Atlantic Council)가 제안한 남·북·미 3자 군사협정 구상에서 보듯이, 단지 남·북·미 3자가 정전관리나 평화관리를 담당하는 데 그치는 것이 아니라 한반도 군비통제의 협상틀을 새로 만드는 것이다. 북핵문제가 어느 정도 해결의 실마리를 찾게 되어 한반도 평화체제의 논의가 본격화되면, 현재 운용되고 있는 남북-유엔사 3자협의회가 3자 공동군사위원회로 발전할 수도 있다. 한반도 평화포럼 안에서 평화협정 문제가 남·북·미·중 4자가 참여하는 것과는 달리, 한반도 군비통제 문제는 한반도에 군대를 배치하고 있는 남·북·미 3자만으로 구성하는 것이 합리적이다. 필요할 경우 중국은 옵서버로 참가할 수 있을 것이다.

2. 남·북·미 군사협정 추진과 한미 동맹관계 재구축

(1) 한반도 군비통제와 「남·북·미 3자 군사협정」 추진

앞에서 살펴본 남북한의 우발적 군사충돌방지 조치, 비무장지대 내의 유해 발굴, 휴전선 일대의 적대행위 금지 등과 같은 군사적 신뢰구축 및 초보단계의 운용적 군비통제 조치들에 관한 합의, 더 나아가 전력 수준과 같은 구조적 군비통제의 의제들은 모두 한·미 간의 긴밀한 협의를 필요로 한다. 그런 점에서 남북 군비통제의 어느 시점에서는 남북한 뿐만 아니라 주한미군도 참여하는 3자 군사회담이 병행해서 진행될 필요가 있다.

3자 군사회담에서 합의된 사항들은 「남·북·미 3자 군사협정」으로 법제화할 수 있으며, 이는 북한의 비핵화를 촉진할 수 있는 정치적 영향력을 미국에게 제공해 줄 수 있다.[60] 이 3자 군사협정에는 크게 군사적 신뢰구축과 상호 군비축소 및 군대재배치, 미국의 대북 소극적 안전보장, 협력적 위협감소 조치들, 그리고 합의사항의 검증 및 감독 기구의 설치 규정이 담겨 있어야 한다.

첫째, 군사적 신뢰구축 조치이다. 남북간의 의미 있는 군비통제 조치들이 합의된 것은 1992년 「남북기본합의서」의 불가침 조항이다. 여

---

60) The Atlantic Council Working Group on North Korea, *A Framework for Peace and Security in Korea and Northeast Asia,* The Atlantic Council of the United States, April 2007, p.19.

기서 남북은 "대규모 부대이동과 군사연습의 통보 및 통제 문제, 비무장지대의 평화적 이용 문제, 군인사 교류 및 정보교환 문제"등에 합의했다. 그 뒤에 교류·협력의 군사적 보장 조치와 동서지역 철도 및 도로 연결사업, 군사분계선 일대의 선전활동 중지, 서해해상의 우발적 충돌방지 조치 등에도 합의하였다.

남·북·미 3자가 보다 안정적이고 방어 위주의 군사관계를 형성할 수 있도록 군사적 신뢰구축조치에는 기습공격 위험을 최소화하고 우발적 군사충돌의 확전 가능성을 줄일 수 있는 내용을 담도록 한다. 호혜주의 원칙에 따라 남북한 및 주한미군의 군사력을 축소 및 재배치하며, 특히 서울에 가해지는 위협의 불균형을 해소하기 위해 전방에 전진배치된 북한군의 방사포와 단거리 미사일을 후방 재배치하고 궁극적으로 제거하도록 한다.

둘째, 상호 군축 및 군대 재배치를 명문화한다. 「남북기본합의서」에는 "대량살상무기와 공격능력의 제거를 비롯한 단계적 군축실현 및 검증"을 규정하고 있으며, 「4.27 판문점선언」과 「9.19 남북군사합의서」 1조 ①항에서도 "군사적 긴장 해소 및 신뢰구축에 따라 단계적 군축을 실현해 나가기로 합의한 판문점선언을 구현하기 위해 이와 관련된 다양한 실행 대책들을 계속 협의하기로 하였다"고 합의하고 있다. 이와 관련된 3자 협정은 전시작전통제권의 전환이나 한반도 평화체제 수립 이후에도 주한미군이 주둔한다는 것을 전제로 하되, 주한미군의 적정규모는 추후 결정하도록 한다.

또한 남·북·미 3자 군사력의 상한선을 새롭게 정하고 군대의 후방 재배치를 의무화할 뿐 아니라, 특정 범주에 속하는 군사장비를 축소하는 내용을 포함한다. 3자 합의에서는 「유럽재래식무기감축협정(CFE)」이 규정한 조약제한장비(TLE)의 다섯 가지 범주(전차, 대포, 장

갑차, 전투기, 공격용 헬기) 외에 비무장지대 일대의 지뢰 제거와 생화학무기 및 중장거리 탄도미사일의 제한도 포함시킨다.

셋째, 북한의 핵무기 완전 포기와 미국의 대북 핵무기 위협 및 사용 금지 공약이다. 2010년판과 2018년판 「핵태세보고서」에는 북한을 사실상 선제핵공격의 대상으로 포함시켜 놓고 있다. 따라서 북한의 모든 핵무기의 완전한 포기이행 약속을 전제로 「핵태세보고서」의 내용을 수정하고, 3자협정에 미국의 대북 소극적 안전보장을 담은 「9.19 공동성명」 제1조의 "미국은 한반도에 핵무기를 갖고 있지 않으며 핵무기 또는 재래식 무기로 북한을 공격 또는 침공할 의사가 없다"는 공약을 재확인한다. 다만, 러시아가 이미 핵선제 불사용원칙을 파기했고 중국도 그러한 움직임이 있다는 점을 고려하여,61) 한반도 전체에 대한 미국의 확장억제력 공약을 추가하는 점을 검토하도록 한다.

넷째, 협력적 위협감소 조치에 관하여 규정한다. 북한이 핵무기 제조 및 탄도미사일 발사시설을 해체하고 관련 기술들을 수출하지 못하도록 하기 위해 CTR프로그램에 따른 다국간 지원조치를 명문화한다. 이 프로그램은 핵·미사일 연구에 종사해 온 과학자, 기술자들의 연구활동을 민간용도로 전환하도록 장려하고 무기제조시설을 평화적 목적의 민수시설로 전환하는 데 기여할 것이다. 해체대상인 영변핵단지 일대를 민간산업도시로 전환하기 위해 옛소련에 적용한 바 있는 "핵도시 기획안(Nuclear Cities Initiative)"을 적용할 수도 있다.62)

---

61) 조성렬, 『전략공간의 국제정치: 핵우주사이버 군비경쟁과 국가안보』, pp.211~218 참고.

62) The Atlantic Council Working Group on North Korea, *A Framework for Peace and Security in Korea and Northeast Asia*, p.23.

다섯째, 동북아 다자안보기구의 비전 제시이다. 2005년의 「9.19 공동성명」에서 "동북아시아의 항구적인 평화와 안정을 위해...... 동북아시아에서의 안보협력 증진을 위한 방안과 수단을 모색하기로 합의하였다"고 언급해 동북아 안보협력기구의 창설을 추진하였으며, 같은 해 11월 17일 노무현 대통령과 조지 부시 미 대통령도 공동선언문을 통해 "지역 안보 문제에 공동으로 대처할 수 있도록 지역적 다자안보 대화 및 협력체제를 발전시키기 위한 공동의 노력을 펼치가"로 합의한 바 있다.63) 이같이 「3자 군사협정」에 동북아의 안보 및 협력을 위한 다자기구의 중요성을 언급할 필요가 있다.

여섯째, 군비통제를 검증하고 감독하는 3자 기구의 설치이다. 재래식 군사력에 대한 3자 합의를 검증하는 데 필요한 상호 개입적인 조치들을 감독하는 기구의 설치를 규정한다. 이 기구는 신뢰구축과 군비제한, 군대 재배치를 실행하기 위해 1992년 「남북기본합의서」에 의해 설립된 남북군사공동위원회와 비슷한 개념이다. 3자 군사공동위회는 「정전협정」에 규정된 군사정전위원회(MAC)와 중립국감독위원회(NNSC)의 기능을 아우르는 군사적 의무조항을 검증하고 감시하는 포괄적인 기능을 담당하도록 한다.

(2) 한반도 군비통제와 한·미 동맹관계의 재구축

한반도 비핵화의 진전과 함께 남·북·미 3자 간의 군비통제가 진행될 경우, 이에 맞춰 한미동맹의 위상과 역할도 변하지 않을 수 없을

---

63) Joint Declaration on the ROK-US Alliance and Peace on the Korean Peninsula, November 17, 2005. http://www.whitehouse.gov/news/releases/2005/11/20051117-6.html (검색일 2019.03.10.).

것이다. 이와 관련하여 주한미군의 주둔 여부와 한미동맹의 성격 재정의, 그리고 주한미군의 작전범위에 관한 한·미 간의 합의가 필요하다.

첫째, 주한미군의 지속적인 주둔을 보장하도록 한다. 한미동맹 및 주한미군은 한반도 방위를 넘어 동아시아지역에서 안정자 역할을 수행하고 있다. 미 하원과 상원에서는 주한미군 병력의 하한선을 22,000명으로 제한하고 그 이하로 병력을 감축하고자 할 때는 미 의회의 동의를 얻도록 하는 내용의 「2019 회계년도 미 국방수권법」을 통과시킨 것도 주한미군 문제가 비핵화 협상의 흥정거리가 되지 않도록 하기 위한 조치이다.[64]

한국과 미국 내에서는 북한의 비핵화 의지에 대한 의구심이 여전히 많이 남아 있었다. 그렇기에 북한이 핵무기 포기를 위한 군사위협 해소를 내세워 주한미군의 철수를 이끌어내고 한·미 군사연습을 중지시키기 위한 이간책이 아닌가 하는 의혹이 있었다. 그런 점에서 한반도 군비통제 과정에서 평화체제 구축 이후에도 주한미군의 지속적인 주둔 필요성에 대한 북한의 양해가 필요하다.

둘째, 포괄적이고 글로벌한 성격의 한미동맹으로 재정의할 필요가 있다. 한미동맹은 미국 부시 행정부 당시 럼스펠드 국방장관이 추진했던 군사분야혁신(RMA)에 따라 해외미군 재편의 일환으로 성격 전환에 관한 논의가 이루어졌다. 노무현 정부 때 한미동맹은 기존 '한반도 방위동맹'과 같은 군사동맹을 넘어 '포괄적, 역동적, 호혜적 동맹'으로 경제분야의 협력으로까지 폭을 확대했으며, 이명박 정부 때는 '글로벌 전략동맹'으로 규정하여 군사협력의 지리적 범위를 한반도를

---

64) House of Representatives, John S. McCain National Defense Authorization Act For Fiscal Year 2019, Conference Report H.R. 5515, July, 2018, pp.1071~1072.

넘어 글로벌 협력으로까지 확대했다.

한반도 비핵화의 진전에 따라 남북 군비통제의 진전으로 남북 간의 군사적 충돌 가능성이 크게 낮아질 것으로 전망된다. 더 나아가 한반도 평화체제가 구축될 경우, 한미동맹의 성격에 대한 재정의가 필요하게 된다. 한미동맹을 기초로 새로운 동북아 평화질서를 재구축하는 점진적인 현상변경이 필요하다. 이 경우 한·미관계는 신설될 한·미 미래연합사 중심의 한반도 방위동맹과 글로벌 전략파트너십으로 재탄생하되, 우리의 국익을 해치는 방향으로 주한미군이 지역분쟁에 개입하지 않도록 하는 안전장치가 필요하다.

셋째, 배타적 동맹이 되지 않도록 주한미군의 작전범위를 명문화한다. 「제50차 한·미 안보협의회의(SCM) 공동성명」 제9항에서 "미래 한미연합사에서는 한국군 4성장성이 사령관을 맡고 미군 4성장성이 부사령관을 맡도록 한다"고 규정하고 있다.[65] 이렇게 되면 주한미군은 한국군 사령관의 작전통제 하에 놓이게 된다. 따라서 이를 활용해 주한미군의 활동범위를 분명히 밝혀두는 게 필요하다. 그렇지 않을 경우 미국의 인도-태평양 전략에 따라 주한미군, 나아가 한국군이 이에 연루될 위험성을 내포하고 있다.

한미동맹이 배타적인 동맹이 되지 않게 하기 위해서는 우리 안보에 직접 위해를 가하지 않는 한 특정국가를 겨냥한 지역동맹은 지양한다. 이를 위해 주한미군의 역할을 개념화하여 「한미상호방위조약」에 따른 작전출동은 허용하고, 남한지역을 발진기지로 하여 군사적으로 분쟁 개입하는 역외출동은 제한하되, 소속 사령부를 변경해 국제분쟁에 참전하는 역외이동의 경우는 우리 정부와 사전협의하여 결정하도록

---

[65] 「제50차 한미안보협의회의(SCM) 공동성명」, 2018.10.31.

원칙을 정해야 할 것이다.

3. 한반도 군비통제 추진시 고려사항

한반도 군비통제는 동아시아의 안보지형에도 커다란 영향을 미치게 된다. 그런 만큼 한반도 비핵화와 평화체제 이후에도 「한미상호방위조약」이 유지될 경우 「북·중 우호협력 조약」의 용인 여부도 검토되어야 한다. 또한 북한이 핵무기 포기를 대가로 핵위협 제거를 요구하는 만큼, 미국의 한국에 대한 확장억제력 공약을 어떻게 유지할 수 있는지도 중요한 검토대상이다. 결국 한반도 군비통제 협상의 핵심은 북한의 안보우려를 감안하면서도 주변국의 잠재적 군사위협에 대비할 수 있는 적정한 한반도의 군사구조를 만들어가는 것이다.

(1) 주변 잠재위협을 고려한 구조적 군비통제

한반도 비핵화를 촉진하고 평화체제의 기반 조성을 위한 군사적 여건을 만들기 위해 남북 간에 「9.19 남북군사합의서」가 채택되어 배치제한을 위주로 하는 우발적 충돌 방지 및 초보단계 운용적 군비통제에 합의하였다. 이러한 합의에 기초하여 남북군사당국은 신속하게 합의 이행을 완료하였다.

하지만 좀더 진전된 비핵화와 평화체제 기반 조성을 위해서는 배치제한을 넘어선 본격적인 운용적 군비통제가 필요하다. 이를 위해 남북한 군인사의 교류, 군사훈련 횟수의 상호 제한 및 상대측 군사훈련 참관 허용 등 본격적인 운용적 군비통제가 추진되어야 한다. 또한 본격적으로 남북 교류·협력이 실시될 경우를 대비하여 철저하게 군사적 보장장치를 마련하여야 한다.

아울러, 항구적이고 공고한 한반도 평화체제 구축을 위해서는 적대관계를 전제로 과잉배치되어 있는 남북 군사력의 위협 총량을 줄이는 구조적 군비통제가 필요하다. 전면전의 수행 내지 점령을 전제로 과도하게 동원된 남북한의 병력 수를 줄이는 것이 우선적인 과제이다. 또한 후방기습침투나 잠수작전 등 상대에 대한 기습공격에 사용될 수 있는 첨단 군사장비의 도입을 상호협의를 통해 제한하는 문제를 검토할 수 있다. 구조적 군비통제에서 병력감축은 조기 실시할 수 있지만, 군비감축은 주변국들의 군사력 증강 동향을 살펴가면서 추진해야 할 것이다.

(2) 남북한의 미래 군사 수요 평가

남·북한 간의 군비통제는 단순히 한반도 긴장완화만 고려할 수는 없다. 동아시아지역은 한편으로 세계에서 가장 빠르게 경제성장을 이루고 있지만, 다른 한편 냉전시대에 감춰졌던 영토분쟁이 재연되는 등 '지정학의 저주'가 나타나고 있는 지역이기 때문이다. 따라서 남북한 상호 간의 군사력 균형뿐만 아니라, 동아시아지역 차원의 군사력 균형도 함께 고려하면서 남북 군비통제를 추진해야만 한다.

주변국의 잠재적 위협 등 남한의 미래 군사 수요를 고려해야 한다. 동북아지역의 군비경쟁 및 전방위 위협(잠재적 위협)을 고려할 때 구조적 군비통제는 우선 병력 수의 감축에 국한하고, 주변국들의 군사동향과 그에 따른 잠재적 위협의 추이를 감안하면서 추후에 본격적인 구조적 군비통제를 실시해야 한다. 여기서 중국, 러시아 등 핵무기보유국의 존재와 미국 및 러·중 간의 첨단 핵무기 개발경쟁 하에서 미국의 한·일에 대한 확장억제력 제공 공약의 유지는 매우 중요하다.

(3) 비핵화 이후 북한의 적정군사력 평가

한반도 비핵화 협상의 진전에 따라 재래식 군비경쟁이 과열되지 않도록 잘 관리해야 한다. 주지하듯이, 북한의 핵무기 개발 배경에는 세계 차원의 냉전구조가 해체되어 전통적인 한·미·일 남방삼각구조와 북·중·러 북방삼각구조가 와해되어 북한이 국제적으로 고립되었다는 정황이 있다. 따라서 북한이 핵무기를 포기하게 되면 불가피하게 남북한 간의 군사적 균형이 깨지게 되고, 북한의 안보 불안감이 커져 자칫 비핵화가 과도한 재래식 군사경쟁을 불러올 수 있다.

따라서 한반도 비핵화 이후 전력공백 보강의 수준과 방법 등 북한의 미래 군사 수요를 고려해야 한다. 이를 위해서는 북한의 비핵화가 완료된 이후 북한이 보유하게 될 적정군사력 수준에 대한 사전평가가 필요하다. 이러한 북한 적정군사력의 평가에 기초하여 그에 따른 북한의 재래식 전력 열세에 대한 보강을 어디까지 용인할 것이며 어떻게 보강할 것인지 사전에 충분한 검토가 이루어진 뒤 남·북·미 3자 군비통제 협상에 임해야 한다.

제7장

한반도 비핵화의 상응조치(3): 대북 경제제재 해제의 추진 방안[1]

Ⅰ. 북한은 안전보장보다 제재 해제가 더 급했나?

"우리가 비핵화 조치를 취해나가는 데서 보다 중요한 문제는 안전담보 문제이지만, 미국은 아직은 군사분야 조치를 취하는 것이 부담스러울 것이라고 보고 부분적 제재해제를 상응조치로 제안한 것입니다."[2] 이것은 제2차 북·미 정상회담에서 공동성명 채택이 불발된 뒤

---

1) 제7장은 조성렬, 김영준이 공동집필한 다음 보고서를 토대로 내용을 대폭 수정·보완한 것이다. 조성렬, 김영준, "한반도 비핵화를 위한 유엔과 미국의 대북제재 해제 관련 법·제도 연구," 「INSS전략보고」, 국가안보전략연구원, 2018-17, 2018년 11월.

2) "[전문] 북 리용호·최선희 심야 기자회견 발언," 『연합뉴스』, 2019년 3월 1일.

리용호 외무상이 기자회견에서 한 말이다.

북한은 그 동안 대북제재의 완화나 해제 의제를 협상테이블에 올려놓지 않았으나 2018년 9월 29일 리용호 북한 외무상이 유엔총회 연설을 통해 공식적으로 대북 제재의 해제를 요구하고 있다.『로동신문』 9월 30일자도 개인명의의 논평을 통해 "제재와 대화는 양립할 수 없다"는 주장을 펴며, 대북제재의 해제를 요구하였다. 북한의 제재완화 요구는 11월에 들어와 김정은 위원장도 가세하면서 본격화되었다.

김 위원장이 "우리를 변화시키고 굴복시키려 악랄한 제재책동에만 어리석게 광분하고 있다"고 언급한 데 이어3), 북한외무성 미국연구소 권정근 소장도 "'선 비핵화, 후 제재완화'라는 외마디 말만 되풀이"한다고 미국을 비난하면서 "우리 국가가 채택한 경제건설 총집중노선에 다른 한 가지가 더 추가돼 '병진'이라는 말이 다시 태어날 수도 있다"고 협박했다.4) 마침내 2019년 2월 27~28일 제2차 북·미 정상회담이 열렸으나, 미국의 '영변핵시설+α 및 '하나 더'' 요구와 북한의 '2016~17년 유엔안보리 제재 중 민수·민생분야 해제' 요구가 충돌하면서 국제사회의 대북 경제제재가 크게 주목을 받고 있다.

북·미 협상에서와 달리, 11년 만에 열린 2018년 4월의 첫 남북정상회담에서 채택된「4.27 판문점선언」제1조 6항은 남북관계의 전면적이며 획기적인 개선과 발전을 통한 공동번영의 추진에 합의했다. 민족경제의 균형적 발전과 공동번영을 이룩하기 위해「10.4선언」에서 합의된 사업들을 적극 추진하며, 1차적으로 동해선 및 경의선 철도와 도로들의 연결 및 현대화를 위한 실천적 대책 마련에 합의한 것이다.

---

3)『조선중앙통신』, 2018년 11월 1일.

4)『조선중앙통신』, 2018년 11월 2일.

2018년 5월 26일 두 번째 남북정상회담을 거쳐 세 번째 남북정상회담에서 채택된 「9.19 평양선언」 제2조에서는 상호호혜와 공리공영의 원칙 아래 민족경제의 균형적 발전을 위한 실질적인 대책 차원에서 첫째로 2018년 내에 동, 서해선 철도 및 도로 연결을 위한 착공식을 거행하고, 둘째로 조건이 마련되는 데 따라 개성공단과 금강산관광 사업을 우선 정상화하고 서해경제공동특구 및 동해관광공동특구의 조성 문제를 협의하며, 그밖에 산림분야 협력을 비롯한 환경협력과 방역 및 보건·의료 분야의 협력을 강화하기로 합의하였다.

위의 남북 경제협력 내용들은 유엔안보리 제재결의 및 미국 등의 독자제재가 어느 정도 풀리는 것을 전제로 합의한 것이지만 북한의 비핵화 추동 및 본격적인 남북경협을 추진하기에는 몇 가지 문제를 안고 있다. 첫째, 매우 낮은 수준의 합의임에도 불구하고 합의내용의 이행과정에서 유엔안보리 위반 논란이 불거질 수 있다.[5] 둘째, 위의 합의대로 경협이 이루어진다고 해도 이 정도 수준과 내용의 사업만으로는 북한의 비핵화를 촉진하기에는 턱없이 부족하다. 셋째, 대북제재가 유지되는 한 한반도 신경제 구상을 통해 북한지역을 한국경제 회생의 블루오션으로서 새로운 기회를 만드는 데 크게 미흡하다.

제7장에서는 유엔안보리 및 미국의 대북 경제제재 현황을 살펴보고, 북한의 비핵화 촉진과 개혁·개방을 유도하기 위해 필요한 대북제재의 해제 및 국제금융기구 가입 방안을 법제도적으로 제시하였다. 이를 통해 향후 비핵화 협상 과정에서 유엔 및 미국이 취해야 할 조치들과 대북제재 해제 및 국제금융기구 가입 프로세스를 밝혀내 완전한 한반도 비핵화를 이끌어낼 정책시사점을 얻고자 하였다.

---

[5] 「미국의 소리(VOA)」, 2018년 9월 20일.

Ⅱ. 북한의 국가전략 노선 전환과 경제적 배경

1. 북한의 국가전략노선 변화

냉전시기 북한은 사회주의 세계체제의 일원으로 소련, 동구권국가들이 참여한 경제상호원조회의(COMECON) 및 중국과 특수한 경제관계를 맺으며 경제발전을 도모하였다. 하지만 탈냉전기를 맞이하여 사회주의 세계체제가 붕괴하고 소련을 중심으로 한 동유럽공산권의 COMECON이 1991년 6월에 해체되면서 북한의 경제적인 위기가 한층 심화되기 시작했다.

김정일 정권으로부터 어려운 경제여건을 물려받은 채 출범한 김정은 정권은 2013년 3월 31일 당중앙위원회 제6기 23차 전원회의에서 '경제강국 건설과 인민생활 향상'을 국정목표로, '경제개혁과 대외경제개방을 통한 경제건설'을 국정과제로 제시하였다.[6] 김정은 위원장의 당초 구상은 국가핵무력을 토대로 북한식 개혁과 본격적인 경제개발을 통해 경제회복에 매진한다는 이른바 '경제건설-핵무력건설 병진노선'이었다. 북한은 8개 중앙급개발구와 19개 개발구를 지정하는 등 외국자본을 유치함으로써 국제적 고립에서 탈피하고 경제회복을 꾀하였지만,[7] 핵무력의 개발은 국제사회의 제재를 불러와 오히려 경제건설을

---

6) 『조선중앙통신』, 2013년 3월 31일.

7) 차명철, 「조선민주주의인민공화국 주요경제지대들」, 조선민주주의인민공화국 외국문출판사, 2018년.

제약하는 요인으로 작용했다.

이 때문에 김정은 위원장은 2018년 신년사를 통해 평창 동계올림픽 참가를 선언한 뒤 대남특사 파견을 통해 전면적으로 국가전략노선을 선회하였다. 김 위원장은 3월 5일 한국 특사단에게 '군사적 위협의 해소와 체제안전의 보장이 이루어지면 핵을 보유할 이유가 없다'면서 남북관계 및 북·미관계 개선의 의지를 표명하였다. 마침내 김정은 정권은 2018년 4월 20일 개최된 당중앙위원회 제7기 3차 전원회의에서 기존의 경제건설-핵무력건설 병진노선의 종료를 선언하고, 새로운 국가노선으로 사회주의 경제건설 총력노선을 채택하였다.

2. 최근 북한 국가전략노선 전환의 경제적 배경

한국은행 추정결과에 따르면, 북한은 1990년부터 1998년까지 9년 동안 연속해서 마이너스 경제성장을 기록했고 이 기간 동안 국민소득(GNI)은 30%나 감소했다. 국제사회의 지원과 북한 자체의 노력으로 1999년부터 2005년까지 7년 연속 플러스 성장을 이룩했지만, 이후 마이너스 성장(2006~07, 2009~10, 2015, 2017)과 플러스 성장(2008, 2011~14, 2016)을 되풀이한 것이다.

북한의 전략적 도발이 극에 달했던 2017년에는 국제사회의 각종 경제제재로 인해 경제성장률이 마이너스 3.5%로, '고난의 행군' 시절인 1997년 마이너스 6.5%를 기록한 이후 20년 만에 경제실적이 최악의 상태로 떨어졌다.[8] 2017년 한 해 동안 북한의 대외교역이 15% 감소되

---

8) 한국은행, 「2017년 북한 경제성장률 추정 결과」, 2018년 7월 20일.

고 농림어업, 광공업, 제조업 등 3개 핵심부문이 모두 위축되었다.

하지만 북한은 탈냉전 이후 세계 유일의 패권국이 된 미국과의 적대관계뿐만 아니라 북한의 잇단 전략 도발로 인한 유엔안보리 제재결의 및 주요국의 독자적인 제재 결의가 걸려 있어 구조적인 경제위기의 장기화, 만성화가 불가피하다. 현재의 세계경제구조 속에서 비핵화를 통한 미국과의 관계개선을 통해 유엔안보리 및 독자 제재의 해제, 국제금융기구의 가입 및 차관 도입, 공적 원조, 외국인 직접투자 등이 이루어지지 않는 한 북한경제의 회생과 발전은 지난한 과제이다.

미국은 국내 법제도를 통해 국제금융기구를 통제할 수 있는 근거를 확보해 놓고 이를 통해 북한의 경제적으로 고립 및 압박하고 있어, 김정은 정권으로서는 어떻게든 대미관계 개선을 통한 탈출구 확보가 초미의 국가적 과제이다. 세계경제를 움직이는 국제통화기금(IMF), 세계은행 집단(WB Group), 아시아개발은행(ADB) 등이 미국의 주도로 만들어진 것들이고, 미국이 국내 법제도를 통해 국제금융기구를 통제할 수 있는 근거를 확보해 놓고 있어 미국의 동의 없이는 차관 공여는 물론 가입도 불가능한 상황이다.

북한은 비핵화의 조건으로서 처음에는 명시적으로 요구하지 않았으나, 외교관계 수립과 군사적 위협 해소뿐만 아니라 경제회생의 돌파구로서 대북제재 해제와 국제금융기구 가입을 통한 경제개발에 필요한 자금과 기술 도입을 희망하고 있다. 더 나아가 전략물자 반입의 허용, 미국과의 무역협정 체결 및 최혜국대우(항구적 정상무역관계 지위) 부여 인정 등을 통해 북한은 빠른 시일 내에 경제회생을 도모하고 있다. 북한이 요구하는 체제 안전보장과 외교관계 수립은 물론 경제제재의 해제, 국제금융기구의 가입은 미국 대통령과 미 의회의 관계 속에서 결정되므로 미국의 법제도에 따른 접근이 필요하다.

3. 북한의 대북제재 해제 노력과 좌절

(1) 북한의 국제금융기구 가입 노력과 좌절

북한이 추진하는 경제전략이 성공하기 위해서는 외자 도입이 불가피하다. 이것을 잘 아는 북한은 이미 1991년부터 경제개발에 필요한 외자를 도입하기 위해 국제금융기구의 가입을 모색했으며, 그 가운데에서도 세계은행이나 IMF보다 아시아개발은행(ADB)의 가입을 우선적으로 추진했다. 1988년에 미국정부가 북한을 테러지원국으로 지정한 이후부터 이를 근거로 줄곧 미국은 북한의 국제금융기구의 가입에 반대했고, 일본정부는 일본인 납치문제 등의 현안에서 납득할 만한 결론이 있어야 한다는 점을 전제조건으로 내세우면서 북한의 국제금융기구의 가입에 반대해 왔다.

북한은 1997년 4월 아시아개발은행(ADB)에 가입하기 위해 신청서를 정식으로 제출하였으나, 대주주인 미국과 일본이 테러지원국이라는 이유로 거부권을 행사하여 무산되었다. 그 뒤에도 북한은 2000년 8월 김룡문 무역성 부상이 ADB 총재에게 가입의사를 담은 서한을 보내는 등 지속적인 관심을 표시했지만 역시 테러지원국으로 지정된 상태라 승인받지 못하였다.[9] 2001년에는 국제통화기금(IMF)과 국제개발은행(IBRD) 가입의사를 재표명하였다

---

9) 한국은행 국제협력국, 『국제금융기구(2018년판)』, 한국은행, 2017년 12월 29일, p.336.

〈표 7-1〉 미국의 테러지원국 지정 때 적용되는 미국 국내법

관련 법령	내용 및 적용
국제금융기구법 (International Financial Institutions Act, 1982)	국제금융기구의 대북 원조 및 북한의 해당기구 가입금지
브레튼우즈협정법 (Bretton Woods Agreement Act: 1991 amended)	IMF의 대북 원조 및 북한의 IMF 가입 금지
대외원조법 (Foreign Assistance Act, 1961)	미국과 국제금융기구(IMF, World Bank 등)의 대북 원조 금지
수출관리법 (Export Administration Act, 1979)	미국의 수출통제 대상국 중 E그룹으로 분류하여 가장 엄격한 통제를 부과
무역법 (Trade Act, 1974)	대북 정상교역국 지위(Normal Trade Relations)를 박탈하여 최고관세율(column-2)을 적용하고 일반특혜관세(Generalized System of Preference) 자격도 박탈
무기수출통제법 (Arms Export Control Act, 1968)	북한과 군사용 물자거래 금지
무역제재개혁법 (Trade Sanctions Reform Act, 2000)	북한에 대한 상업적 수출입과 관련한 지원 금지
해외작전, 수출금융·연관 프로그램 세출법 (Foreign Operations, Export Financing & Related Programs Appropriations Act, 2006)	미국의 원조 및 부채탕감 금지, 미국의 수출입은행을 통한 제반 지원(원조·차관·신용·보험·보증 등) 활동 금지

<출처> 이한희, 신형원, "북한 경제개발을 위한 국제금융기구의 역할," 삼성경제연구소 「Issue Paper」, 2009년 11월 24일, p.17.

북한은 국제금융기구의 가입을 가로막고 있는 테러지원국 지정 해제를 위해 외교력을 집중하였으며, 비핵화 이행조치에 따라 미국이 취한 상응조치로 2008년 6월 28일 테러지원국 해제에 일단 성공했다. 미국이 「2.13 합의」의 약속에 따라 북한에 대한 테러지원국 지정을 해제하고 「적성국교역법(Trading with the Enemy Act)」 적용대상을 종

료하도록 조치함으로써 북한이 국제금융기구에 가입할 수 있는 최소 요건을 충족하였다.

하지만 2017년 2월 13일 말레이시아 쿠알라룸푸르 국제공항에서 김정은 위원장의 이복형인 김정남이 VX독극물로 살해되는 사건이 발생하자, 2017년 11월 20일 미 국무부는 김정남 암살을 국가테러로 규정해 북한을 '테러지원국'으로 재지정하였다.[10] 현재 북한에 대한 「적성국교역법」의 적용은 종료되었지만, 「적성국교역법」에 의거한 시행령은 「대외경제비상조치법」으로 이관되어 여전히 시행되고 있다.

(2) 북한의 대북 제재 해제를 위한 노력과 북·미 합의

북한의 핵개발 포기에 대한 보상으로 대북제재를 해제하기 위한 북·미 두 나라 사이의 합의가 과거 수차례 이뤄졌던 경험이 있다. 지금까지 있었던 대북제재의 해제와 관련된 북·미 간의 합의 사항을 보면 다음과 같다.

첫째는 1994년 10월 21일에 채택된 「제네바 북·미 기본합의」 제2조 1항이다. 여기서 "합의 후 3개월 내 양측은 통신 및 금융거래에 대한 제한을 포함한 무역 및 투자 제한을 완화시켜 나간다."고 합의하였다.

둘째는 2007년 2월 13일에 채택된 「9.19 공동성명 이행을 위한 초기조치」(2.13 합의) 제2조 3항으로 "미국은 북한을 테러지원국 지정으로부터 해제하기 위한 과정을 개시하고, 북한에 대한 대적성국 교역

---

10) Dianne E. Rennack, "North Korea: Legislative Basis for U.S. Economic Sanctions," Congressional Research Service R41438, June 11, 2018, p.13.

법의 적용을 종료시키기 위한 과정을 진전시켜 나간다."는 내용을 담고 있다.

셋째는 2007년 10월 3일 채택된 「9.19 공동성명 이행을 위한 2단계조치」(10.4합의)로서 여기서 "북한을 테러지원국 지정으로부터 해제하기 위한 과정을 개시하고 또 북한에 대한 대적성국 교역법 적용을 종료시키기 위한 과정을 진전시켜나간다.... 미국은 북·미 관계정상화 실무그룹 회의를 통해 도달한 컨센서스에 기초해 북한의 조치들과 병렬적으로 북한에 대한 공약을 완수할 것이다."라고 밝혀 「2.13 합의」내용을 재확인하고 있다.

넷째는 2012년 2월 29일에 채택된 「2.29 합의」로서, "미국의 대북 제재조치는 북한 주민의 일상생활에 대한 제재를 목표로 하는 것이 아니다."고 합의해 제재의 범위와 한계를 설정하고 있다.

Ⅲ. 대북 경제제재의 유형과 현황

1. 대북 경제제재의 주요 유형

유엔안보리나 미국 등이 북한에 부과하고 있는 경제제재는 크게 무역, 투자, 금융거래의 금지 조치, 전략물자의 금수 조치, 국제금융기구의 가입 거부 조치, 최혜국 대우(MFN-T)의 금지 조치 등 네 가지 유형으로 나누어볼 수 있다.

첫째로, 무역, 투자, 금융거래의 금지 조치이다. 이것은 유엔안보리 결의 및 미국 등의 법률 또는 행정명령에 따라 북한과의 직간접적인 교역이나 투자, 금융거래 등 전 분야에 걸쳐 경제교류를 중단하는 조치이다. 이는 엠바고(embargo)라고도 부르고 있다.

둘째로, 전략물자의 금수 조치이다. 전략물자의 금수조치는 미국정부가 「수출관리법」의 시행령인 「수출관리령(EAR)」을 북한에 적용하여 각종 기계설비를 북한에 반입하여 생산활동을 벌일 수 없도록 규제하는 것이다. 미국의 「수출관리령(EAR)」에 기초하여 전용품목별로 「바세나르 협약」(Wassenar Arrangement, 일반적인 전략물자 수출 통제), 「핵공급국그룹」(Nuclear Supplier Group, 원자력 관련 물품 및 기술 수출통제), 「호주그룹」(Australia Group, 생화학물질 수출통제), 「미사일기술통제체제」(MTCR) 등 네 개의 통제체제를 수립하였다. 네 체제 모두 이중용도 품목을 규제하고 있다.

셋째로, 국제금융기구의 가입을 거부하는 조치를 취하고 있다. 국제금융기구의 미국인 이사가 북한이 회원국으로 가입하지 못하게 하기 위해 거부권을 행사하도록 미국 법률로 규정하고 있다. 북한이 국제금융기구의 회원국이 되지 못하면 국제금융기구로부터 차관 공여가 사실상 불가능하다.

넷째로, 최혜국 대우(MFN-T)의 금지 조치이다. 미국정부가 「무역법」의 잭슨—배닉 조항(Jackson-Vanik Amendment to the Trade Act of 1974)을 북한에 적용해 북한산 제품에 대해 높은 관세를 매김으로써 세계 최대시장인 미국시장 접근을 사실상 차단하고 있다.[11]

---

11) 「무역법」(1974) 개정법률 때에 산입된 잭슨-배닉 개정조항은 사회주의 국가들에 대한 최혜국대우 부여를 해당 국가의 인권상황(특히 국외이주의 자유)과 연계시켜 대통령의 최혜국대우 부여 권한을 제한하였다.

2. 유엔안보리 결의에 따른 대북 제재조치

(1) 유엔 1718 대북제재 위원회

현재 유엔(UN) 차원의 대북제재는 유엔안보리 결의안 1718호에 의거하여 설립된 '1718 대북제재위원회(The 1718 Democratic People's Republic of Korea Sanctions Committee)'가 집행하고 있다. 1718 대북제재위원회의 주요 활동사항으로는 △제재 위반 사항에 대해 적절한 조치, △유엔 회원국들의 제재조치 이행에 대한 정보 수집, △제재의 예외(exemption)에 대한 요청(requests)과 통지(notifications)에 대한 숙의와 결정, △제재 대상이 되는 개인과 단체에 대한 지정, 추가적인 제재 품목 결정, △유엔안보리에 북한제재 관련 사항 보고서를 매 90일마다 제출 등이다.

유엔 차원의 경제제재는 해제 절차도 규정하고 있는데, 이를 그대로 대북제재의 해제에도 적용할 수 있다. 유엔의 제재 대상에 오른 개인 또는 단체가 제재 대상에서 지정해제(De-listing)되는 두 가지 방식이 있다. 하나는 유엔 회원국들이 1718위원회에 지정해제를 요청하는 간접적 방식이고, 다른 하나는 제재 대상이 된 개인이나 단체가 '지정해제 수렴기구(The Focal Point for De-listing)'에 해제를 직접 요청하거나 자국 정부를 통해 '지정해제 수렴기구'에 요청하는 직접적 방식이다.

(2) 유엔안보리 대북 경제제재 결의의 추이

지금까지 유엔 안보리는 11개의 대북제재 결의안을 채택하였다. 유엔안보리의 첫 대북제재 결의는 1993년 3월 12일 북한이 핵무기비확산조약(NPT) 탈퇴를 선언하자 5월 11일 UNSCR 825호가 채택되었는데, 북한의 NPT복귀와 핵사찰 수용을 촉구하는 내용이었다. 2006년 7월 5일 북한이 장거리 탄도미사일을 발사하자 유엔안보리는 7월 15일 미사일 관련 물자, 상품. 기술, 재원의 북한 이전 금지를 권고하는 내용의 UNSCR 1695호를 채택하였다.

유엔안보리의 구속력 있는 대북제재는 김정일 정권 하에서 두 차례 있었고, 김정일 국방위원장의 사후 김정은 체제가 공식 출범하기 전까지 두 차례 있었다. 2006년 10월 9일 북한의 첫 핵실험을 계기로 유엔안보리 결의(UNSCR) 1718호(10.14)가 채택되고, 북한의 2차 핵실험에 따라 채택된 UNSCR 1874호(2009.6.18.), 북한의 장거리 우주로켓 발사를 계기로 채택된 UNSCR 2087호(2013.1.22.), 그리고 북한의 3차 핵실험을 규탄하기 위해 채택된 UNSCR 2094호(2013.3.7.) 등이 있었다.

김정은 체제가 공식 등장한 2013년 3월 31일 이후에는 2016년 1월 6일 북한이 4차 핵실험을 단행하자 이를 규탄하며 UNSCR 2270호(2016.3.2.)를 채택하였고, 같은 해 9월 9일의 5차 핵실험에 따라 UNSCR 2321호(2016.11.30.)를 채택하였다. 여러 차례의 대북 경제제재 가운데 2016년 3월 2일에 채택된 UNSCR 2270호를 기점으로 스마트 제재에서 북한경제 전반을 타격하는 방향으로 성격이 변화하였다.

〈표 7-2〉 김정은 체제 출범 이후 유엔안보리 대북제재 결의안

결의안	배 경	주요내용
UNSCR 2270 (2016.3)	증폭분열 폭발장치 4차 핵실험 실시	-금·티타늄·희토류 수출 전면금지(민생 목적 제외) -북한 은행의 유엔회원국 내 지점 개설 금지. 기존 지점 폐쇄. -회원국의 북한내 사무소·계좌 개설 금지.
UNSCR 2321 (2016.11)	증폭분열 핵탄두 5차 핵실험 실시	-석탄 수출 4억 달러, 수출량 750만톤 중 적은 쪽으로 상한설정 -은·동·아연·니켈 수출 금지 -모든 대북 공적·사적 금융 지원 금지(대량살상무기 연관성 삭제) -회원국 선박·항공기에 북한 승무원 고용 금지 -회원국의 북한 내 선박 등록 금지 -북한 선박 인증·선급·보험 제공 금지
UNSCR 2371 (2017.8)	대륙간탄도미사일 화성14형 시험발사	-석탄·철·철광석 수출 전면 금지, -납·납광석·수산물 수출 금지 -북한과 기존 합작사업 확대 및 신규 사업 금지
UNSCR 2375 (2017.9)	수소핵탄두 6차 핵실험 실시	-대북 원유 공급 연간 4백만 배럴, -정유제품 공급 2백만 배럴로 제한 -LNG·콘덴세이트(천연가스 유래 액체 탄화수소) 대북 수출 금지 -북한 직물 및 의류 수출 금지 -북한 선박과 공해상 물품 이전 금지 -해외 북한 근로자 신규 고용 금지, 기존 근로자 계약 연장 금지 -회원국과 북한의 기존 합작사업체 폐쇄
UNSCR 2397 (2017.12)	대륙간탄도미사일 화성15형 시험발사	-해외파견 북한근로자 24개월내 귀환 -북한 식품·토석류·목재류·선박·기계·전기기기 수출 금지 -대북 산업용기계·금속류·운송수단 수출 금지 -대북 정유제품 공급 제한 연간 2백만 배럴->5십만 배럴로 하향

<출처> 전략물자관리원, 『대북제재 참고 자료집 4.0: 유엔안보리 결의 2397호 및 미국 독자제재 등』, 남북교류협력지원협회, 2018년 9월, pp.12~13.

 2017년에 들어와 북한의 미 본토에 대한 핵타격 능력이 한층 고도화되었고, 이에 맞서 국제사회도 북한에 대한 제재를 한층 강화하였다. 7월 4일과 7월 28일 사거리 5,500km를 넘는 대륙간탄도미사일 화성 14형 발사로 인해 UNSCR 2371호(8.5)이 채택되었고, 9월 3일 북한의 6차 핵실험이자 첫 수소탄 핵실험으로 UNSCR 2375호(9.11)가 채택되었으며, 가장 최근인 11월 29일 북한의 대륙간탄도미사일 화성 15호의 시험발사를 응징하기 위해 UNSCR 2397호(2017.12.22.)

가 채택되었다.

(3) 유엔안보리의 대북 제재조치 유형

현재 유엔안보리가 결의한 대북 제재조치의 유형은 크게 북한 및 대북 수출금지품목의 확대, 경협사업의 금지, 과학기술협력의 금지, 해외에서 북한노동자 고용허가의 금지, 금융지원의 금지, 금융거래의 금지, 대량현금 이전의 제한, 운송제한 및 검색강화 등 여덟 가지로 나누어 살펴볼 수 있다.[12]

첫째, 수출금지품목의 확대이다. 북한의 수출금지품목은 UNSCR 2270호 30항에서는 금, 티타늄광, 바나듐광, 희토류에 국한됐으나, UNSCR 2321호에서는 은, 동, 아연, 니켈이 추가됐고, UNSCR 2371호 8~10항에서는 석탄, 철, 철광석, 해산물, 납, 납광석으로 더욱 확대됐으며, UNSCR 2375호 16항에서는 섬유가 추가되었고, UNSCR 2397호 6항에서는 조업권, 식료품, 농산품, 기계류, 전기기기, 마그네사이트 및 마그네사이트 포함 토석류, 목재류, 선박으로까지 수출금지 품목이 확대되었다.

대북 수출금지품으로는 UNSCR 2397호 7항에서 모든 산업용기계류, 운송수단, 철강 및 여타 금속류를 포함시켰다. UNSCR 2375호에서 원유는 연간 400만 배럴(52.5만 톤), 정제유는 연간 200만 배럴(약 26만 톤)로 제한하였다가, UNSCR 2397호에서 원유 400만 배럴은 유지한 채 정제유를 연간 50만 배럴(약 6.5만 톤)로 대폭 축소하였다. 다

---

12) 전략물자관리원, 『대북제재 참고 자료집 4.0: 유엔안보리 결의 2397호 및 미국 독자제재 등』, 남북교류협력지원협회, 2018년 9월, pp.11~12.

만, UNSCR 2371호 8항에서 석탄은 나진항을 통한 외국산 석탄 수출은 예외로 하여, 라진-핫산 철도를 이용한 러시아산 석탄의 해외 수출을 허용하고 있다.

둘째, 경협사업의 금지이다. UNSCR 2375호는 북한과의 신규 및 기존의 합작(joint venture)·합영(cooperative entity)의 설립, 유지, 운영을 금지하고 있다. 다만, 비상업적 공공인프라 사업과 특정사업(북러간 나진-하산 물류사업, 북·중 간 수력발전사업)은 예외로 명시하였으며, 그 밖에도 제재위원회의 승인을 얻을 경우에는 예외를 인정하고 있다.

셋째, 과학기술협력의 금지이다. UNSCR 2321호 11항은 핵 과학 및 기술, 항공우주 및 비행 공학·기술, 고등 제조생산기술·방법론 분야의 과학기술 협력을 금지하고 있다. 다만, 제재위원회가 승인할 경우는 예외로 한다. 여타 분야는 유엔회원국이 핵·탄도미사일 개발과 무관하다고 결정하고 제재위원회에 사전 통보할 경우에 예외로 인정한다.

넷째, 해외 북한노동자 고용허가의 금지이다. UNSCR 2397호 8항은 해외로 파견된 북한노동자를 2년 내에 복귀토록 하고 북한노동자 송출의 신규허가를 금지하고 있다.

다섯째, 금융지원의 금지이다. UNSCR 2321호 32항에 따라 대북제재위원회로부터 사전 허용된 경우를 예외로 하고, 대북무역을 위한 공적·사적 금융지원(경협보험, 대출 등)을 금지하고 있다. 다만, 제재위원회의 승인을 얻을 때는 예외로 한다.

여섯째, 금융거래의 금지이다. UNSCR 2270호 33항은 유엔회원국 내에 북한은행과 합작투자 및 지분 매입, 환거래 설립·유지를 금지하며, UNSCR 2321호 31항은 대북 제재위원회가 사전허용한 경우를 제외하고 회원국 금융기관의 북한 내 대표사무소, 자회사, 지점, 은행

계좌 개설을 금지하고 있다. 다만, 제재위원회의 승인을 얻을 때는 예외로 한다.

일곱째, 대량현금의 이전 제한이다. UNSCR 2094호는 대량현금(bulk cash)의 이전을 포함하여 핵·탄도미사일·여타 WMD 등 유엔 안보리 결의 상의 금지활동과 관련된 금융자산·재원의 제공을 금지하고 있다. 그리고 UNSCR 2321호 35항에서는 대량현금이 안보리 금지활동 회피 목적으로 사용될 우려를 재강조하고 그 위험성에 대한 회원국의 주의를 촉구하고 있다.

여덟째, 운송제한 및 검색강화이다. UNSCR 2270호 18항은 북한 행발의 화물에 대한 검사를 의무화하고 있으며, UNSCR 2375호는 제재 선박의 입항 금지, 북한 선박의 소유·임대·운영·용선의 금지, 북한 선박과 선박간(ship-to-ship) 이전금지를 규정하고 있다. UNSCR 2397호 9항은 금지활동과 연루됐다는 합리적 근거가 있을 경우 항구 내 선박의 나포·검색·동결을 의무화하고 있다. 다만, 인도지원 화물(유엔회원국이 결정)의 이전에 대한 영향을 최소화하는 방식으로 검색을 실시하도록 촉구하고 있다.

이상의 여덟 가지 대북제재 항목과 관련하여, UNSCR 2397호 25항은 대북제재위원회가 인도주의 목적 등 필요할 경우 '예외(Exemption)' 조치를 취할 수 있도록 규정하고 있다. 북한 내에서의 인도지원과 관련된 국제기구 및 비정부기구들의 업무를 촉진하거나 결의 목표와 부합하는 다른 목적을 위해 필요할 경우 유엔안보리 결의 상 어떠한 활동도 사안별로 '면제(Waiver)' 조치가 가능하다.

3. 미국의 독자적인 대북 제재조치 현황

(1) 법률에 의한 제재조치

미국이 한국전쟁 이래 북한에 대해 취하고 있는 경제제재는 안보위협, 테러지원, 대량살상무기 개발, 비시장경제(공산주의), 인권문제의 5개 이유로 시행되고 있는데, 경제제재의 영역은 ① 무역 및 투자, 금융거래의 금지, ② 해외자산 동결 및 국제금융기구 원조 금지, ③ 외국투자가들에 의한 전략물자의 반입 금지, ④ 높은 관세율 부과로 미국시장에 대한 진출 불허, ⑤ 세계무역기구(WTO) 가입 제한 등 다섯 가지이다.

먼저,「애국법」및「수출관리법」,「무기수출통제법」,「대외원조법」등에 따른 대북 경제제재가 있다.「애국법」311조에 의거해 2016년 6월 1일 북한을 '자금세탁주요우려대상국'으로 지정해 미국과의 금융거래를 금지하였다. 미국은 이러한 조치를 어기고 북한 관련의 제재대상 기업과 거래한 중국의 단동은행(BoD)에 대해 2017년 6월 29일 미 금융시스템에서 전면 배제해 다른 금융회사들과의 자금거래를 차단하였다.13)

「수출관리법」,「무기수출통제법」,「대외원조법」에 의거해 1987년 11월에 발생한 대한항공(KAL)기 폭파사건을 계기로 1988년 1월 북한

---

13) Ian Talley, "Treasury Blocks Chinese Bank from U.S. Financial System Over North Korea Ties," *The Wall Street Journal*, November 2, 2017.

을 '테러지원국'으로 지정해 무역특혜의 제공을 금지했을 뿐만 아니라 원조의 제한·금지, 미 수출입은행의 자금지원 및 국제통화기금(IMF), 국제개발은행(IBRD) 등 국제기구 차관 공여의 제한, 이중용도 수출통제 등과 같은 경제제재를 가하였다. 테러지원국 지정은 북한이 영변 핵시설에 대한 검증에 합의한 뒤 2008년 6월 28일 해제했으나, 2017년 2월 김정은 위원장의 이복형인 김정남이 말레이시아 쿠알라룸푸르 공항에서 피살당하자 "외국영토에서의 암살 등을 포함한 국제테러리즘을 지원"한다며 2017년 11월 20일 재지정하였다.

또한, 「반테러와 사형 효율화법(Anti-terrorism and Effective Death Penalty Act of 1996)」은 '테러국들에 대한 국제금융기구 지원 반대' 항목에서 「국제금융기구법(International Financial Institutions Act)」에 테러국들이 국제금융기구 가입 및 지원신청을 제한하도록 하는 규정을 신설하였다.[14] 「국제금융기구법」의 신설 항목은 재무부 장관이 모든 국제금융기구에 파견된 미국 이사들로 하여금 「수출관리법」이나 「대외원조법」에 의거하여 국무장관이 지정한 국가 또는 기관에 대해 금융기구의 기금을 사용하거나 대출을 해주는 것을 반대하도록 명문화하고 있다.[15]

---

14) Public Law 104-132 _Antiterrorism and Effective Death Penalty Act_1996 Title III International Terrorism Prohibitions Subtitle B Prohibition on Assistance to Terrorist States Sec.327. Opposition to Assistance by International Financial Institutions to Terrorist States

15) The International Financial Institutions Act (22 U.S.C. 262c et seq.) Title XVI―-Human Welfare Sec.1621. Opposition To Assistance By International Financial Institutions To Terrorist States.

〈그림 7-1〉 세컨더리 생션(2차 제재)의 개념도

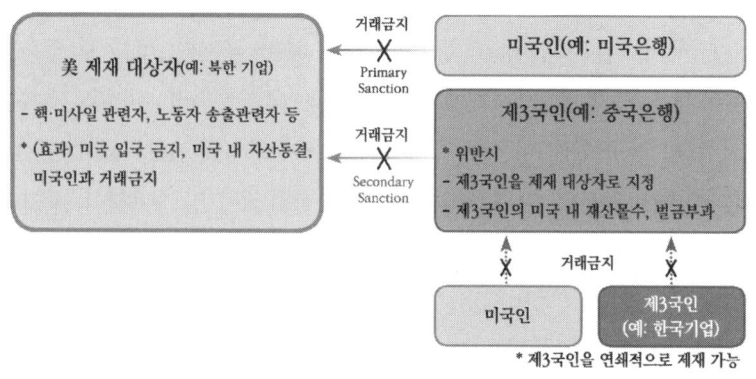

<출처> 전략물자관리원,『대북제재 참고자료집 4.0』, 남북교류지원협회, 2018년 9월, p.18.

이어서, 2016년 2월 18일 발효된 「대북 제재·정책 강화법」(North Korea Sanctions and Policy Enhancement Act of 2016)」은 북한을 겨냥해 미국의 독자제재 내용을 담고 있는데, 주요내용은 △ WMD 관련한 물품 거래의 금지[16], △ 특정 금속·광물(귀금속, 흑연, 미가공 금속, 알루미늄, 철, 석탄 등)의 거래 금지[17], △ 자금세탁, 상품·화폐 위조, 현금 밀수, 마약 거래 등의 금지[18], △ 북한 정부·노동당의 미국 내 자산 동결[19], △ 법안 발효 후 180일 내 자금세탁주요우려대상국 지정 여부 결정[20] 등이다.

---

16) 22 U.S.Code § 9223 Proliferation Prevention Sanctions.

17) 22 U.S.Code § 9214(a) Mandatory Designations.

18) 22 U.S.Code § 9214(b) Additional Discretionary Designations.

19) 22 U.S.Code § 9214(c) Asset Blocking.

20) 22 U.S.Code § 9221(c) Determinations with respect to North Korea as

그밖에 이 법은 유엔안보리 제재 대상자에 대한 지원행위 제재, 북한 및 불법행위 관련 개인·기업에 대한 금융제재 등 세컨더리 보이콧(세컨더리 생션, 2차 제재)의 요소를 도입하고 있다.21)

〈표 7-3〉 미국의 법령에 의한 대북 제재 주요내용22)

(2016년 이전 제정)

	제재 사유				
	안보위협	공산주의 (비시장경제)	테러지원국	WMD 확산	인권
대외경제 비상조치법	포괄적 자산동결			해당기업 자산동결	
수출 관리법	수출제한	수출제한	수출제한	해당기업 수출입 제한 (미사일확산)	
무기수출 통제법	군수품목 거래금지		군수품목 거래금지	1. 해당기업 수출입 제한 (미사일 확산) 2. 원조(인도지원 예외), 군수품수출, 국제금융기구 및 美은행 금융지원 금지(핵확산·핵실험)	
대외원조법		미국·국제금융 기구 원조 금지	미국·국제금융 기구 원조 금지		인권문제로 경제제재, 테러지원국 지정
수출입 은행법		수출입은행 보증· 보험·신용금지		수출입은행 보증·보험· 신용금지(핵확산·핵실험)	
브레튼우즈 협정법		IMF 원조금지	IMF 원조금지		
국제금융 기구법			국제금융기구 원조 금지		
무역법		정상교역관계· 일반특혜관세 거부	정상교역관계· 일반특혜관세 거부		

---

a jurisdiction of primary money laundering concern.
21) 22 U.S.Code § 9222 Ensuring the consistent enforcement of UNSCRs and financial restrictions on North Korea

무역제재 개혁법			대북 상업수출 지원 금지		
국제종교 자유법					경제제재
인신매매 피해자 보호법					경제제재
이란·북한 ·시리아 비확산법				해당기업의 군수품·이중 용도품목 수출, 미국정부 조달계약 금지	
핵확산 방지법				해당기업 미국정부 조달 계약 금지	
북한위협 감소법				핵협력협정의 발효금지, 핵관련 물자·서비스· 기술이전 금지	
대외활동 수권법	채무경감 금지		미국 원조 금지, 채무경감 금지, 수출입은행 원조 ·차관·신용· 보험·보증 금지	핵관련 장비·연료·기술 대북이전 시 수출입은행 기금사용 금지(핵실험)	

<출처> 임수호, "제재 완화 단계별 남북경협 추진방향," 한반도평화포럼 발제문, 2018. 5. 24, p.5 및 변진석, "미국의 대북한 금융제재: 법제와 실행," 『국제정치논총』, 제 56권 4호, 2016, 12, pp. 52~53.

---

22) 미 국무부는 북한에 대한 제재법으로 「미국의 적국에 대한 제재법」 (Countering America's Adverrsaries Through Sanctions Act)」, 「대북 제재 재·정책 강화법」, 「이란·북한·시리아 비확산법(Iran, North Korea, and Syria Nonproliferation Act Sanctions)」, 「반테러와 사형 효율화법 (Antiterrorism and Effective Death Penalty Act of 1996)」, 「국제긴급경제권 법(International Emergency Economic Powers Act)」, 「국가긴급법(National Emergencies Act)」, 「유엔참가법 5장(Section 5 of the United Nations Participation Act of 1945)」까지 모두 7개를 적시하고 있다. 미 국무부 홈페이지 참조, https://www.state.gov/e/eb/tfs/spi/northkorea/(접속일: 2018.10.11)

가장 최근의 것으로, 2017년 8월 2일에 발효된 「미국의 적국에 대한 제재법」(Countering America's Adversaries Through Sanctions Act of 2017)」(H.R. 3364)(2017.8.2.)의 311조에 따라 「대북 제재·정책 강화법」(22 U.S.C. 9214) 104조를 개정하여 미국의 대북 독자제재를 한층 강화하고 있다.

이 법에 따른 대북제재의 주요 내용은 △북한산 광물(금, 티타늄, 구리, 은, 니켈, 아연, 희토류) 거래, 북한산 섬유·식량·농수산물 구입, 북한과의 석유·석유제품 거래, 북한에 인터넷 상업 활동 제공, 북한 정부로부터의 어업권 구매, 북한의 교통·광업·에너지·금융서비스와 관련된 거래, 북한당국에 대한 대량현금 전달 등의 행위와 관련한 개인 및 단체에 대한 제재, △대리계좌를 보유한 외국금융기관이 북한과 지속거래, 다른 나라로 환전하기 위해 달러로 일시 환전, 대북 대금결제를 위한 통신제공 등을 금지, △북한과 재래식 무기를 거래한 제3국에 대한 미국의 원조 금지, △북한 노동자를 해외에서 고용한 외국인의 미국 내 자산 동결, △북한노동자가 제조에 참여한 물품의 미국 반입 금지[23] 등이다.

(2) 대통령 행정명령(Executive Order)에 의한 제재조치

대북제재와 관련된 미 대통령의 행정명령은 2016년 2월 이전에 발표되어 「대북 제재·정책 강화법」의 적용을 받지 않는 것과 그 뒤에 발표되는 바람에 법 적용을 받는 것으로 대별해 볼 수 있다.

---

23) 이 법은 개성공단 내 한국기업 및 북한 OEM제품의 대미 수출 가능성을 차단하는 근거가 되고 있다.

먼저, 「대북 제재·정책 강화법」 발효 이전의 대통령 행정명령으로는 대량살상무기 확산국가에 대한 미국 내 자산 동결을 담은 행정명령 13382호(2005.6.28.), 대북 적성국 교역법 해제 이후 경제제재의 유지를 목적으로 한 행정명령 13466호(2008.6.26.), 천안함 사태를 계기로 대량살상무기 확산뿐만 아니라 일반 불법행위에 대한 제재를 담은 행정명령 13551호(2008.8.30.), 연평도 포격사건을 계기로 북한산 모든 물품과 서비스 기술에 대한 공식적 허가를 필수화한 행정명령 13570호(2011.4.8.), 소니 픽처스 해킹에 따라 사이버테러 위협 행위와 인권 관련 불법행위도 제재대상으로 설정한 행정명령 13687호(2015.1.6.)이 있다.

다음, 「대북 제재·정책 강화법」의 발효 이후에 발표된 대통령 행정명령으로는 북한의 4차 핵실험, 장거리 미사일 발사 및 「대북 제재·정책 강화법」 및 유엔안보리 결의 UNSCR 2270호의 이행을 담은 행정명령 13722호(2016.3.16.), 특정한 북한기업·은행과 거래하는 개인·기업의 재산 동결을 규정한 행정명령 13810호(2017.9.20.)이 있다.

(3) 의회 입법에 따른 미 행정부의 대북제재 관련 시행규칙

미 국무부는 2016년 7월 6일 북한인권보고서를 제출하여 김정은 국무위원장을 제재대상으로 첫 명시했으며, 2017년 11월 20일에는 북한을 테러지원국으로 재지정하였다. 또한 미 재무부는 2016년 6월 1일 북한을 '주요자금세탁우려대상국'으로 지정하였으며, 2017년 11월 21일, 2017년 12월 26일, 2018년 1월 24일, 2018년 2월 23일에 북한에 대한 금융지원대상 제재 명단을 추가로 발표하였고, 2018년 2월 23일에는 '대북국제운송주의보'를 발령했다.

Ⅳ. 대북제재의 완화·해제 방안과 국제금융기구 가입절차

1. 유엔안보리 제재의 완화 및 해제 방안

(1) 유엔안보리 제재의 완화 및 해제에 관한 규정

유엔 안보리가 대북제재를 채택하기 위해서는 유엔안보리 결의가 필요하다. 마찬가지로 대북제재의 보류 또는 해제를 위해서도 유엔안보리 결의나 법률, 행정명령에 명확한 절차를 규정해 놓아야 한다. 2006년 「유엔 제재에 관한 실무그룹 보고서」에서는 "안보리가 제재의 범위와 완화 또는 해제의 기준을 보다 명확하게 규정해야 한다"고 지적하고 있다.[24] 하지만 유엔안보리 제재의 완화 또는 해제에 대해서는 아직까지 명확한 규정이 존재하지 않으며, 기존 사례를 통해서 그 패턴을 유형화할 수 있을 뿐이다.

해외 사례를 보면, 제재의 해제 절차와 규정이 정해져 있다 하더라도 사안별로 그 구체적인 절차와 규정이 차이가 난다. 탈레반(Taliban)에 대한 제재를 해제하는 유엔안보리 결의안 UNSCR 1267호의 경우,

---

[24] 2006년에 발간된 유엔안보리 제재에 대한 실무그룹 보고서는 "안보리가 제재의 범위와 완화 또는 해제의 기준을 보다 명확하게 규정해야 한다."고 지적하고 있다. United Nations, *Report of the Informal Working Group of the Security Council on General Issues of Sanctions*, UN Doc. S/2006/997, December 22, 2006

유엔 사무총장이 안보리에 탈레반이 의무사항을 준수하였다고 보고하면 이를 통해 일부 제재를 해제하도록 규정하였다.25)

이에 비해, 이란 핵합의(JCPOA) 이후 유엔안보리 결의안 UNCSR 2231호의 제7절에는 국제원자력기구(IAEA) 사무총장이 이란이 요구조건을 충족시켰다는 사실을 안보리에 보고하면 제재를 해제26)하도록 규정하였다. 이 결의안에는 JCPOA에 참여하는 국가 중 하나가 이란이 합의사항들을 위반했다고 안보리에 통보하면 안보리의 투표를 거쳐 30일 이내에 모든 제재 조치를 복원하도록 하는 스냅백(snap-back) 조항27)이 포함되어 있다.

(2) 유엔안보리 제재의 완화 및 해제에 관한 조건과 절차

유엔안보리의 제재에 관한 완화 또는 해제에 관한 조건과 절차를 명시하지 않은 경우와 명시한 경우로 나누어볼 수 있다.

첫 번째 경우는 유엔안보리 제재의 완화 및 해제에 관한 조건과 절차가 명시되지 않은 경우이다. 일반적인 유엔 안보리의 의사결정 절차를 밟아 제재의 완화 또는 해제를 결정할 수 있다.28) 유엔 안보리의 대북제재 결정과 마찬가지로 제재의 완화나 해제의 결정도 정치적 행위이므로 절차와 과정보다는 안보리 이사국들 사이의 정치적 합의가

---

25) UN Security Council Resolution. 1267, para. 14.
26) UN Security Council Resolution. 2231, supra note 2, para. 7.
27) UN Security Council Resolution. 2231, supra note 2, para. 12.
28) UN 안보리의 의사결정 절차에 대해서는 다음을 참조. UN Security Council Working Methods https://www.securitycouncilreport.org/un-security-council-working-methods/procedural-vote.php

더 중요한 요소로 작용한다.

두 번째 경우는 유엔안보리 제재의 완화 또는 해제에 관한 조건과 절차가 제재안에 명시된 경우이다.

첫째, 제재안에 제재의 일몰조항(Sunset Clause)에서 시한이 포함되어 있는 경우로서,29) 대체로 12개월을 주기로 하여 제재의 연장여부에 대해 결정하도록 한다.

둘째, 제재안에 제재를 집행하는 위원회에서 '재제에 대한 검토' 규정이 포함된 경우로서, 검토 절차가 제재의 완화나 해제 절차를 의미하지는 않으나 검토 절차를 통해 제재의 지속 여부를 결정할 기회가 마련된다고 간주된다.

셋째, 제재안에 제재를 완화 또는 해제하는 조건이 규정된 경우이다. 유엔 안보리가 대북제재를 완화하거나 해제하기 위한 절차와 규정을 명기한 경우 그 절차와 규정에 의거해 조치를 이행한다.

2. 미국의 「대북 제재 · 정책 강화법」의 제재 완화 및 해제 절차

(1) 대북제재의 예외, 면제, 지명해제

미국의 대북제재는 미 의회의 입법 또는 미 대통령의 행정명령으로

---

29) 일몰시한이 정해진 제재는 대체로 갈등을 관리하거나 민간인을 보호할 목적으로 제재를 부과하는 경우에 해당된다. 반면 비확산, 테러와 같은 국제안보와 관련된 사안으로 부과된 제재는 일몰시한을 두지 않는 것이 통상적인 예이다. Weschler, Joanna. "The Evolution of Security Council Innovations in Sanctions," *International Journal,* Winter 2009-2010, p.41

결정된다. 미국의 독자적인 대북제재는 「대북 제재·정책 강화법」30) 등에 해제의 조건과 절차31)가 명확하게 규정되어 있다. 먼저, "미국의 국가적 안보이익에 대한 중요성" 32) 등의 이유로 제재 완화 및 해제가 필요하다고 대통령이 판단할 경우에 한해 미 대통령의 권한으로 조치를 취할 수 있다.33)

또한 이 법은 제재대상이 아님을 의미하는 예외(Exemption) 대상으로서 국가보안법상의 허가받은 첩보활동, 유엔의 합의사항, 북한 내 미군유해 발굴사업 등을 명시하고 있다. 이밖에도 제재 대상이기는 하지만 제재 조치를 취하지 않도록 허가해 주는 면제(Waiver) 및 인도주의적 면제(Humanitarian Waiver), 제재 대상에 오른 인물·집단을 명단에서 삭제하는 지명해제(Removal of Designation) 등이 있다.

(2) 대북제재의 보류 및 보류 갱신

2016년 2월에 발효된 「대북 제재·정책 강화법」(H.R.757 Title IV

---

30) 본서에서 「대북 제재·정책 강화법」을 미국의 대북제재 완화 절차의 연구 대상으로 삼은 것은 미국 내 북한 전문가들에 의해 동법이 대북제재의 실효성을 갖춘 최초의 법안으로 여겨지기 때문이다.

31) 미 국내법상 제재 완화 조치들의 유형에 관한 논의는 김영준, "미국의 독자제재 완화 및 해제 절차와 대북제재에 대한 시사점," 「이슈브리핑」, 국가안보전략연구원, 2018년 7월 3일 참조

32) U.S. Code Title 22 Foreign Relations and Intercourse Chapter 101 Countering Iran's Destabilizing Actiities § 9411 Presidential Waiver Authority (a) Case-By-Case Waiver Authority (1) In General.

33) 「대북 제재·정책 강화법(H.R.757)」 Title II SEC. 208. (c) Waiver 및 (d) Financial Services for Humanitarian and Consular Activities.

SEC. 401)의 '제재 및 여타 수단의 보류(Suspension of Sanctions and Other Measures)'조항에서는 법안에 명문화된 특정 사실에 부합된다고 행정부가 판단할 경우 이를 의회에 소명한 뒤 행정부가 제재를 보류하거나 완전히 해제할 수 있도록 규정하고 있다. 제재의 보류(Suspension)란 제재의 대상이며 제재가 유효하지만 일정 기간 제재조치를 취하지 않는 것을 의미하며, 제재의 해제(Termination)는 제재조치의 종결을 의미한다.

미국의 대통령이 「대북 제재·정책 강화법」에 따라 북한이 다음 6가지 조치들을 완료 또는 진전시켰다는 점을 미 의회의 해당 상임위원회에 증명하면 최대 1년간 대북제재의 보류(Suspension) 조치가 가능하다.

① 미국 달러화 위조활동을 중단한 사실의 검증
② 돈세탁의 중단과 재정투명성 강화 조치
③ 유엔안보리 결의안의 준수를 검증하기 위한 조치
④ 북한정부에 의한 납치 또는 불법 감금, 억류중인 외국인들의 소재 파악 및 송환
⑤ 인도주의적 지원의 배분과 감독에 관한 국제적 규약 인정과 준수
⑥ 정치범 수용소의 생활환경 개선을 위한 검증조치

위와 같은 제재의 보류를 위해서는 ①의 조치는 완료, ②~⑥조치들은 '진전'(progress)이 필요하다. 북한이 앞의 6가지 조건들을 지속적으로 이행하고 있다는 것을 대통령이 의회의 해당 상임위원회에 증명한다면, 추가적으로 180일간 대북 제재의 보류를 갱신할 수 있다.

(3) 대북 제재조치의 해제

북한이 위의 여섯 가지 조건들을 충족시켰다고 해도, 대북제재가 1년 보류되는 것일 뿐이며 제재가 완전히 해제(Termination)되는 것은 아니다. 미국의 독자적인 대북제재가 종료되려면 '상당한 진전(significant progress)'이 필요한데, 5가지 추가조건은 다음과 같다.

① 완전하고 검증 가능하며 되돌릴 수 없는 형태로 핵, 생화학, 방사능 무기프로그램의 폐기와 대량살상무기의 운반을 위해 설계된 시스템 개발에 관한 모든 프로그램 폐기의 상당한 진전
② 북한 정치범수용소에 억류된 수감자의 전원 석방
③ 평화적 활동에 대한 검열의 중단
④ 개방적이고, 투명하며, 대의적인 사회의 구축
⑤ 억류 미국인에 대한 해명과 송환을 위한 상당한 진전

대북제재 가운데, 「대북 제재·정책 강화법」이 발효되기 이전인 2005년부터 시작된 행정명령 13382호부터 13466호, 13551호, 13570호, 13687호 등 2016년 2월 이전에 발동된 대통령 행정명령에 따라 부과된 제재의 경우는 해제를 위해 이 법에 적용되지 않기 때문에 앞의 조건들을 모두 충족해야 하는 것은 아니다. 하지만 「대북 제재·정책 강화법」 발효 이후에 내려진 행정명령들(13722호, 13810호)은 대북제재를 보류하거나 해제하기 위해서는 앞에서 제시한 조건들을 충족해야 한다.

3. 북한의 국제금융기구 가입을 위한 법적 절차

(1) 북한의 국제통화기금 및 세계은행 가입

북한이 국제금융기구에 가입하기 위해서는 먼저 미국과의 관계개선을 이루는 것이 중요하며, 이후 미 국내법적인 요건을 갖추어야 하며, 최종적으로는 국제금융기구의 여타 가입 조건을 충족시켜야 한다.

미국은 「수출관리법」 등에 따라 미 국무장관이 북한을 테러지원국으로 지정하였으며, 「반테러법」에 의거해 테러지원국에 대해서는 미 재무장관이 국제금융기구의 차관 제공 또는 자금 지원을 할 때 미국인 이사가 반대입장을 표명하도록 명문화하고 있다. 「반테러법」이 테러지원국의 국제금융기구 가입 자체를 명시적으로 반대하고 있지는 않으나, 미국은 차관공여 반대를 동 기구의 가입에 반대하는 것으로 해석하고 있다.[34]

세계은행(World Bank)의 산하기구인 국제개발은행(IBRD)과 국제개발협회(IDA)[35]의 회원 가입조건은 규약에 의거하여 반드시 국제통화

---

34) 임을출, 「국제금융기구의 북한 개입: 조건, 시나리오 및 과제」, 통일연구원 정책연구 시리즈 07-06, 2007.

35) IDA, *International Development Association: The World Bank's Fund for the Poorest*, World Bank Group, October 2017. Articles of Agreement of the International Monetary Fund Article II: Membership Section 2. Other members http://ida.worldbank.org/sites/default/files/pdfs/1-idabrochure_2017.pdf (검색일 : 2018.08.09)

기금(IMF)의 회원국이 먼저 되어야 한다. 북한이 IMF 회원국이 되기 위한 절차는 다음과 같다. 우선 IMF 총재에게 가입신청서를 제출하고 IMF 협정문의 의무를 준수하겠다는 의사를 표시하면, 다음으로 이사회에 회부하여 가입신청국의 경제상황을 조사한 뒤 가입의결안을 거쳐 총회에서 위원의 과반수 찬성으로 최종적으로 회원으로 가입할 수 있다.36)

그런데 IMF에 가입하려면 북한이 총회에서 총투표권의 2/3 이상을 보유한 과반수 이상의 회원국이 참가한 상태에서 이들이 행사한 투표권의 과반수 이상의 찬성을 얻어야 한다. 북한이 회원국으로 가입한 이후에는 IMF협정에서 정한 제반 의무사항(안정적인 환율제도의 유지, 경상거래에 대한 제한 철폐 등)을 준수해야 한다.

북한이 IMF 회원국이 된 이후에는 저소득국가에 대한 경제개발과 생활수준의 향상을 위해 자금을 지원하는 국제개발협회(IDA)의 회원자격을 갖추게 된다.37) IDA의 융자를 얻기 위해서는 △1인당 국민소득 1,165달러(2018회계년도), △장기개발융자에 합당한 충분한 경제, 금융 및 정치적 안정, △신용이 부족하여 자금의 무상지원이 인정되는 경우, △개발에 대한 진정한 의지 등 네 가지 조건을 충족해야 한다.

---

36) Articles of Agreement of the International Monetary Fund Article V: Operations and Transactions of the Fund Section 5. Ineligibility to use the Fund's general resources http://www.imf.org/external/ pubs/ft/aa/index.htm (검색일 : 2018.08.09)

37) IDA Articles of Agreement Article II: Membership, Initial Subscriptions SECTION 1. Membership http://ida.worldbank.org/sites/default/files/IDA-articles-of-agreement.pdf (검색일 : 2018.08.09)

⟨표 7-4⟩ 국제금융기구의 현황과 가입 및 피지원 자격 조건 (2018년 기준)

	세계은행(World Bank) IDA	IMF	ADB
설립연도	1960	1945	1965
회원국수	173개국	189개국	67개국(역내 48, 역외 19)

상위 5개국 및 주요국의 의결권 (표/비율)	1. 미국(2,846,457/10.2%)
	2. 일본(2,323,331/8.33%)
	3. 영국(1,807,008/6.48%)
	4. 독일(1,497,064/ 5.37%)
	5. 프랑스(1,058,451/3.79%)
	기타
	○ 중국 (617,607/2.21%)
	○ 한국 (256,997/0.92%)
	○ 러시아 (90,647/0.32%)
		1. 미국 (831,407/16.52%)
		2. 일본(309,670/6.15%)
		3. 중국(306,295/6.09%)
		4. 프랑스(203,016/4.03%)
		  영국(203,016/4.03%)
		
		기타
		○ 러시아
		  (130,502/2.59%)
		○ 한국(87,292/1.73%)
			1. 미국(12.784%)
			  일본(12.784%)
			3. 중국(5.454%)
			4. 인도(5.363%)
			5. 호주(4.928%)
			
			기타
			○ 한국(4.329%)

가입조건	World Bank 회원 자격	이사회의 결정사항	1. UN 아시아 극동 경제위원회 회원국, 역내국가, UN과 UN 특별기구 회원인 역외의 선진국 2. 이사국들 2/3 이상이 찬성하는 경우
피지원 자격요건	1.GNI per capita의 상대적 빈곤 수준이하(2018 회계연도의 경우 $1,165) 2. 시장의 기준에서 대출을 받을 수 있을 정도의 신용이 부족하여 국가개발을 위한 자금의 무상 지원의 필요성이 인정되는 경우	기금의 목적에 부합하는 한 기금사용 가능	회원국 및 회원국 내의 제 기구

IDA의 재원은 IBRD의 수입, IDA회원국이 납입하는 태환성 통화의 자본금, IDA 선진회원국의 기부금 등 세 가지 방법으로 조달된다. 국제개발협회의 회원국별 투표권 비중을 보면, 미국이 10.2%로 가장 높으며 그 뒤로 일본(8.33%), 영국(6.48%), 독일(5.37%), 프랑스(3.79%) 순이며 중국(2.21%), 한국(0.92%), 러시아(0.32%)가 그 뒤를 잇고 있다.[38]

(2) 북한의 아시아개발은행 가입

아시아개발은행(ADB)의 회원국 자격은 아시아태평양경제사회이사회(ESCAP) 회원국(준회원국 포함)과 유엔 또는 유엔 전문기구의 회원국인 선진국으로 가입을 제한하고 있다.[39] 북한은 1991년에 유엔에 가입했고 1992년에 ESCAP에 가입하여 ADB 회원 가입자격을 충족하고 있다. 북한은 1997년 및 2000년에 각각 가입신청을 하였으나, 미국과 일본 등이 북한이 테러지원국이란 이유로 반대해 총회에서 가입 승인을 받지 못하고 있다.[40]

북한이 ADB에 가입하기 위해서는 회원국 총 투표권의 3/4 이상을

---

38) International Development Association Voting Power Of Member Countries http://siteresources.worldbank.org/BODINT/Resources/278027-1215524804501/IDACountryVotingTable.pdf (검색일 : 2018.08.08.)

39) Asian Development Bank https://www.adb.org/about/members (검색일 : 2018.08.09.) ADB 회원국은 2016년말 현재 역내 48개 국, 역외 19개 국 등 총 67개 국이며, 2007년 조지아가 마지막 회원국으로 가입하였다.

40) 한국은행 국제협력국,『국제금융기구(2018년판)』, 한국은행, 2017년 12월 29일, p.336.

보유하는 회원국 2/3 이상의 찬성이 필요하다. 회원국의 투표권은 기본표와 비례표로 구분하며, 기본표는 총 투표권의 20%를 균등하게 회원국들에게 나눠주며, 나머지 80%는 출자액에 비례하여 배분한다. 회원국별 투표권 비중을 살펴보면 일본이 12.784%로 가장 높으며 이어 미국(12.784%), 중국(5.454%), 인도(5.363%)의 순이다.[41]

ADB에 가입하기 전에 IMF나 세계은행에 가입하는 것이 법적 요구조건은 아니지만, 지금까지 미국과 일본은 IMF나 세계은행보다 ADB에 먼저 가입하는 것에는 반대한다는 입장을 견지하고 있다.[42] 그밖에 ADB 총재와 이사회가 비공식적으로 가입허용 여부를 검토한 뒤 결정되면 출자금과 납입방법을 결정한 뒤 북한이 납입을 완료하여 가입절차가 마무리된다. 따라서 북한이 국제금융기구에 가입하기 위해서는 IMF→ IDA→ ADB의 순서가 될 것으로 보인다.[43]

(3) 북한의 국제금융기구 참가 현황

북한은 상품공동기금(CFC)의 회원국으로 가입되어 있다. CFC의 회원은 유엔 및 산하 전문기구 또는 국제원자력기구(IAEA)에 가입한 국가 및 CFC의 업무와 관련된 기능을 수행하는 정부 간 기구들이다.

---

41) Annual Report 2017 Members, Capital Stock, and Voting Power (as of 31 December 2017) https://www.adb.org/sites/default/files/page/30786/ar2017-oi-appendix1.pdf (검색일 : 2018.08.09)

42) Agreement Establishing The Asian Development Bank https://www.adb.org/sites/default/files/institutional-document/32120/charter.pdf (검색일 : 2018.08.09)

43) 임을출, 「국제금융기구의 북한 개입: 조건, 시나리오 및 과제」, p.26.

여기서 정부간기구는 투표권이 없으며 손실 발생 시에도 아무런 재정적 의무를 부담하지 않는다. 2016년 말 현재 101개 국가와 9개 기구가 CFC에 가입하고 있는데, 북한은 1987년 6월 5일에 가입하였으며 투표권 비중은 0.62%이다.44)

북한은 국제통화협력을 목적으로 선진국이 중심이 되어 결성한 국제금융기구인 국제결제은행(BIS)에 옵저버로 참석한 바 있다. 정기적으로 개최되는 BIS 중앙은행 총재회의에서는 주요 선진국 중앙은행을 중심으로 통화, 외환 및 은행감독 등 정책현안에 대해 활발한 논의가 이루어지고 있는데 이는 직·간접적으로 각국 중앙은행의 정책수행에 상당한 영향을 미치고 있다. BIS는 2000년부터 조선중앙은행 총재를 BIS 연차총회 및 총재 회의에 수차례 초청하였는데, 2004년 6월 BIS 연차총회에 김완수 조선중앙은행 총재가 옵서버 자격으로 참석한 바 있다.45)

V. 베트남 사례의 교훈과 대북 제재해제 추진방안

1. 미국의 베트남 경제제재 해제 과정과 시사점

2018년 4월 27일 판문점 남북정상회담에서 김정은 위원장은 문 대통령과의 도보다리 대화 때 "베트남식 경제개혁을 추진하고 싶다"고 말해 베트남 경제개혁 모델이 주목을 받았다. 뒤이어, 7월 9일 폼페이

---

44) 한국은행 국제협력국, 『국제금융기구(2018년판)』, p.441.

45) 한국은행 국제협력국, 『국제금융기구(2018년판)』, pp.137~139.

오 장관도 "북한이 베트남이 지나온 길을 따른다면 기적이 일어날 것" 이라고 밝혀 북한이 베트남 모델에 관심이 있음을 시사했다. 거기에다가 2019년 2월 27~28일 양일간 제2차 북·미 정상회담이 베트남 하노이에서 개최되면서 베트남 경제개혁 모델이 관심을 끌고 있다.

베트남은 통일 이전의 북베트남이 미국과 전쟁을 치렀고, 통일 이후에 사회주의체제를 유지하면서 경제제재 해제와 미국과의 국교정상화를 통해 경제개발에 성공했다는 점에서 북한의 대미 관계개선 및 경제개발의 모델이 되기에 적합한 것으로 평가받고 있다. 그런 점에서 향후 한반도 완전한 비핵화로 국제사회의 대북 경제제재가 완전히 해제된 이후 북한이 취하게 될 개혁·개방의 모델로서 베트남 모델이 다시 한번 주목을 받고 있다.

베트남은 통일 이전에 이미 국제금융기구에 가입되어 있었지만 미국이 차관공여를 반대했기 때문에 실제로는 국제금융기구로부터 차관을 공여받지 못하고 있었다. 그러다가 1993년 7월에야 미국이 허용조치를 취하면서 베트남은 국제금융기구의 차관공여를 받을 수 있게 되었다.[46] 그 뒤 1994년 2월 클린턴 대통령의 베트남 방문을 계기로 금수조치의 전면해제가 이루어진 데 이어 「무역법」의 '잭슨-배닉 조항'에서의 베트남 제외(1998.3), 「미-베트남 무역협정」(1999.7) 체결 등의 조치가 취해졌다.

베트남에 대한 미국의 경제제재 완화 및 해제 조치는 외교관계 정상화 과정과 맞물리면서 추진되었다. 그 과정을 보면, 먼저 1991년 4월에 미군 유해 송환을 위한 임시사무소가 설치되었다가 1995년 1월

---

46) 권 율, "미·베트남 관계와 베트남의 WTO가입 전망," 『KIEP 세계경제』, 1999년 10월호, pp.84~87.

에 정식으로 연락사무소가 설치되었고, 마침내 1995년 8월에 미-베트남 국교정상화가 조인되었으며 최종적으로 1997년 5월 베트남주재 미국대사가 부임함으로써 미국과 베트남 외교관계가 완전히 정상화되었다.

베트남이 미국의 제재 완화조치를 이끌어낼 수 있었던 것은 미국이 요구했던 미군 유해 발굴·송환 협조와 베트남군의 캄보디아 철수 동의 등 두 가지 조건을 수용하면서 관계정상화를 이루는 과정에서 가능했던 것이다. 이것은 북한에 대한 제재 완화 및 해제도 미국이 요구했던 북한의 비핵화 수용으로 시작될 수 있으며, 북·미 관계정상화 과정 속에서 대북제재의 단계적 완화 조치를 이끌어내는 것이 가능하다는 것을 시사하고 있다.

하지만 본격적으로 외국자본의 베트남 투자가 이루어지기 위해서는 베트남이 세계무역기구(WTO) 가입과 미국시장에서의 최혜국(MFN) 대우를 인정받는 것이 필요하다. 마침내 베트남은 2006년 11월 WTO에 가입하고 같은 해 12월 미 의회에서 베트남에 대한 항구적 정상무역관계(PNTR) 지위 부여를 승인하였다. PNTR이란 낮은 관세로 미국시장에 접근할 수 있도록 하는 최혜국(MFN) 대우와 같은 조치로 미-베트남 무역관계가 일반교역국가 수준이 됐다는 의미이다.[47]

베트남은 1986년 새롭게 바꾼다는 의미를 가진 도이머이 정책을 시작했지만 해외투자가 지지부진하는 등 별다른 성과를 거두지 못하

---

[47] 『중앙일보』, 2006년 12월 11일. 미국은 1997년부터 최혜국대우(MFN)를 정상무역관계(NTR)로 바꿔 부르고 있다. 미 의회는 다른 나라의 NTR지위를 매년 심사해 연장해주고 있는데, '항구적' 정상무역관계(PNTR)를 승인받은 국가는 매년 심사받을 필요가 없다.

였으며, 1990년대 들어와 미국과의 관계정상화가 시작되면서 경제제재가 단계적으로 완화되었다. 베트남에 대한 대규모 외국자본이 들어오기 시작해 세계적인 생산거점으로 부상한 것은 미국시장에서 베트남산 제품이 PNTR 지위를 인정받게 된 2006년 12월 이후다. 삼성전자는 2008년 베트남 박닌에 스마트폰 공장을 완공하는 등 본격적으로 투자하기 시작한 것도 미국시장이 열렸기 때문에 가능한 것이었다.

2. 대북 경제제재의 단계적 해제 요건과 기대효과[48]

(1) 제1단계: 유엔 제재의 완화 및 해제

북한의 전향적인 비핵화 조치에 따라 대북 경제제재 해제를 단계적으로 추진할 필요가 있다. 특히 미 의회의 엄격한 동의가 필요한 미국의 독자제재 완화 또는 해제와 달리, 유엔안보리의 대북제재는 미 행정부의 권한만으로 추진할 수 있다는 점에서 훨씬 실현가능성이 높다. 특히 유엔안보리 상임이사국 가운데 중국과 러시아가 줄곧 대북 제재 완화의 목소리를 높여왔고,[49] 영국과 프랑스도 미 행정부가 요청한다

---

48) 이하의 내용은 양문수, "한반도 신경제구상 실현을 위한 한중협력 방안," 『2018 한반도 국제포럼: 한반도 신경제구상, 일대일로 이니셔티브와 한중협력』, 2018년 9월 15일, 중국인민대학교 일부회의센터, pp.21~23의 내용을 참조해 작성되었음.

49) 2018년 12월 1일 상하이에서 개최된 국제회의 기조연설에서 쿵쉬안유

면 특별히 반대하지 않을 것으로 예상된다.

그런 점에서 국제사회의 대북 제재 완화는 유엔안보리 결의안을 해제하는 새로운 결의안을 채택함으로써 이루어질 수 있다. 미국이 주도해 UNSCR 2270호에서 UNSCR 2397호까지 5개 결의안을 단계적으로 해제하는 결의안을 제출하거나, 또는 일괄적으로 해제하는 결의안을 제출해 동의를 얻어냄으로써 최종적으로는 UNSCR 2270호 직전의 상태로 회복할 수 있다.

이처럼 유엔안보리의 새로운 결의를 통해 대북 금수조치를 해제함으로써 일반물자교역, 위탁가공 교역, 개성공단, 금강산관광 사업 등 중단된 기존 사업을 재개할 수 있다. 하지만 대북 금수조치가 해제되더라도 여전히 전략물자의 북한 반입 금지, 국제금융기구 가입 금지 등 실질적인 제약요인이 많이 남아 있어, 한국 대기업의 진출이나 외국인의 대규모 투자는 쉽지 않으며 중소기업 위주의 소규모 경제협력 사업에 국한될 것으로 보인다.

(2) 제2단계: 대북 전략물자의 반출 제한 완화

앞서 살펴본 대로 유엔안보리의 대북제재가 완화 내지 해제되어 자유로운 교역이 가능해진다고 해도, 이중용도기술이 포함된 전략물자의 대북 반입이 가능하지 않는 한 대규모 외국인직접투자를 받기 어렵다. 전략물자의 대북 반입이 가능하기 위해서는 미국이 「수출관리

(孔鉉佑) 중국외교부 부부장은 "(한)반도 정세의 변화에 따라 적기에 유엔안보리 대북 결의를 되돌리는 조항 마련에 시동을 걸어야 한다"고 밝히면서 "최소한 관련 문제에 관한 토론이 시작되어야 한다"고 촉구했다. 『연합뉴스』, 2018년 12월 1일.

령(EAR)」의 북한 적용을 일시 보류하고, 나아가 「수출관리령」을 개정해 북한의 등급을 조정해 주어 대북 전략물자 통제를 해제해야 한다.

이처럼 대북 전략물자 반출이 허용된다면, 한국을 비롯한 외국 투자자들이 각종 기계설비 특히 첨단 설비를 북한에 가지고 들어가서 생산활동을 수행할 수 있으며, 교통, 에너지, 통신 등 각종 대규모 인프라 투자사업이 가능하게 된다. 아울러 미국 이외의 해외시장과 북한 내수시장을 겨냥한 철강, 화학, 기계, 건설, 일부 정보통신 등 한국의 대기업을 포함한 대규모 외국인투자가들의 본격적인 북한 진출이 가능해질 수 있다.

(3) 제3단계: 북한의 국제금융기구 가입 및 차관공여

북한에 대한 전략물자 반출 허용(제2단계)과 북한의 국제금융기구 가입 및 차관공여(제3단계) 조치 간에는 반드시 선후가 명확한 것은 아니다. 제2단계와 3단계가 역순으로, 또는 동시에 진행될 수도 있다.

북한의 개혁·개방 정책이 성공을 거두기 위해서는 북한이 국제금융기구에 가입하고 국제금융기구가 북한에 대한 원조가 가능하고 대외채무도 경감할 수 있도록 해야 한다. 북한은 「브레튼우즈법」의 비시장경제(공산국)에 대한 IMF 가입금지 조항에 해당될 뿐으로, 테러지원국 지정 철회는 국제금융기구 가입을 위한 필요조건일 뿐 충분조건이 아니다.

하지만 현실적으로 이를 위해서는 미국이 북한에 대한 '테러지원국' 지정을 철회하고 국제금융기구의 가입 및 원조를 금지하는 현 정책을 철회해야만 가능하다. 뿐만 아니라 북한도 국제금융기구가 요구하는 경제통계 공개, 일정 수준의 개혁개방 진전 등 요건을 충족시켜야 국제금융기구의 회원국으로 가입할 수 있다.

북한은 1975년 외채상환 불능상태 발생으로 신규차관의 도입이 불가능하게 되었고 마침내 1987년에 채무불이행을 선언했다. 이처럼 북한의 대외채무불이행, 상업은행을 비롯한 금융시스템 미비 등 국내외 금융기반이 취약하다.[50] 북한이 일정 수준의 개혁·개방을 진전시키고, 국제사회의 규범 등을 준수하면 국제금융기구의 주도 하에 파리클럽으로부터 100~150억 달러에 달하는 대외채무를 대폭 경감받을 수 있다.[51] 이렇게 될 경우 북한은 채무불이행국, 파산국가로부터 탈출할 수가 있게 되고, 국제 민간자본이 북한에 본격적으로 투자할 수 있는 여건이 마련된다.

(4) 제4단계: 무역·투자 제약의 완전해제와 최혜국대우

북한이 본격적으로 개발도상국으로 도약하기 위해서는 북한산 제품들이 세계 최대시장인 미국에 진출할 수 있어야 한다. 이를 위해서는 미국이 북한에 대해 「무역법」의 '잭슨—배닉 조항' 적용을 보류하고, 나아가 「북·미 무역협정」을 체결하여 북한산 제품에 대해 관세율을 크게 낮춰주는 최혜국대우(MFNT, most-favored-nation treatment) 또는 항구적 정상무역관계(PNTR) 지위를 승인받아야 한다.

---

[50] 진익, 모주영, 박승호, 조은영, 『북한 경제개발 재원조달을 위한 국제기구와의 협력방안』, 국회예산정책처, 2018년 12월 6일, p.2.

[51] 파리클럽(Paris Club)이란 국가 간 채무문제를 해결하기 위한 채권국 협의체로서, 채무국이 부채 조정이나 탕감을 요구하며 채권국들이 파리에 모여 상환 기간이나 조건을 만장일치를 통해 결정하고 있다.

〈표 7-5〉 유엔 및 미국의 대북제재 완화/해제에 따른
북한경제 제약요인 해소

	제재 완화/해제 골자	제약요인 해소	대북경협 여건 변화
1단계	UNSCR 2270~2397 등 5개 유엔안보리 결의안 해제	① 대북 무역·투자 금지해제	○ 2016년 3월 이전 상황으로의 회귀 가능 ○ 기존 추진 모든 남북경협사업 추진가능 ○ 리스크 적은 소규모 신규사업도 추진 가능
2단계	미국: 수출관리령 제재 완화/해제, 국제 전략물자 통제체제 완화/해제	①+ ② 대북 전략물자 반출 문제 해소	○ 전략물자 문제 해결 ○ 대북 인프라투자 가능 ○ 산업 중 북한 내수시장, 미국 이외의 해외시장을 목표로 한 산업의 대북투자 가능
3단계	미국: 대북 테러지원국 지정 해제, 국제금융기구 원조 금지 철회	①+② ③ 북한의 국제금융기구 접근 차단 문제 해소	○ 북한 개혁개방 미착수 리스크, 글로벌 스탠다드 미준수 리스크, 국제금융시장 차단 리스크 등 해소 ○ 전략물자문제, 미국시장 판로 문제에 구애받지 않는 투자사업 가능
4단계	미국: 대북 수입금지 목적의 고관세 완화/해제(무역법 체결)	①+②+③ ④ 미국시장 판로 문제 해소	○ 미국시장 판로문제 해결 ○ 미국시장 진출을 목표로 한 산업의 대북투자 가능 ○ 사실상 모든 산업이 대북 투자 가능

<출처> 양문수, "한반도 신경제구상 실현을 위한 한중협력 방안," 『2018 한반도 국제포럼: 한반도 신경제구상, 일대일로 이니셔티브와 한중협력』, 2018년 9월 15일, 중국인민대학교 일부회의센터, p.21, p.23의 <표 3> 및 <표 4>를 참고로 필자가 재구성

만약 북한에 대한 무역·투자의 실질적인 제약요인이 제거되어 북한산 제품들이 'Made in DPRK' 상표로 최대시장인 미국시장에 진출하게 될 수 있게 되면 판로문제가 크게 개선될 수 있다. 그럴 경우 미국시장 진출을 겨냥해 섬유의류, 가전, 정보통신기기, 자동차 등의 산업에서 외국자본의 대북 투자가 본격화될 수 있다.

3. 제재해제의 법적 절차가 대북경협에 주는 시사점

(1) 유엔안보리 제재와 미국 독자제재의 관계

북한은 김정은 정권 초기부터 경제특구나 경제개발구 등 특수경제지구를 지정, 발표해 외국자본의 참여 등 투자기업을 유치하려 했으나 실적이 전무하다시피 했다. 유엔안보리의 대북 제재 결의, 미국의 독자적 제재뿐 아니라 한국과 일본, 유럽연합 등 각국의 독자적 경제제재들이 시행되고 있어 현재 상황에서는 다른 나라가 대신 북한을 지원하도록 하는 것도 쉽지 않다.

북한이 본격적으로 외국자본의 유치 등 개방정책을 취하려 할 때, 미 국내법과의 관계가 매우 중요하다. 미국의 「대북 제재·정책 강화법」에 명시된 북한 투자 관련 조항 때문에 미 의회의 동의를 얻지 못하면 북한 은행에 대한 외환거래서비스는 불가능하다. 다만, 북한의 해외차관 도입은 불가능하지만, 미국 대통령이 행정명령을 무효화하면 대북투자 금지조치의 해제는 가능할 것으로 보인다.

외국자본의 대북 투자를 위해서는 유엔 대북 제재위원회의 승인이 필요하다. 하지만 미 행정부가 지지한다면 유엔안보리 대북제재위원회의 승인은 어렵지 않을 것으로 예상된다. 특히 유엔안보리에는 중국과 러시아가 대북제재의 완화를 지지하고 있고, 미 행정부도 「대북제재·정책 강화법」의 규정이나 미 의회의 간섭에서 벗어날 수 있어 상대적으로 유엔안보리의 제재를 해제하는 것이 미국 독자제재를 푸는 것보다 용이하다.

〈그림 7-2〉 한국 독자제재, UN안보리 제재 및 미국 독자제재의 관계

(2) 미국의 대북제재 면제를 통한 남북경협 재개 방안

미국이 대북제재를 잠정중단하거나 해제하기 위해서는 「대북 제재·정책 강화법」에서 규정한 절차(△보류: 6개 조건의 진전, △해제: 5개 추가조건의 상당한 진전)를 준수하지 않을 수 없으며, 미 행정부가 위의

내용을 준수했다고 미 의회에 통보한 뒤 동의를 얻어야만 확정될 수 있다.

하지만 미 의회의 분위기가 전반적으로 반(反)트럼프적이고 현재 미 의회의 하원은 야당인 민주당이 지배하고 있다. 또한 트럼프 행정부에 대한 직접적인 영향력이 제한된 상태에서 일본정부는 미 의회를 통해 로비를 강화하고 있다. 그렇기에 북·미 비핵화 협상을 원활하게 이끌어나갈 수 있도록 하기 위해서는 미 행정부 단독의 행정명령으로 경협이 가능한지 모색하는 것이 중요하다.

현재 미 행정부의 권한으로 행사할 수 있는 규정이 바로 대북제재의 '면제(waiver)' 조치이다. 유엔안보리나 미국 독자의 대북제재에 대한 '면제'의 확대나 '포괄적 면제' 등의 조치를 활용해 비핵화 협상의 초기 단계에서 협상의 동력을 확보할 수 있다. 미국은 유엔안보리 제재나 독자제재를 잠정중단하거나 해제해 국제 대북제재망을 이완시키는 것보다 남북경협에 대한 면제 조치를 확대해 줌으로써, 대북 협상의 동력을 확보하고 한국의 중재자 역할도 높이는 이중효과를 거둘 수 있다.

실제로 미국은 2018년 2월 평창동계올림픽에 북한 선수단의 편의제공에 대해 제재대상자의 한국입국 및 한국 항공기의 북한 기항 허용 등 대북제재를 면제해주어 한반도 비핵화 협상의 계기를 확보할 수 있게 해주었다. 또한 유엔안보리 대북제재위원회가 개성 소재 남북공동연락사무소에 대한 물자 반입에 대해 상시적 면제를 허용해 남북관계 개선을 통해 한국이 북·미 비핵화 협상의 촉진자 역할을 할 수 있는 물꼬를 터주었다.

제2차 북·미 정상회담이 열리기 일주일 전인 2월 19일 밤 문재인 대통령은 트럼프 대통령과 전화통화하면서 "남북 사이의 철도 도로 연결부터 남북 경제협력 사업까지 트럼프 대통령이 요구한다면 그 역할을 떠맡을 각오가 돼 있고 그것이 미국의 부담을 덜어줄 수 있는 길"이라고 밝혔다. 이것은 북한의 비핵화 조치를 견인하기 위한 상응조치를 남북경협에 대한 '면제'를 이용토록 함으로써 대북제재의 일부라도 '보류' 또는 '해제'할 경우 국제제재망이 이완할 수 있다는 미국의 우려를 해소함과 동시에 남북경협의 확대를 꾀하려는 이중포석이었던 것이다.

(3) 미국의 대북제재 보류/해제의 3가지 시나리오

미국이 대북제재를 보류하거나 해제할 수 있는 경우는 「대북 제재·정책 강화법」에 명시된 △요건을 충족한 뒤 미 의회의 승인을 받는 경우와 △요건이 충족되지 않았더라도 미 의회의 동의로 특별법을 제정해 일괄 해제하는 방법, 그리고 △요건이 충족되지 않아 미 의회가 반대했지만 이를 무릅쓰고 대통령이 독자적으로 강행하는 방법 등 세 가지 경우가 있다.

첫째는 요건 충족으로 미 의회가 승인하는 경우이다. 북한이 미국법에 명시된 6개 항에 걸친 법적 요건을 갖춘 뒤, 대통령이 미 의회의 해당 상임위원회에 제재의 보류 또는 해제를 요청하는 경우이다. 이 경우에는 아무런 문제가 없다.

둘째는 요건 미충족임에도 의회 동의로 특별법을 제정해 일괄 해제하는 경우이다. 만약 북한이 「대북 제재·정책 강화법」에서 밝힌 6개 보류 조건을 충족하지 않았는데도 미 대통령이 제재를 보류하려면, 해당 조건들을 우회하는 '특별법'을 미 의회가 통과시켜야 가능하다. 이 경우에는 미 행정부와 의회가 한반도 비핵화를 위해 제재의 보류 또는 해제가 필요하다는 초당파적인 공감대가 형성되었을 때 가능하다. 6자회담이 한창 진행 중이던 2007년 5월 루가 미 상원의원이 북한의 비핵화 조치와 미국의 법적인 상응조치를 조문화했던 '북한관계법' 초안 작성이 대표적인 사례이다.

셋째는 요건 미충족이나 의회 반대를 무릅쓰고 대통령이 독자 결정을 강행하는 경우이다. 미 의회가 북한이 제재 보류와 해제의 요건을 충족시키지 못하였다고 판단하여 보류 또는 해제 조치에 반대했지만, 미국 대통령이 행정조치를 통해 대북제재의 완화 또는 해제 조치를 감행할 수도 있다.

이때 미 의회는 대통령이 의회의 승인 없이 제재 보류 또는 해제 조치를 감행하는 것을 저지하기 위해 소극적 반대조치와 적극적 반대조치를 취할 수 있다. 소극적 반대 조치로는 공개서한 등을 통한 미 의회의 반대의견 표명 또는 불승인 결의안(Disapproving Resolution) 채택이 있고, 적극적 반대 조치로는 대통령의 조치들을 시행하기 위해 필요한 예산배정을 거부하거나 대통령의 조치를 무효화시키는 법안을 제정하는 방법이 있다. 소극적 반대조치들은 정치적인 행위이며 실효성은 낮은 반면, 적극적 조치들은 대통령의 조치들을 무효화할 수 있다.

하지만 미 의회가 반대입법을 하는 경우 대통령은 이에 대해 거부권을 행사할 수 있다. 실제로 1994년 클린턴 행정부가 북한과 「제네바 북·미 기본합의」를 체결해 경수로 제공에 따른 비용을 부담하기로 했지만, 클린턴 대통령(당시)은 북한이 합의를 준수하고 있다는 것을 의회에 증명하는 데 실패해 의회가 예산배정을 불허했다. 그러자 클린턴 대통령은 국무부, 에너지부 예산을 전용하여 매년 50만 톤의 중유를 북한에 제공한 사례가 있다.

제8장

한반도 비핵화와 신한반도체제의 모색

I. 제2차 북·미 정상회담은 '진실의 순간'이었나?

기대를 모았던 제2차 북·미 정상회담에서 공동성명의 채택이 불발됐다. 한반도 비핵화의 돌파구를 마련할 것으로 기대를 모았던 제2차 북·미 정상회담에서 공동성명 채택이 이루어지지 못하면서 트럼프 대통령의 '진지함'과 김정은 위원장의 '진정성'에 대한 의구심이 나타나기 시작했다.

2018년 싱가포르에서 있었던 제1차 북·미 정상회담에서 채택된 「6.12 싱가포르성명」의 경우에는 역사적인 첫 만남이어서 북·미 간 모든 현안을 다루어야 했기에 포괄적인 원칙 합의로도 만족할 수 있었다. 하지만 제2차 회담은 비핵화와 상응조치에 관한 교환의 성과물이 나와야 했기 때문에 무게감이 제1차 회담 때와는 달랐다.

제1차 북·미 정상회담 이후 북·미 간 몇 차례의 고위급 비핵화 협상이 있었지만 별다른 진전을 보지 못했고, 8월 25일과 11월 8일 예정됐던 고위급 협상은 각각 미국과 북한의 연기통보로 개최되지 못했다. 「9.19 평양선언」에서 합의했던 김정은 위원장의 연내 서울 방문도 성사되지 못하였다. 이렇듯 협상 진전과 합의 이행이 지지부진하자, 한반도 비핵화 협상에 대한 전반적인 회의론이 나타났다.

'진실의 순간(moment of truth)'은 왔는가? 많은 핵 및 외교 전문가들은 이번 제2차 정상회담이 한반도 비핵화로 본격 진입할 것인지, 아니면 시간만 끌면서 지루한 공방의 길로 갈 것인지 가늠할 수 있는 '진실의 순간'이 될 수 있다고 생각하고 있었다. 그런데 결과적으로 이번 제2차 북·미 정상회담에서 공동성명의 채택이 불발이 되면서 한반도 비핵화, 더 나아가 이와 연관된 한반도 평화체제와 북·미 관계 정상화, 동아시아 경제공동체 등 일련의 전망과 구상들이 크게 영향을 받게 되었다.

다행히 북한의 핵·미사일 시험 중지와 한·미 군사연습의 중단 간의 교환으로 이른바 '쌍잠정(雙暫停)' 상황이 유지되고 있어 최소한의 협상 동력은 유지되고 있다. 그리고 트럼프 대통령과 김정은 위원장 간의 신뢰가 아직은 남아있는 것으로 보인다. 따라서 이러한 협상동력을 활용해 어떻게 비핵화 대화를 재개할지에 따라 '진실의 순간'은 다소 늦춰지게 되었다.

문재인 대통령은 100주년 3.1절 기념사에서 비핵화 협상의 재개를 위한 촉진자 역할을 다할 뜻임을 밝히고, '신한반도체제'라고 이름 붙인 새로운 100년의 비전을 제시하였다. 한반도 비핵화의 추진을 동력 삼아 평화협력공동체, 경제협력공동체, 동북아다자평화안보체제를 완성해 새로운 평화안보 질서를 만들어나간다는 의지를 표명한 것이다.

제8장에서는 먼저 하노이에서 개최된 제2차 북·미 정상회담의 과정을 복기하고 평가하면서 해결방향을 찾아본다. 이어서 한반도 비핵

화 추진을 통해 이루려고 하는 남북한의 중장기 구상과 동북아 평화질서의 대안을 살펴봄으로써 '신한반도체제'가 제시한 한반도 및 동북아 평화안보질서의 가능성을 모색해 본다.

Ⅱ. 제2차 북·미 정상회담과 한반도 비핵화의 과제

1. 제2차 북·미 정상회담까지의 경과[1)]

2019년 1월 1일 신년사에서 김정은 위원장은 '제재와 압박이 계속되면 새로운 길을 모색하지 않을 수 없게 될 수도 있다'고 경고하면서도 "언제든 또다시 미국대통령과 마주앉을 준비가 되어 있으며 반듯이 국제사회가 환영하는 결과를 만들기 위해 노력할 것"이라고 밝혀 제2차 북·미 정상회담에 대한 기대감을 감추지 않았다.

1월 17~18일 양일간 김영철 노동당 부위원장이 미국 국적 항공기 유나이티드 에어라인을 타고 워싱턴을 방문하였다. 이것은 지난 제3차 고위급 예비회담 때 김영철 부위원장 일행이 중국 항공기를 타고 뉴욕에서 폼페이오 국무장관과 회담한 뒤, 승용차 편으로 워싱턴에 가서 트럼프 대통령을 만난 것과 대비된다. 김영철 부위원장은 폼페이오 국무장관과 제3차 북·미 고위급 본회담을 갖고 백악관으로 트럼프 대통령을 예방해 김 위원장의 친서를 전달하고 접견하였다. 이

---

1) 조성렬, "더 중요해진 문 대통령의 중재자 역할," 『경향신문』, 2019년 3월 5일 참조.

자리에서 2월 말에 제2차 북·미 정상회담을 개최하기로 확정했다.

이와 때를 맞춰 1월 20일~22일까지 스웨덴 스톡홀름에서는 2018년 7월 제1차 북·미 고위급 본회담에서 북·미 워킹그룹을 만들기로 한 이래 처음으로 북·미 양측의 실무책임자인 최선희 북한외무성 부상과 비건 미 대북정책특별대표가 만났다. 또한 이도훈 한반도 평화교섭본부장도 포함된 남·북·미 실무책임자가 만나 2박 3일간 한반도 비핵화, 경제개발, 지역협력 등을 주제로 의견을 교환하였다.2)

북·미 실무책임자 회동이 끝나고 평양 실무협상을 앞둔 1월 31일, 스티븐 비건 대북정책특별대표는 스탠포드대학 연설을 통해 지금까지 검토되어온 미국의 입장을 종합적으로 정리했다. 그는 "전쟁은 끝났다"면서 '대북 4노(No) 원칙'을 재확인했으며,3) '동시적, 병행적 접근법'이 미국의 정책임을 분명히 하면서 북한이 플루토늄과 우라늄 시설들을 해체할 경우 미국은 상응조치를 내놓을 수 있다고 밝혔다.

비핵화 방법과 관련해 △ 영변을 벗어난 장소(beyond Yongbyon)를 포함한 플루토늄 재처리와 우라늄 농축 프로그램 전체의 해체와 파괴, △ 추가로(and more) 어느 시점에서 포괄적 신고를 통한 대량살상무기, 미사일 프로그램 전체의 완전한 파악, △ 궁극적으로 핵분열물질, 무기, 미사일, 발사대, 기타 대량살상무기의 제거·파괴를 제시했다.4)

---

2) 『연합뉴스』, 2019년 1월 21일.

3) '대북 4노(No) 원칙'은 2018년 6월 30일 한미 정상회담에서 문재인 대통령의 제안을 트럼프 대통령이 수용함으로써 한미 공동의 대북정책 원칙이 되었는데, 내용은 다음과 같다. ① 북한을 적대시하는 정책을 추진하지 않는다, ② 북한을 공격할 의도가 없다, ③ 정권교체나 정권붕괴를 원하지 않는다, ④ 인위적으로 한반도 통일을 가속화하지 않는다.

4) Stephen Biegun, "Remarks on DPRK at Stanford University," January 31,

2월 6~8일 비건 대북정책특별대표는 평양을 방문해 김혁철 대미특별대표(전 스페인 대사)와 실무협상을 가졌다. 평양 방문 뒤인 2월 11일 워싱턴을 찾은 문희상 국회의장과 여야대표단을 만난 자리에서는 북한과 "12개 이상 문제에 대해 논의했고 싱가포르 공동성명 이행을 위해 협력할 것"이라고 말했다. 그 뒤에 베트남에서 이어진 실무협상에서 초안이 만들어진 것으로 알려져 어느 때보다 「하노이 성명」의 채택에 대한 기대가 높았다.

하지만 미 행정부 내의 강경파들은 폼페이오-비건 라인에서 만든 합의서 초안에 대해 강하게 문제를 제기했다. 제2차 정상회담을 앞두고 미 행정부 부처간 연석회의가 열렸는데, 이 자리에서 볼턴 국가안보보좌관이 비건 특별대표의 상관인 폼페이오 국무장관에게 비건의 접근방식에 불만을 표시했다고 『워싱턴 포스트』가 보도했다.

이 보도에 따르면, 볼턴 보좌관은 비건의 방식인 '단계적 프로세스(step-by-step process)'에 반대하면서 강한 압박을 지속해야 한다고 주장하고, 검증된 양보가 없는 제재 해제와 종전을 목적으로 하는 평화선언 채택에 반대했다고 한다. 또한 회의에 참석한 미 재무부와 국방부의 고위관리들도 볼턴 보좌관의 입장을 지지했다고 한다.5)

이러한 강경 분위기 때문인지, 제2차 북·미 정상회담이 열리기 엿새 전인 2월 21일 미 고위당국자는 전화회견(conference call)에서는 비건 대표의 스탠포드대학 연설 내용이 단계적 프로세스를 수용한 것이 아니라면서 제2차 정상회담은 "매우 빠르고 크게 한방으로 나아가야'

2019. www.https://kr.usembassy.gov (검색일 2019.02.10.)

5) James Hohmann, "Trump administration divided internally over North Korea approach as second summit nears," *The Washington Post*, February 21, 2019.

하며, 이를 위해 "북한은 핵탄두와 미사일 보유량을 완전히 밝혀야 한다"고 주장했다.6) 이것은 비건 특별대표의 스탠포드대학 연설의 내용과 유사하지만, 단계적 프로세스 대신에 일괄해법(total solution)을 요구하고 있다는 점에서 차이가 느껴진다. 이는 하노이회담 이전에 이미 미국 협상팀의 입장이 볼턴의 주장 쪽으로 기울었음을 보여준다.

2. 제2차 북·미 정상회담의 평가와 해결방향

(1) 제2차 북·미 정상회담의 쟁점

제2차 북·미 정상회담에서 보여준 김정은 위원장과 트럼프 대통령의 공개발언은 사뭇 달랐다. 김 위원장은 2월 27일 첫 환담에 앞선 발언에서 "모든 사람들이 반기는 그런 훌륭한 결과가 만들어질 거라고 확신하고 그렇게 되기 위해 최선을 다하겠다"고 말해 이번 회담에 대한 기대감을 드러냈다. 하지만 2월 28일 단독정상회담에 앞선 모두 발언에서 트럼프 대통령은 "서두르지 말자. 우리는 옳은 합의를 이루어야 한다. 가장 중요한 것은 옳은 합의를 이루는 것이다"라며 신중한 입장을 취하였다.

공동성명의 채택이 불발된 뒤인 2월 28일 오후 미국측에서 트럼프 대통령과 폼페이오 국무장관이 나서 회담 내용을 공개했다. 트럼프 대통령은 이번 정상회담에서 공동성명 채택이 불발된 이유에 대해 북

---

6) 전화회견에 참가한 미국의 고위당국자는 다름 아닌 스티븐 비건 대북정책특별대표 본인과 매튜 포틴저 백악관 NSC 아시아담당 선임보좌관이다.

한이 영변핵시설들의 해체에 동의하면서 전면적인 제재 완화를 요구했지만 미국은 추가적인 비핵화 없이는 북측 요구를 받아들일 수 없었다고 밝혔다. 폼페이오 국무장관은 "미사일도 빠져 있고 핵탄두 무기체계가 빠져 있어서 우리가 합의를 못했다. (핵)목록 작성과 신고, 이런 것들을 합의하지 못했다"고 첨언했다.7)

그러자 3월 1일 새벽 리용호 외무상은 기자회견을 자청해 북한이 "영변 핵시설의 플루토늄과 우라늄을 포함한 모든 핵물질 생산시설을 영구적으로 폐기하겠다고 밝혔다"며 폼페이오 장관의 발언을 반박하면서, 모든 영변 핵시설을 폐기하는 대가로 2016~17년에 채택된 유엔 안보리 대북제재 5개 가운데 일부인 민수경제와 인민생활과 관련된 제재의 해제를 요구했다고 주장했다. 리용호 외무상과 최선희 외무부상은 북측이 영변 핵시설의 '모두'를 내주고 제재의 '일부'를 달라고 했다고 부연 설명했다.8)

미국과 북한의 설명이 서로 엇갈리는 점이 있기는 하지만, 각자의 입장을 유리하게 해석한 것일 뿐으로 사태를 파악하기에는 무리가 없다. 북한은 영변 핵시설의 '모두'와 제재의 '일부'라고 얘기했지만, 미국은 '모두'의 범위가 불명확하고 '일부'가 사실상 전부를 가리킨다고 이해했다. 제재 해제의 조건으로 생각하는 미국의 '모두'는 영변 핵시설 외에 타지역의 우라늄농축시설은 물론 핵탄두 및 미사일 보유량의 신고까지 포함되는 것이었다. 여기서 북·미 간의 쟁점은 크게 두 가지로 나눠서 볼 수 있다.

---

7) "[전문] 트럼프 하노이 기자회견," 『뉴시스』, 2019년 2월 28일.
8) "[전문] 북 리용호·최선희 심야 기자회견 발언," 『연합뉴스』, 2019년 3월 1일.

첫째로, '영변'을 둘러싼 공동의 정의에 관한 것이다. 북한은 영변을 지리적으로 영변 핵단지라는 좁은 울타리로 해석한 반면, 미국은 영변을 특정 지역에 국한된 것이 아니라 플루토늄과 우라늄과 관련된 모든 핵시설로서 영변 및 영변을 벗어난 지역(beyond Yongbyon)까지 포함하는 북한 핵프로그램의 전체를 가리키는 것으로 보고 있다.

둘째로, '한 가지 더'가 무엇을 가리키는가 하는 것이다. 리용호 외무상의 3월 1일 새벽 기자회견에서 '미국측은 영변지구 핵시설 폐기 조치 외에 한 가지를 더해야 한다고 끝까지 주장했다'고 말했다. 이에 대해 북측 통역관은 'one more step'으로 번역했고, 비건 특별대표가 국무부 고위당국자라는 익명으로 기자회견했을 때는 'one more thing'으로 표현했다.9) 일부 언론들은 '한 가지 더'가 영변핵시설 외의 은닉시설을 의미하는 것으로 잘못 해석하기도 했지만, 북・미 양측은 이것이 핵무기, 탄도미사일 및 신고목록과 같은 '과거핵'에 관한 폐기 약속임을 인지하고 있다.

북한은 단계적 동시행동적 접근법에 따라 '과거핵'에 대해서는 영변핵시설과 같은 '현재핵'이 해결된 이후에 다룰 수 있다는 입장을 견지하고 있다. 반면에 미국은 동시적, 병행적 접근을 통해 '현재핵'을 처리할 때 '과거핵'을 당장 해체 및 폐기하지 않더라도 언제, 어떻게 해결할 것인지 시간표라도 내놓으라는 것이다. 이 점은 제2차 정상회담을 앞두고 갑자기 제시된 것이 아니라, 이미 1월 31일 비건 특별대표의 스탠포드대학 연설에서 '포괄적 신고의 시점을 포함한 실무협상의 로드맵을 명확히 하라'는 요구에서 이미 제시된 바 있다.

---

9) Senior State Department Official On North Korea, "Special Briefing," March 7, 2019. 출처 www.state.gov (검색일 2019.03.15.)

(2) 제2차 북·미 정상회담의 해결방향

한반도 비핵화의 진전을 위해 제2차 북·미 정상회담의 공동성명에 담아야 할 핵심사항이 무엇인지는 원칙적인 선언에 그친 「6.12 싱가포르성명」을 제외하고 「4.27 판문점선언」과 「9.19 평양선언」의 합의사항을 보면 추론해 볼 수 있다.

먼저, 「4.27 판문점선언」 3조 4항은 "남과 북은 완전한 비핵화를 통해 핵 없는 한반도를 실현한다는 공동의 목표를 확인"하면서 △북측이 취하고 있는 **주동적인 조치**들이 한반도 비핵화를 위해 대단히 의의 있고 중대한 조치라는 데 인식을 같이 하고, △ 한반도 비핵화를 위한 국제사회의 지지와 협력을 위해 적극적으로 노력한다는 것이다(고딕체는 필자).

여기서 북측이 말하고 있는 '주동적 조치'는 남아공의 비핵화 방식과 매우 유사하다. 남아공화국은 1989년~1991년 6월 사이에 핵실험 시설의 폐쇄, 원자로의 가동중단, 핵탄두 해체 등 자발적 비핵화를 완료한 뒤에 1991년 9월부터 1년간 국제원자력기구(IAEA)의 사찰을 받고 검증을 완료한 바 있다.[10]

실제로 북한이 취한 주동적 조치를 보면, 2018년 4월 20일 당중앙위 전원회의에서 핵실험과 장거리·대륙간탄도미사일의 시험을 중지하기로 결정하였으며 5월 24일에는 외신기자들의 입회 하에 풍계리 핵실험장을 폭파하였다. 그리고 9월 19일 평양 남북정상회담에서 김

---

10) 본서의 제4장 II-1 '남아공화국의 비핵화 방식: 보상 없는 자발적 비핵화'를 참조

위원장은 문 대통령에게 동창리 시험장의 완전한 해체와 파괴를 검증하기 위해 국제 전문가들을 초청하겠다고 약속했고, 10월 북·미 고위급회담 때 폼페이오 국무장관을 만난 김 위원장은 풍계리의 완전한 해체를 확인하기 위해 미국 전문가들을 초청하겠다고 약속했다. 이처럼 북한은 '미래핵'에 관해 자발적인 비핵화 원칙을 밝힌 것이다.

다음, 「9.19 평양선언」 5조 1~3항에는 "한반도를 핵무기와 핵위협이 없는 평화의 터전으로 만들어나가야 하며 이를 위해 필요한 실질적인 진전을 조속히 이루어나가야 한다"는 데 인식을 공유하면서 △ 북측은 동창리 엔진시험장과 미사일 발사대를 유관국 전문가들의 참관 하에 우선 영구적으로 폐기하며, △ 미국이 상응조치를 취하면 영변 핵시설의 영구적 폐기와 같은 추가적인 조치를 계속 취해나가고, △ 남과 북은 한반도의 완전한 비핵화를 추진해나가는 과정에서 함께 긴밀히 협력하기로 합의하였다(고딕체는 필자).

〈그림 8-1〉 한반도 비핵화 협상의 흐름도

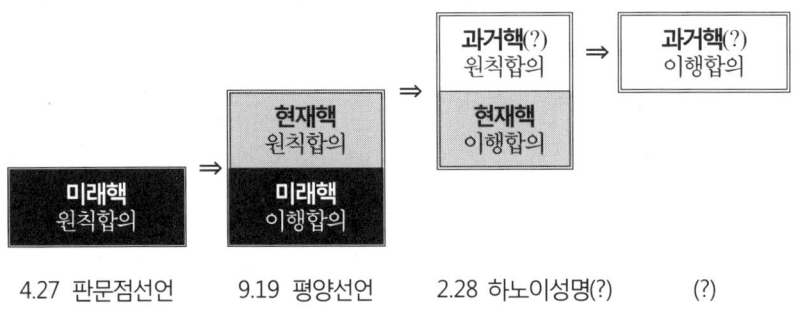

여기서 북측은 우선적으로 핵·미사일 시험중지와 풍계리 핵실험장 폐쇄에 이어 동창리 폐기를 포함시킴으로써 '모든 미래핵'의 완전한 이행방안에 합의하였고, 다음으로 미국의 상응조치를 전제로 '현재핵'인 영변 핵시설의 영구적 폐기+α에 합의하였다. '현재핵'의 비핵화 방식은 「9.19 평양선언」에서 합의했던 '약속 대 약속, 행동 대 행동'방식에 따른 것이다. 이것은 '미래핵'의 비핵화 이행방안에 관해 합의하고 '현재핵'의 이행원칙에 대해 합의한 것이다. 다만, 플러스 알파(+α)에 대해서는 명확한 정의는 없었다.

그렇다면, 비핵화 협상의 흐름으로 볼 때 「2.28 하노이성명」이 채택되기 위해서는 합의문에 어떤 내용들이 담겼어야 할까? 논리의 맥락으로 본다면, 제2차 북·미 정상회담에서 「2.28 하노이성명」이 나오기 위해서는 무엇보다 '과거핵'에 관한 원칙적인 언급이 필요했다. 하지만 비건-김혁철 사이의 실무회담에서는 '과거핵'에 관해서는 어떠한 잠정합의도 이루어지지 못하였다.[11]

미국의 인터넷매체 복스(VOX)는 △ 북·미는 한국전쟁을 상징적으로 끝내기 위해 평화선언에 서명, △ 북한은 한국전쟁 중에 사망한 미군 유해를 추가 송환, △ 준대사관 성격을 지닌 상호 연락사무소의 설치, △ 북한은 영변핵시설에서 핵폭탄 제조를 위한 물질생산을 중

---

11) 2월 27일 만찬장에서 트럼프 대통령이 김 위원장에게 건냈다고 하는 '빅딜문서'에는 다음 요구사항이 들어있었다. ①핵무기 및 핵연료의 이전, ② 핵프로그램의 포괄적 신고와 미국 및 국제 사찰단의 완전한 접근, ③모든 관련 활동 및 새로운 원자로 건설의 중지, ④모든 핵 인프라의 제거, ⑤모든 핵프로그램 과학자와 기술자의 상업적 활동 전환. Lesley Wroughton, David Brunnstrom, "Exclusive: With a piece of paper, Trump called on Kim to hand over nuclear weapons," *Reuter*, March 30, 2019.

단하고, 이에 대한 상응조치로 미국은 북한에 대한 일부 유엔 제재 조치 해제를 추진해 한국과 공동경제계획을 추진 등 네 개항을 담은 잠정합의문이 마련됐었다고 보도했다.12)

언론보도대로 북·미 양측이 잠정합의문을 만든 것이 사실이라면, 앞서 살펴본 「4.27 판문점선언」과 「9.19 평양선언」으로 이어지는 비핵화의 흐름과 연결되지 않는다. 비건-김혁철 사이의 실무회담에서는 물론, 하노이 정상회담에서도 북측은 '과거핵' 문제에 대해서는 전혀 수용하지 않았다. 미국의 입장에서는 과거핵의 총량도 모른채 영변 핵시설의 포기만으로 제재를 실질적으로 해제해 준다면 이는 북한의 대량살상무기 개발을 지원할 수 있고 완전한 비핵화 전까지 핵보유국 지위를 인정해주는 결과를 가져온다고 생각했을 것이다.13)

3. 제2차 북·미 정상회담 이후의 과제

(1) 공동성명 채택 불발의 파급영향

한반도 비핵화의 진전과 함께 상응조치에 관한 포괄적 합의가 이뤄질 것으로 기대되었던 제2차 북·미 정상회담에서 공동성명 채택이 불발되면서 이를 근거로 구상되었던 각종 남북협력 사업들이 어려움

---

12) Alex Ward, "Exclusive: here's the tentative deal Trump and Kim Jong Un may strike in Vietnam," Feb 26, 2019. https://www.vox.com/2019/2/26/18240805/trump-north-korea-kim-vietnam-deal (검색일 2019.03.15.)

13) "2차 북·미 정상회담, 성공의 관건은 무엇인가," 「현안진단」 제205호, 평화재단 평화연구원, 2019년 2월 18일 참조.

을 겪게 되었다. 또한 북·미 양 정상이 제시한 요구사항이 너무 차이가 나서 앞으로도 쉽게 타협점을 찾기 어려울 것으로 보인다.

우리 정부는 「2.28 하노이성명」이 채택되어 적어도 영변핵단지의 해체 및 파기 작업이라도 시작된다면 이에 따른 상응조치로 금강산관광과 개성공단의 재개, 남북철도연결공사의 착공을 기대했던 것으로 보인다. 하지만 제2차 북·미 정상회담에서 공동성명의 채택이 무산되면서 당장 남북 교류협력 사업이 차질을 빚게 생겼다. 유엔안보리의 대북제재 해제는 미국의 동의 없이는 불가능한 조건에서, 미·중 무역전쟁을 벌이고 있는 중국이 미국의 의사에 반해 대북제재 해제에 발 벗고 나서기도 어려운 상황이기 때문이다. 유엔안보리의 대북제재가 계속되는 상황에서는 우리 정부가 추진하려는 평화경제 구상도 추진에 어려움이 따를 것으로 예상된다.

문재인 대통령은 제2차 북·미 정상회담 직전인 2월 19일 트럼프 대통령과의 전화통화에서 "한국의 역할을 활용해 달라"면서 남북경제협력사업을 떠맡을 각오가 되어 있다고 말했다. 3.1절 기념사에서도 "금강산관광과 개성공단의 재개방안도 미국과 협의"하겠다고 밝혔다. 하지만 3월 7일 미 국무부 고위당국자라는 익명으로 인터뷰한 비건 특별대표는 금강산관광과 개성공단의 재개 가능성을 묻는 기자들의 질문에 단호하게 '아니다(No)'라고 거부의사를 밝혔다.[14] 이처럼 유엔안보리의 대북제재가 유지되는 상황에서 미국 주도의 국제 대북제재망에서 벗어나 남북교류를 추진하기 곤란한 것이 현실이다.

비핵화 문턱이 한층 높아짐에 따라 중재의 역할이 매우 어렵게 되었다. 국내 정치사정까지 겹친 트럼프 대통령으로서는 당분간 대북

---

14) Senior State Department Official On North Korea, "Special Briefing".

비핵화 문턱을 낮추기 어려울 전망이어서 유엔안보리 대북제재는 계속될 전망이다. 사정은 북한도 마찬가지이다. 2월 28일 회담이 끝난 뒤 귀로에서 트럼프 대통령은 문재인 대통령에게 김 위원장을 설득해 달라고 요청했지만, 미국의 요구수준이 너무 높아 김정은 위원장의 결단 외에 내부 참모나 외부 조언이 받아들여지기 쉽지 않다.

장외 신경전도 협상 재개를 어렵게 할 수 있다. 볼턴 보좌관은 3월 3일 CBS뉴스와 3월 10일 ABC뉴스 인터뷰에서 미국이 북한에 전달한 '빅딜문서'에 생화학무기와 탄도미사일이 포함되어 있다고 말했다.15) 또한 3월 5일 폭스 비지니스네트워크(Fox Business Network) 인터뷰에서는 북한이 비핵화하지 않으면 제재 강화를 검토한다고 말하고,16) 앞서의 3월 10일 ABC 인터뷰에서는 북한의 책략에 빠지지 않아야 한다면서 단계적 접근법과 동시행동 원칙에 대해 비난했다.

3월 15일 제2차 북·미 정상회담 이후 평양에서 가진 각국 외교관 및 국제기구대표 대상의 브리핑에서 최선희 외무성 부상은 합의문 초안에 "북한이 핵개발을 재개할 경우 다시 복원될 수 있다는 조건 하에서 제재를 해제할 수 있다"는 스냅백 조항을 전제로 트럼프 대통령이 유연성을 보인 것과 달리, 폼페이오 장관과 볼턴 보좌관이 강경입장을 취하면서 상황이 악화됐다고 비난했다. 그리고 조만간 김정은 위원장이 공식연설을 통해 북한의 향후 행보에 대한 결정을 발표할 계획이라고 밝혔다.17)

---

15) "Interview with John Bolton," *CBS News*, March 3, 2019.; "Bolton said Trump is "open to a third summit," but nothing's been scheduled yet," *ABC News*, March 11, 2019.

16) "John Bolton On North Korea, Venezuela, Cuba & China," *Fox Business Network*, March 5, 2019.

(2) 비핵화 협상 재개의 모색

이번 제2차 북·미 정상회담에서 북·미 간의 인식 격차가 크고 양측 모두 준비 부족도 드러났다. 하지만 이번 회담에서 상당한 성과도 있었다. 첫째는 김정은 위원장이 관료들의 왜곡된 평가 없이 미국의 입장을 여과 없이 충분히 들을 수 있었다는 점이다. 이 점은 트럼프 대통령의 경우도 마찬가지이다. 둘째는 서로의 요구사항이 분명해지고 쟁점이 '비핵화 범위와 제재 해제'로 압축되었다. 셋째는 북·미 모두 협상의 판을 깨고 싶어하지 않는다는 점이 밝혀졌다. 이번 회담을 통해 불확실성이 상당 부분 해소되고 제3차 북·미 정상회담이 성사된다면 더 높은 합의가 이뤄질 기반은 마련된 것이다.

지금 중요한 일은 비핵화 협상의 동력을 살려나가는 것이다. 이 점에서 미국이 사태악화를 막고 상황관리에 신경을 쓰고 있는 모습이 눈에 띤다. 트럼프 대통령은 줄곧 김정은 위원장에게 친근감을 표시하며 다시 만나자고 했다. 리용호 외무상과 최선희 부상도 미국측 주장을 일일이 반박하면서도 대미 비난은 자제하는 모습을 보여주었다. 무엇보다 북한이 핵·미사일 시험중지의 약속을 지키고 있는 가운데, 트럼프 대통령이 대규모 한미군사연습의 중지를 선언한 점은 북·미 모두 비핵화 협상의 동력을 유지하겠다는 의지로 해석된다.

하지만 이번에 확인된 미국의 비핵화 요구수준이 너무 높고 미국 내 정치사정이 좋지 않아, 북한이 조기에 움직이기가 쉽지 않을 것으

---

17) 최선희 외무성 부상(현 제1부상)의 기자회견 내용(2019.3.15.) 전문은 다음을 볼 것. 『뉴시스』, 2019년 3월 25일.

로 보인다. 따라서 당분간 북한은 총화 작업을 진행하면서 제2차 북·미 정상회담 과정을 복기하고 총화하면서 '새로운 길'을 모색해 나갈 것으로 보인다. 2019년 1월 1일 신년사에서 김정은 위원장은 "우리 당과 공화국 정부는 자주, 평화, 친선의 이념에 따라 사회주의 나라들과의 단결과 협조를 계속 강화"한다고 밝혔다.

4월 12일 개최된 최고인민회의 제14기 1차 회의 시정연설에서 김정은 위원장은 "우리의 힘으로 부흥의 앞길을 열 것"이고 "세계 모든 평화애호역량과 굳게 손잡고 나아갈 것"이라며 '새로운 길'을 구체화하였다.18) 이는 '새로운 길'이 자력갱생과 사회주의 국제연대의 강화임을 보여준다.19) 김 위원장은 이미 4차례에 걸친 시진핑 국가주석, 2018년 11월 4일 방북한 디아스카넬 쿠바 국가평의회 의장, 2019년 3월 1일 응우옌 푸 쫑 베트남 국가주석, 그리고 4월 25일에는 푸틴 러시아 대통령과 정상회담을 개최해 국제연대의 틀을 구축하였다.

북·미 냉각기가 길어지면 비핵화 협상의 동력이 약화될 수 있다. 북핵문제가 트럼프의 정책우선순위에서 멀어지지 않도록 세심한 대응이 필요하다. 자칫 트럼프 대통령이 북한의 핵·미사일 시험이 중지된 것만 가지고 잘 관리되고 있다고 생각해, 집권 2기 이후로 북핵문제를 뒤로 미루려고 할 가능성이 있다. 그런 점에서 북한의 동창리 발사대 복구 움직임이나 최선희 부상의 기자회견 등은 레드라인만 넘지 않는 한 오히려 협상의 동력을 이어주는 데 도움이 될 수도 있다. 하지만 북한은 북·미 합의를 깨지 않으면서 핵·미사일의 재고를 늘

---

18) 김정은, "현 단계에서의 사회주의건설과 공화국정부의 대내외정책에 대하여," 『조선중앙통신』, 2019년 4월 13일.

19) 조성렬, "김정은 '새로운 길'의 한계," 『경향신문』, 2019년 4월 30일.

려 차후 협상에서 유리한 고지를 확보하려고 할 것으로 보인다.

이 과정에서 중요한 일은 김정은 위원장을 비롯해 북한당국자를 안심시키는 것이다. 그동안 북한은 과거핵을 신고하게 되면 자신의 핵무력이 모두 노출돼 선제공격의 목표물이 된다며 강력히 반발해 왔다. 하지만 지금과 같은 미국의 대북 태도나 남북관계, 북·중관계가 유지되고 있는 한, 미국이 북한의 약점을 잡고 선제공격을 가할 가능성은 전무하다. 이제 문재인 대통령이 적극적으로 나서 김정은 위원장이 안심하고 '통큰 결단'을 내릴 수 있도록 도와야 한다.

Ⅲ. 한반도 비핵화와 남북한의 중장기 구상

1. 북한의 중장기 구상: 통일강국론

(1) 북한 3대 강국론의 변용: 군사강국에서 통일강국으로

북한은 김정은 정권에 들어와 정치사상강국, (핵)군사강국, 경제강국의 3대 강국론을 정식화하고, 이를 통해 사회주의강성국가를 건설한다는 목표를 세워놓고 있다. 3대 강국의 행동강령으로는 일심단결, 불패의 군력, 새세기 산업혁명을 제시하고 있다. 하지만 김정일 국방위원장이 핵군사강국의 건설을 추진하다가 미완인 채로 사망했기 때문에 일부 노선의 변경이 불가피했다.

2013년 3월 31일 김정은 국무위원장은 집권 후 처음 열린 제6기 23차 당중앙위 전원회의에서 국정목표인 경제강국에다가 미완의 핵군사강국을 결합하여 '경제건설-핵무력 건설 병진노선'을 채택한 것이다. 북한은 2013년부터 2015년까지는 남북대화를 선제적으로 제안해 평화공세를 강화하고, 잇단 경제개발구 발표와 관련 법령의 개정, 대외무역성의 신설 등 경제건설에 우선순위를 두었다.

하지만 2016년 5월 6~9일 36년 만에 제7기 노동당 대회를 개최한 이후 북한의 전략 도발이 본격화되었다. 북한은 당대회에서 채택된 당 결정서를 통해 "미국은 핵강국의 전렬에 들어선 우리 공화국의 전략적 지위와 대세의 흐름을 똑바로 보라"고 주장하였다.[20] 계속된 북한의 전략 도발은 2017년 하반기에 절정에 달했다.

마침내 수소핵폭탄 실험과 대륙간탄도미사일 시험발사를 성공리에 마치고, 북한당국은 2017년 11월 29일 '국가핵무력 완성'을 선언하기에 이르렀다. 그 뒤 김정은 위원장은 '국가핵무력'의 포기를 협상카드로 하여 대남, 대미 관계개선에 나섰다. 아울러 새로운 국정목표로서 통일강국이 강조되기 시작하였다.

새로 제기된 통일강국이란 무엇인가? 북한이 이 개념을 처음 사용한 것은 2016년 5월 제7차 노동당대회에서 채택한 당 결정서이다. 당 결정서에서 북한은 "전민족적 합의에 기초한 련방제방식의 통일을 실현하기 위하여 공동으로 노력하여야 한다."고 주장하면서, "민족대단결이 곧 조국통일이며 통일강국이다"라며 처음으로 언급하였다.

북한이 통일강국론을 본격적으로 제기한 것은 남북조선 정당·사회단체 대표자 연석회의(1948.1.25)가 개최된 지 70년이 되는 해를 맞아 2018년 1월 25일 정부, 정당, 단체련합회의 명의로 발표한 「해내외의 전체 조선민족에게 보내는 호소문」부터이다. 호소문은 김 위원

---

20) 조선로동당, "조선로동당 제7차대회 결정서: 조선로동당 중앙위원회 사업총화에 대하여," 2016년 5월 8일.

장이 그린 '조국통일의 설계도'에 따라 2018년의 통일대진군이 시작되었다면서 남북관계 개선을 통해 '제2의 6.15체제'를 이어간다는 전략적 목표를 세워놓고 있다고 밝혔다.[21]

그 뒤 판문점 남북정상회담이 개최된 뒤인 5월 9일자『로동신문』은 "제3차 북남수뇌상봉과 판문점선언의 채택"의 의의를 설명하는 가운데 "김정은 동지의 탁월하고 세련된 영도가 있기에 이 땅 위에는 반드시 부강번영하는 통일강국이 일어서게 될 것"이라며 통일강국의 목표를 강조하고 있다.

2019년 1월 1일 김정은 위원장은 신년사에서 "전민족적 합의에 기초한 평화적인 통일방안을 적극 모색해야 하며 그 실현을 위해 진지한 노력을 기울여 나가야 할 것"이라고 밝혔다.[22] 금년도 정부, 정당, 단체련합회의 명의의 호소문도 통일방안의 모색을 촉구하였으며,[23] 총련 기관지『조선신보』도 "사상과 제도, 지역과 이념, 계급과 계층의 차이를 초월하여 겨레의 의사와 이익에 맞게 공명정대하고 합리적이며 현실적인 통일방안을 모색해나가야 한다"고 촉구하고 나섰다.[24]

(2) 통일강국의 두 가지 지향점: 체제안전과 경제번영

그렇다면 기존의 3대 강국론이 있는데도 불구하고 어째서 통일강

---

21) 조선민주주의인민공화국 정부, 정당, 단체련합회의, "해내외 전체 조선민족에게 보내는 호소문,"『조선중앙통신』, 2018년 1월 25일.

22)『조선중앙통신』, 2019년 1월 1일.

23) 조선민주주의인민공화국 정부, 정당, 단체련합회의, "전체 조선민족에게 보내는 호소문,"『조선중앙통신』, 2019년 1월 23일.

24)『조선신보』, 2019년 2월 25일.

국을 내세우기 시작했는가? 그것은 한반도 비핵화가 완료되어 기존의 자주국방 노선에 기초한 핵군사강국의 목표가 사라진다면, 북한의 체제안전 모색도 방향전환이 불가피하기 때문이다. 그래서 핵군사강국의 대안으로 생각해 낸 것이 2016년 5월의 제7차 노동당대회 때 당대회 결정서에서 새롭게 제시한 통일강국 개념이다.

북한 내부에서 통일강국에 관해 명확히 개념 정의하고 있지는 않지만, 의미상으로 볼 때 통일강국은 기존의 핵군사강국과 경제강국을 아우르는 개념이다. 즉, 북한이 핵무기를 점진적으로 포기해 점차 통일강국을 이룸으로써 세계최강국인 미국과 동맹관계에 있는 한국에 편승해 체제안전을 보장받고, 또한 세계 10위권의 글로벌 경제력을 갖고 있는 한국의 도움으로 경제적 번영을 꾀한다는 것이다.

북한이 생각하는 통일강국은 김정은 체제의 안전을 보장받기 위해 남북한이 서로의 사상과 제도를 인정하는 연방제 방식일 것으로 보인다.[25] 다만, 남한과 해외 동포들 가운데 연방제에 대한 거부감이 있을지 모르기 때문에 현 단계에서는 특정한 통일방식을 주장하지 않고 '전민족의 합의에 기초한 평화통일 방안의 마련'을 호소하고 있는 것이다. 따라서 향후 북한은 평화통일 방안의 공론화 과정에서 '통일강국'의 개념을 연방제 방식과 연결시킬 것으로 보인다.

북한은 '국가핵무력의 완성'을 선언했기 때문에 스스로 핵군사강국이 되었다고 생각하고 있다. 그런데 지금 김정은 위원장이 핵무기 포기를 선언하고 비핵화 프로세스에 들어가게 되면 핵무력의 점진적인 해체는 불가피하게 된다. 핵무력의 점진적 해체를 보완하면서 체제안

---

25) 신분진, "련방제방식의 민족통일국가를 창립하는 것은 조국통일실현의 가장 합리적인 방도," 『김일성종합대학학보(력사, 법률)』, 2017년 2063권, 제3호, pp.83~89.

전의 보장을 제공해 주는 것이 바로 통일강국의 이전단계에서 정부, 정당, 사회단체들의 연대 행동이다.

그런 점에서 북한은 비핵화가 완료되어 핵군사강국이 해체될 즈음에 통일강국을 완성하는 것을 목표로 한다. 그런데 북한이 그리고 있는 통일강국의 모습은 한국에게 일방적으로 흡수되는 제도통일이 아니라, 남북한이 각자의 사상과 제도를 독립적으로 운영할 수 있는 연방제 통일을 가리킨다. 제7차 당대회 결정서는 "조선반도의 평화와 안전을 보장하며 련방제방식의 통일을 실현하기 위하여 노력하여야 한다. 조선반도의 평화와 안전은 우리 민족의 운명과 관련되는 사활적인 문제이며 조국통일의 필수적 전제이다."라고 규정하고 있다.

통일강국으로 나아가기 위해 북한이 제시한 행동강령은 민족대단결이다. 당 결정서는 민족대단결에 대해 "사상과 리념, 정견의 차이를 초월하여 하나로 굳게 단결하여야 한다"고 정의했다. 최종적으로 당 결정서는 "민족자주의 기치, 민족대단결의 기치를 높이 들고나가며 조선반도의 공고한 평화를 보장하고 련방제방식의 통일을 실현하기 위하여 적극 노력함으로써 온 겨레가 소원하는 자주적이고 번영하는 통일강국을 하루빨리 안아올 불타는 결의"를 표명하고 있다.

〈그림 8-2〉 북한의 국가노선 변화와 '통일강국'

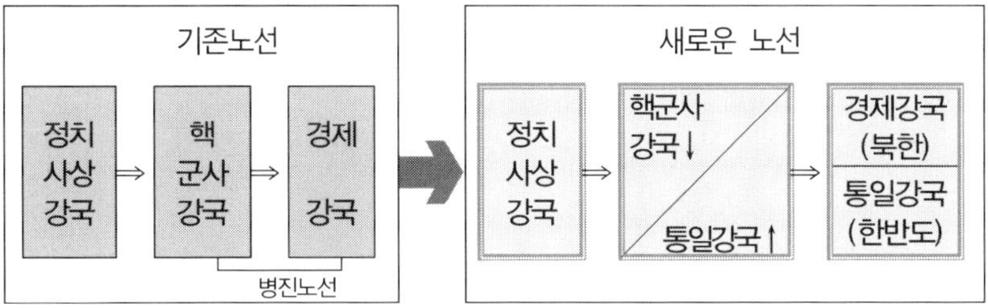

기존노선				새로운 노선		
정치사상강국	⇒	핵군사강국	경제강국	정치사상강국	⇒ 핵군사강국 ↓ / 통일강국 ↑	⇒ 경제강국 (북한) / 통일강국 (한반도)
		병진노선				

2. 한국의 중장기 구상: 신한반도체제론

(1) 평화패러다임과 통일의 경로

문재인 정부에 들어와 대북정책의 패러다임이 이명박 정부와 박근혜 정부가 내걸었던 '조기통일론'에서 '평화공존론'으로 전환되었다. 2017년 6월 29일(현지시간) 한·미 정상회담에서 문재인 대통령의 제안과 트럼프 대통령의 동의로 '대북 4노(No) 원칙'이 정립되었다. 문 대통령은 CSIS 연설에서 "나와 트럼프 대통령은 북한에 대한 적대시 정책을 추진하지 않는다. 북한을 공격할 의도가 없으며, 북한 정권의 교체나 정권의 붕괴를 원하지도 않는다. 인위적으로 한반도 통일을 가속화하지도 않을 것"이라는 '대북 4노(No) 원칙'을 공식화하였다.26)

이러한 평화패러다임은 7월 6일 문 대통령이 독일 쾨르버재단 초청연설의 「신베를린선언」에서 밝힌 새 정부의 한반도 평화구상에서도 확인된다. 여기서 문 대통령은 "우리가 추구하는 것은 오직 평화"라고 밝히면서 △ 평화로운 한반도는 핵과 전쟁의 위협이 없는 한반도, △ 북한체제의 안전을 보장하는 한반도 비핵화, △ 항구적인 평화체제의 구축, △ 새로운 한반도 경제지도의 네 가지 방향을 제시하였다.27)

---

26) 문재인, "CSIS 연설 : 위대한 동맹으로," 2017년 6월 30일. http://www1.president.go.kr/ articles/55 (검색일 2019.03.15.)

27) 문재인, "쾨르버재단 초청 연설," 2017년 7월 6일. http://www1.president.

이처럼 문재인 정부의 현 단계 대북정책이 한반도 평화에 방점을 찍는다는 점에 대해 학계에서도 공감대가 형성되었다. 하지만 평화와 통일과의 관계에 대해서는 다양한 의견이 제시되고 있는데, 이 가운데 주목할 것은 이른바 한반도 평화체제를 둘러싼 최장집 명예교수의 '양국론'과 백낙청 명예교수의 '연합론' 사이의 논쟁이다.28)

최장집은 평화를 정착시킨 뒤에 통일을 생각해도 된다는 양국론의 입장으로, 남북이 각각의 국가를 유지하는 속에서 '평화'를 달성하는 형태여야 '53년 체제'의 극복이 가능하다는 입장을 취하고 있다. "미래의 남북관계는 통일된 민족단일국가가 아니며, 어떤 것이 될지는 열려 있다"면서 "그것을 열어 놓고 평화공존을 어떻게 제도화하고 관리하느냐에 집중하지 않으면 평화공존도 실현할 수 없다"고 주장한다.29)

반면에 백낙청의 입장은 평화공존의 과정을 거쳐 '사실상 통일'을 이룬 뒤 통일국가에 도달하는 것으로, 지금 가고 있는 평화공존의 길이 바로 남북연합으로 가는 길이라고 본다. 또한 "탈냉전, 평화공존은 분단의 극복을 통한 미완의 통일된 민족독립국가의 때늦은 완성이 아니라 과거와는 다른 형태의 역사적 경로를 행하는 것"이라면서, 최종

---

go.kr/articles/57　(검색일 2019.03.15.)

28) 조성렬, "53년 체제의 극복과 한반도 평화체제," 『통일논쟁: 12가지 쟁점, 새로운 모색』, 한울아카데미, 2015년 5월, pp.198~218. 이 글에서 필자는 백낙청의 분단체제론과 최장집의 87년 체제론의 한계를 지적하면서 새로운 대안으로 '53년 체제론'을 제시하고 있다.

29) 천관율, "최장집 인터뷰: 우리의 소원은 통일이 아니다," 『시사인』, 제558호, 2018년 5월 28일 및 최장집, "한반도의 냉전 해체와 평화 공존의 조건," 일본 도쿄대 강연, 2018년 7월 5일을 참조.

적으로 '통일 한반도'의 실현을 통해서만 '53년 체제'의 극복이 가능하다고 주장했다.30)

그렇다면 문재인 정부의 한반도 정책은 어떻게 통일과 연관짓고 있는가? 문 대통령은 2018년 8.15 경축사에서 지금 우리가 "한반도의 평화와 번영을 향해" 가고 있으며 이것은 "분단을 극복하기 위한 갈"이라고 평화공존의 통일 지향성을 분명히 하고 있다. 또한 「4.27 판문점선언」에서 개성지역에 설치하기로 약속한 남북공동연락사무소와 관련해 "앞으로 상호대표부로 발전하게 될"것이라고 의미를 규정해 과정으로서의 평화와 통일의 관계를 천명하였다.31) 남북공동연락사무소는 남북 당국 간의 긴밀한 협의와 민간의 교류와 협력을 원만히 보장하는 임무를 부여받고 있다.

문재인 대통령은 2019년 100주년 3.1절 기념사에서 "차이를 인정하며 마음을 통합하고, 호혜적 관계를 만들면 그것이 바로 통일"이라고 말하고 이미 합의한 군사공동위원회와 더불어 경제공동위원회의 구성을 제안하였다. 이것은 문재인 정부가 남북공동연락사무소→상호대표부를 거쳐 부문별 공동위원회를 구성함으로써 남북연합 이전에 이보다 낮은 단계의 '협의체적 공동정부(남북공동협의체) 모델'을 구상하는 것으로 평가된다.32)

---

30) 백낙청, "시민참여형 통일운동과 한반도 평화," 한반도평화포럼 발표문, 2018년 7월 12일 및 다음 기사에 실린 백낙청 인터뷰 기사를 볼 것. 박인규, "백낙청-최장집 한반도 평화체제 논쟁: 한반도 평화와 통일은 양립 가능한가?," 『프레시안』, 2018년 7월 16일. http://www.pressian.com/news/article/?no=203769& utm_source=naver&utm_medium=search (검색일 2019.03.16.)

31) 문재인, "제73주년 광복절 경축사," 2018년 8월 15일. http://www1.president.go.kr/articles/ 4022 (검색일 2019.03.15.)

〈그림 8-3〉 문재인 정부의 통일 추진 구상

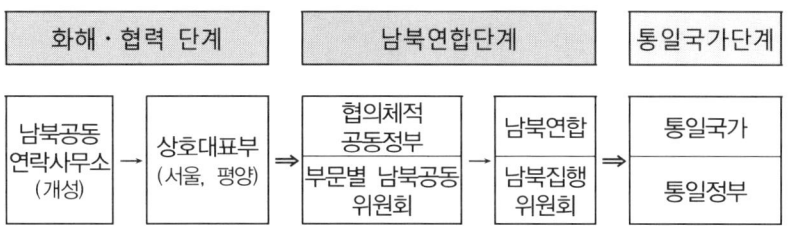

　협의체적 공동정부(남북공동협의체)는 남북한이 고유한 관할영역(외교, 국방, 영토)을 보유하면서 평화, 경제, 교통, 과학기술, 보건의료, 문화 등 부분체제 영역에서 공동위원회를 구성해 남북의 당면문제를 함께 협의하고 공동대처하며 공동결정하는 협의체이다. 이러한 협의체적 공동정부는 부문별 공동위원회를 군사, 경제에서 점차 타부문으로 확대해 나가면서 최종적으로 옛 남북조절위원회 성격의 남북집행위원회를 발족해 남북연합으로 발전하게 된다. 남북경제공동체의 형성을 통한 하나의 시장을 토대로 남북연합은 통일정부로 발전해 나간다.

(2) 신한반도체제의 모색

　2019년은 일제 식민지 지배에 거족적으로 항거한 3.1운동이 일어나고, 그 결과로 대한민국 임시정부가 수립된 지 100년을 맞이하는 해이다. 2019년이라는 역사적 전환기를 활용하여 새로운 100년을 위한 국가전략의 마련이 필요한 시점이다. 2019년 100주년 3.1운동 기

---

32) 임혁백, "평화패러다임의 철학, 이론, 경로, 전망,"『한반도 패러다임의 대전환: 통일에서 평화로』, 한반도 평화만들기 2018년 연례학술회의, 2018년 7월 13일, p.12.

념사에서 문재인 대통령은 "새로운 100년은 과거와 질적으로 다른 100년이 될 것"이라면서 "'신한반도체제'로 담대하게 전환해 통일을 준비해 나아가겠"다는 의지를 밝혔다.[33]

신한반도체제는 우리가 주도하는 새로운 100년의 질서로서 국민과 함께, 남북이 함께 새로운 평화협력의 질서를 만들어내고자 하는 것이다. 문 대통령은 이러한 신한반도체제의 목표로 평화협력공동체, 경제협력공동체, 동북아의 새로운 평화안보질서 형성 등 세 가지를 제시하였다. 여기서는 우선 한반도 차원의 두 가지 목표를 살펴본다.

먼저, 평화협력공동체는 한반도 비핵화와 평화협정의 체결을 통해 정전체제가 종료되고 항구적인 평화체제가 구축됐을 때 만들어진다. 남북 간에 존재하는 적대관계를 완전히 종식시키기 위해서는 남북한이 공리・공존・공영의 관계를 제도화하고 합의사항들을 실천해 나가야 한다. 또한 남북한이 평화통일을 지향해 가면서 평화적 공존을 제도화한 남북연합 체제를 운영할 필요가 있다.

남북한의 경우, 한반도 비핵화에 따라 구축된 평화체제를 기반으로 남북연합이 수립되더라도 통일국가로 발전할지 아니면 또다시 두 개의 개별국가로 되돌아갈지는 알 수 없다.[34] 따라서 국가연합에 관한 외국사례의 연구를 통해 남북연합이 수립될 경우 다시는 두 개로 나

---

33) 문재인, "제100주년 3.1절 기념식 기념사," 2019년 3월 1일. http://www1.president.go.kr/articles/5607 (검색일 2019.03.15).

34) 국가연합이 연방국가로 발전한 사례로는 북미연합→미합중국, 독일연합→북독일연합→독일제국, 스위스연합→스위스연방이 있고, 국가연합을 이루었다가 다시 개별국가로 돌아간 사례로 통일아랍공화국(1958~71)→이집트・시리아, 아랍공화국연방(1972~77)→이집트・리비아・시리아가 있다. 장명봉, 『국가연합 사례연구』, 국토통일원, 1986년 10월, pp.10~14.

뉘지 않고 하나의 주권을 가진 통일국가로 발전할 수 있도록 치밀한 대비책을 마련해 놓아야 할 것이다.

다음, 경제협력공동체는 남북경협을 단계적으로 확대하여 남북경제협력기본협정(ECFA)의 체결을 거쳐 구축될 수 있다. 한반도 비핵화가 진전되어 유엔안보리의 대북제재가 완화되면 남북 간 교류·협력이 심화·확대될 수 있는 여건이 마련된다. 이러한 여건이 마련되면, 우리측의 한반도 신경제 구상과 북한이 내놓은 8개의 중앙급개발구, 19개의 지방개발구들과 연계하는 방안을 발전시킨다.[35]

문 대통령은 2018년 8.15광복절 경축사에서 "평화가 경제"라고 밝히면서 "완전한 비핵화와 함께 한반도에 평화가 정착되어야 본격적인 (남북)경제협력이 이뤄질 수 있"다고 밝혔다.[36] 특히 2019년 100주년 3.1절 기념사에서는 이미 합의한 군사공동위원회처럼 경제분야에서도 경제공동위원회를 만들어나갈 것을 제안하였다. 경제공동위원회를 통해「남북경제협력기본협정(ECFA)」을 체결하면 남북 간의 자유왕래와 투자가 보장되는 하나의 시장을 추진해 나갈 수 있다.

한반도 비핵화의 진전과 함께 평화체제가 구축되어감에 따라 앞으로 군사, 경제 분야 외에 교통, 과학기술, 환경, 산림, 보건의료, 문화 등의 분야에서 공동위원회를 구성하여 남북협력을 강화하고, 이러한 협의체적 공동정부의 경험을 쌓아나가면서 남북연합으로 발전시켜 나가도록 한다. 이와 같이 남북한 사이에 민족동질성이 쌓여나간다면 하나의 민족공동체를 이루는 평화통일의 날도 앞당길 수 있을 것이다.

---

35) 차명철,「조선민주주의인민공화국 주요경제지대들」, 조선민주주의인민공화국 외국문출판사, 2018년.

36) 문재인, "제73주년 광복절 경축사."

Ⅳ. 한반도 비핵화와 동북아 평화질서의 모색

문재인 대통령은 100주년 3.1절 기념사에서 새로운 100년을 준비하는 신한반도체제에 대해 한반도 차원의 평화협력공동체와 경제협력공동체와 더불어 "남북관계 발전이 북・미관계의 정상화와 북・일관계 정상화로 연결되고, 동북아 지역의 새로운 평화안보 질서로 확장될 것"이라고 밝혔다.

김정은 위원장이 약속한 대로 한반도의 완전한 비핵화가 이루어질 경우, 북・미관계와 북・일관계가 정상화되어 한반도 냉전구조가 해체될 것이 확실하다. 하지만 동북아지역에는 미・중 무역전쟁을 비롯해 신냉전의 기류가 함께 흐르고 있어, 한반도 냉전구조의 해체가 곧바로 동북아 평화질서로 전환된다는 보장은 없다.

하지만 동북아 평화질서의 구축이 병행해서 추진되지 않는다면, 한반도 냉전구조의 해체 과정이 원만하게 진행되지 않거나 진행이 완료되더라도 구조적으로 불안정해질 가능성이 높다. 마찬가지로 한반도 비핵화가 실패로 끝나 냉전구조가 그대로 온존된다면 동북아 평화질서의 구축은 요원한 일이 될 수밖에 없다.

그런 점에서 한반도 비핵화 과정 속에서 주변국들의 움직임을 살펴보고 동북아 평화질서에 관한 각국의 입장과 정책을 살펴본 뒤, 이를 바탕으로 동북아 차원의 평화질서 구축을 통해 신한반도체체의 지향점을 모색해 본다.

1. 동북아 평화질서 수립의 제약요인: 미·중 무역갈등과 '신냉전 기류'

지금 미국과 중국 사이에서는 무역전쟁을 넘어 '신냉전(New Cold War)의 기류'마저 흐르고 있다. 마이크 펜스 미 부통령은 2018년 10월 4일 허드슨연구소 연설에서 중국을 '현실의 적'으로 규정하며 트럼프 대통령의 대(對)중국 무역전쟁 선포에 대해 정당하다고 주장하고 나섰다.37) 이러한 움직임은 이미 2017년 말부터 나타났다.

미 백악관은 2017년 12월 발표한 「2017 국가안보전략보고서(NSS 2017)」에서 중국을 수정주의 세력이자 전략적 경쟁자로 규정하고 군사적으로 압도하기 위해 첨단 핵무기 개발에 나설 것임을 공언한 바 있다.38) 이를 뒷받침하듯이, 2018년 8월 10일 트럼프 대통령은 13,000명 규모로 우주군을 창설한다고 발표한 데 이어, 10월 20일 냉전 종식의 상징이었던 「중거리핵전력폐기(INF)조약」의 파기를 결정하였다.

이러한 미국의 정책결정 배경에는 중국의 부상이 있다. 시진핑 주석은 '중국몽'을 실현하기 위해 일대일로 구상, 중국제조 2025 및 군

---

37) Mike Pence, "Remarks by Vice President Pence on the Administration's Policy Toward China," The Hudson Institute, October 4, 2018. (출처: https://www.whitehouse.gov/briefings-statements/remarks-vice-president-pence-administrations-policy-toward-china/ (검색일 2019.03.16.)

38) The White House, *National Security Strategy of the United States of America*, December, 2017, p.25.

비확장 등에 총력을 기울여 왔고, 국가주석의 임기제한 철폐와 국내 통제 강화로 미국에 정면 맞대응하기 위한 체제 구축을 본격화하였다. 당초 중국은 미국의 무역전쟁 선포에 대해 트럼프의 중간선거를 위한 단기전략으로 이해하는 안이함을 보이기도 했으나, 최근에 들어와 세계패권을 놓고 벌이는 장기전으로 바로 보기 시작했다.

하지만 아직은 미국과 맞상대하기에 역부족이라고 인식한 중국은 미·중 무역전쟁의 전선 확대를 피하기 위해 물밑에서 미국과의 접촉을 강화하고 있다. 시진핑 주석은 미국을 자극하지 않기 위해 당초 예상됐던 북한의 정권수립 70주년 기념식(9.9절) 행사에 불참하고, 9월 12일 블라디보스톡에서 열린 동방경제포럼에 참석한 자리에서 당분간 한반도문제 개입을 자제한다는 입장을 밝히기도 했다.39) 마침내 12월 1일 미·중 정상회담에서 무역전쟁의 '90일 휴전'에 합의하고 한 차례 연기했지만 불씨는 그대로 살아 있다.

미국의 대중국 '신냉전' 선포에 대해 중국의 대외확장을 우려해 온 일본과 호주, 동남아국가들 및 인도가 공공연히 또는 암묵적으로 미국의 입장을 지지하고 있다. 중국은 미국의 '신냉전' 선포에 정면 대응한다는 입장을 밝히고 있지만, 시진핑 주석이 최대 역점사업으로 추진중인 일대일로 구상이 참여국들의 부채 증가로 인한 부작용으로 어려움을 겪고 있다. 미국은 일대일로 사업을 가리켜 '부채 함정 외교(debt-trap diplomacy)'라고 비판하며 중국에 대한 공세를 퍼붓고 있다.

---

39) 시진핑 주석이 2018년 9월 12일 동방경제포럼에서 밝힌 발언은 본서 제3장의 각주 52)를 볼 것.

2. 동북아 평화질서 수립의 촉진요인: 한반도 비핵화 추진과 남북관계 개선

이와 같은 미·중 간의 무역전쟁은 한반도 정세에 커다란 영향을 미치고 있지만, 이에 못지않게 한반도 정세의 변화도 동아시아 정세에 큰 영향을 미치고 있다. 한반도 정세 변화의 주요원인은 바로 김정은 위원장이 핵무기 포기를 수용한 것이다. 2018년 3월 5일 김정은 위원장은 조건부 핵포기 의사를 밝힌 뒤 세 차례의 남북정상회담과 두 차례의 북·미 정상회담에서 북한의 핵포기에 따른 상응조치에 대한 원칙적 합의와 논의가 있었다. 이처럼 남북관계의 회복과 북·미 대화의 본격화 등 한반도를 중심으로 벌어지고 있는 정세 변화는 주변국가들의 외교안보전략에도 일정하게 영향을 미치고 있다.

미국은 북한의 비핵화 결단을 환영하면서도 그들이 요구하는 상응조치와 그에 따른 파장을 예의주시하고 있다. 제2차 북·미 정상회담을 둘러싼 논의과정에서 볼턴 국가안보보좌관 등 미 행정부와 의회의 강경파들은 한반도 비핵화의 대상에 중단거리탄도미사일과 생화학무기까지 포함시킬 것을 주장하고, 정치적 선언임에도 종전선언을 상응조치에 포함시키는 데 대해 거부반응을 보이고 있다. 하지만 트럼프 대통령은 여전히 제3차 북·미 정상회담의 가능성을 열어놓고 있어 한반도 비핵화와 평화체제 구축의 가능성은 열려 있다.

일본은 당초 중단거리 탄도미사일, 생화학무기, 인권 등 조건을 내세워 북·미 정상회담의 개최에 사실상 반대했다가 무산되자, 이번에는 북한측과 몇 차례 비밀접촉을 통해 대북 관계정상화에 적극적인 자세를 취하고 있다. 또한 아베 총리가 2018년 10월 25~27일 500여 명의 기업인들을 동반해 중·일 정상회담을 갖고 일대일로 사업에 참여 의사를 밝히는 등 '트럼프 리스크' 관리에도 신경 쓰고 있다.

중국은 미국의 견제 속에서 한반도 종전선언의 참여에는 유보 자세를 취했지만, 한반도 문제에서 중국이 배제되어서는 안 된다는 기본 입장은 견지하고 있다. 2019년 6월 28~29일 오사카 G-20정상회의 참석을 전후해 시진핑 주석이 먼저 평양을 방문해 북·중관계를 완전히 정상화한 뒤, 곧이어 서울을 방문해 한·중관계 정상화에 본격적으로 나설 것으로 보인다. 이처럼 미·중관계에 제약을 받고 있는 중국은 미·중 담판에 의해서가 아니라 북한, 한국과의 관계개선을 매개로 한반도문제에 대한 적극적인 관여를 재개할 것으로 예상된다.

러시아는 중국과 암묵적인 지역별 역할분담으로 한반도문제에 대한 전면적인 개입은 자제하고 있으나, 자국 원천기술에 기반한 북한 핵·미사일의 처리에 참여를 희망하고 있다. 또한 남북관계의 개선에 맞춰 남·북·러 철도 및 가스관 연결사업 등을 매개로 한반도문제에 대한 관여를 시도할 것으로 예상한다.

3. 동북아 평화질서 수립과 동북아 비핵무기지대의 건설

(1) 한반도 평화체제 구축과 동북아 평화질서의 필요성

한반도는 동아시아 정세와 무관하게 따로 움직일 수는 없다. 특히 냉전시대의 유산인 정전체제를 해체하고 한반도 비핵화와 평화체제 구축을 통해 현상변경을 이루는 것이기 때문에 필시 동아시아 정세에 큰 영향을 미치지 않을 수 없다. 이처럼 한반도 평화체제의 구축은 단지 한국전쟁을 법적으로 끝내는 것일 뿐만 아니라, 동아시아의 기존 질서를 변경하는 것이기 때문에 유관국가들과의 협력이 필요하다.

하지만 무역전쟁을 치르고 있는 미국과 중국의 '신냉전 기류'가 장기전으로 치달을 가능성이 높기 때문에, 유관국가들과의 협력이 원만히 이루어지지 않을 가능성도 배제할 수 없다. 우리 정부의 한반도 신경제구상, 신북방정책을 중국의 일대일로 구상과 연결하려는 시도가 있지만, 미국이 일대일로를 중국의 패권 도전전략으로 인식하고 한국을 인도–태평양 전략에 편입시키고자 할 경우 한반도 평화프로세스가 어려움에 봉착할 수도 있다.

이처럼 한반도 비핵화와 평화체제의 구축이 동아시아 평화질서의 토대가 될 수도 있지만, 동아시아 평화질서가 만들어지지 않으면 역으로 한반도 비핵화 프로세스가 제대로 진행되지 않고 평화체제의 구축도 어려움을 겪을 수 있다. 그런 점에서 남·북·미 3자가 주도해 온 한반도 비핵화와 평화프로세스는 점차 주변국가들의 협력과 결합해 동아시아 평화질서를 만드는 과정과 함께 진행해야 한다.

이와 관련하여 문재인 대통령은 2018년 8.15 광복절 경축사와 2019년 3.1절 기념사에서 동아시아 철도공동체 → 동아시아 에너지공동체 → 동아시아 경제공동체의 3단계 지역협력 비전과 동북아 다자평화안보체제 등 새로운 동아시아 평화질서 구상을 제안하였다. 동아시아철도공동체의 경우, 남북철도가 연결되면 시베리아횡단철도(TSR)와 중국횡단철도(TCR)와 자연스럽게 이어질 수 있어 조기 실현도 가능하다. 동아시아 에너지공동체의 경우, 국가간 전력을 연결하는 동북아 슈퍼그리드 사업을 통해 실현될 수 있다. 이러한 프로젝트들은 양자간 자유무역협정(FTA) 외에 역내포괄적경제동반자협정(RCEP), 포괄적·점진적 환태평양경제동반자협정(CPTPP) 등 지역경제통합 움직임과 결합하여 동아시아경제공동체로 발전할 수 있을 것이다.

문제는 미·중 '신냉전 기류'로 인해 동북아 다자평화안보체제의 수립이 쉽지 않다는 점이다. 박근혜 정부가 추진했던 동북아평화협력 구상은 비전통안보 협력분야처럼 쉬운 것부터 시작하려 했지만, 이러한 협력의 경험이 축적되더라도 전통안보 협력으로까지 이어지지는 못하였다. 따라서 현재 한반도 비핵화의 흐름과 맥락을 같이 하면서도 미·중의 이해가 상충하지 않는 새로운 안보협력을 모색할 필요가 있다.

(2) 한반도 비핵화와 동북아 비핵무기지대의 건설

한반도 비핵화가 추진되고 있는 동북아지역에서 새로운 평화질서 수립 차원에서 동북아 비핵무기지대(NWFZ-NEA) 구상을 생각해 볼 수 있다.[40] 지금 동북아지역에는 미·러·중의 기존 핵무기국가 외에 신흥 핵보유국이 된 북한, 그리고 민간 원자력발전의 인프라를 갖고 있는 일본과 한국이 자리하고 있다. 2018년 들어와 북한이 완전한 비핵화의 뜻을 밝혔지만, 오히려 미국은 첨단 핵무기의 개발을 선언했고 일본은 여전히 47톤의 막대한 플루토늄을 보유하고 있는 잠재적 핵보유국의 지위에 있다.

---

40) 동북아 비핵무기지대에 관한 상세한 소개는 조성렬, 『전략공간의 국제 정치- 핵, 우주, 사이버 군비경쟁과 국가안보』, 서강대학교출판부, 2016년 9월, pp.243~257 및 pp.485~495를 볼 것. 그리고 북한의 핵무기 포기에 따른 체제안전 보장방안으로서의 동북아 비핵무기지대 조약에 관해서는 본서 제5장 III-3을 참조.

그런 점에서 평화로운 동북아 핵질서를 형성하기 위해서는 미국, 러시아, 중국 등 핵무기국가에 의한 비핵무기국가에 대한 핵위협을 제거할 뿐만 아니라, 북한의 비핵화 실현 및 일본의 핵능력을 통제하는 장치가 필요하다. 이와 관련해 그 동안 6자회담에서 거론되지 않았던 동북아 비핵무기지대 구상에 주목할 필요가 있다. 동북아지역 내의 핵무기국가 3국과 비핵무기국가 3국이 모두 참가해 동북아안보협력기구 또는 동북아 비핵무기지대를 창설하여 북한을 포함한 한국, 일본 등 비핵무기국가들에 대한 '소극적 안전보장(NSA)'을 제도화하는 방안이다.

동북아 비핵무기지대 구상은 한편으로 미국, 러시아, 중국과 같이 핵무기비확산조약(NPT)이 공인한 핵무기국가들의 기득권을 인정하여 기존의 글로벌 핵질서를 유지하고 존중한다. 다른 한편으로 한반도 및 한반도 주변지역에서 핵무기 배치를 제한하거나 비핵무기국가들에 대한 소극적 안전보장을 약속함으로써 한반도 비핵화는 물론 일본마저 핵무장을 영원히 포기하도록 하여 새로운 핵무기 보유국의 출현을 막고자 하는 것이다.

이 구상이 이 지역 내의 비핵무기국가인 남북한과 일본이 동의하고 이미 '비핵무기국가 지위'를 선언한 몽골도 참가한다면 쉽게 추진될 수 있다. 당시 일본정부는 이 구상에 원칙적으로 찬성한다면서도 북한 핵문제의 해결이 먼저라는 입장을 취했다. 그런데 2018년에 들어와 북한의 김정은 위원장이 모든 핵무기의 포기에 동의했기 때문에 이제라도 동북아 비핵무기지대 형성을 위한 대화를 시작할 수 있을 것이다.

이 구상을 실현하기 위해서는 강대국들의 역학관계, 각국의 국내 정치역학, 역내 국가들의 핵전력 수준 등과 연관되어 있기 때문에 긴안목으로 추진하는 것이 바람직하다. 외국의 사례를 볼 때 비핵무기지대의 제안에서 성립까지는 오랜 시간이 소요됐다는 점에서 동북아 비핵무기지대 구상은 한반도 비핵화와 평화체제 착수를 계기로 논의를 시작하되 동북아 평화질서 수립의 관점에서 장기적 대안으로 꾸준히 추진해 나가는 것이 바람직하다.

V. 새로운 100년의 출발점에 서서

3.1절 100주년 기념사에서 문재인 대통령은 "지난 100년 우리는 공정하고 정의로운 나라, 인류 모두의 평화와 자유를 꿈꾸는 나라를 향해 걸어"왔다고 공과를 평가하고, "새로운 100년은 진정한 국민의 국가를 완성하는 100년"이 되어야 하며 새로운 100년은 "평화의 한반도라는 용기 있는 도전"을 성공으로 이끄는 100년이어야 한다고 밝히고 있다.[41]

우리 민족의 지난 100년은 일제 식민지 지배에 반대한 3.1독립운동과 상해임시정부의 수립에서 시작되었다. 우리 민족의 지난 100년의 역사를 돌이켜 보면, 일제 식민지 지배와 해방, 남북한 단독정부, 그리고 한국전쟁이라는 동족상잔의 대비극으로 점철되어 있다. 정전체제 아래에서 남북한은 한·미·일 남방삼각구조와 북·중·러 북방삼각구조에 기대면서 서로 적대하면서 체제경쟁을 계속해 왔다.

소연방이 무너지고 사회주의 세계체제가 해체되면서 한반도 정세

---

41) 문재인, "제100주년 3.1절 기념식 기념사."

도 크게 변화를 맞게 되었다. 탈냉전을 맞아 한국이 잇달아 러시아, 중국과 수교하는 바람에 북방삼각구조는 해체된 반면, 북한과 미국, 일본이 수교에 실패하면서 북한에 적대하는 남방삼각구조는 그대로 존속하고 있다. 이처럼 국제적인 고립과 사회주의체제의 한계 속에서 북한은 핵무기 개발에 나선 것이다.

김정은 체제가 들어선 직후 개혁·개방에 주력하는 듯하다가 점차 핵무기와 미사일 개발에 전력 질주하였고 2016~17년 사이에 집중적으로 전략 도발을 자행한 끝에 마침내 '국가핵무력의 완성'을 선언하기에 이르렀다. 미국은 북한의 핵무기 보유와 전략 도발이 국제 핵질서의 교란을 넘어 미 본토에 대한 직접 위협이 된다고 보고 대북 군사 행동을 검토하기 시작했다. 이리하여 한반도는 핵무기를 둘러싼 군사 충돌 가능성 때문에 최대의 열점지역(hot spot)으로 떠오르게 되었다.

북한이 국가핵무력의 완성을 선언한 직후부터 다행히 김정은 위원장이 직접 나서 체제안전의 보장과 군사위협의 해소, 경제제재의 해제를 조건으로 모든 핵무기를 포기하겠다는 의사를 밝혔다. 하지만 지난 비핵화 협상의 과정을 보면 과연 김정은 위원장이 모든 핵을 포기할 것인지 100% 확신이 안 드는 것도 사실이다. 그 이유로는 김 위원장 개인에 대한 불신도 있겠지만, 무엇보다 북한이 대가로 요구하고 있는 안전 보장과 위협 해소, 제재 해제의 약속 등의 이행도 결코 쉬운 일이 아니기 때문이다.

이제 김정은 위원장이 타고 있는 한반도 비핵화라는 국제열차는 이미 출발했다. 한반도 비핵화로 가는 열차의 종착역에는 한반도 평화체제, 북·미관계 정상화, 제재 해제와 차관 제공 등 희망의 미래가 기다리고 있다. 하지만 열차의 목적지로 가는 도중에 수많은 난관이 도사리고 있고 넘어야 할 고비도 많을 것이다. 이번 제2차 북·미 정상회담에서 공동성명의 채택 불발은 극히 일부 해프닝에 불과할지도 모른다. 작은 일에 일희일비할 것이 아니라 크게 보고 멀리 바라보는 지혜가 어느 때보다도 필요하다.

한반도 문제의 원인은 분단이고, 분단의 결과로 동족상잔의 전쟁을 치렀다. 정전체제 하에서 체제경쟁이 치열해지면서 한반도 문제의 모순이 집약돼 나온 것이 바로 북한 핵문제이다. 그렇기 때문에 역으로 한반도 비핵화를 평화적으로 해결한다면 정전체제를 끝내고 평화체제로 전환할 수 있으며, 더 나아가 분단체제를 끝내고 통일의 시대를 맞이할 수 있다. 이제 새로운 100년은 반쪽의 국민국가에서 벗어나 진정한 국민국가가 완성된 시대가 되어야 할 것이다.

참고문헌

국내자료

국군화생방방호사령부, 『2015년 후반기 합동 화생방 기술정보』, 2016년 1월 3일.
국방부, 『2004 국방백서』, 국방부, 2005.
_____, 『2018 국방백서』, 국방부, 2018.
_____ 대북정책관실, 「판문점선언 이행을 위한 군사분야 합의서 해설자료」, 2018년 9월 19일.
_____ 정책기획관실, 『남북군사회담 자료집』, 대한민국 국방부, 2017년 11월.
宮本 悟, "朝鮮人民軍の軍制と戰力," 『오늘의 북한학, 한반도 통일을 말하다: 2015 세계 북한학 학술대회 발표논문집』, 2015년 10월 13~14일.
권 율, "미·베트남 관계와 베트남의 WTO가입 전망," 『KIEP 세계경제』, 1999년 10월호
권정근, "언제면 어리석은 과욕과 망상에서 깨어나겠는가," 『조선중앙통신』, 2018년 11월 2일.
김계관, "조선민주주의인민공화국 외무성 제1부상 김계관 동지의 담화," 『조선중앙통신』, 2018년 5월 16일.
김계관, "조선민주주의인민공화국 외무성 제1부상 김계관 동지의 담화," 『조선중앙통신』, 2018년 5월 16일.
김동엽, "북한의 핵무력 운용전략", 경남대 극동문제연구소 편, 『한반도 정세: 2017년 평가 및 2018년 전망』, 2017년 12월.
김승국, 『한반도의 평화 로드맵』, 한국학술정보, 2008.
김영준, "미국의 독자제재 완화 및 해제 절차와 대북제재에 대한 시사점," 국가안보전략연구원, 「이슈브리핑」 2018년 7월 3일.
_____, "북미 정상회담과 북미 상호 불가침 약소," 국가안보전략연구원『이슈브리프』, 2018년 5월 29일.
김일기, 안제노, "북한의 완전한 비핵화를 위한 검증 전략", 「INSS전략보고」 2018-19, 2018년 12월, 국가안보전략연구원.
김정은, "현 단계에서의 사회주의건설과 공화국정부의 대내외정책에 대하여," 『조선중앙통신』, 2019년 4월 13일.

김재홍, 「KIDA TRM 내부자료」, 2018년 6월.
남문희, "매년 핵탄두 4~5개 고농축우라늄 만든다", 『시사인』 제472호, 2016년 9월 27일.
남북대화사무국 편, 『남북대화(2008.2~2009.12)』, 제74호, 통일부.
도경옥, "토론문," 『KINU 정책토론회 한반도 평화협정문 구상』, 통일연구원, 2018.07.12.
도널드 트럼프(김태훈 옮김), 『불구가 된 미국: 어떻게 미국을 다시 위대하게 만들 것인가』, 이레미디어, 2016년 7월. (원제 Crippled America: How to Make America Great Again)
류기현, 조홍일, 차명환, "전시억제이론(Intra-War Deterrence theory)과 한반도 적용," 『국방정책연구』, 117권 호, 2017.
마이클 그린, "북한의 '안전보장' 요구는 협상 전략일 뿐이다," 『중앙일보』, 2018.7.6.
문재인, "CSIS 연설 : 위대한 동맹으로," 2017년 6월 30일. http://www1.president.go.kr/ articles/55 (검색일 2019년 3월 15일)
_____, "제100주년 3.1절 기념식 기념사," 2019년 3월 1일. http://www1.president.go.kr/ articles/5607 (검색일 2019.03.15)
_____, "제73주년 광복절 경축사," 2018년 8월 15일. http://www1.president.go.kr/articles/ 4022 (검색일 2019.03.15.)
_____, "쾨르버재단 초청 연설," 2017년 7월 6일. http://www1.president.go.kr/articles/57 (검색일 2019.03.15.)
문정인, "북핵문제와 6자회담," 한반도포럼 제5차 세미나 자료집, 2013.
박동선, "미국의 중거리핵전력조약(INF) 탈퇴와 우리의 안보환경," 「외교광장」XIX-2, 한국외교협회, 2019년 2월 28일.
박인규, "백낙청-최장집 한반도 평화체제 논쟁: 한반도 평화와 통일은 양립 가능한가?," 『프레시안』, 2018년 7월 16일. http://www.pressian.com/news/article/ ?no=203769&utm_source=naver&utm_medium=search(검색일 2019.03.16.)
박인호, "軍 '北 보유 부인한 130t급 잠수정 사진 확보'," 『데일리 NK』, 2010년 5월 30일.
박종철, 손기웅, 구본학, 김영호, 전봉근, 『KINU연구총서11-07: 한반도 평화와 북한 비핵화: 협력적 위협감축(CTR)의 적용 방안』, 통일연구원, 2011년 12월.
박후건, "6자회담의 현실과 과제," 『한반도포커스』, 5-6월호, 경남대 극동문제연구소, 2011.
백낙청, "시민참여형 통일운동과 한반도 평화," 한반도평화포럼 발표문, 2018.7.12.
변진석, "미국의 대북한 금융제재: 법제와 실행," 『국제정치논총』, 제56권 4호, 2016년

12월.
서 훈,『북한의 선군 외교: 약소국 북한의 강대국 미국 상대하기』, 명인문화사, 2008.
_____,『북한의 선군외교』, 명인출판사, 2000.
신분진, "련방제방식의 민족통일국가를 창립하는 것은 조국통일실현의 가장 합리적인 방도,"『김일성종합대학학보(력사,법률)』, 2017년 2063권, 제3호.
신성원, "북미 간 비핵화 협상 추진 동향 및 전망,"「IFANS 주요국제문제분석」2018-38, 국립외교원 외교안보연구소, 2018년 11월 6일.
안진수, "영변 핵시설 현황과 폐기의 기술적 과정," 통일연구원 정책토론회 발표문, 2019년 2월 21일.
양문수, "한반도 신경제구상 실현을 위한 한중협력 방안,"『2018 한반도 국제포럼: 한반도 신경제구상, 일대일로 이니셔티브와 한중협력』, 중국인민대학교 일부회의 센터, 2018년 9월 15일.
외교부, 『2013 군축·비확산 편람』, 2013년 9월.
윌리엄 페리, "<인터뷰> 페리 전 美국방 '미-북 고위급 공식대화 필요',"『연합뉴스』, 2013년 2월 6일.
이 석, 「5.24조치와 북한경제의 변화: 데이터의 분석과 그 함의」, 국가안보전략연구소, 2014년 5월.
이낙연 국무총리,「김대중 대통령 노벨평화상 수상 18주년 기념식 축사」, 2018년 12월 6일.
이문항,『JSA-판문점(1953-1994)』, 도서출판 소화, 2001.
이삼성, 우메바야시 외,『동북아시아 비핵지대』, 살림출판사, 2005.
이상민, "제4차 북한 핵실험의 기술적 평가 및 추가 핵실험 전망,"「주간국방논단」제1606호, 2016년 2월 15일.
이장훈, "비밀 우라늄 농축시설 최소 4곳,"『주간조선』, 2019년 3월 11일.
이한희,「북한 경제개발을 위한 국제금융기구의 역할」, 삼성경제연구소, 2009.11.24.
임수호, "제재 완화 단계별 남북경협 추진방향," 한반도평화포럼 발제문, 2018. 5. 24.
임을출,『국제금융기구의 북한 개입: 조건, 시나리오 및 과제』, 통일연구원, 2007.
임혁백, "평화패러다임의 철학, 이론, 경로, 전망,"『한반도 패러다임의 대전환: 통일에서 평화로』, 한반도 평화만들기 2018년 연례학술회, 2018년 7월 13일.
장명봉,『국가연합 사례연구』, 국토통일원, 1986년 10월.
장철호, "전시작전통제권 전환 이후 유엔사령부의 위상과 역할,"『세종정책연구』, 제6권 2호, 2010.
장형수, "남북개발협력을 위한 재원 조달 방안,"『한반도 신경제구상 실현을 위한 남북 농업협력 모델』, 서울대학교 북한·해외 농업연구소, 서울대 교수회관,

2018.7.25.
전경만·임수호·방태섭·이한희,『북한 핵과 DIME 구상』, 삼성경제연구소, 2010.
전동진, "한반도 평화체제의 국제적 보장을 위한 유럽사례의 교훈과 시사점,"『21세기 정치학회보』, 제9집 2호, 1999.
전략물자관리원,『대북제재 참고 자료집 4.0: 유엔안보리 결의 2397호 및 미국 독자제재 등』, 남북교류협력지원협회, 2018년 9월.
"[전문] 북 리용호·최선희 심야 기자회견 발언,"『연합뉴스』, 2019년 3월 1일.
"[전문] 트럼프 하노이 기자회견,"『뉴시스』, 2019년 2월 28일.
전성훈,『북핵 '2.13 합의'와 평화적인 핵폐기 사례 분석』, 통일연구원, 2007.
_____,『한반도의 비핵화 실현과 남북한일본 3국 비핵지대 창설』, 통일연구원, 1999.
정성장, "북한 노동당 중앙위원회 제7기 제2차 전원회의 평가: 개최 배경과 파워 엘리트 변동,"「세종논평」No. 2017-42, 2017년 10월 10일.
정영철,『북한의 인구 통계와 사회 변화- 교육체제의 변화와 군대 규모에 대한 새로운 추정』, 국회 정보위원회 정책연구용역보고서, 2015년 11월.
정철호, "전시작전통제권 전환 이후 유엔사령부의 위상과 역할",『세종정책연구』제6권 2호, 2010.
정형곤, 방호경,『국제사회의 대북 경제제재 효과 분석』, 대외경제정책연구원, 2009.
조강희, "북·미 적대관계의 전개와 관계정상화,"『신진보 리포트』, 2010.
조명철·김지연·홍익표,『핵 포기 국가에 대한 국제사회의 경제개발 지원경험이 북한에 주는 시사점』, 대외경제정책연구원, 2010년 12월 30일.
조선로동당, "조선로동당 제7차대회 결정서: 조선로동당 중앙위원회 사업총화에 대하여," 2016년 5월 8일.
조선민주주의인민공화국 국방위원회 대변인 중대담화, "모든 사태발전은 조선반도정세를 격화시키고있는 미국의 책임적인 선택에 달려있다,"『로동신문』, 2013년 6월 17일.
조선민주주의인민공화국 정부, 정당, 단체련합회의, "전체 조선민족에게 보내는 호소문,"『조선중앙통신』, 2019년 1월 23일.
조선민주주의인민공화국 정부, 정당, 단체련합회의, "해내외 전체 조선민족에게 보내는 호소문,"『조선중앙통신』, 2018년 1월 25일.
"조선민주주의인민공화국 정부 성명,"『조선중앙통신』, 2016년 1월 6일.
조선중앙통신사,『조선중앙년감』, 2015.
조성렬, "북한은 왜 불가침조약에 집착하는가- 체제 유지·美 공격 차단의 '다목적 카드',"『신동아』, 2004년 2월호.
_____, "한미 상호방위조약과 한미동맹 50년의 평가,"『한미동맹 50년: 법적 쟁점과

　　　　미래의 전망』, 백산서당, 2004년 2월 28일.
_____, 「한반도 비핵화와 평화체제 구축의 로드맵: '6자회담공동성명' 이후의 과제」, KINU정책연구시리즈 2005-05, 통일연구원, 2005년 9월.
_____, "미국의 대북정책 전환과 북·미 관계 전망," 『민주사회와 정책연구』, 통권 13호, 2008년 상반기.
_____, 『뉴 한반도 비전: 비핵 평화와 통일의 길』, 백산서당, 2012년 6월.
_____, "3차 북핵실험 이후 동북아 안보구도의 변화- 전략적 핵 균형의 관점에서," 북한연구학회 춘계학술회의 발표논문, 2013년 4월 25일.
_____, "한반도 비핵화와 남북관계 발전의 연동전략," 『한국경제의 돌파구, 남북관계정상화에서 찾는다』, 평화재단 창립 9주년 기념 심포지엄 자료집. 2013년 11월 14일.
_____, "북핵 문제 외교적 해법의 실패 원인과 시사점- 6자회담의 재평가와 재개 논의를 중심으로," 고려대학교 일민국제관계연구원 『국제관계연구』, 2014년 가을호, 제19권 제2호(통권 제37호).
_____, "53년 체제의 극복과 한반도 평화체제," 『통일논쟁: 12가지 쟁점, 새로운 모색』, 한울아카데미, 2015년 5월.
_____, 『전략공간의 국제정치- 핵, 우주, 사이버 군비경쟁과 국가안보』, 서강대학교 출판부, 2016년 9월.
_____, "새로운 동북아 비핵질서의 모색: 한반도 비핵화와 동북아 비핵지대의 병행 추진," 『JPI정책포럼』, 2017-9호, 2017년 12월.
_____, "한반도 완전한 비핵화와 북한체제의 안전보장," 『6.12 북미 정상회담과 한반도 정세』, 경남대 극동문제연구소, 2018.
_____, "한반도 비핵화과정의 국제정치: 외국 비핵화 사례와의 비교분석," 『외교』제126호, 2018년 7월.
_____, ·김영준, "한반도 비핵화를 위한 미국의 북한체제 안전보장 법·제도 연구," 「INSS전략보고」 국가안보전략연구원 , 2018-13, 2018년 10월.
_____, ·김영준, "한반도 비핵화를 위한 유엔과 미국의 대북제재 해제 관련 법·제도 연구," 「INSS전략보고」 국가안보전략연구원 , 2018-17, 2018년 11월.
_____, "더 중요해진 문 대통령의 중재자 역할," 『경향신문』, 2019년 3월 5일.
_____, "뮬러 특검 보고서, 다시 찾아온 비핵화 협상 기회," 『내일신문』, 2019년 3월 26일.
_____, "한미 '굿이너프 딜'의 성공조건," 『경향신문』, 2019년 4월 2일.
_____, "김정은 '새로운 길'의 한계," 『경향신문』, 2019년 4월 30일.
진익, 모주영, 박승호, 조은영, 『북한 경제개발 재원조달을 위한 국제기구와의 협력방안」, 국회예산정책처, 2018년 12월 6일.
차명철, 「조선민주주의인민공화국 주요경제지대들」, 조선민주주의인민공화국 외국문출판사, 2018년 11월.
천관율, "최장집 인터뷰: 우리의 소원은 통일이 아니다," 『시사인』, 제558호, 2018.5.28.
천펑쥔(陳峰君), "미국의 핵우산전략," 『내일신문』, 2013년 10월 17일.
최고인민회의, 「자위적 핵보유국 지위를 더욱 공고히 할 데 대한 법」, 2013년 4월 1일.
최장집, "한반도의 냉전 해체와 평화 공존의 조건," 일본 도쿄대 강연, 2018년 7월 5일.
쿠라다 히데아(倉田秀也), "평화안보법제와 한반도: 미일동맹의 '갱신'과 한반도 '유사'의 위상," 『국방정책연구』, 제32권 제1호, 2016년 봄(통권 제111호).
통일부, 「2018 남북관계 주요성과 설명자료」, 2018년 11월 29일.
통일부, 『4자회담 주요 쟁점에 대한 각측 입장 비교(제1차 4자회담~제6차 4자회담)』, 통일부, 2000년 1월.
한국원자력산업회의, 『원자력용어사전』(개정판), 2016년 12월.
한국은행 국제협력국, 『국제금융기구(2018년판)』, 한국은행, 2017년 12월 29일.
한국은행, 「2017년 북한 경제성장률 추정 결과」, 2018년 7월 20일.
한용섭, 『한반도 평화와 군비통제』, 박영사, 2015.
한인택, "북한 핵무기의 위협과 대처방안: 핵억지, 선제공격, 비핵화, 비핵지대," 『JPI 정책포럼』, No. 2013-06/07/08, 제주평화연구원, 2013.
_____, "우크라이나와 중국의 핵우산," 『JPI PeaceNet』, 제주평화연구원, 2014년 3월 10일.
_____, "핵폐기 사례연구: 남아프리카공화국 사례의 함의와 한계," 『한국과 국제정치』, 27권 1호, 경남대 극동문제연구소, 2011년 봄.
황준범, 권혁철, 이용인, "중 "남·북·미·중 천안함 공동조사" 제안," 『한겨레신문』, 2010년 5월 29일.
황진환, "남북한 군사적 신뢰구축과 군비통제 추진 방향," 『한반도 군비통제』, 제49집, 국방부, 2011년 6월.
후나바시 요이치, 오영환 외 옮김, 『김정일 최후의 도박: 북한 핵실험 막전막후 풀 스토리』, 중앙일보 시사미디어, 2007.

외국자료

Alex Ward, "Exclusive: here's the tentative deal Trump and Kim Jong Un may strike in Vietnam," February 26, 2019. https://www.vox.com/2019/2/26/18240805/

trump-north-korea-kim-vietnam-deal (검색일 2019.03.15.)

_____, "Exclusive: Pompeo told North Korea to cut its nuclear arsenal by 60 to 70 percent," *Vox.com*, August 8, 2018.

Agreement Establishing The Asian Development Bank https://www.adb.org/sites/default/files/institutional-document/32120/charter.pdf.

Amy F. Woolf, "Nonproliferation and Threat Reduction Assistance: U.S. Programs in the Former Soviet Union," *CRS Report* RL31975, February 4, 2011.

Annual Report 2017 Members, Capital Stock, and Voting Power (as of 31 December 2017). https://www.adb.org/sites/default/files/page/30786/ar2017-oi-appendix1.pdf

Articles of Agreement of the International Monetary Fund Article II: Membership Section 2. Other members. http://ida.worldbank.org/sites/default/files/pdfs/1-ida_brochure_ 2017.pdf

Articles of Agreement of the International Monetary Fund Article V: Operations and Transactions of the Fund Section 5. Ineligibility to use the Fund's general resources. http://www.imf.org/external/pubs/ft/aa/index.htm

Asian Development Bank, ANNUAL REPORT 2017 Members, Capital Stock, and Voting Power(as of 31 December 2017). https://www.adb.org/sites/default/files/page/30786/ar2017-oi-appendix1.pdf

_____, https://www.adb.org/about/members

Brett Ashley Leeds, *Alliance Treaty Obligations and Provisions(ATOP) Codebook* (version 3.0), Rice University, July 12, 2005.

_____, Andrew G. Long, and Sara McLaughlin Mitchell, "Reevaluating alliance reliability: Specific threats, specific promises," *Journal of Conflict Resolution* 44(5), 2000.

_____, "Alliance treaty obligations and provisions, 1815-1944," *International Interactions*, 28(3), 2002.

Chung-in Moon, "The Six-Party Talks and building a nuclear-free Northeast Asia," *East Asia Forum*, May 20th, 2012.

Claudia Major and Christian Mölling, "Rethinking Deterrence: Adapting an Old Concept to New Challenges", The German Marshall Fund of the United States, Policy Brief, No. 130, 2016.

David Albright, "Denuclearizing North Korea," Institute for Science and International Security, May 14, 2018.

_____, "On the Question of Another North Korean Centrifuge Plant and the Suspect Kangsong Plant," Institute for Science and International Security, May 25, 2018.

_____, *Future Directions in the DPRK's Nuclear Weapons Program: Three Scenarios for 2020*, US-Korea Institute at SAIS, February 2015.

_____ and Serena Kelleher-Vergantini, "Plutonium, Tritium, and Highly Enriched Uranium Production at the Yongbyon Nuclear Site: North Korea's nuclear arsenal may be growing significantly," *ISIS Imaginary Brief*, June 14, 2016. David Brunnstrom, "Pompeo doesn't see China tensions hurting North Korea talks," Reuters, October 6, 2018.

David Brunnstrom, "Pompeo doesn't see China tensions hurting North Korea talks," *Reuters*, October 6, 2018.

David E. Sanger, "U.S. Confronts Consequences of Underestimating North Korean Leader," *The New York Times*. April 25, 2014.

Defence Threat Reduction Agency, "Cooperative Threat Reduction." http://www.dtra.mil/oe/ctr/programs

Dianne E. Rennack, "North Korea: Legislative Basis for U.S. Economic Sanctions," Congressional Research Service R41438, June 11, 2018.

_____, *North Korea: Economic Sanctions*, CRS Report for Congress, Updated October 17, 2006.

Hans M. Kristensen & Robert S. Norris, "North Korean Nuclear Capabilities, 2018," *Bulletin of the Atomic Scientists*, Vol.74, No.1, 2018.

Harrison, Selig S., "Living With A Nuclear North Korea," *The Washington Post*, February 17, 2009.

Hiromichi Umebayashi, "A Northeast Asia Nuclear Weapon-Free Zone(NEA- NWFZ)," *Peace Depot & Pacific Campaign for Disarmament and Security Briefing Paper*, April, 2004.

House of Representatives, John S. McCain National Defense Authorization Act For Fiscal Year 2019, Conference Report H.R. 5515, July, 2018.

Ian Talley, "Treasury Blocks Chinese Bank from U.S. Financial System Over North Korea Ties," *The Wall Street Journal*, November 2, 2017.

IDA Articles of Agreement Article II: Membership, Initial Subscriptions SECTION 1. Membership http://ida.worldbank.org/sites/default/files/IDA-articles-of-agreement.pdf

IDA, *International Development Association: The World Bank's Fund for the Poorest*,

World Bank Group, October 2017.

International Development Association Voting Power Of Memebr Countries. http://siteresources.worldbank.org/BODINT/Resources/278027-1215524804501/IDACountryVotingTable.pdf

International Development Association, *Articles of Agreement Article II: Membership, Initial Subscriptions* SECTION 1. Membership. http://ida.worldbank.org/sites/default/files/ IDA-articles-of-agreement.pdf

International Monetary Fund, Articles of Agreement of the International Monetary Fund Article V: Operations and Transactions of the Fund Section 5. Ineligibility to use the Fund's general resources. http://www.imf.org/external/pubs/ft/aa/index.htm

International Panel of Fissile Materials(IPFM), Global Fissile Material Report 2015: Nuclear Weapon and Fissile Material Stockpiles and Production, 2015.

James Hohmann, "Trump administration divided internally over North Korea approach as second summit nears," *The Washington Post*, February 21, 2019.

Jina Kim, "Issue Regarding North Korean Denuclearization Roadmap with a Focus on Implications from the Iran Nuclear Deal," *The Korean Journal of Defense Analysis*, Vol. 30, No.2, June 2018.

Joby Warrick, Ellen Nakashima and Anna Fifield, "North Korea Now Making Missile-Ready Nuclear Weapons, US Analysts Say," *The Washington Post*, August 8, 2017.

Joanna Weschler, "The Evolution of Security Council Innovations in Sanctions," *International Journal*, Winter 2009-2010.

Joby Warrick, Ellen Nakashima and Anna Fifield, "North Korea now making missile-ready nuclear weapons, U,S, analysts say", *The Washington Post*, August 8, 2017.

John Carlson, "Denuclearizing North Korea: The Case for a Pragmatic Approach to Nuclear Safeguards and Verification," *38North Special Report*, The Stimson Center, January 2019.

John Schilling and Henry Kan, *The Future of North Korean Nuclear Delivery Systems*, US-Korea Institute at SAIS, August 2015.

Joint Declaration on the ROK-US Alliance and Peace on the Korean Peninsula, November 17, 2005.

Joint Statement adopted at ROK-US Foreign Ministers' Meeting on April 12, 2013.

Joseph S. Bermudez Jr., "North Korea's SINPO-class Sub: New Evidence of Possible Vertical Missile Launch Tubes: Sinpo Shipyard Prepares for Significant Naval Construction Program," *38North,* January 08, 2015.

Josh Rogin, "Why Trump cancelled Pompeo's trip to North Korea," *Washington Post,* August 27, 2018.

Kenneth N. Waltz, *Theory of International Relations.* New York: Addison-Wesley Publishing, 1979.Larry Niksch and Raphael Perl, *North Korea: Terrorism List Reform?.* CRS Report for Congress, Updated April 6, 2007.

Larry Niksch and Raphael Perl, *North Korea: Terrorism List Reform?.* CRS Report for Congress, Updated April 6, 2007.

Lesley Wroughton, David Brunnstrom, "Exclusive: With a piece of paper, Trump called on Kim to hand over nuclear weapons," *Reuter,* March 30, 2019.

Mariana Budjeryn & Andrew Zhalko-Tytarenko, "North Korean Missile Engines: Not from Ukraine", *Atlantic Council,* September 12, 2017. http://www.atlanticcouncil.org/blogs/ukrainealert/north-korean-missile-engines-not-from-ukraine (검색일 2018.01.26)

Memorandum on Security Assurances in connection with Ukraine's accession to the Treaty on the Non-Proliferation of Nuclear Weapons, Budapest, 5 December 1994.

Michael Pompeo, "United States Senate Committee on Foreign Relations. Full Committee Hearing Review of the FY 2019 State Department Budget Request," www.foreign.senate.gov/hearings/review-of-the-fy-2019-state-department-budget-request-052418

_____, "Interview With Pete Mundo of the Pete Mundo Morning Show, KCMO," March 18, 2019. www.state.gov (검색일 2019.04.30.)

Mike Pence, "Remarks by Vice President Pence on the Administration's Policy Toward China," The Hudson Institute, October 4, 2018. https://www.whitehouse.gov/briefings-statements/remarks-vice-president-pence-administrations-policy-toward-china/ (검색일 2019.03.16.)

Minnie Chan and Kristin Huang, "Is China about to abandon its 'no first use' nuclear weapons policy?," *The South China Morning Post,* Feb. 7, 2019.

Morton Abramowitz, "North Korean Latitude," *The National Interest,* Feb. 26, 2009.

NBC News, "U.S. to renew diplomatic relations with Libya," May 15, 2006. http://www.msnbc.msn.com/id/12799651/

Nick Hansen, "Major Development: Reactor Fuel Fabrication Facilities Identified at Yongbyon Nuclear Complex," *38 North*, 23 December, 2013.

_____ and Jack Liu, "Why a Nuclear Test May Not Be Imminent: Update on North Korea's Punggye-ri Nuclear Test Site," 38North, 13 May, 2014.

Office of The Secretary of Defence, *Nuclear Posture Review Report 2010*, US Department of Defense, April 2010.

_____, *Nuclear Posture Review Report 2018*, US Department of Defense, February 2018.

_____, *2019 Missile Defense Report*, US Department of Defense, 2019.

Peter Hayes, *Korea-Japan Nuclear Free Zone (KJNWFZ) Concept Paper*, Nautilus Institute, February 15, 2010.

_____, Richard Tanter, "Key Elements of Northeast Asia Nuclear-Weapons Free Zone (NEA-NWFZ)," *Nautilus Institute*, November 13, 2012.

_____, Roger Cavazos, "North Korean and US Nuclear Threats: Discerning Signals from Noise," *The Asia-Pacific Journal*, April 09, 2013.

Public Law 104-132, Antiterrorism and Effective Death Penalty Act_1996 TITLE III INTERNATIONAL TERRORISM PROHIBITIONS Subtitle B Prohibition on Assistance to Terrorist States SEC. 327. Opposition to Assistance by International Financial Institutions to Terrorist States.

Robert Putnam, "Diplomacy and Domestic Politics: The Logic of Two-Level Games," *International Organization*, Vol.42, No.3., 1988.

Robert A. Pape, "Soft Balancing against the United States," *International Security*, vol. 30, no.1., 2005.

Robert Abrams, *Hearing to Receive Testmony on the United States Indo-Pacific Command and United States Forces Korea in Review of the Defence Authorization Request for Fiscal Year 2020 and the Future Years Defense Program*, U.S. Senate Committee on Armed Services, Washington, D.C., Tuesday, February 12, 2019.

Robert S. Litwak, *Rogue State and US Foreign Policy: Containment after the Cold War*, Woodrow Wilson Center Press, 2000.

Sam Nunn, Richard Lugar, "What to do if the talks with North Korea succeed," *The Washton Post*, April 23, 2018.

Scott A. Snyder, Bernard Gwertzman, "Dealing with North Korea Difficult Amid

Possible Succession," Council on Foreign Relations, *Interview, CFR.org*, April 28, 2009.
Security Council Resolution. 1267, para. 14.
_____. 2231, supra note 2, para. 12.
_____. 2231, supra note 2, para. 7.
Senior State Department Official On North Korea, "Special Briefing," March 7, 2019. www.state.gov (검색일 2019.03.15.)
Siegfried S. Hecker, "From Pyongyang to Tehran, with nukes," *The News Foreign Policy. com*, May 26, 2009.
_____, "What I Found in North: Korea Pyongyang's Plutonium Is No Longer the Only Problem," *Foreign Affairs*, December 9, 2010. (출처 https://www.foreignaffairs.com/articles/northeast-asia/2010-12-09/what-i-found-north-korea (검색일 2019년 3월 10일)
_____, "What We Really Know About North Korea's Nuclear Weapons, And What We Don't Yet Know For Sure," *Foreign Affairs*, December 4, 2017. (출처 https://www.foreignaffairs.com/articles/northkorea/ 2017-12-04/what-we-really-know-about-north-korea-nuclear-weapons 검색일 2019년 3월 10일)
_____, Robert L. Carlin and Elliot A. Serbin, "A technically-informed roadmap for North Korea's denuclearization," Center for International Security and Cooperation(CISAC) Stanford University," May 28, 2018.
_____, Elliot A. Serbin, Robert L. Carlin, "Total Denuclearization Is an Unattainable Goal. Here's How to Reduce the North Korean Threat," *Foreign Policy*, June 25, 2018.
State Department - Bureau of East Asian and Pacific Affairs USAID - Bureau for Asia, *Joint Regional Strategy: East Asia and the Pacific*, Approved November 20, 2018.
Stephen Biegun, "Remarks on DPRK at Stanford University," January 31, 2019. https://kr.usembassy.gov (검색일 2018.02.10.)
Stephen Walt, "Alliance Formation and the Balance of World Power," *International Security*. vol. 9, no. 4., 1985.Taehee Whang, "Playing to the Home Crowd? Symbolic Use of Economic Sanctions in the United State," *International Studies Quarterly*. Vol. 55, Issue 3, 2011.
Taehee Whang, "Playing to the Home Crowd? Symbolic Use of Economic Sanctions in the United State." *International Studies Quarterly*, Vol. 55, Issue 3, 2011.

Thazha Varkey Paul, "Soft Balancing in the Age of U.S. Primacy," *International Security*, vol. 30, no.1., 2005.

The Alliance Treaty Obligations and Provisions Project(ATOP), https://atop.rice.edu

The Atlantic Council Working Group on North Korea, *A Framework for Peace and Security in Korea and Northeast Asia*, The Atlantic Council of the United States, April 2007.

The Department of Defense, Summary of the National Defense Strategy of the United States of America: Sharpening the American Military's Competitive Edge, January 2018.

The International Financial Institutions Act (22 U.S.C. 262c et seq.) Title XVI--Human Welfare Sec.1621. Opposition To Assistance By International Financial Institutions To Terrorist States.

The White House, *National Security Strategy of the United States of America*, December, 2017.

Timothy M. Peterson, "Sending a Message: The Reputation Effect of US Sanction Threat Behavior," *International Studies Quarterly*. Vol. 57, Issue 4, December, 2012.

Toby Dalton, Ariel (Eli) Levite, George Perkovich, *Key Issues for U.S.-North Korea Negotiations*, Carnegie Endowment for International Peace, June 04, 2018.

United Nations, *Report of the Informal Working Group of the Security Council on General Issues of Sanctions*, UN Doc. S/2006/997, December 22, 2006.

United Nations Official Documents, http://www.un.org/en/sc/documents/resolutions.

U.S. Code Title 22 Foreign Relations and Intercourse Chapter 101 Countering Iran's Destabilizing Actiities § 9411 Presidential Waiver Authority (a) Case-By-Case Waiver Authority (1) In General.

U.S. Department of State, "Secretary of State Michael R. Pompeo, Japanese Foreign Minister Taro Kono, and South Korean Foreign Minister Kang Kyung-wha at a Press Availability." (출처: www.state.gov)

U.S. Government Printing Office, Treaties and Other International Agreements: The Role of the United States Senate, 2001.

UN Security Council Working Methods (https://www.securitycouncilreport.org/un-security-council-working-methods/procedural-vote.php)

UN Security Council Resolution. 1267, para. 14.

UN Security Council Resolution. 2231, supra note 2, para. 7.

UN Security Council Resolution. 2231, supra note 2, para. 12.

United Nations, *Report of the Informal Working Group of the Security Council on General Issues of Sanctions,* UN Doc. S/2006/997, December 22, 2006.

Victoria Nuland, "Press Statement: US-North Korea Bilateral Discussions," Office of the Spokesperson, February 29, 2012.

Vipin Narang, *Nuclear Strategy in the Modern Era: Regional Powers and International Conflict,* New Jersey: Princeton University Press, 2014.

W. Andrew Terrill, *Escalation And Intrawar Deterrence During Limited Wars In The Middle East,* September 2009.

World Bank, *International Development Association Voting Power Of Memebr Countries.* (http://siteresources.worldbank.org/BODINT/Resources/278027-1215524804501/IDACountryVotingTable.pdf)

Yehoshafat Harkabi, *Nuclear War and Nuclear Peace,* Transaction Publishers, September 18, 2017.

Zachary S. Davis, Larry A. Niksch, Larry Q. Nowels, Vladimir N. Pregelj, Rinn-Sup Shinn and G. Sutter, *Korea: Procedural and Jurisdictional Questions Regarding Possible Normalization of Relations with North Korea,* CRS Report for Congress, November 29, 1994.

22 U.S.Code § 9214(a). Mandatory Designations.

22 U.S.Code § 9214(b) Additional Discretionary Designations.

22 U.S.Code § 9214(c). Asset Blocking.

22 U.S.Code § 9221(c). Determinations with respect to North Korea as a jurisdiction of primary money laundering concern.

22 U.S.Code § 9222. Ensuring the consistent enforcement of UNSCRs and financial restrictions on North Korea

22 U.S.Code § 9223. Proliferation Prevention Sanctions.

宮本 悟, "朝鮮人民軍の軍制と戰力", 『오늘의 북한학, 한반도 통일을 말하다: 2015 세계 북한학 학술대회 발표논문집』, 2015년 10월 13~14일.

新华社, "习近平同金正恩举行会谈," 『新华网』, 2018年 3月28日.

王林昌, "韩国对军事威慑的迷信令人憂," 『环球时报』, 2013年 10月 17日.

張璉瑰, "中國若向朝鮮提出核保護 朝將對華宣戰," 『环球时报』, 2013年 11月 11日.

언론자료

『경향신문』, 2014년 4월 30일; 2018년 5월 18일.
『뉴시스』, 2018년 9월 26일; 2019년 2월 7일; 3월 25일.
『데일리 NK』, 2010년 5월 30일.
『동아일보』, 2012년 11월 19일.
『러시아의 소리』, 2014년 4월 15일.
『로동신문』, 2005년 7월 22일; 2010년 1월 12일; 2012년 5월 2일; 2013년 1월 1일; 4월 18일; 6월 17일; 2018년 6월 14일; 11월 1일; 11월 2일; 2014년 1월 1일; 1월 24일; 8월 14일; 10월 17일; 2019년 2월 6일.
『매일경제신문』, 2011년 5월 18일.
『미국의 소리(VOA) 방송』, 2017년 8월 8일; 2018년 6월 14일; 9월 20일; 10월 5일; 10월 18일; 10월 25일.
『아주뉴스』, 2019년 3월 6일.
『연합뉴스』, 2007년 3월 7일; 2011년 5월 10일; 5월 18일; 12월 8일; 2012년 11월 29일; 2013년 11월 6일; 12월 14일; 2014년 2월 13일; 2월 14일; 3월 26일; 4월 9일; 4월 11일; 6월 30일; 2018년 3월 31일; 4월 24일; 5월 17일; 6월 29일; 8월 9일; 10월 16일; 11월 1일; 11월 2일; 11월 6일; 11월 7일; 11월 8일; 12월 1일; 2019년 1월 21일; 3월 5일; 3월 7일; 3월 12일.
『자유아시아방송(RFA)』, 2008년 3월 24일; 8월 1일.
『조선신보』, 2019년 2월 25일.
『조선일보』, 2015년 10월 7일; 2019년 2월 25일.
『조선중앙통신』, 2002년 10월 25일; 2005년 7월 22일; 12월 20일; 2012년 2월 29일; 2013년 3월 3일; 3월 31일; 4월 1일; 6월 16일; 7월 1일; 8월 31일; 10월 12일; 12월 14일 ; 2014년 3월 31일; 4월 11일; 2017년 8월 9일; 8월 10일; 8월 15일; 9월 7일; 11월 29일; 2018년 1월 25일; 6월 29일; 7월 7일; 10월 2일: 11월 1일; 11월 2일: 2019년 1월 1일; 3월 15일; 4월 13일.
『중앙일보』, 2003년 8월 4일; 2006년 12월 11일; 2017년 12월 16일.
『통일신보』, 2004년 8월 14일.
『한겨레신문』, 2010년 5월 29일; 2013년 10월 4일; 2018년 6월 7일; 8월 29일; 8월 30일; 12월 10일.
『共同通信』, 2005년 5월 31일; 2010년 1월 12일.
『讀賣新聞』, 2013년 11월 22일.
『新华网』, 2018年 3月 28日; 2019年 1月 10日.
『河南商报』, 2013년 12월 10일.

기타자료

미 국무부 조약과, https://www.state.gov/s/l/treaty/faqs/70133.htm
미 국무부 주리비아 대사관, http://libya.usembassy.gov/history2.html
「대북 제재·정책 강화법(H.R.757)」, Title II SEC. 208. (c) Waiver 및 (d) Financial Services for Humanitarian and Consular Activities.
「제50차 한미안보협의회의(SCM) 공동성명」, 2018.10.31.
「확장억제전략협의체(EDSCG) 공동성명」, 2017.9.5.
"2차 북·미 정상회담, 성공의 관건은 무엇인가", 「현안진단」 제205호, 평화재단 평화연구원, 2019년 2월 18일.
"Bolton said Trump is "open to a third summit," but nothing's been scheduled yet.", *ABC News*, March 11, 2019.
"China urges U.S. to accommodate DPRK's "reasonable security concerns,"" *Xinhua*, July 29, 2013.
"Interview with John Bolton", *CBS News*, March 3, 2019.
"John Bolton On North Korea, Venezuela, Cuba & China", *Fox Business Network,* March 5, 2019.
"No further dismantlement at NK missile site," https://www.38north.org, Nov. 8. 2018.
UNSCR 2397: "3....(The DPRK) shall immediately abandon all nuclear weapons and exisiting nuclear programs in a complete, verifiable and irrevisible manner, and immediately cease all related activities: and shall abandon any other weapons of mass destruction and ballistic missile programs in a complete, verifiable and irrevisible manner."
"US Secretary of State Mike Pompeo said Thursday that there will be no sanctions relief for North Korea until it completely denuclearizes and that North Korean leader Kim Jong-un understands denuclearization must happen "quickly." *Yonhap News*, Nov. 2, 2018.
"U.S. to renew diplomatic relations with Libya", *NBC News*, May 15, 2006.
Wikipedia, "RD-250". https://en.wikipedia.org/wiki/RD-250 (검색일 2018. 01.26.)
_____. "South Africa and Weapons of Mass Destruction", last modified on April 28, 2009. (검색일 2019.01.15.)
"КНДР намерена прервать переговоры с США о денуклеаризации," ТАСС, Март 15, 2018. (검색일 2019.03.24.)

찾아보기

(ㄱ)

개성공단　125, 333, 370, 391
검증(verification)　212, 220, 300
경제-안보 교환　64, 109, 167
경제개발구　27, 90, 111, 374, 395
경제건설-핵무력건설 병진노선　28, 334, 335
경제상호원조회의(COMECON)　334
괌도 포위사격 방안　42, 50, 52, 57
9.11 테러사태　56, 74, 228
9.19 공동성명　24, 62, 70, 78, 88, 91, 99, 101, 108, 139, 146, 161, 164, 179, 193, 198, 204, 206, 209, 230, 238, 243, 248, 249, 262, 309, 323, 339, 389
9.19 남북군사합의서　279, 287, 294, 297, 300, 307, 316, 322, 327
9.19 평양선언　125, 202, 208, 294, 333, 380, 387, 388, 390
구조적 군비통제(Structural Arms Control)　156, 284, 298, 316, 321, 328, 329
국가핵무력의 완성　28, 69, 70, 83, 90, 101, 111, 198, 272, 293, 398, 415
국면별 접근(phased approach)　183, 188
국제원자력기구(IAEA)　36, 72, 78, 88, 141, 166, 167, 168, 206, 210, 216, 356, 365, 387
국제통화기금(IMF)　336
금강산관광　25, 125, 283, 333, 370, 390, 391
김대중 정부　243, 290
김영철 당 부위원장(통전부장)　71, 106, 119, 205, 223, 313, 381
김일성 주석　24
김정은 (국무)위원장　27, 50, 66, 105, 118, 151, 164, 198, 223, 332, 334, 381, 384, 396, 413, 415
김정일 (국방)위원장　27, 78, 84, 146, 237, 271

(ㄴ)

남북경제협력기본협정(ECFA)　391, 405
남북공동연락사무소　376, 402
남북군사공동위원회　125, 288, 295, 297, 300, 320, 324
남북기본합의서　25
남북기본협정　148, 151, 152
남북연합　401, 402, 404, 405
남북장성급군사회담　156
냉전 시대　26
넌-루거 법　218, 220
넌-루거 프로그램　220
노무현 정부　65, 195, 290, 326

(ㄷ)

단계적 동시행동적 접근법　136, 386
단계적 접근법(step-by-step approach)　131, 136, 192, 392

대량응징보복(KMPR)   279
대북 4No 원칙   114, 115, 382, 400
대북 제재 · 정책 강화법   350, 353, 354, 358
대적성국교역법   256
데이비드 올브라이트   35, 38
동방경제포럼   152, 408
동북아 냉전구조   22, 24
동북아 비핵무기지대(NEA-NWFZ)   192, 246, 412, 413, 414
동위원소분리시설   30, 35
디커플링(Decoupling) 전략   273

(ㄹ)
리용호 외무상   29, 71, 137, 231, 332

(ㅁ)
면제(Waiver)   347, 358, 376
무력사용권한법(AUMF)   56, 227, 228
문재인 대통령   46, 53, 57, 58, 105, 114, 115, 129, 141, 159, 164, 201, 240, 376, 380, 391, 400, 406, 414
미 국방정보국(DIA)   38, 47, 226
미 대서양위원회(Atlantic Council)   286, 320
미 인도·태평양사령부   20
미-베트남 무역협정   367
미국 과학국제안보연구소(ISIS)   32, 34
미사일기술통제체제(MTCR)   212, 341

(ㅂ)
바세나르 협약(Wassenar Arrangement)   341
백두산엔진   44
100주년 3.1절 기념사   380, 402, 406
병진노선(경제건설-핵무력건설)   28, 89,
112, 272, 334, 395
부다페스트 안전보장 양해각서   179, 244, 264, 267
부분적 외교관계(partial diplomatic relation)   147, 258
북·미 공동 커뮤니케   146, 237, 255
북·중·러 북방삼각구조   22, 414
불량국가(rogue state)   20, 26, 54
브레튼우즈법   371
비건(스티븐) 대북정책특별대표   106, 124, 188, 382
비핵·개방·3000 구상   65
비핵무기국가(non-nuclear-weapon State)   191, 195, 206

(ㅅ)
4불 원칙   164
4.27 판문점선언   202
사찰(inspection)   208, 210
삼중수소(3H, Tritium)   33, 34, 35, 36, 188, 211, 215, 217
새로운 100년   162, 380, 403, 404, 406, 414, 416
서 훈 국정원장   120
선의의 무시(benign neglect)   26, 27
세계은행(World Bank)   337, 361, 365
소극적 안전보장(NSA)   109, 195, 247, 262
소련 핵위협 감소법(Soviet Nuclear Threat Reduction Act)   170
스냅백(snap-back) 조항   102, 214, 217, 356
신베를린선언   58, 105, 115, 400
신한반도체제   160, 380, 381, 404
10.3 합의   66, 79, 81, 102, 146, 194
10.4 정상선언   289

(ㅇ)

아시아개발은행(ADB) 336, 337, 364
악의 축(axis of evil) 23, 26
안보-안보 교환 64, 68, 69, 70, 73, 77, 78, 81, 92, 101, 103, 109, 180, 232
RD-250엔진 44, 45
역내포괄적경제동반자협정(RCEP) 411
연락사무소(liaison) 145, 148, 175, 252, 253, 255, 258, 266
연방제 398
예외(Exemption) 342, 347, 358
5.24 조치 25, 159, 283, 284
오토 웜비어 56
완전하고 검증 가능하며 되돌이킬 수 없는 폐기(CVID) 26, 54, 128, 134, 140, 164, 201, 209
운용적 군비통제(Operational Arms Control) 270, 284, 300, 321, 327
원자력의 평화적 이용 167, 185, 205
유럽재래식무기감축협정(CFE) 322
유엔사-북한군 장성급회담 305, 306, 318, 319
6.12 싱가포르성명 199, 202
6자회담 25, 61, 72, 84, 93
이란 핵검토법(Iran Nuclear Review Act) 180
이란-리비아 제재법(ILSA) 173
이명박 정부 66
2.13 합의 66, 79, 146, 194, 338, 339
2.28 하노이성명 389, 390, 391
2.29 합의 86, 93
2010 핵태세보고서(NPR 2010) 195, 262
2017 국가안보전략보고서(NSS 2017) 54, 245, 407
2018 국방전략보고서(NDS 2018) 54

2018 핵태세보고서(NPR 2018) 35, 55, 262
2019 미사일방어 검토보고서(MDR 2019) 282
인도-태평양 전략 317, 326, 411
인터넷매체 복스(VOX) 141, 142, 389
일몰조항(sunset clause) 177, 357
1718 대북제재위원회 342

(ㅈ)

자위적 핵보유국 지위 공고화 법 38, 59, 90, 106, 109
작계 5015 278, 280
작계 5027 280
잭슨-배닉 조항(미 무역법) 341, 367, 372
적극적 안전보장 262
전략군(북한군) 49, 53, 83, 214, 274, 315
전략 도발 19, 21, 28, 46, 47, 54, 116, 336, 396, 415
전략무기감축협정(START I) 169
전략적 인내(strategic patience) 27
전면적 외교관계(full diplomatic relation) 147, 148, 256, 258
전시억제(Intra-war Deterrence) 이론 56
전쟁권한법(War Powers Act) 56, 227, 228, 265
전쟁이전억제(Pre-war Deterrence) 이론 56
정의용 국가안보실장 223
정전협정(군사) 25, 88, 124, 153, 226, 236, 264, 313
제네바 북·미 기본합의 26, 62, 65, 73, 108, 146, 230, 253, 339, 378
조국평화통일위원회 25

조선인민군 판문점대표부 303, 305
종전선언 123, 126, 136, 140, 148, 409
주요자금세탁우려대상국 348, 354
중거리핵전력폐기(INF)조약 245, 407
지그프리드 헤커 38

(ㅊ)

천안함 사태 25
최종적이고 완전히 검증된 비핵화
(FFVD) 128, 136, 164, 201, 209,
211, 218, 267
최혜국대우(MFNT) 336, 372
항구적 정상무역관계(PNTR) 336, 368
7.6 공화국 정부 성명 203, 204
7.6 싱가포르 공동성명 221

(ㅋ)

코리아 미션센터 49
코피작전(Operation Bloody Nose) 57
킬체인 279, 302, 316

(ㅌ)

탈·탈냉전 시대 24
탈냉전 시대 24, 26
테러지원국 55, 175, 255, 256, 337, 338,
339, 349, 354, 361, 364, 371
통일강국 396, 397, 399
통합항공미사일방어망(IAMD) 281,
282
트럼프 대통령 29, 52, 106, 114, 116,
121, 144, 376, 379, 407

(ㅍ)

8.15 대통령 경축사 57, 105, 115, 402
평창 동계올림픽 58, 119
포괄적 공동행동계획(JCPOA) 177,
182, 231
포괄적 안보-안보 교환 78, 103, 172,
175, 196, 198, 269
포괄적 핵실험금지 조약(CTBT) 260
포괄적·점진적 환태평양경제동반자협
정(CPTPP) 412
폼페이오(마이크) 미 국무장관 106, 122,
130, 196, 242, 366, 381
피포위의식(siege mentality) 230, 231

(ㅎ)

한·미 연합사령부 57
한·미·일 남방삼각구조 22, 414
한국형 3축 체제 157, 279
한국형 미사일방어체계(KAMD) 279,
281
한미상호방위조약 244, 277, 312, 317,
327
항구적 정상무역관계(PNTR) 368, 372
핵공급국그룹(Nuclear Supplier Group)
341
핵무기비확산조약(NPT) 23, 72, 206,
236, 248, 249
핵폭발장치(nuclear explosive device)
62, 166
협력적 위협감소 프로그램(CTR program)
170, 171, 180, 323
협의체적 공동정부 402, 403, 406
호주그룹」(Australia Group) 341
화학무기금지기구(OPCW) 174
화학무기금지조약(CWC) 174
확증보복 전략 38, 41

한반도 비핵화 리포트

포괄적 안보 · 안보 교환론

초판 제1쇄 펴낸날 : 2019. 3. 30
초판 제2쇄 펴낸날 : 2019. 5. 6
초판 제3쇄 펴낸날 : 2019. 12. 15

지은이 : 조 성 렬

펴낸이 : 김 철 미

펴낸곳 : 백산서당

등록 : 제10-42(1979.12.29)

주소 : 서울 은평구 통일로 885(갈현동, 준빌딩 3층)

전화 : 02)2268-0012(代)

팩스 : 02)2268-0048

이메일 : bshj@chol.com

※ 저작권자와의 협의 아래 인지는 생략합니다.

값 25,000원

ⓒ 조성렬

ISBN 978-89-7327-542-7 93340